国家社科基金项目 （ 项目批准号： 17BKS066）

光明社科文库
GUANGMING DAILY PRESS:
A SOCIAL SCIENCE SERIES

·历史与文化书系·

中国礼仪文化建设研究

傅　琼｜著

光明日报出版社

图书在版编目（CIP）数据

中国礼仪文化建设研究 / 傅琼著 . -- 北京：光明
日报出版社，2025.1. -- ISBN 978 - 7 - 5194 - 8451 - 4

Ⅰ. K892.26

中国国家版本馆 CIP 数据核字第 2025YL7763 号

中国礼仪文化建设研究

ZHONGGUO LIYI WENHUA JIANSHE YANJIU

著　　者：傅　琼

责任编辑：史　宁　　　　　　责任校对：许　怡　李海慧

封面设计：中联华文　　　　　责任印制：曹　净

出版发行：光明日报出版社

地　　址：北京市西城区永安路 106 号，100050

电　　话：010-63169890（咨询），010-63131930（邮购）

传　　真：010-63131930

网　　址：http://book.gmw.cn

E - mail：gmrbcbs@gmw.cn

法律顾问：北京市兰台律师事务所龚柳方律师

印　　刷：三河市华东印刷有限公司

装　　订：三河市华东印刷有限公司

本书如有破损、缺页、装订错误，请与本社联系调换，电话：010-63131930

开　　本：170mm×240mm

字　　数：350 千字　　　　　　印　　张：19.5

版　　次：2025 年 1 月第 1 版　　印　　次：2025 年 1 月第 1 次印刷

书　　号：ISBN 978 - 7 - 5194 - 8451 - 4

定　　价：98.00 元

序

近日，我读傅琼的《中国礼仪文化建设研究》一书入神，以其深邃淡忘了梅雨的肆虐，以其明远抚慰了烦躁不安。

打开历史长卷，华夏文明亘古亘今，中华民族月异日新；长河浩荡，高山巍峨，在川流不息的人类的长河中光耀。2023 年 6 月 2 日，习近平总书记在文化传承发展座谈会上明确指出，在新的起点上继续推动文化繁荣、建设文化强国、建设中华民族现代文明，是我们在新时代新的文化使命。要坚定文化自信、担当使命、奋发有为，共同努力创造属于我们这个时代的新文化，建设中华民族现代文明。

的确如此，作为哲学社会科学工作者，应当重视建设中华民族现代文明。构建中华民族现代文明的礼仪文化，就是我们为之共同努力的一项重大任务，是建设中华民族现代文明的题中之要义。正如本书作者傅琼所言，当下，它既是弘扬社会主义核心价值观的基因理路，也是彰显中华民族气蕴风骨的文明写意，渗透于人们的思想观念与行为举止之中，汇总成国民形象与国家形象，释放出承载传统面向未来的时代魅力。为此，她劈波斩浪，一往无前，用了六年时间，终成硕果。

且看：

本书开篇就明言：加强国民礼仪教育，探索承接传统习俗，塑造符合现代文明要求的社会礼仪，引导全体国民将优秀传统礼仪文化视为社会主义核心价值观的原生文化理路及中国梦的魂与根。

开篇引言，引出了绪论、五章和结语。傅琼以教授才学撰文，以博士身份落墨，通览之下，这分明是在她引领下，集体探索和描画了当代中国礼仪文化建设的一幅宏伟蓝图，交出了一篇在我看来可以打"优秀"等级的"博士论文"。

接着，作者继续明言：在现代进程中，这一精神底色与认同引力不能淡化，否则催化公民行为失范隐患，弱化儒雅俊秀国家形象。

明言后，她以一个有力的问号，发出强音："如何加强礼仪文化建设，更好创建富于民族特色、民族风格的美丽精神家园？"

这就"且听下回分解"了，于是全书用三大部分阐释之，纲举目张，条理清晰，娓娓道来。写到这里，我情不自禁地回忆起我的导师——中国西方史学史的奠基者耿淡如先生"谦虚做人，谦虚治学"的教导。1964 年，复旦历史系师生因参加"四清运动"，打乱了原来正常的教学秩序。耿师最后一次为我系本科生开设《外国史学史》，竟是 1965 年 12 月中旬，那时申城已入冬了。先生年迈且患大病开刀后，原先羸弱的身体更为虚弱了。但逢到上课的日子，他就起早从徐汇区天平路西南方向的家里出发，换乘几辆公交车，赶往东北角的学校上课。两节课下来，先生疲惫不堪，大口地喘气，不时地咳嗽，但他从来不说一声苦。在这"最后一次"的一堂课上，我听到先生语重心长地对学生说："你们做学问要谦虚，做人也要谦虚啊！"这"谦虚做人，谦虚治学"是他笃行的中华民族的美德，是先师的品行和气度，这也成了我毕生的格言。那时，我充当耿先生的助教，协助老师编译供学生课外阅读的《西方史学史译丛》。某日，寒风刺骨，我在车站等候先生，他一下车就连忙从布包里拿出一本现代英国史学家古奇（George Peabody Gooch）的名著《十九世纪历史学与历史学家》英文版和一份文稿给我，说道："这篇出自古奇关于兰克（Leopold von Ranke）的译文，你给我校对一下，有译错或不妥的地方，尽管改就是了。"面对通晓多门外语（英文、俄文、法文、德文、西班牙文、拉丁文等）虚怀若谷的导师，此时我无言以对，那"谦虚做人，谦虚治学"的教诲默许在心底里。

近又重读文学大家王蒙先生的一段话，它发人深省。他说："我们要讲爱心，讲亲和，讲谦恭，讲礼仪之邦，严于律己，宽以待人，用善良美好的情操和信念，代替与人为恶的浮躁乖戾……"简言之，倘真正奉行和发扬"谦虚做人，谦虚治学"的美德，人世间，有些事，需忍，勿怒；世人间，有些人，需让，勿究。为此，我们每个人都应该学会谦卑，在自己毕生努力中践行之。倘如是，也就不会做出"与人为恶的浮躁乖戾"了。印度诗人泰戈尔的"大为谦卑时，近于伟大时"的境地，不正是我们每个人所期盼的吗？

笔者以此撰一小文《谦虚小引》，于今年三月在《钱江晚报》上刊登，竟然获得了 5.3 万点击量，比我写的"高头讲章"，不知高了多少倍。三年中的失范，为浮躁而牵累，为戾气所纠缠，当前国人太需要礼仪了。我们每个人都应该讲礼仪，学习礼仪，从谦虚做起，正如评论家郜元宝所言，谦虚其实就是文化上的自信。

代际交替，薪火相传。耿淡如老师的"谦虚做人，谦虚治学"的品行，经我"二传"，也无形中传给了傅琼和她的师兄弟、师姐妹们。"爱屋及乌"，这里自然要夸一下吾生傅琼。

我从书架上取出傅琼多年前的大作《衔接与赓续：19世纪西方文化史研究》（2011年上海三联书店出版），这是她从学于我、复旦三年读博，由博士论文修订为著作的学术研究成果。作为一名"复旦学子"，傅琼在我这里三年攻读博士学位，概括地说来可谓是"艰难困苦，玉汝于成"，对这个在职的又常在沪赣道上奔波的妈妈学生来说，要及时完成学业，其艰难困苦，可想而知，不说也罢。但她读书时的形象，至今仍在我脑海中留存，记忆犹新，现略举一例。博士论文开题前，她在选题上费尽心力，曾与我进行了多次切磋，最终定格在19世纪西方文化史，因为它是"一座桥梁"，富有挑战性和吸引力。在正式开题前，据我多年来积下的习惯，终要先进行"预开题"，她的开题报告其实写得不错，我看可以了，但她说着说着，竟动情地说："张老师，我没有写好，某某比我写得好，我还要重写。"有的学生不把开题当回事，她不是这样，她追求完美。后来她果然重写且又上了一层楼。正式开题时，她的开题报告获得了老师们的一致好评。

还值得一提的是，按照我的要求，总要考生考前提供硕士论文或其他学术材料，傅琼给我提供的是一本书及二页A4打印纸。细看之后，这使我眼前一亮：书是她主编的《实用公关与礼仪》（中国人民大学出版社2004年出版）。二页纸，记载她主持的省、校级课题4项，参加省、校级课题（第二主持）6项，已发表学术论文15篇，专著一本（如上）。可见这本《实用公关与礼仪》，实在是她19年后出的这本新书的前期准备和历史渊源。说上面这些琐事，意在本书著者，对礼仪早有关注，对文化后有深耕，这就像河道一样，两个支流交汇，"滴水成川"为大河。

此外，我还特别注意到，傅琼主持的这项国家社科基金项目最终成果，经过5位该领域的专家匿名鉴定，等级为"良好"。众所周知，国家级社科基金项目作为国家最高等级社科项目，结项要求非常严格。记得我在岗担任匿名评审专家时，一般都给通过，看到使我亮眼的成果，实在很少，能打"优秀等级"的更是凤毛麟角了。如果历史可以重来，要我作为这个结项课题的匿名评审专家，我是要给"优秀等级"的，我也许会写下这样的评语：傅琼的《中国礼仪文化建设研究》，是当代中国学界礼仪文化的最新成果，颇具学术价值，在中国礼仪文化史上书写了璀璨的华章。在当下建设中华民族现代文明，尤其是构建中华民族现代文明的礼仪文化的使命担当中，此书更具有强烈的现实意义。诚然，历史没有如果，但我的评语可以明示，读者读后，不知以为然否？

如今，傅琼的《中国礼仪文化建设研究》由光明日报出版社推出，它的问世，作为她的老师自然格外高兴。但我还要重复说的是，我们要牢记先师的"谦虚做人，谦虚治学"的教导，谦虚谨慎，戒骄戒躁，在衔接与赓续的学术研究的道路上，一步一个足印。我期盼傅琼拿出新成果，更上一层楼。

是为序。

张广智　癸卯仲夏于复旦书馨公寓

目 录
CONTENTS

图　次

表 次

绪 论

中国素有"礼仪之邦"的美称。然时势变迁，约定俗成的传统礼仪无法完全适应快节奏的现代生活方式，需要推动其实现创造性转化、创新性发展。党中央对此高度重视，2017年1月25日，中共中央办公厅、国务院办公厅印发了《关于实施中华优秀传统文化传承发展工程的意见》，明确要求加强国民礼仪教育，探索承接传统习俗、塑造符合现代文明要求的社会礼仪①，引导全体国民将优秀传统礼仪文化视为社会主义核心价值观的原生文化理路及中国梦的魂与根。在现代化进程中，这一精神底色与认同引力不能淡化，否则将催化公民行为失范隐患，弱化儒雅俊秀国家形象。如何加强当代中国礼仪文化建设，更好创建富于民族特色、民族风格的美丽精神家园？本书正是居于此问题域的理论自觉。

第一节　研究问题的缘起

一、研究背景

"礼仪是中华文明进步的主要标尺。"② 自周公旦制礼以降，"礼"便一直被视为大体可与制度等值的治理规范，传统中国因此被称为"礼治"社会。现代社会以西方发展模式为师，尽管文化建设未曾放下，但在经济建设急行军的时段里，中国百姓对礼仪文化的淡化仍难完全避免。为此，《关于实施中华优秀传统文化传承发展工程的意见》《新时代公民道德建设实施纲要》《中华人民共和国家庭教育促进法》先后出台。这无不与礼仪文化建设紧密相关，因为"礼仪是中国文化之心"③。"道德仁义，非礼不成；教训正俗，非礼不

---

① 中共中央办公厅，国务院办公厅. 关于实施中华优秀传统文化传承发展工程的意见 [N]. 人民日报，2017-01-26 (1).
② 彭林. 礼与中国人文精神 [J]. 孔子研究，2011 (6): 4-13.
③ 彭林. 礼与中国人文精神 [J]. 孔子研究，2011 (6): 4-13.

备；分争辨讼，非礼不决”"父子兄弟，非礼不定"① "行修言道，礼之质也"②。继承和发展中华优秀传统文化，发挥好传统文化在建设社会主义文化强国、增强国家文化软实力、实现中华民族伟大复兴中国梦中的精神作用，礼仪文化建设不可或缺。

（一）现实背景

"文化是一个国家、一个民族的灵魂。文化兴国运兴，文化强民族强。"③国家发展不仅依靠经济、军事、科技等硬实力，更需要依靠文化、观念、制度等软实力来推进。它既是一国历史发展的总结及民族特色的呈现，又是其人民修身养性、行稳致远的文化滋养。自古以来，中国就有重视精神生活的传统。尤近代以来，革命时代，理想信念高于天的高度自觉，是中国共产党领导人民筚路蓝缕、艰苦创业，建立了社会主义新中国；社会主义建设和改革开放时期，是中国共产党领导人民解放思想，开创并推动中国特色社会主义道路、理论、制度、文化不断发展。进入新时代，习近平总书记高度重视文化建设问题，要求"坚持共同的理想信念、价值理念、道德观念，弘扬中华优秀传统文化、革命文化、社会主义先进文化"④。而弘扬中华优秀传统文化必须坚持知行合一、修身养性、学礼以立，提升个体自我文化修养，加强民族文化认同，塑造国家自信自强形象。

其一，从国内发展的现实背景来看，加强礼仪文化建设将促进社会和谐，推动社会持续发展。礼仪文化作为中华优秀传统文化的核心，它的践行领域和辐射范围非常广泛。就个体诞生之初的家庭而言，要训练家庭礼仪。通过礼仪来教化和引导家庭成员遵守规矩、培育情怀，以营造和睦的家庭氛围并实现融洽的家庭关系；就个体接受教育的学校而言，要建设学校礼仪，通过礼仪规范来教导学生待人接物、尊师重教、友爱同学的言行举止，以建立和谐的师生关系及同学关系；就个体投身工作的职场而言，要明确职场礼仪及公司规制，营造公平竞争、良性合作的团队精神及奋勇争先的赶超氛围，推动个体与公司协同发展。可见，中国人生活的每个领域都离不开礼仪文化，只是其衍射面的大小不同、作用力的深浅不一而已。故此，加强礼仪文化建

① 胡平生，张萌. 礼记：上 [M]. 北京：中华书局，2017：5.
② 胡平生，张萌. 礼记：上 [M]. 北京：中华书局，2017：4.
③ 习近平. 决胜全面建成小康社会 夺取新时代中国特色社会主义伟大胜利：在中国共产党第十九次全代表大会上的报告 [M]. 北京：人民出版社，2017：40-41.
④ 《党的十九届四中全会〈决定〉学习辅导百问》编写组. 党的十九届四中全会《决定》学习辅导百问 [M]. 北京：学习出版社，2019：3.

设无疑是推进社会持续健康和谐发展的重要途径。

其二，从国际发展的现实背景来看，加强礼仪文化建设有助于推动国家间的友好往来、文明互鉴。国与国的交往中，公民的行为举止是一国形象最直接的诠释。于中国而言，中华儿女层累出来的"礼仪之邦"形象，是传统中国留给其他国家的美好印象。19世纪，西方列强为美化自己的侵略行为，故意丑化中国的形象。中国仁人志士在寻求民族独立和人民解放的过程中，不断重塑国家形象。尤其是新中国成立后，我们的国家形象立了起来，但改革开放进程中，特别是中国加入世贸组织以来，经济快速发展与礼仪文化建设的不协调问题日益凸显。步入小康富裕的国人，走出国门旅游的人数逐渐增多。19世纪以来西方媒体对中华文明形象的蓄意矮化，在其国民中形成了刻板印象。而个别中国国民不文明举止则"印证"并加剧了外国人对中国公民礼仪素质的否定性判断，给中国的国家形象带来较大的负面影响。治标需治本，建设新时代礼仪文化，纠正国人暴露在外的少礼、失礼行为，传播中国声音，客观展现并理直气壮地维护中国"礼仪之邦"国家形象甚为紧迫。它不仅是中国国际地位提升的必要之举，也是为中华文明形象正名的必须之举。

因此，基于国内和国际两个大的现实环境，加强中国礼仪文化建设既是坚定文化自信、建设文化强国的重要举措，也是对关乎国家未来发展问题的文化自觉和责任担当。

（二）理论背景

礼仪文化是中国社会几千年文明发展的历史总结，不仅是表征中华民族精神风貌的传统文化，也是在马克思主义文化观指引下不断发展、不断创新的中国特色社会主义文化显性范本。因此，本研究丰富了礼仪文化的理论资源，是马克思主义文化理论与中华民族文化实际相结合的产物，是对马克思主义文化理论的进一步拓展和深化。作为人类在社会生产实践中总结凝练下来的礼仪文化，其精神内涵在国人的各类生活场景中不断传承和演绎，"一方面助益于擦亮历史沉淀的精神瑰宝，增强民众的文化认同感和向心力；另一方面也有助于提升我国文化软实力，增强我国在国际上的话语权，为中华民族伟大复兴提供强大的文化支撑"①。

其一，加强礼仪文化建设是进一步丰富精神世界、扩展文化资源的重要途径。马克思主义文化观指出"文化具有属人性、历史性和多元性"，它"来

---

① 彭林 . 让中华礼仪文化焕发时代光彩［N］. 人民日报，2016-02-01（16）.

源于人们的生产和生活实践，是客观世界和历史的一部分"，因而必然"处于一个动态的发展过程中，可以进行改造和建设"①。"礼者，履也。"② 礼仪文化将马克思主义文化的属人性、实践性及发展性充分地展现了出来，它之于中国人民的作用犹如日用而不自知的精神之钙。没有了礼仪文化的滋养，中国人的意义世界将是一片荒芜和贫瘠，人们的精神风貌将缺乏生机，精神生活将处于乏味、混乱之中。因此，建设礼仪文化于个体而言，是提升礼仪素养、丰富精神世界的重要手段；于国家而言，是国家全面发展的重要精神支撑之一。众所周知，一国的强弱兴衰由包括经济、科技、军事等硬实力和思想文化等软实力的综合国力决定。礼仪文化作为中国发展的文化软实力，对国家的发展有着积极的推动作用。因此，重视礼仪文化建设是厚植民族文化土壤、扩展我国文化资源、展现优秀传统文化底蕴的必要举措。

其二，加强礼仪文化建设是继承性发展、创新性转化传统文化的重要举措。礼仪不是烦琐仪式的简单堆砌，而是培育文化认同的重要形式。传统与现代的历史向度证明，礼仪文化以"时为大"为基本特点之一。周公制礼时，礼不下庶人，刑不上大夫，此时礼仪乃为大传统。后礼仪慢慢下沉至百姓生活之中，变身为礼俗。虽代有损益，但已然成为小传统的礼仪文化，因其包含着对生命的尊重、对社会的责任及对他人的宽容，经过了几千年的发展，仍然具有旺盛的生命力。新中国成立以来，尤其是中国特色社会主义进入新时代，人民对美好生活向往日益强劲，精神生活的作用愈加凸显。基于现实生活场景，激活优秀礼仪文化的"价值基因"，重塑礼仪规范、重构孝道规制、创新家国同构形态，是适应人民现实生活需求、传播中华文化、提高社会文明程度的必然要求。因而，本书不仅能加深人民对中华民族特有文化的自信心和自豪感，提升礼仪文化在人们生活中的重要地位；还能重塑人们对礼仪文化的认知，转变行为处事中的消极态度，进一步提高国民的理论水平和国家的文明程度。

二、选题意义

作为万物灵长的人，不仅需要获取物质财富的物质世界，还需要支撑人生意义的精神世界。自华夏文明演绎之初，在连接物质世界与精神世界的经

---

① 李蔓. 马克思主义文化观和中国共产党的文化使命 [J]. 人民论坛，2018（22）：140-141.

② 许慎. 注音版说文解字 [M]. 北京：中华书局，2015：1.

验层累中，便有了礼。《礼记·冠义》指出，"凡人之所以为人者，礼义也"①。于中华儿女来说，礼既是共同认可的行为准则，也是区划群己的边界；既是一种价值观念，也是一种公共体制；既内蕴于道德生活，也外显于社会实践；既是涵养德性的文化载体，也是滋养和谐理念的行为指引。当下，它既是弘扬社会主义核心价值观的基因理路，也是彰显中华民族气蕴风骨的文明写意，渗透于人们的思想观念与行为举止之中，汇总成国民形象与国家形象，释放出承载传统面向未来的时代魅力。

（一）彰显礼仪文化塑造国家形象的智慧之光

国家形象源于自塑与他识，是国家在国内外民众心目中的综合印象。有人说，全球交往中，三流国家靠产品，二流国家靠规则，一流国家靠文化。中国曾长期以"礼仪之邦"的形象立足于寰宇。礼仪作为"经国家、定社稷、序民人"②的基本制度，勾勒出礼主刑辅、礼法相融的治理特色，规约出重情理、厚待人的交往法则，创建出懂规矩、守诚信的处世信条，并渐渐成为民众自觉遵守的政治伦理、行为逻辑与价值追求。因之，华夏文明生存和发展的意义之网由礼仪文化织就，所有民众在这个意义之网中各安其分、各司其职、各行其是，虽王朝起起落落，但民众生活、民族风骨未曾改变。当这种处世哲学推己及人，演绎成"来者皆是客"的"协和万邦"国际交往理念和"怀柔远人"的待客之道时，外邦友人不约而同地称颂中华为"礼仪之邦"。

岁月轮转，近代西方科技创新造就的工业文明，其物质财富创造力令世界瞩目。它依靠坚船利炮迫使中华民族放弃农耕之本，将物质至上的生产和生活方式标榜为"普世价值"，中华传统礼仪文化塑造的国家形象被当作落后的、"吃人"的怪物。然而，师法西方中，"上帝死了"的西方文明先后陷入两次世界大战之中，生态危机及"单向度"人生的困扰成为 20 世纪 60 年代西方新左派运动的重要缘由，宗教复兴成为西方国家悄然而普遍的选择。渴望国家站起来、富起来、强起来的中国人，审慎评估自己的立身之本，无论在革命、建设年代还是改革时期，都强调走中国特色道路。重拾中国文化总名的礼仪文化，发挥"礼，时为大"的特性，使"敬""仁""和"等礼仪精髓在现代化进程中不断转换，谱写出民众的生存智慧与处世技巧，诠释了中华民族独特的生活方式和文化精神。

---

① 胡平生，张萌．礼记：下［M］．北京：中华书局，2017：1177.
② 李梦生．左传译注［M］．上海：上海古籍出版社，2004：43.

当下,塑造并展示中国的文明大国、东方大国、社会主义大国形象,是基于中华民族的传统底蕴、鉴于人类生活的复杂多样、源于世界文化的丰富多彩、力促"美美与共"的理性选择。文化渗透于民众社会生活的每一细胞之中,不同文化必然有不同思维方式、行为方式和价值观念。对中国人民来说,礼仪文化融于社会生活的每一个环节,它远远高于西方宗教的道德教化,内在地包含道德自省与自律,是德义为本的民族气节,是中国国家形象的生动写照。中国上下皆应有"坏国、丧家、亡人,必先去其礼"①的警惕,重视礼仪文化的彰显与现代重建、重塑"礼仪之邦"的国家形象,是提升中国文化软实力、构建人类命运共同体的中国智慧。

(二)弘扬礼仪文化承载公序良俗的理性之力

公序良俗指人类社会历史演进中反复验证并得到民众普遍认同,适应公共秩序良性运转的一般道德和通行规则。人类聚族而居、居而有社,合族为国、国必仓廪,社稷发展,乃依伦常。就中华民族而言,文化早慧,公序良俗由礼仪文化来承载。《尚书》就曾载"天叙有典,敕我五典五惇哉!天秩有礼"②,即道法自然,根乎人心、本乎天理,从最核心的伦理关系向外扩充延伸至社会公共秩序,都必须依赖礼仪。《礼记·仲尼燕居》也曾说:"礼之所兴,众之所治也;礼之所废,众之所乱也。"③ 究其原因,在于礼仪能够确保"万物并育而不相害,道并行而不相悖。小德川流,大德敦化"④,构建起国家社会存在和发展所必需的一般秩序。

长期以来,"差序格局"的熟人社会秩序为民众所共守。其中,礼仪"定亲疏,决嫌疑,别同异"⑤ 是公共生活中"明分"的根本所在,是规范人们社会行为的标准和规矩。从民众日常生活的庆典、仪式、乡俗,直至朝制乃至外事活动,都有其规制,这些规制背后隐含着丰富的文化意义和复杂的社会功能。分而述之,在日常公共生活中,礼仪能够控制或调节人们的欲望;在富于象征意义的庆典和仪式中,礼仪可以整肃人们的情感和意志;在上情下达的政治哲学扩散中,礼仪可以倡导社会主流价值观。因此,在一定意义上说,"隆礼贵义者其国治,简礼贱义者其国乱"⑥。重视礼仪文化,秉持

---

① 胡平生,张萌. 礼记:上 [M]. 北京:中华书局,2017:438.
② 李民,王健. 尚书译注 [M]. 上海:上海古籍出版社,2004:37.
③ 胡平生,张萌. 礼记:上 [M]. 北京:中华书局,2017:974.
④ 胡平生,张萌. 礼记:下 [M]. 北京:中华书局,2017:1036.
⑤ 胡平生,张萌. 礼记:上 [M]. 北京:中华书局,2017:4.
⑥ 方勇,李波. 荀子 [M]. 北京:中华书局,2015:231.

"怒哀乐之未发，谓之中；发而皆中节，谓之和。中也者，天下之大本也；和也者，天下之达道也。致中和，天地位焉，万物育焉"①，容易构建出天然的、规范的社会秩序。

当下，社会流动加速，但以拟亲化方式将陌生人社会转化为熟人或半熟人社会，仍是人们自然而然的选择。毕竟社会经济的快速发展，并未从根本上增强人类自我克制的力量，法律制度的宏观性难以指向人们在公共生活中面临的每一个具体问题或争议。以礼仪文化柔化正式的制度规范，它秉守伦分、区分权位，根据对象身份及场合的不同，以能力为本位，严守等差，因事施策，确保合乎人情和遵循规范民众均等的能力，人们的禀赋存在较大差异，平等往往指的是人格上的平等。礼仪作为被人们反复验证、约定俗成的一种共识性行为规范，是保障社会有序发展的重要文化力量。"道之以政，齐之以刑，民免而无耻；道之以德，齐之以礼，有耻且格。"② 礼仪文化补实法之缺，融传统与现代为一体，将公序与良俗有机统一，使传统不断得以发明，续写着公共生活的时代华章。

（三）筑牢礼仪文化诠释生命意义的实践之基

钱穆所说，"礼虽表现于外，而必属于心"③。礼仪文化在人们的日用常行中得以展开，但日用常行也都有意味，它蕴含一定的文化观念与精神追求，传达着人们的生活信念，揭橥生命的意义，建构起群体生存图景。从礼仪的词源学来看，礼仪最早关注的是"天地之序"，人们通过事神致福来确定自己在世界中的位置，反映的是人们敬畏自然、感恩自然、顺应自然、道法自然的价值追求，天人合一的生命意义追求成为共识。

随着社会人口的繁衍及社会关系的复杂，礼仪引领人们以真诚的道德品格投入生活世界之中，如孔子所言，"不学礼，无以立"④。人之初生，礼仪开通其社会关系，助益人生征程；人之弱冠，礼仪推动其个体生命自觉之觉醒，赋予其责任担当及德性完善之期许；人之婚配，礼仪催生其通达世事之力，开启其完备伦分的新历程及孝亲忠义的充足职责；人之终衰，礼仪追忆其生平所及，指引子孙后辈妥当安置逝亲及理解人生的价值逻辑。因之，礼仪不是空有仪式而缺少文化内涵的繁文缛节，"君子之于礼也，有所竭情尽

---

① 胡平生，张萌. 礼记：下 [M]. 北京：中华书局，2017：1007-1008.
② 杨伯峻. 论语译注 [M]. 北京：中华书局，2017：15.
③ 钱穆. 晚学盲言 [M]. 北京：生活·读书·新知三联书店，2018：644.
④ 杨伯峻. 论语译注 [M]. 北京：中华书局，2017：254.

慎，致其敬而诚若，有美而文而诚若"①。

当下，物质生活条件有了质的飞跃，追求幸福成为民众的总体方向。然而，物的充盈及感官的享乐，挟带着更加膨胀的物欲，却不能缓解民众对原子化社会的恐惧及对精神生活的渴求。生命的意义究竟可以在何处探寻，成为人们最普遍的追问。师法西方文化的试验，在中西文化激荡与博弈中宣告失败。人们蓦然回首，返身溯源，"回采历史"来"破解密码"之时，赫然发现，融于平实生活之中的礼仪文化，其符合现代理性主义原则和时代价值标准的部分，正以新的形态润物无声地填补着精神空位，默默地向民众诠释着生命意义及价值追求的真谛。可见，礼仪文化是活化的中华传统，其精髓在于能够将礼仪与道德、礼治与法治、安于现状与有序竞争有机融合，保障传统礼仪伦理与现代社会运行逻辑的并行不悖。

可见，用智慧塑造、用理性诠释、用实践验证，是礼仪文化的生成逻辑及力量之源。在新时代，塑造国家形象、构建和谐社会、促进人的全面发展，都需要礼仪文化。它能参与创建一个有秩序、有意义的命运共同体。

第二节　国内外研究综述

一、国内相关研究述评

国内礼仪文化研究源远流长。早在西周时期，周公旦作《周礼》，确认礼仪为"经国家、定秩序、序民人"的基本制度。春秋战国时期社会纷争引发"礼崩乐坏"，深感忧虑的学者们陆续提出应对之策：其中孔子强调"克己复礼为仁"；孟子强调维护礼仪"善性发端"功能；荀子强调树立"以礼正身"理念，《仪礼》倡行。然重法治势术而用礼不足的秦统一六国，未能弥合六国礼仪文化，二世遂亡。总结秦史，汉儒戴德、戴圣叔侄作《礼记》，礼仪文化弥散于中上层社会。其后，历代学者皓首穷经，对礼仪文化经典及其教化功能进行注疏考证，成绩斐然者首推朱熹。他从《礼记》中抽出《大学》《中庸》，与《论语》《孟子》合为"四书"，并强调"礼者，理也"及"礼下庶人"，深刻影响着宋元明清的礼仪文化及其发展路径。次者为清代乾嘉学派，其中以戴震为首的"皖派"对《周礼》《仪礼》《礼记》中名物制度进行了考

---

① 胡平生，张萌. 礼记：上 [M]. 北京：中华书局，2017：458.

证，影响深远。至 20 世纪上半叶"新社会史"观出现后，礼学研究不再依附于经学，梁启超、梁漱溟、林耀华、费孝通、杨宽等人研究了传统礼仪文化的运行模式。

20 世纪 80 年代以来，学界对礼仪文化的研究大体可分为三大类型。

第一类是专注于礼仪文化元典及礼学大师的注释和研究。代表人物梁启超致力于三代宗教礼学研究，从多个维度对中国古代社会的政治、法律、民俗和哲学展开解读。在对三代"精神思想界"的审视中，他分别用"以教为学"与"以学为教"概括三代以前与三代以后的"精神思想界"，展现其丰富的哲学观、文化观、宗教观和教学观，进一步深化我们对中国古代社会的社会机制、政治模式的理解。① 钱穆认为礼是中国人一切习俗行为的准则，是中国的特殊标志。既是一个家庭的准则，也是一个政府的准则，统辖着一切内务和外交，中国的核心思想就是礼。② 余英时透过中国人生活中具有普遍性和客观性的问题，认真研究中国文化的价值系统，展现出对中国社会现代化问题的深层关注和严肃冷静的思考。③ 陈来认为"礼就是礼俗，它可以慢慢内化，用它来做整个社会的规范，使人们有耻有格，也就是行为上不出格，同时有羞耻心"④。而羞耻心是建构社会共识，实现礼治和德治的前提和基础。李云光对郑氏之"三礼"校刊、驳正、训诂、名物考释、礼制说解等做了深入探讨，是郑玄"三礼"学研究集大成者。⑤ 勾承益探讨了西周以前、西周和春秋时期礼学，研究了《诗经》《左传》《国语》《礼记》中的礼学思想，对先秦诸子著作中的礼学思想进行了分析，研究了礼学的本质和表现形态。⑥ 杨天宇研究郑玄三注《周礼》《礼记》《仪礼》的原则、内涵及反映的汉代经学发展，从史学角度对"三礼"的作者及成书年代、书名、流传、篇次、内容、价值等问题进行了深刻阐释，为研究从先秦到两汉时代的名物制度、社会风俗及政治思想提供了丰富的文化源泉。⑦ 李安宅从近代社会学的角度出发，对《仪礼》与《礼记》这两部礼仪经典中礼仪规章、宗教信仰与祭

① 魏义霞. 梁启超三代礼学的多重维度和意蕴 [J]. 中共福建省委党校学报, 2019 (5): 148-153.
② 邓尔麟. 钱穆与七房桥世界 [M]. 蓝桦, 译. 北京: 社会科学文献出版社, 1998: 8-9.
③ 余英时. 中国思想传统的现代诠释 [M]. 台北: 联经出版事业公司, 1987: 1-48.
④ 陈来. 中华文明的核心价值: 国学流变与传统价值观 [M]. 北京: 生活·读书·新知三联书店, 2015: 170.
⑤ 李云光. 三礼郑氏学发凡 [M]. 上海: 华东师范大学出版社, 2013: 1-784.
⑥ 勾承益. 先秦礼学 [M]. 成都: 巴蜀书社, 2002: 1-408.
⑦ 杨天宇. 郑玄三礼注研究 [M]. 天津: 天津人民出版社, 2007: 1-3.

祀、丧葬仪节、法律伦理、哲学思想等有关社会学的内容与价值做了探讨。① 殷慧对朱熹的礼学思想进行了深入分析，其思想以对礼仪的理解和诠释为中心，继承了北宋诸儒论礼、理关系的精华，在批评"二程"后学的基础上形成了礼理双彰的思想。② 甘良勇对《大戴礼记》进行了深入研究，考辨了作者生平、成书时间、篇目内容、参考文献等诸多内容。③

第二类是聚焦于礼仪文化发展历程及和合价值的宏观研究。如翟学伟关注到中国社会人情和面子等礼仪文化的运行法则，以社会学、社会心理学和文化人类学等学科为参照系，对中国人的表与里、心理机制与行动逻辑，及所处的中国社会具体阶段与文化脉络进行了方法论、概念以及经验和理论的探讨。他注重对中国人的行动策略同中国社会结构、文化情境之间相互关系的研究，力图从中国人日常而真实、现实而具体的层面上建构起分析中国人社会行动的理论框架。④ 邹昌林认为中国文化完全是沿着第一代文明奠定的方向，独立向前发展的，是一种原生道路的文化。他把中国古礼作为主要的研究对象，从礼的角度来探讨中国文化的整体模式，分为中国礼文化和礼教、儒学传统两大部分。⑤ 彭林认为"中华是礼仪之邦，儒家文化是礼乐文化，礼是中国传统文化的核心"⑥，礼对中国传统文化的重要性不言而喻。"从理论层面看，如果不了解礼，就不能真正认识中国传统文化；从实践层面看，如果不能继承传统礼仪中的合理内核，弘扬中华文明实际上就是空谈。"⑦ 陈戍国勾勒了中国元明清三朝礼俗礼制的大体轮廓，从礼俗礼制角度认识元明清时期的政治经济与思想文化。⑧ 张自慧聚焦了礼仪文化的和谐功效，充分挖掘古代礼文化典籍中的理性精神、和谐理念、礼教思想和礼治方略，科学辩证地区分其中的精华与糟粕，探讨礼文化的"致和之道"，使礼文化在与时俱进中实现优势重组、功能转型和活力再造，为当代中国和谐文化与和谐社会

---

① 李安宅.《仪礼》与《礼记》之社会学的研究［M］.上海：上海人民出版社，2005：1-164.

② 殷慧.礼理双彰：朱熹礼学思想探微［M］.北京：中华书局，2019：1-437.

③ 甘良勇.《大戴礼记》研究［D］.杭州：浙江大学，2012：1-164.

④ 翟学伟.中国人的日常呈现：面子与人情的社会学研究［M］.南京：南京大学出版社，2016：19-306.

⑤ 邹昌林.中国礼文化［M］.北京：社会科学文献出版社，2000：3-5.

⑥ 彭林.彭林说礼：重构当代日常礼仪：增补本［M］.北京：清华大学出版社，2018.

⑦ 彭林.中华传统礼仪概要［M］.北京：商务印书馆，2017：1-236.

⑧ 陈戍国.中国礼制史［M］.长沙：湖南教育出版社，2002：1-401.

的构建提供传统文化资源。① 于丽萍、周向军提出中国传统礼仪思想对现代社会的精神救赎，认为中国传统文化是善于不断自我反思和改进的文化，它注重对人类的心灵关怀，主要表现为对人与自然、人与社会、人与人之间秩序尊重，强调人的精神世界的充实，通过礼仪思想的调节使人类生活在一个和谐有序的环境之中。② 蒋璟萍分析了礼仪道德在传统道德上的地位，并对礼仪的道德结构、道德功能、道德本质及运行机制进行了研究，进而概括整合了礼仪的伦理道德内涵，揭示了将道德自律与道德他律有机结合的道德功能的实现途径和机理，以及礼仪在传统和现代融合中的发展趋势等。③

第三类是探索现代化进程中传统与现代关系时关涉到礼仪文化的价值及重构问题。如梁漱溟认为，文化"不过是那一民族生活的样法罢了"④。"他通过对中国社会的深入考察，指出以伦理组织社会，进而实现中国社会改造的出路。"⑤ 林耀华以福建义序乡为典型个案，对该村落的宗教制度进行深入研究，在深刻全面的实地考察的基础上，准确细致地描述了当地的乡村生活实景。同时，他在叙述过程中，一方面表现出明显的功能学派的功底，一方面又大量引证中国的典籍，并将两者结合得较为平顺，成为后来中国人类学学者研究中国汉族的家族、宗族的重要参考。⑥ 费孝通深入研究了中国乡土社会传统文化和社会结构，并用通俗、简洁的语言对中国基层社会的主要特征进行了理论上的概述和分析，全面展现了中国基层社会的外在面貌和内在精神气质，并尝试为中国乡村社会的持续发展找寻理论支撑和实现途径。⑦ 杨宽对西周、春秋时期的各种制度进行了比较分析，涉及农业生产和奴隶制的生活体系，以及井田制度、村社组织、乡遂制度、社会结构、宗法制度、贵族组织、学校制度，等等。这些都关涉传统礼仪文化，尤其是涉及了探寻传统礼仪文化的史料使用问题，颇具创新性。同时，他还对三礼做了深入研究，认为要用正确的历史观，把礼书中的史料置于相应的社会情境中，探索制度的起源和流变，方能加深对古代历史和文化的理解。⑧ 王沪宁通过对 15 个不

① 张自慧. 礼文化与致和之道 [M]. 上海：上海人民出版社，2012：1–369.
② 于丽萍，周向军. 论中国传统礼仪思想对现代社会的精神救赎 [J]. 山东社会科学，2015（8）：179–183.
③ 蒋璟萍. 礼仪的伦理学视角 [M]. 北京：中国社会科学出版社，2007：1–189.
④ 梁漱溟. 东西文化及其哲学 [M]. 北京：商务印书馆，1999：32.
⑤ 梁漱溟. 中国文化要义 [M]. 上海：上海人民出版社，1949：1–300.
⑥ 林耀华. 义序的宗族研究 [M]. 北京：生活·读书·新知三联书店，2000：1–276.
⑦ 费孝通. 乡土中国，生育制度，乡土重建 [M]. 武汉：长江文艺出版社，2019：1.
⑧ 杨宽. 古史新探 [M]. 北京：中华书局，1965：1–6.

同村落的调查，形成了可靠、深入、生动的调查报告，从而对村落家族文化进行了较为全面、细致的研究。① 王铭铭、潘忠党从文化的象征体系探讨社会构造。他们遵循社会人类学、文化社会学与民俗学的研究路径对中国民间文化的诠释，从隐喻、仪式、中国文化的空间观念，中国人的生育观念，神的信仰与传说等方面研究中国社会，力图从社会构造的角度解读文化产品的象征隐喻，强调象征在社会生活中的地位，并试图通过这一渠道解读社会生活的动态和意识形态的含义。② 曹锦清、张乐天、陈中亚深入位于浙江省钱塘江畔的一个小村落——陈家场，收集了该村的经济、收入、分配等各方面资料，甚至包括负责干部历年工作笔记、农户家庭收支账目等在内的数量庞大、范围广泛的历史档案资料。依托对浙北乡村的调查，展开了对中国乡村社会文化变迁的解读，即研究了社会主义制度下浙北乡村近半个世纪以来的社会文化变迁过程。③ 金耀基从历史、社会、文化角度论述了中国的现代化变迁。通过透视百余年中国近现代的历史，对传统与现代关系进行了剖析，从而"清晰地勾勒出中国现代文明转型的三大主旋律"④。麻国庆对家的中国意义的分析，揭示出以家族为中心的中国传统文化特质，指明它并没有因革命话语的产生及运用而中断或断裂。同时，他在儒家思想、文化及社会融合的框架下，总结了中国纵向社会运行的内在结构性特点。⑤ 周大鸣、郭永平采取"深描"的方式对中国民俗承接问题进行研究。比如，他们将山西某地区的族群关系、宗教信仰、文化网络等方面连接起来，透视其中的历史变迁过程，以期达到对区域社会的整体性了解，并归纳出不同的文明类型。⑥ 叶舒宪探究了催生华夏文明的玉石神话信仰。他对从玉器时代到金属时代的转换衔接轨迹加以测量，从而揭示出文明国家核心价值的形成特色及其物质原型。⑦ 学者们的研究均关涉到中国礼仪文化的价值及重构问题。

① 王沪宁. 当代中国村落家族文化：对中国社会现代化的一项探索［M］. 上海：上海人民出版社，1991：1-8.

② 王铭铭，潘忠党. 象征与社会：中国民间文化的探讨［M］. 天津：天津人民出版社，1997：1-4.

③ 曹锦清，张乐天，陈中亚. 当代浙北乡村的社会文化变迁［M］. 上海：上海人民出版社，2019：1-527.

④ 金耀基. 从传统到现代［M］. 北京：法律出版社，2017：1-156.

⑤ 麻国庆. 家与中国社会结构［M］. 北京：文物出版社，1999：1-228.

⑥ 周大鸣，郭永平. 延续的文明：山西介休的历史透视［M］. 北京：中国社会科学出版社，2016：1-329.

⑦ 叶舒宪. 中华文明探源的神话学研究［M］. 北京：社会科学文献出版社，2015：1-652.

二、国外研究述评

西方学者对礼仪文化的专题研究比较少，但关涉性研究自古有之。

希罗多德（ΗΡΟΔΟΤΟΣ）在史学实践中首次运用历史批判法来记载、揭示重大事件的因果关系，展示了古代近二十个国家和地区的民族生活图景，给希腊史学制定出一些基本规范。① 伏尔泰（P. Voltaire）描写了当时所处时代人类的精神文化取得的进步。认为人们的精神面貌和文化科技日臻完美，关切到"值得一切时代注意，能描绘人类的才智和风俗，足以起教导作用，引人热爱道德学术和祖国的事情"②。坦布尔（William Temple）认为"孔子学说是一部伦理学，涉及政治道德、经济道德、公众道德和私人道德"③。莱布尼兹（G. W. Leibniz）认为"中国是全人类最伟大的文化和文明"④。孟德斯鸠（C. L. Montesquieu）关于世界各地风俗的介绍中，花了不少笔墨谈及中国礼仪文化及国家形象，用启蒙时代欧洲学者常有的矛盾的、带些酸涩的口吻加以了点评。⑤ 基佐（F. P. G. Guizot）关于欧洲文明的分析，是研究法国历史和文化的重要书籍，主要论述了法国文明的进步特征，以及欧洲国家的文学形式、宗教社会、日耳曼人对欧洲文化的影响，等等。⑥ 乔治赫伯特·米德（George Herbert Mead）关于符号互动理论的诠释，在心理学界及社会学界产生了较大影响。他通过论述心灵和自我的社会生成过程以及个体与社会的辩证互动过程，将微观社会学和宏观社会学有机统一起来，对社会哲学和具体社会学理论研究具有重要意义。⑦ 埃利亚斯（Norbert Elias）关于文明进程的探讨，提出文明是一种过程，是历经数百年逐步演变的结果，是心理逐步积淀规范的结果。研究中，他将人们的行为选择与社会思潮变迁联系起来，透过餐具的使用等细节，揭示了文明的变迁历程。⑧ 罗伯特·雷德菲尔德（Robert Redfield）创造性地提出了大传统与小传统的二元分析范式，并假设

① 希罗多德. 历史 ［M］. 王以铸，译. 北京：商务印书馆，1959：5.
② 伏尔泰. 路易十四时代 ［M］. 吴模信，译. 北京：商务印书馆，1982：2-3.
③ 刘静. 发生在斑马线上的是车祸，还是人祸？［J］. 观察与思考，2009（17）：20-22.
④ 朱谦之. 中国哲学对欧洲的影响 ［M］. 福州：福建人民出版社，1985：225.
⑤ 孟德斯鸠. 论法的精神 ［M］. 张雁深，译. 北京：商务印书馆，1959：368-377.
⑥ 基佐. 欧洲文明史 ［M］. 程洪逵，沅芷，译. 北京：商务印书馆，1993：1-263.
⑦ 乔治·赫伯特·米德. 心灵、自我和社会 ［M］. 霍桂桓，译. 南京：译林出版社，2014：1-2.
⑧ 诺贝特·埃利亚斯. 文明的进程：文明的社会起源和心理起源的研究 ［M］. 王佩莉，袁志英，译. 上海：上海译文出版社，2009：1-57.

大传统是由社会上层人士、知识分子等精英创造出来的制度及规范，而小传统则是农民等下层民众接受大传统后慢慢沿袭下的风俗习惯。这一分析范式广受知识精英认同，渐渐成为文化人类学学者们的经典研究范式。① 霍曼斯（George Homans）在其著作《社会行为：其基本形式》中对社会交换加以解读。以微观互动与宏观整合相结合路径，尝试为心理学、社会学研究开辟新的道路。爱德华·汤普森（Edward Thompson）对 18 世纪英国社会的乡规民俗进行了再考察。重点是对贵族与平民的关系、乡间的风俗习惯等做了深入的描绘。认为平民倾向于诉诸传统与习惯，因而抵制圈地运动、反对自由市场、逃避资本主义，并在与统治者的互惠博弈中，发展出独特的平民文化。② 霍布斯鲍姆（Eric Hobsbawm）以对"传统再造"的研究闻名。他聚焦于 18 世纪末至 20 世纪中叶的英国及其殖民地传统仪式庆典的起起伏伏，指出许多所谓的传统实际上是为回应社会与政治的变迁而被建构出来的，是晚近的发明创造。③ 哈贝马斯（Jürgen Habermas）通过对交往与社会进化关系问题的研析，提出了"三层次并列的研究模式"。指出，三个层次中，基本层次是交往的一般理论，中间层次是一般的社会化理论，最高层次是社会进化的理论。它们分别对应普遍语用学、交往资质发展理论和历史唯物主义的重建。④ 这一成果，成为受二战创伤影响极深的"商谈派"普遍认同的研究技巧。吉登斯（Anthony Giddens）考察了现代性的来源、特征及其全球化扩散等问题后，着重讨论了现代性所带来的严重后果以及人类在这些后果面前的出路，彰显了他对传统与现代关系的新认识。⑤ 此外，诺迪奇（Ball Rokeach）对邻里交往与社区氛围关系问题的追问，詹森（Giedo Jansen）对新媒体交往影响力问题的研讨，亦均关涉到礼仪文化或其演绎问题。

此外，一批汉学家对中国传统礼仪文化兴趣浓厚。他们关涉中国礼仪文化的研究主要体现在三方面。

其一，翻译中国礼仪经典。如理雅各（James Legge）翻译了大量的儒家经典著作，有力推动了中国儒家经典向西方的传播，对西方的哲学思想、伦

---

① 罗伯特·雷德菲尔德. 农民社会与文化：人类学对文明的一种诠释 [M]. 王莹，译. 北京：中国社会科学出版社，2013：91-134.

② 汤普森. 共有的习惯 [M]. 沈汉，王加丰，译. 上海：上海人民出版社，2020：1-195.

③ 埃里克·霍布斯鲍姆，特伦斯·兰杰. 传统的发明 [M]. 顾杭，庞冠群，译. 南京：译林出版社，2020：1-17.

④ 哈贝马斯. 交往与社会进化 [M]. 张博树，译. 重庆：重庆出版社，1989：98-132.

⑤ 安东尼·吉登斯. 现代性的后果 [M]. 田禾，译. 南京：译林出版社，2000：1-154.

理思想、文学思想产生了深远的影响。顾赛芬（Séraphin Couvreur）翻译了大量中国典籍，行文自由、译作严谨，为后人研究提供了比较客观的依据。卫礼贤（Richard Franz Kuhn）深入研究中国儒家经典，将《易经》所隐藏的中国文化渊源、背景译解出来，推动了中西方的文化交流。本田成之将经学的历史按其起源、成立、秦汉、后汉、三国六朝、唐宋元明、清等几个阶段分述其内容、变化、发展的轨迹，立论客观公正、叙述脉络清晰，体现了日本学者的独到视角和严谨治学风貌。① 后藤俊瑞撰有多种朱子研究的书籍，提出"恕"乃是社会道德行为的根本原理，"恕"之实践可以开出真正的民主主义，阐明了"恕"的现代意义。宇野精一研究视域宽广，先后从事朱子的综合研究、儒教伦理学结构的研究、日本儒学史的研究等。由于广博的研究储备，他多次参加重要哲学文献的编纂，有力推动了中国儒家思想的传播。琴章泰则重视儒学与韩国历史的各个领域，努力在政治、经济、社会现实和伦理、礼仪以及其他宗教思想之间的关系中探寻儒学的全貌。他还着重探寻了儒学思想具有的多面性，试图把握源于中华文化的儒学如何与韩民族的历史、社会环境相结合，形成了哪些特点。其研究为中国读者与中国儒学比较成果。② 可见，上述学者十分推崇中国传统礼学，翻译介绍了大量中国的礼学经典，加强了中西方的文化交流。

其二，体验中国社会中的传统礼仪文化。如卡莱尔（Thomas Carlyle）曾直接评价中国的礼仪文化说："礼是中国人一切思想的集中体现；我认为，《礼记》是中国可以献给人类的最合适、最完美的专著。中国人通过礼尚往来维系感情；礼还能实现一种职责；礼被用来评判善恶——总之，这个民族是一个由礼控制的民族，任何一个人都是借助于道德、政治和宗教而存在于这个社会，同时还要受到家庭、伦理、宗教和社会等多重关系的约束。"③ 明恩溥（Arthur H. Smith）以一个外国人的身份，从许多中国人"习性"之中得出关于中国人的印象描述，反映了一个时代中国人的概貌，揭示中国国民性与晚清政体同现代化之间的深刻矛盾，同时他认为中国礼仪烦琐，令外人不悦且使中国社会处于静态落后状态。④ 斐达礼（Hugh Baker）和黄宗智认为礼仪是分析中国家庭关系的钥匙，把大量的研究资料作为支撑，反映了乡村历

---

① 本田成之.中国经学史［M］.孙俍工，译.桂林：漓江出版社，2013：1-286.
② 琴章泰.韩国儒学思想史［M］.韩梅，译.北京：中国社会科学出版社，2011：1-218.
③ 阿瑟·史密斯.中国人的性情［M］.王续然，译.北京：长征出版社，2009：76.
④ 明恩溥.文明与陋习：典型的中国人［M］.舒扬，舒宁，穆姊，等，译.太原：书海出版社，2004：5.

史社会发展的热点、焦点问题，揭示了中国乡村发展的理论选择和实践逻辑。① 武雅士（Arthur Wolf）、芮马丁（Emily M. Ahern）、纳尔逊（H. G. H. Nelson）、苏海涵（Michael Saso）认为中国宗族与宗教活动中的仪式具有稳定功能，并对中国台湾、香港等地的祖先崇拜、姻亲仪式、丧葬实践、道教仪式等进行了深入研究，剖析了隐含在这些仪式和信仰背后的社会互动与文化治理功能，论证了中国传统文化与当代社会的碰撞与交融之态。②

其三，以建构理论来解读中国社会发展问题时关涉到礼仪文化。如施坚雅（G. William Skinner）建构了市场理论，将中国农村的墟市视为联姻的圆心，指出中国传统村落非封闭式而是开放式，市场具有极大的辐射力，不论是村民的婚姻还是日常交往，都依赖乡村市场。③ 弗里德曼（Maurice Freedman）建构了家族理论，为中国社会人类学研究奠定了深厚的理论基础，是此后学者研究中国宗族的重要"范式"。杜赞奇（Prasenjit Duara）建构了"权力的文化网络"理论，以乡村的文化网络为基本结构并考察其功能，对传统社会的治理特质进行了分析，详细地论证了国家权力是如何通过种种渠道（诸如商业团体、婚姻圈、经纪人、庙会组织、宗教、神话及象征性资源等）深入乡村社会的，以及在这一过程中乡村社会又是如何做出回应的④，其中都关涉到礼仪文化的价值问题。

总之，国内研究有广度有深度，产生出一大批有现实性和解释力的学术成果。国外研究虽植根于西方价值预设与制度根基的基础之上，需要辩证对待，但为探讨中国社会礼仪文化建设问题提供了一定理论资源及参考借鉴。不过，聚焦当代中国重树礼仪之邦的现实需要，专注于礼仪文化建设研究，剖析传统优秀礼仪文化对社会主义核心价值观的滋养力，增强公民现代文明礼仪规范的历史涵养等问题，还有待探索、挖掘和深化。

① 黄宗智. 中国乡村研究：第16辑［M］. 桂林：广西师范大学出版社，2020：1-320.
② 武雅士. 中国社会中的宗教与仪式［M］. 彭泽安，邵铁峰，译. 江苏：江苏人民出版社，2014：20-46，137-185，256-283，330-340.
③ 施坚雅. 中国农村的市场和社会结构［M］. 舒扬，史建云，徐秀丽，译. 北京：中国社会科学出版社，1998：20-70.
④ 杜赞奇. 文化、权力与国家：1900—1942年的华北农村［M］. 王福明，译. 南京：江苏人民出版社，2008：1.

第三节　研究的基本框架

一、研究内容

本书的框架构建遵循学术研究的基本范式，即从逻辑起点出发、进行逻辑展开、得出逻辑结论，研究内容主要由三大部分组成。第一部分是第一章，厘清与"礼仪文化"相形而在的其他"礼"文化的基本概念，揭示礼仪文化的原始发生及继替规律，分析礼仪文化的结构属性、本质特征、基本功能、多维价值和时代魅力，梳理、解读经典文献及知名学者关于礼仪文化问题的相关理论，考察礼仪文化建设的理论基础。这一部分为第二、三部分的研究明晰学科归属、奠定理论基础。第二部分是第二章至第四章，具体开展对礼仪文化现状的实证调研、实践反思和中外比较，从历史记忆和现实图景两个维度探索礼仪文化发展变化，揭示当代中国礼仪文化建设的基本原则和走向。这一部分是本书行为逻辑的进一步展开。第三部分是第五章，基于中国特色社会主义新时代的时代背景提出路径选择，形成不同场合的礼仪规范，增强礼仪文化的系统性和时代性。这一部分是本书的逻辑终点。

（一）概念与价值：礼仪文化的意义界说

首先，厘清与"礼仪文化"相形而在的"礼俗文化""礼制文化""礼义文化""礼治文化""礼乐文化""礼教文化"等几个基本概念，进而在对比分析基础上明确礼仪文化的特质及与其他"礼"文化的关系。其次，运用马克思主义文化观揭示礼仪文化的原始发生及继替规律，阐明文化的实践性、价值性和阶级性，探讨了毛泽东、邓小平、江泽民、胡锦涛和习近平等几代中国共产党人对马克思主义文化观的继承与发展，揭示了礼仪文化的社会起源和发展规律。再次，通过解读礼学经典著作《周礼》《仪礼》《礼记》等，分析了礼仪文化的结构属性，阐述礼仪文化的本质特征，即基础在于诚，核心在于仁，本质在于敬，根本在于和，说明其基本功能，即协调人际关系的基本方式、建立良好秩序的文化支撑、维持社会和谐的重要保障，从治理、公序、文化、价值、人伦和人际六个维度阐释礼仪文化的多维价值，彰显其诚信、仁爱、敬让、和谐的时代魅力。最后，梳理、解读经典文献，对礼仪文化起源与发展、功能、价值等问题进行了凝练和总结，奠定礼仪文化建设的理论基础。

（二）记忆与现实：礼仪文化现状的实证调研

首先，根据现代化进程的不同状况，发放了调查问卷，进行问卷数据的收集和分析，通过调查问卷了解当前礼仪文化的运行状况，建构六类社区礼仪文化的实然场域。其次，从历史记忆和现实图景两个维度分别探索各类社区的人情风俗、节庆仪制等礼仪文化元素，运用"修身""齐家""治国"的分层标准分别以大中城市、新兴城镇、城中村、城乡结合部、传统乡村社会、中心行政村为例，进行了个案分析。最后，立足"文化自信"和"文化强国"的应然场域，对不同类型社区礼仪文化运行状况进行横向比较，系统梳理当代中国礼仪文化衰退与社会结构变迁、生活追求转向、舆论导向离场之间的关联性材料。

（三）弥散与断链：礼仪文化现状的实践反思

本章内容建立在第二章分析问卷数据、运行现状的基础上，从五方面进行了实践反思，涉及家庭、学校、社会等方面，以期为后面的路径选择提供依据。第一，从分析家庭结构小型化及家庭财富积累方式变化入手，探讨家庭权威与代际互惠变迁造成的家礼家风异化趋向。第二，从分析传统规约弱化及有用崇拜泛滥入手，探讨传统与现代割裂后社会舆论失效与道德失控引发的社情礼序异化趋势。第三，从消费主义盛行及人情关系市场化入手，探讨理性算计裸化及诚信底线衰退引发的礼俗礼义异化趋势。第四，从实用主义倡行及学分至上入手，探讨各级学校礼仪教育退位引发的师生礼道异化趋势。第五，从分析礼法冲突及"家国异构"问题入手，探讨家国情怀淡漠与礼法信念同弃引发的礼仪礼治失范趋向。

（四）借鉴与独创：礼仪文化建设的中外比较

首先，从文化基因理路、文化认同特质及行动逻辑选择等角度揭示中外礼仪文化的生成差异、动力差异和归宿差异，对比分析了中国儒家文化，铸"礼"之魂与西方自由人文，凝"法"之魄的文化基因差异，阐明中国克己复礼的折衷礼态和西方斗争自由的理性导向的文化认同分殊，以及中国礼法交融循环绵延和西方宗教人文相伴相生的行动选择。其次，从"家庭、学校、社会、政府"共同建构而成的"正棱锥"模式来揭示礼仪文化建设的轨迹、规律和特点，通过构建"四位一体"的"正棱锥"模式，分析四个维度对礼仪文化建设的作用。最后，从立足本国国情与普世文明相契合、立足现代资源与传统资源相对接、立足公共礼仪与个体礼义相映照等层面揭示当代中国礼仪文化建设的基本原则和走向。

（五）链接与建构：礼仪文化建设的路径选择

首先，形塑不同场合的礼仪规范。通过对人生礼仪、家风礼教的弘扬，传承发展家庭生活中的孝慈家风礼仪；通过对师道礼制、学生交往礼仪的导引，创建上下有序的仁爱校规礼仪；通过对节庆婚葬礼俗、公共规约礼制的改造，培育公共空间的互敬世情礼仪；通过对家国同构制度、礼法交融位育的梳理，并借助现代传媒手段，重塑和谐发展的文明国体礼仪。其次，增强礼仪文化的系统性。将礼仪文化系统诸因子组合成一个生态文化系统，探讨调整内部各组成因子的权重及其影响，以确保礼仪文化系统能够传统与现代"水乳交融"且具有内在整合力与修复力，进而诠释礼仪文化生态的创新性。最后，拓展礼仪文化的时代性。立足"文化自信"和"文化强国"的应然场域，通过分析当前多元文化碰撞与动态开放的特质，建构仪式与道德契合共生、家庭与社会异质同构、隐喻与明示良性并存、敬畏与平等、和合化育的礼仪文化，促进其与社会主义核心价值观的融合共兴，彰显中国特色社会主义文化的独特性与先进性。

二、研究目标

本书坚持以马克思主义社会发展理论为指导，以国内外礼仪文化的思想资源为借鉴，以国内外礼仪文化建设的现实经验为启示，立足中国特色社会主义发展的新阶段，着眼于中国礼仪文化的继承性、创新性和实践性研究；以礼仪文化与社会结构变迁的内在关联为逻辑出发点，以当代中国礼仪文化建设的理论框架和现实机制为研究重点，以个体、家庭、学校、社会、政府为责任主体，以礼仪文化滋养社会主义核心价值观并筑牢文化自信为价值维度，进一步展开研究。

（一）总体目标

科学分析礼仪文化现状与社会结构变迁、生活追求转向、舆论导向离场之间的关联性。厘清家庭、学校、社会、政府等主体的权利与责任，遵循"礼，时为大"的本质，建构包含孝慈家风、仁爱校规、互敬世情、文明国体的礼仪文化本土实体模型，破解"个性自由"与"行为失范""经济发展"与"形象下滑"相形而生等难题，适应"文化自信"和"文化强国"的现实要求，"彰显中华传统礼仪文化的时代价值，树立文明古国、礼仪之邦的良好形象"。

（二）具体目标

一是运用马克思主义文化观揭示中国礼仪文化的原始发生及继替规律，分析其作为生活文化，彰显公民终极价值追求；作为行为文化，规范公民处世技巧；作为治理文化，塑造社会内生秩序的结构属性和本质特征。二是借助文本研讨与实地调研方法，对不同类型的社区进行纵向比较和横向剖析，揭示中国礼仪文化"家国同构"逻辑的历史图景、异化趋向及重构意义。三是从原生文化基因、文化认同特质及行动逻辑选择等角度揭示中外礼仪文化的差异，进而从不同层面揭示当代中国礼仪文化建设的基本原则及走向。厘清家庭、学校、社会、政府等主体的权利与责任，努力建构礼仪文化系统，使公民"有规矩"，使社会"成方圆"，促进社会和谐发展。

三、研究方法

本书以马克思主义方法论为指导，基于马克思主义文化观、习近平传统文化观的理论基础，通过文献研究法、逻辑分析法、调查分析法、比较分析法等基本研究方法，以期对当代中国礼仪文化建设问题做较为全面的研究。

（一）文献研究法

文献检索与阅读是开展研究工作必不可少的步骤和方法，大量查阅国内外相关、次相关的礼仪文化文献，把已经掌握的文献中所列的引用文献、附录的参考文献作为线索，查找与礼仪主题相关的文献，总结归纳国内外的研究现状，在此基础上提出本文礼仪文化的概念、内涵、价值等，通过图书资源、网络资源来进一步丰富文献的阅读量，为本文的研究提供学理支撑。

（二）逻辑分析法

在文献研究的基础上，对所用文献资料进行综合分析，并运用相关领域的知识概念，结合历史与现实两个维度对礼仪文化进行深入分析，探寻其社会起源、发展规律、时代特质等，从而正确把握礼仪文化的未来发展走向。

（三）调查分析法

问卷调查是获取最新资料的有力手段，为获取第一手资料，增强行文的说服力和准确性，本文以调查问卷为支撑，通过数据分析、个案走访了解当前礼仪文化运行现状，为路径选择提供可资借鉴的经验和真实依据。

（四）比较分析法

基于马克思主义文化观和习近平传统文化观的理论基础，比较"家庭、学校、社会、政府"在礼仪文化建设中的独特作用，综合分析历史记忆与现实场景中礼仪文化发展现状，明晰礼仪文化的基本发展轨迹。

四、研究价值

（一）学术价值

基于新的研究视角，拓展既有研究。礼仪不是烦琐仪式的简单堆砌，而是培育文化认同的重要形式。既有研究大都倾向于从原典解读或现象描述等角度关涉礼仪文化问题，本书专注于礼仪文化的原生理路、基本功能、运行逻辑、当前镜像、重构理路、发展战略等问题，把传统礼仪文化的枝丫嫁接到现代中国的植株，探索便于全体公民践行、承载国家和公民形象的礼仪规范及其精神实质。本书旨在加强礼仪文化建设，促进礼仪文化建设理论的创新，进一步健全我国礼仪文化发展的理论体系，探索礼仪文化在现代文明中的功能、意义、作用、价值。立足建设文化强国的现实背景，发扬我国传统文化，增强民族文化的吸引力、凝聚力和向心力。这既是学术体系发展的需要，也是研究者守望心灵的责任。

1. 拓展了既定的研究视角

文化学通常是研究文化的起源、演变、传播、结构、功能与本质，尤其文化的共性与个性、特殊规律与一般规律等问题的综合性学科。本书在文化学的基础上，结合了社会学、统计学、哲学、政治学、历史学等多门学科，进一步拓展了礼仪文化研究的视角，加强了学科之间的有机融合，发挥出不同学科的优势和共通点。本书的主要研究视角还是基于文化学，因为礼仪文化本身就属于文化领域，借鉴和采用其他学科的研究方法和研究范式主要是为了更直观地凸显礼仪文化，通过数据分析、图表和文字表述来解读礼仪文化的现状，使读者更加清晰地了解礼仪文化建设的现实情况，从而加深对本书研究成果的认同。

2. 加深了对优秀传统文化的理解

礼仪文化是中华优秀传统文化的核心内容。它对个体规范其行为举止、塑造优良品德有重要指导意义；对社会增进活力、实现和谐有序有推进功能；对国家强化其文化治理、提升文化软实力有重要意义。习近平总书记深谙此理，他说："中华优秀传统文化已经成为中华民族的基因，植根于中国人内心，潜移默化影响着中国人的思想方式和行为方式。"[①] 本书正是基于建设文

---

① 习近平. 习近平谈治国理政 [M]. 北京：外文出版社，2014：170.

化强国的现实背景，致力于研究礼仪文化的历史发展和现代传承情况。期盼通过对礼仪文化的深入研究和现代解读，能够发掘出有利于滋养国人人文素养、提升道德涵养的更多宝贵文化资源，以加深对民族优秀传统文化的理解。

3. 与社会主义核心价值观融合共兴

社会主义核心价值观是面对中西文化激荡及多元社会思潮的冲击、诱发，部分群众在是非判断及荣辱认同等方面产生困扰，国家正致力于增强人民群众文化自信、增强中华民族自豪感、建设文化强国。它从三个维度展开，依次对公民、社会和国家提出相应的要求。而礼仪文化也在个体、社会和国家方面有相似的要求，这一点与社会主义核心价值观不谋而合，说明修身、齐家、治国、平天下的理念是共通的，是礼仪文化和社会主义核心价值观的价值体现。在研究礼仪文化建设时，注重其与社会主义核心价值观的融合共兴，在互相借鉴、互相融合的过程中，进一步彰显礼仪文化的时代魅力。

（二）应用价值

基于现实生活场景，矫正价值航向和行为规范。礼仪是中国文化的总名，它包含着对生命的尊重、对社会的责任及对他人的宽容。现代化进程中，它因表征传统和隐喻"愚昧"被轻视，价值失序、行为失当等问题逐渐产生，成为文化自信和文化强国的巨大阻力。本书拟基于现实生活场景，激活优秀礼仪文化的"价值基因"，重塑礼仪规范、重构孝道规制、创新家国同构形态。矫正公民的价值航向，培育公民公私场合进退有度的行为规范。这既符合党的十八大以来一系列重要会议精神提出的"建设优秀传统文化传承体系"要求，也适应践行社会主义核心价值观、强化家国情怀的需要，为家庭、学校、社会和政府开展各项教育活动提供了价值指引和文化支撑。

1. 有助于加强家风家礼教育

习近平总书记十分重视家风家礼教育，提出"家庭是人生的第一个课堂，父母是孩子的第一任老师。孩子们从牙牙学语起就开始接受家教，有什么样的家教，就有什么样的人。家庭教育涉及很多方面，但最重要的是品德教育，是如何做人的教育。也就是古人说的'爱子，教之以义方''爱之不以道，适所以害之也'"①。这说明家风家礼对孩子成长、家庭和谐、家族兴旺的重要性，是形塑价值观念、培养道德精神的重要文化资源，也是推动建立良好家庭关系的润滑剂。通过家庭、家族良好风气的熏陶和浸染，奠定个体良好的基础，树立正确的价值观念，形成优秀的道德品质。

---

① 习近平. 在会见第一届全国文明家庭代表时的讲话 [N]. 人民日报，2016-12-16（2）.

2. 有助于规范学校礼仪教育

礼仪教育是学校德育的重要一环，是提升青年学生自我塑造、自我完善的重要途径。通过对礼仪文化的历史起源、发展脉络、价值理念等进行理论和实证分析，有利于加强青年学生的礼仪文化修养，为大学生思想道德教育工作提供理论支撑，从而进一步提高德育实效性。礼仪文化作为一种民族文化，它具有较强的民族性，同时又具有极强的规范性，它对人的内在致思和外在行为具有调控和指引作用，有助于学校礼仪教育活动开展得更加科学、更加规范，能根据学生的生理和心理发展规律，进行恰当的礼仪教育，从而提高礼仪教育的效果，也让学生德诚于中、礼形于外。

3. 有助于推动和谐社会构建

礼仪文化对于和谐社会构建的意义深远，自古就是君王治理国家的有效手段，它在教化民众的同时，对社会稳定产生了积极影响，形成了良好的社会氛围。它降低了恶性事件发生的概率，为人们的生活营造了舒适的环境，提高了人们的幸福感。实现和谐社会的构建这一目的，归结到底还是通过人来完成。礼仪文化通过对人的教化和引导，形成正确的价值观念，引导人们崇德向善，以礼仪文化的发展促进公民素质的全面提升和精神世界的丰富。通过弘扬礼仪文化的道德内涵培育和提高公民的德性和品格，从而构建美丽舒适、和谐友爱的有序社会。

4. 有助于提高政府治理实效性

政府是国家与民众间的桥梁，承担着沟通、联系的重要角色。将国家的政策正确解读后传达给社会大众，让民众了解相关的文件精神，这样既有助于提升国民的参与度，也有助于强化国民主人翁的意识，对国家发展、政府决策有更多的了解和理解。礼仪文化建设在现代化进程中十分必要，是建设文化强国、坚定文化自信的有力抓手，同时也为政府加强地方文化建设、发展地方特色文化提供了借鉴，尤其在国际交流日益频繁的今天，加强礼仪文化建设无疑是向世界展示具有中国特色、中国精神、中国智慧的优秀文化。礼仪文化在弘扬社会主义核心价值观、增强公私场合公民的认同感与规则感、完善和规范公民的行为举止方面提出了可操作性的建议，进一步提升政府治理实效性。

五、创新之处

（一）学术视角上的创新

"按照立足中国、借鉴国外，挖掘历史、把握当代，关怀人类、面向未来的思路，着力构建中国特色哲学社会科学"① 是加强文化自信，实现文化强国目标的重要步骤。本书突破既有成果，多从政治学、管理学和社会学等其他学科视域展开研究的做法，立足马克思主义学科视域，将习近平总书记关于塑造中国形象、发出中国声音的新理念新思想新战略引入研究之中，结合当代中国创建"文化自信"的具体实践，对礼仪文化的基本价值、运行逻辑、演绎过程及建构路径加以剖析；建构包含孝慈家风、仁爱校规、互敬世情、文明国体的礼仪文化建设本土实体模型，能够"彰显中华传统礼仪文化的时代价值，树立文明古国、礼仪之邦的良好形象"②。

（二）学术观点上的创新

本书以探索中国礼仪文化建设的应然模型和本土进路为脉络，提出了理论与现实相统一、历史与逻辑相一致的系列新观点。（1）礼仪是中华文化的总名和根基，是公民心理认同与理性选择的外在形态，是形塑礼仪之邦的基本规范，是塑造国家形象的智慧之光，重塑"礼仪之邦"的国家形象，是提升中国文化软实力、构建人类命运共同体的中国智慧。（2）中国礼仪文化融血缘、伦理、政治为一体，是通行于公、私领域的交往范式和促进社会和谐的重要依托，是承载公序良俗的理性之力，用礼仪文化补实法之缺，融传统与现代为一体，将公序与良俗有机统一，能使传统不断得以发明，续写公共生活的时代华章。（3）误弃优秀传统礼仪文化引发国家形象与经济实力不匹配的事实，使近代以来国家蒙辱、人民蒙难、文明蒙尘的纱幕无法完全摘除，制约了人民群众增强文化自信、建设文化强国的进度，故而推进礼仪文化建设具有紧迫性。（4）礼仪文化是诠释生命意义的实践之基，建设中国特色礼仪文化是创新社会治理的重要举措。建构"正棱锥"模式是良性选择，能够适应"文化自信"的现实关切，以礼仪文化柔化正式的制度规范；以能力为本位，秉守本分、区分权位，严守等差、因事施策，确保合乎人情和遵循规范并行不悖，方能创建幸福和谐且充满活力的社会秩序。（5）持续推进中国礼仪文化建设，实现其与社会主义核心价值观的融合共兴，能为深刻认识世界文化与文明的多样性增添理性与自觉。礼，时为大。礼仪文化既是活化的中华传统，又是不断创新发展的时代规范，其精髓在于能够将礼仪与道德、礼治与法治、安于现状与有序竞争有机融合，保障礼仪伦理道德与现代社会

---

① 习近平. 习近平谈治国理政：第2卷 [M]. 北京：外文出版社，2017：338.

② 中共中央办公厅，国务院办公厅. 关于实施中华优秀传统文化传承发展工程的意见 [N]. 人民日报，2017-01-26（1）.

运行逻辑并行不悖。

（三）研究方法上的创新

既有研究主要以文体解读和定性分析为主，本书拟采用嵌套式混合研究法。在定量研究方面，构建科学的指标体系并设计问卷，先做描述性统计分析，再用多元回归模型分析，掌握不同类型社区礼仪文化建设梯度状态。在定性分析方面，对典型社区进行案例比较研究，进一步探究社会结构变迁、生活追求转向、舆论导向离场对礼仪文化运行的影响机理。同时，吸纳哲学、政治学、人类学、文化学、历史学和社会学等多学科的研究方法和基本理论展开研究，实现马克思主义方法论的纵深推进。

第一章

概念与价值：礼仪文化的当代界说

中国素有"礼仪之邦"的美称，"礼"一直是中华文明的重要构成元素之一。礼仪文化作为中华传统文化的表征，在丰富国民物质生活和精神世界、规范个体与群体的行为、树立正确的道德价值追求上具有独特的文化意义，足以表明礼仪文化与中国社会发展有着密不可分的联系。

第一节　概念厘定

厘清与"礼仪文化"相形而生的几个词语，即"礼俗文化""礼制文化""礼义文化""礼治文化""礼乐文化""礼教文化"等的基本概念，是本书研究的起点。

一、礼俗文化

中国传统文化是伦理型文化，中国社会某种程度上也是礼俗社会，以"礼"来调节家庭人伦关系、社会人际关系和国家间交往关系。"中国礼俗文化是厚重的历史文化，同时也是负载着浓浓人情的情感文化。"① 起初，礼俗文化中的礼与俗所指代的内容是不完全相同的，"礼谓吉凶之礼……俗谓土地之习"②。不过，两者可以合体。"俗是礼的来源，礼是对俗的系统化的规定，而俗始终处于礼的观照之下，风俗被视作礼的秩序实现的重要一环。"③ 换言之，人们总结生活、生产、社会交际中的实践经验，或制定并确认一些共同认可的社会规则、道德规范、往来仪节，即礼仪。这些礼仪可能适当高于当时民间的生活习惯，但它被用来指导人民群众的生活，"渐渐沿袭成为人们普

---

① 萧放."人情"与中国日常礼俗文化［J］.北京师范大学学报（社会科学版），2016（4）：43-48.

② 孙诒让.周礼正义：第一册［M］.北京：中华书局，1987：71.

③ 萧放，何斯琴.礼俗互动中的人生礼仪传统研究［J］.民俗研究，2019（6）：83-92，159.

遍认可并依照实行的社会习俗，又称之为礼俗"①。随着经年累月的交互影响，礼与俗之间的界限在人民群众的生活中愈益模糊。"在儒家思想的主导下对礼与俗进行了整合，是为礼俗。"② 二者合为一体后，利于统治者将遵照法律典章制度与民间风俗习惯融合起来，使社会问题治理、社会秩序调控更为有效。可见，礼俗文化是从人民群众日常生活中升华出来的，是民间生活习惯、规约的凝练、总结和提升。"礼俗以驭其民者，其民所履，唯礼俗之从也。"③ 利用民间的风俗规约、习惯条例进行社会管理，并以礼俗的要求教化民众，使其行为举止符合规范和秩序。

"礼俗是中华文化的基本规范，几乎所有行为模式都有赖其指导。"④ 从某种意义上来说，礼俗文化是中国古代社会反复出现的一种文化事象，它通过长期反复的操作和实践，整合众多个体的思想行为，符合族群的高度认可，固化为中国特有的文化模式。因而，礼俗文化具有生活性、民间性和平衡性等特点。

其一，礼俗文化的生活性。因为礼俗文化起源于人们的日常生活，是人们从社会生活中不成文习俗的总结而来，所以带有浓厚的生活性。生活性使得礼俗文化更加朴素、接地气，让人容易接受和理解，往往操作实践起来相对简单，没有繁杂的程序和难懂的言辞，都是人们日常生活接触到的各种平凡、普通的事情，有的关于人际关系，有的关于习俗仪式，有的关乎人情往来。

其二，礼俗文化的民间性。礼俗文化源于民间生活的习俗沉淀，因而不可避免地带有民间性，与上层社会有着明显的界域划分，这一特性使得礼俗文化的传播速度快、传播广度大，即便是孩童也能明白礼俗文化中的意思。正是基于民间性，礼俗文化的内容才更加生动和活泼，才更加打动人心，才更加容易引起人的情感共鸣，让不了解礼俗文化的人也有一种莫名的亲切感，这种亲切感来自自己生活的某些片段和场景，虽有不同，但总有着相似之处。

其三，礼俗文化的平衡性。中国自古就是农业大国，自狩猎时代逐渐形成的人际往来、礼俗风物一直延传至今，成为中国与西方国家文化的最大不同。礼俗文化最重要的特点之一就是平衡性，所谓平衡性往往强调在一段时

① 王炜民．中国古代礼俗［M］．北京：商务印书馆，1997：2．

② 刘志琴．礼俗文化的再研究——回应文化研究的新思潮［J］．史学理论研究，2005（1）：40-50，158．

③ 杨小召．周官新义［M］．四川：四川大学出版社，2016：13．

④ 郭振华．中国古代人生礼俗文化［M］．西安：陕西人民教育出版社，1998：5-6．

间内的动态平衡，而时间段则是不确定因素，但人情往来、礼节风俗是一直存在的。礼俗社会不可避免存在着人情往来，人情往来常常带有功利色彩，即东家办事，西家随礼的份额成为日后西家办事，东家随礼的依据。一般后者金钱、礼物的馈赠与前者相当或者更高。随着社会的发展，金钱数额增加是常态。反之，若是后者金钱、礼物的馈赠较之前者有所降低，那么这种存在于人情往来中的平衡性就被破坏，造成瞧不起人、丢面子等问题，最坏的结果是两家因不符合礼尚往来的交往标准最终不相往来，至此朋友情分、亲戚情分结束。

二、礼制文化

礼制，是礼仪制度的简称。它是"在礼学的基础上结合改朝换代所产生的需要一次次重构从庙堂到乡里的制度"①。文化作为一种社会现象，是人的精神文明和物质文明融合的产物。礼制文化作为中国文化的重要组成部分，"在整个中国传统文化中正是起支配作用的信仰和规范"②。

礼制文化历经夏商两代后，直至周公礼制才把礼的制度规范化和系统化，使得礼的内涵扩大化，成为处理社会各种伦理关系的行为准则。先秦时期，以孔子、孟子和荀子为代表的儒家学者在传承西周礼制的基础上，进一步丰富了礼制的文化内涵，阐明了礼制文化存在的合理性，巩固了礼制文化的合法地位，使得礼制在社会生活中的管控和调节功能得以实现，突出"礼制文化对于国家政治制度的完善、社会生活的和谐以及个体德性的修炼都具有重要的现实功能"③。因而礼制文化不可避免地带有制度性、规范性和约束性。其一，礼制文化的制度性。礼制文化的贡献者之一周公姬旦，他在礼制的形成和完善过程中发挥了重要作用，把礼制的规范内容、条文约定制度化，才使得礼制文化的体系逐步完善、内容逐渐完备，在操作层面更有计划、有组织，从而成为此后历代礼制研究的基础。其二，礼制文化的规范性。规范性体现在礼制文化对人的内在和外在的调控力，通过详尽的制度内容诠释礼制文化的精神要义，使人们遵循礼制文化的准则和规范，起到积极的控制作用。其三，礼制文化的约束性。约束性与规范性是相辅相成的，从不同方面对人

---

① 杨英. 改革开放 40 年以来的先秦礼学与礼制研究 [J]. 古代文明, 2019, 13 (3): 35-51, 126.

② 赵载光. 论儒家礼制文化的生态思想 [J]. 湘潭大学学报 (哲学社会科学版), 2004 (2): 90-94.

③ 孙春晨. 先秦儒家礼制伦理及其现代价值 [J]. 伦理学研究, 2015 (5): 40-44, 57.

的内在想法和外在行为进行约束，避免阐释违法、非礼的行为，只有通过礼制文化的特性才能保证个人的行为举止，保证社会良性运行。

礼制文化所体现的王权至上、宗法血缘、祖先崇拜等思想是中国传统文化的重要因素，也是中国古代文明的重要特征。西周时期的礼学专著，《周礼》《仪礼》《礼记》中详细记载了当时社会的礼仪制度，按照"三礼"的记载，古代礼制内容被归纳为五方面："一是用于祭祀的吉礼，二是用于丧葬的凶礼，三是用于军事的军礼，四是用于接待使臣、宾客的宾礼，五是用于朝会、燕飨、册命、乡饮酒礼、婚嫁等方面的嘉礼。"① 正是这些完备的礼制记载，为后来礼书的编纂奠定了基础、提供了范例。礼制文化的特征在于重视"仁"的思想，强调为政以德和隆礼重法。遵守礼制文化的规定首先要具备"仁"的道德素质，以此为基础才能开展各项活动；执政者和当政者必须具备仁德才能更好地服务百姓、解决百姓的疾苦，治理好社会和国家；在法律体系中注入礼制思想，能明确各自的身份和分工，维护社会秩序和道德规范。对历代的统治者而言，礼制文化的作用在于利用礼制的权威性和约束性来保证等级关系、维系公共秩序，使民众与群体融洽相处，社会进入有序的轨道。

三、礼义文化

礼义文化是中华优秀传统文化的重要组成部分，也是中华民族精神特质和文化品格的重要方面，它侧重对人的道德精神的调控和管理，是"贯彻于礼之细节规定的核心价值和伦理原则"②。它所涵盖的范围广泛、内涵博大，儒家提出的"关于人伦、天道、政治、社会、文教、风俗等诸多方面的基本精神都包含在内"③。于公民个人而言，它是公民在社会生活中应当遵循的规范与基本道德义务；于社会而言，它是社会文明程度和文明秩序的集中展现；于国家整体而言，它是治国安邦的重要文化支撑。在开展公民道德教育过程中，应把礼义文化的内容纳入其中，彰显礼义文化的民族性、人伦性和思想性。

民族性是礼义文化的鲜明特性。它是中华民族的优良文化传统，也是表征中华民族重礼重义的情感追求，是与其他民族独特文化区别开来的重要特点。没有了民族性，将中华民族置于众多民族之中，则很难突出中华民族的

---

① 魏向东，严安平. 中国的礼制 [M]. 北京：中国国际广播出版社，2010：18.
② 肖群忠. "礼义之邦"的礼义精神重建 [J]. 江海学刊，2014（1）：68-73，238.
③ 王能宪. "礼义之邦"考辨 [J]. 文艺研究，2013（2）：55-62.

文化底蕴和民族特色。人伦性是礼义文化的第二重要特质。之所以强调人伦性，是因为礼义文化的等级色彩较为严重。不论是国家中的"君君臣臣"还是家族中的"父父子子"，都是权威、规矩的体现，违背了人伦性在中国社会视作比违法更加严重的问题，人们的道德情感世界是很难接受此种情况。思想性突出礼义文化在文化层面的特征。即礼义文化体系中所表现出来的思想意义，是用以解决负面的社会现象和不良的社会问题，强调礼义文化思想性的社会意义。

礼和义是儒家思想的重要概念，也是核心道德观念。许慎在《说文解字》中对"礼"字做如下解释："履也，所以事神致福也。从示，从豊，豊亦声。"① 《礼记·中庸》："义者，宜也。"② 礼是人们行为举止的规范和考量标准；义是合宜，即思想行为合乎道义、法律、规范等，这种符合的标准则需要借助儒家规定的"礼"。礼义合称作为一个词组，丰富了原本单个字的含义。一种解释为奴隶社会和封建社会的等级制度，以及与此相适应的一套礼节仪式即为礼，合于这些的做法即为义。《孟子·告子上》言："万钟则不辩礼义而受之。万钟于我何加焉？"③ 意思是万钟的厚禄，不问是否符合礼义就接受它。那万钟的俸禄对我而言又有什么好处呢？强调个体独立于社会，做人做事必须符合礼义，这样才能为人坦荡、问心无愧。另一种解释认为礼义即为礼法道义。礼，谓人所履；义，谓事之宜。《礼记·冠义》言曰："凡人之所以为人者，礼义也。礼义之始，在于正容体，齐颜色，顺辞令。容体正，颜色齐，辞令顺，而后礼义备。"④ 它指明了礼义的多重作用。即它能够对民众生活产生约束作用、净化社会风气，使民风淳朴。人之所以为人，是因为在生活中遵循礼义的规范，礼义在个体的行为举止、态度言辞等方面进行了规范，长此以往，礼义才逐步得到完善，社会风气才日益向好。

礼义文化的作用是多重的，对个人而言能提升人的道德境界，构筑美好积极的精神家园。人之于动物，其最大的差别就是人知礼明礼，通过行礼涵养德性、丰富精神。对社会整体而言，礼义文化规定了人与人之间的各种社会关系，为处理人伦关系提供了指导，是保证社会生活公平与正义、和谐与稳定的文化基石。

---

① 许慎. 注音版说文解字 [M]. 北京：中华书局，2015：1.
② 胡平生，张萌. 礼记：下 [M]. 北京：中华书局，2017：1021.
③ 方勇. 孟子 [M]. 北京：中华书局，2015：225.
④ 胡平生，张萌. 礼记：下 [M]. 北京：中华书局，2017：1177.

四、礼治文化

礼治文化是在社会长期发展中沉淀下来的历史现象或文化事象。费孝通认为"礼是社会公认合式的行为规范"①，"礼治秩序"是中国传统社会的特征之一，而乡土社会是"礼治"的社会，礼治在维持乡土社会秩序上具有重要作用。那么，何谓礼治？《孔子文化大典》中对"礼治"的解释："孔子重要的政治思想。其主要内容是要求统治者用礼作为社会规范和道德规范，来维持等级制度，使社会形成上下有序而且和睦的群体。如果细分，孔子的礼治有三个层面：一是对人民，二是对士大夫，三是对诸侯。"② 杨志刚先生认为："'礼治'作为一种观念或政治的手段，需借助文字记录方可得到反映。"③ 礼治，从字面上看，就是以礼来治，依据礼的原则和规定去治理事务。从范围来看，小到个体的待人接物，大到国家的法律制度，都需要礼来统领。从不同层面看，礼治不仅是治国方略、价值取向，也是社会和谐秩序和人类文明的保障。

礼治文化的发展从西汉前期的萌芽阶段到西汉中期的确立阶段，再到东汉时期的成熟阶段，经历了漫长的发展过程，使得礼治思想逐步发展成为一个完整的思想体系。但中国传统社会的礼治思想真正意义上是从西汉开始的。西汉时期的礼治思想是在先秦礼治思想的基础上，进一步地扬弃、融合和创新，并最终固化和定型。因而，西汉时期是以礼治国的开创期，也是礼文化发展的重要时期。"广义的'礼治'，包括德治、德政、孝治、文治、政治思想、伦理价值、意识形态、礼法制度建设等；狭义的'礼治'，包含礼义、礼俗、礼器、礼仪、礼乐、礼教、礼制等。"④ 可见，礼治文化包含的内容广泛，涵盖的范围广阔。《礼记·礼运》云："治国不以礼，犹无耜而耕也。"⑤《礼记·仲尼燕居》曰："礼者何也？即事之治也。"⑥ 这都强调了礼治文化对国家治理事务的重要性，且中国传统社会是采用以礼治国的治理模式，才使得百姓安居乐业、社会稳定发展。

礼治文化具有实践性、运用性和教化性。所谓实践性是指礼治文化的内

---

① 费孝通．乡土中国［M］．上海：上海人民出版社，2006：41.
② 孔范今．孔子文化大典［M］．北京：中国书店出版社，1994：380.
③ 杨志刚．中国礼仪制度研究［M］．上海：华东师范大学出版社，2001：12.
④ 林中坚．中国传统礼治［M］．广州：广东人民出版社，2007：5.
⑤ 胡平生，张萌．礼记：上［M］．北京：中华书局，2017：438.
⑥ 胡平生，张萌．礼记：下［M］．北京：中华书局，2017：970.

容规范通常在生活中比较常见，且符合人们处理事情的基本准则，在生活中得以经常应用和展现；所谓运用性是礼治文化实践层面的特点，与实践性共生存在。将礼治文化规定的要求和内容运用在实际生活中，增强了礼治文化的可操作性，发挥其实际的效用；所谓教化性是基于实践性和运用性而产生的，在实践运用的过程中将礼治文化的核心观念传达给受教育者，对人们的价值观念、言行举止起到教化作用。礼治文化最中心的思想体现为两点。一是明确身份以维护社会伦常关系。"尊卑贵贱、长幼亲疏是中国奴隶社会、封建社会中最重要、最广泛的社会关系。"① 礼治是运用礼的精神来明确身份，维护各种社会关系。《礼记·曲礼上》云："夫礼者，所以定亲疏，决嫌疑，别异同，明是非也。"② 礼在定、决、别、明上具有重要意义，是处理尊卑贵贱、长幼亲疏的一种基本方式。二是强调个体的自律以求社会安稳。治理国家不是强调频繁使用暴力手段惩罚、制服民众，而是通过礼治使每个社会成员都实现自律，从内心深处自觉遵守社会规定和公共秩序，通过主观上的主动意愿来遵循礼治规范，从而实现社会和谐与安稳。

五、礼乐文化

"礼乐作为一种文化形态产生于远古时期的巫觋文化和宗教文化，从远古祭祀仪式中逐步演化而来。"③ 礼乐是原始社会风俗习惯的系统化，是先民们与自然界沟通的方式，也是他们生活习惯的凝练和总结，并随社会发展，逐步演化成一种政治制度、治理方式和教化手段。自周公"制礼作乐"以来，礼乐一直被视作表征中华传统文化的文化符号，而礼乐精神也就成了中华传统文化的基本精神。礼与乐自产生之初，两者就互相制衡、相互补充，经过长期发展构筑了中国社会的礼乐文化，成为中国社会公共秩序与公共文明的根基，塑造了我国的民族性格和民族精神。

礼乐文化作为中华传统文化的本源与根基，由两部分内容构成，一为礼，二为乐。在儒家的文化体系中，"礼是行为仪式或规范，乐是音乐，是诗、乐、舞的总称"④。但这里的乐并非所有的乐，而是有所特指，专指"雅乐"。儒家所指的礼乐，是具有正统道德意义的行为仪式与音乐。礼乐文化中所包含的礼与乐，在范围上有所区别，礼的概念和外延大于乐，且两者对社会独

---

① 徐进. 礼治的精义及其影响 [J]. 文史哲，1997（1）：5.
② 胡平生，张萌. 礼记：上 [M]. 北京：中华书局，2017：4.
③ 翁礼明. 礼乐文化与诗学话语 [M]. 成都：巴蜀书社，2007：50.
④ 谢谦. 中国古代宗教与礼乐文化 [M]. 成都：四川人民出版社，1996：2.

立个体的约束角度是不同的，"'礼'规范作为个体的人在尊卑贵贱的等级秩序中的各种名分、各种关系，'乐'则制约着作为个体的人在各种不同关系、不同名分中的内在感受"①。在长期的发展中，礼乐文化的愉悦性、和谐性和调适性逐渐凸显，愉悦性注重礼乐文化中乐的部分，强调通过乐部分的吟唱使人心情舒畅、忘记烦忧，也正是与礼仪活动相匹配的乐舞才使得礼的内涵进一步深化和彰显；和谐性则是从礼乐文化的功能方面而言，礼和乐二者相辅相成、共同作用，通过礼乐的形式让个体、群体、社会都处于相对稳定和谐的状态；调适性突出礼乐文化对人的身心发展的调控作用，对社会秩序的维护作用，从而实现礼乐文化追求和谐的共同价值。

礼乐文化的本质是仁，它兼具了礼乐文化在"自然"与"文化"层面的双重意义。"人而不仁，如礼何？人而不仁，如乐何？"② 强调了礼和乐要凸显仁的道德规范，才能实现其存在的价值和意义。"礼云礼云，玉帛云乎哉？乐云乐云，钟鼓云乎哉？"③ 道出了孔子对将礼当作物品交换、将乐当作声色享乐的肤浅认知的质疑和批判；说明了孔子心中是将礼乐视为实现或者达到仁的一种方式、一种手段。事实上，作为形式或载体而存在的礼乐，表达仁、突出仁才是其最终目的和价值指向。对个体而言，礼乐文化为个体生命的完善与提升提供了目标指向，以仁为人生理想和追求，以礼为处世方式和遵循，这样才能实现人与自然的和谐共生。对群体而言，礼乐文化提供了一种具有丰富人文精神的生活形式，社会大众只有经过礼乐，于生活中渗透礼乐文化的精神，才能将仁爱敬让的深刻内涵内化于心、外化于行，在日常的坐立行走、举手投足间感受礼乐文化的独特魅力，这也是礼乐文化在现代社会生命力的展现。

六、礼教文化

近现代以来，中国传统文化中的礼教文化一直饱受争议，批评礼教的事情常有发生。但礼教文化中的积极、合理成分应当被重视、被传承，它在某种程度上代表了中国文化的价值取向。礼教文化的示范性、引领性和纠偏性对于开展公民道德教育十分有益，示范性强调礼教文化的价值作用，在日常生活中对人们为人处世具有良好的示范作用，其中积极的价值内容是人们做

---

① 翁礼明．礼乐文化与诗学话语［M］．成都：巴蜀书社，2007：52.
② 杨伯峻．论语译注［M］．北京：中华书局，2017：32.
③ 杨伯峻．论语译注［M］．北京：中华书局，2017：263.

出正确决策的重要参考；引领性体现在礼教文化的内容对人们日常生活的指导作用，具有方向标的功能，让人们遇到问题时可以自觉参照礼教文化的基本准则，从而帮助问题的顺利解决；纠偏性突出礼教文化在教育方面的重要意义，对于错误的思想观念和言行举止予以纠正，施以正确的、恰当的教育方法，传播礼教文化的伦理观念，让人的想法、行为符合礼教、符合道义。

礼教，以礼为教，起源于宗法，是儒家极为推崇的治国方针。《古代汉语词典》把礼教解释为"关于礼制的教化"①；《现代汉语词典》解释为"旧传统中束缚人的思想行动的礼节和道德"②。孟德斯鸠认为"把宗教、法律、风俗、礼仪都混在一起。所有这些东西都是道德。所有这些东西都是品德。这四者的箴规，就是所谓礼教"③。可见，礼教文化作为一种文化现象，涉及的东西非常多，包括"宗教、法律、风俗、礼仪"这四者及其外延的内容，大致概括为礼制和教化两个主要内容，其价值意义在于运用礼教思想、礼教理论、礼教制度来教化百姓、治理国家，它"以其根本精神适应不同的时代需要而变化实行之"④。何谓礼教思想？蔡尚思认为，"略就学科方面来说，即涉及哲学、伦理学、政治学、法律学、经济学、教育学、心理学、社会学、风俗学、历史学、文学、艺术、宗教等；略就内容方面来说，约涉及仁礼关系、礼教、礼制、君权、父权、夫权、男权、女权、参政、宗法、男系、血统、亲戚、亲疏、别爱、兼爱、婚姻、恋爱、多妻、多夫、贞女、节妇、忠臣、孝子、女才、女学、丧服、缠足、奴婢、妓女、宦官、人欲、天理、生理、情感、家庭、遗产、人格、人道、人权等。如就人物方面来说，涉及的范围更为广泛"⑤。由此可见，礼教思想涉及的范围非常广泛。而礼教理论则是阐明礼教内容、礼教思想的史料书籍，如《论语》《大戴礼记》《小戴礼记》等，犹以孔子为礼教理论的集大成者，其关于礼教的言论对后世影响深远。礼教制度主要包括政治、法律等制度，它发端于伏羲，积蓄于炎黄，大备于唐虞，经夏商周三代，逐步形成了一套完备的礼教形式。中国礼教制度不仅是伦理、道德、礼乐的文化，更是遵循天道法则秩序建立起来的一整套包括政治、法律、哲学、神学、美学、伦理、道德等在内的文化制度。

---

① 古代汉语词典编写组.古代汉语词典［M］.北京：商务印书馆，2005：958.
② 中国社会科学院语言研究所词典编辑室.现代汉语词典：增补本［M］.北京：商务印书馆，2002：772.
③ 孟德斯鸠.论法的精神［M］.张雁深，译.北京：商务印书馆，1959：379.
④ 司马云杰.礼教文明：中国礼教的现代性［M］.北京：华夏出版社，2015：10.
⑤ 蔡尚思.中国礼教思想史［M］.上海：上海古籍出版社，2006：3.

传统社会中，礼教文化在国家正常运行、稳定发展过程中所起的作用巨大，使得人民群众长期对它十分推崇，譬如，西方民众对宗教文化的虔诚。可见，运用符合本国历史文化背景、贴合社会文化发展需要的文化来教化民众，对我国传统社会而言，就是以礼教文化的内在感染力和影响力，这种柔性教化的方式使百姓能自觉遵守规范，从礼教形式中感悟出作为独立个体在社会中生存的道理，形成良好的行为习惯，从而维护社会发展的基本人伦关系。

七、礼仪文化

礼仪文化，"是指在人际交往中表现出的律己敬人的行为系统及交往文化"①。它是在现代化过程中传统礼教治理社会的制度功能渐趋弱化后，以公序良俗的捍卫者及人民群众日用而不自知的规范而存在的新形态。它是个体在人际交往中自身良好礼仪素养和礼仪行为的展现，是个体与他人建立良好关系、产生有效沟通的文化指导。礼仪文化总的来说由两方面构成，一方面是礼，一方面是仪。关于礼的含义有很多说法，学者们从不同角度进行了定义。《辞海》中解释："礼"是维护贵族等级秩序的社会规范和道德规范。但学者们的界定则更为多元，有学者认为，"礼是人们活动的规范，是一种社会的上层建筑，也是一种意识形态"②。有学者指出，礼的含义有四重：一是祭神以致福；二是规定社会行为的法则、规范、仪式的总称；三指以礼相待，对人表示敬意；四指儒家经典。还有的学者认为："'礼'是人类社会独有的文化现象，是古代的典章制度，是人们活动的道德规范，是社会的上层建筑。"③ 不论是从哪个角度对礼进行定义，都没有否认礼作为道德规范对个体的约束作用，作为制度准则对社会秩序的调整作用。仪则是辅助礼的典礼和仪式，礼需要通过各种各样的仪来表达，礼和仪是内在与外在、实在与表现的关系，两者相辅相成、互为表里。

事实还远不止于此，礼仪文化在人民群众生活中发挥的作用，与复杂社会角色多元性与生活场域的多重相比肩。因而，尽管《辞源》认为礼仪是"行礼之仪式"④，但学者们根据自身研究对象的不同，阐释出新的意蕴。如

---

① 傅琼，王意．礼仪文化在当代乡土社会传承的现状及思考——基于江西的调研 [J]．老区建设，2012（16）：42-44.

② 华友根．西汉礼学新论 [M]．上海：上海社会科学院出版社，1998：1.

③ 林中坚．中国传统礼治 [M]．广州：广东人民出版社，2007：3.

④ 商务印书馆编辑部．辞源：修订本：第3册 [M]．北京：商务印书馆，1984.2289.

蒋璟萍认为"礼仪是指人们在社会交往中形成的，以建立和谐关系为目标的，符合'礼'的精神的行为规范、准则和仪式的总和"①。郭瑞民认为"礼仪是礼和仪的综合，是指人们在不同历史、风俗、宗教、制度和潮流等的影响下，在社会的各种具体交往中为表示互相尊重，在仪表、仪容、仪态、仪式、言谈举止等方面约定俗成的、共同认可的规范与程序"②。龚展等认为"礼仪是人类为维持社会的正常运转而要求人们共同遵守的最基本道德规范，以礼仪建设为载体的道德控制可以更有效地保证伦理道德的普遍化、生活化"③。可见，关于礼仪的定义主要侧重于微观层面，强调对个体的约束和规范作用，进而影响社会整体的运行和发展。

总体上说，礼仪文化与上述礼俗文化、礼制文化、礼义文化、礼治文化、礼乐文化、礼教文化等有很大的关联性，既有相同之处，也有相异之处。同是从其相似性、同一性而言，即均属于礼文化，是礼文化在不同方面的延伸和侧重；异是从其差异性、特殊性而言，礼仪文化的概念界定、功能划分、价值衡定与上述的文化均存在差异，且礼仪文化有着明显的特征，即时代性、发展性、创新性和平等性。

时代性强调礼仪文化不是一成不变的，它是随着社会发展、时代变迁而有所增减，剔除了不符合现实社会的内容，增加了社会民众所需要的文化要素。此外，由于社会治理的规章制度越来越细致，社会分工越来越明晰，礼义文化、礼教文化、礼乐文化、民俗文化等，其独立功能越来越弱，大多融到礼仪文化中了。

发展性强调当代礼仪文化是在继承传统礼文化基础上的拓展，"礼仪规范的这种发展性总是与时代精神密切地结合在一起。随着时代的不断进步，人类的礼仪规范必将更加文明、优雅、实用"④。发展性与时代性同时存在，礼仪文化是不断发展的文化，价值内涵、精神要义随着社会发展、情感需要而不断丰富发展。

创新性是当代礼仪文化的一个重要特点。礼仪文化不是现代性的东西，是在历史上有记载的文化，它通过代际传承的方式将其保留下来，并随着时代变迁、社会发展，礼仪文化融合时代因素不断地创新，注入新的内容，从而更加符合现代人的审美和日常生活需要。

---

① 蒋璟萍. 礼仪的伦理学视角 [J]. 船山学刊，2007（4）：50-53.
② 郭瑞民. 中国的礼仪文化 [M]. 芜湖：安徽师范大学出版社，2012：2.
③ 龚展，乌画. 基于社会控制视角的当代礼仪建设研究 [J]. 求索，2013（3）：258-260.
④ 冯相红，李卓，朱皖丽. 礼仪文化引论 [M]. 哈尔滨：东北林业大学出版社，2007：8.

平等性是当代礼仪文化的最典型的特点。这种平等主要是人格上的平等、精神上的尊重、行动上的守序。亦即是说，平等性不是绝对相等，更不是不讲规格、不守位分，而是将他人放到与自己同样重要的位置，以真心对待，以换位思考的意识体谅对方。因而，它必然摒弃传统社会中尊卑有别、贵贱有等的封建等级观念，通过平等的社会机制和价值引领，既保障个体享有平等的权利，又保障其基于社会贡献而获得的利益和尊重。如此，则礼仪文化成为个体之间、个体与社会之间的自觉性互利互惠交往规则。

第二节　理论基础

礼仪文化的建设与发展，离不开丰富的理论支撑。马克思主义文化理论是首要及核心。它具有鲜明的理论品格，即科学性、人民性、实践性、开放性、发展性，是加强礼仪文化建设的强大理论武器和科学指南。因此，笔者只从马克思主义视域来阐述我国礼仪文化建设的理论基础，即马克思恩格斯文化观、列宁文化观等经典马克思主义文化理论，中国化马克思主义文化理论，即毛泽东文化观、邓小平文化观、江泽民文化观、胡锦涛文化观和习近平文化观。

一、经典马克思主义文化理论

（一）马克思恩格斯文化观

马克思恩格斯文化观是马克思主义的重要组成部分。"举凡建构任何一种文化理论，马克思主义永远是必须用浓墨重彩书写的一段重要篇章。"① 马克思恩格斯将人类社会视为有机体，强调社会意识反作用于社会存在之时，已经明确地站在辩证唯物主义和历史唯物主义的立场上揭示出文化的发展规律和社会作用，形成了独特的文化观。马克思恩格斯强调"从广义上讲，文化是指人类所创造的一切成果，一部人类发展史实质上就是一部文化发展史；从狭义上讲，文化主要是指知识、科学、艺术等观念形态的文化成果"②。因而人类本身就是一种文化形式，这种文化形式表现为对自然的改造和适应能

---

① 陆扬. 论文化在马克思哲学中的地位［J］. 毛泽东邓小平理论研究，2003（4）：112-117.

② 张华. 历史地系统地把握马克思主义文化理论［J］. 马克思主义研究，2007（10）：5-12.

力，是一种"接受和摒弃"的有机融合。

马克思恩格斯文化观还强调，物质的发展水平决定了文化内涵和形式的不同。在生产力发展的过程中，由于掌握生产资料的人群不同，生产资料的分配存在差异性，因此形成了不同的阶层。在不同的阶层中存在着不同的文化形式，进而渐渐地与生产力和生产资料分离开来，形成了一种覆盖整个社会范畴的文化独立体，这种文化的独立体产生于生产力，产生于物质社会，其虽然离不开物质世界的基本特点，但是又同时具有超脱物质社会的变化规律和发展进度。因此当一个社会形成了某种文化后，其将独立于物质世界之上。这是因为，其一，文化具有实践性。马克思认为人的本质在于社会实践，这也是人区别于动物的重要特性。"全部社会生活在本质上是实践的"①，在实践中发展人类独有的智慧，这些智慧使人类不仅能够适应自然，而且能够改造自然。这种应对自然的智慧，就是文化，它源于实践，又可用于指导实践。因而文化的本质属性是实践性。其二，文化具有价值性。丛林法则是社会进入自由状态前的国家竞争常态。文化则成为科技、国防、军事、经济等硬实力之外的重要软实力，"一个国家或地区文化的影响力、凝聚力和感召力，它是国家软实力的核心因素"②。从这一点来说，文化是一种生产力，它对人有着教化、指导的作用，为人类社会文明发展、精神道德建设提供了强大的动力。强调文化对一个民族、国家的重要性，不仅作为一种推动科技生产、推动社会发展进步的重要力量，更是作为生产力的价值体现。其三，文化具有阶级性。作为一种社会意识形态，它是一定社会物质生产的政治和经济的反映。一般说来，在阶级社会中，文化是被特定阶级创造、发展和使用，并为某一阶级服务，它代表了这一阶级的利益和意志，这说明文化具有阶级性和意识形态性。葛兰西（Gramsci Antonio）说："政治家往往也从事哲学著作写作，但是他的'真正的'哲学恰好应该在他的政治论文中去找。"③ 在革命探索和建设中，科学文化确实有助于无产阶级开展社会变革，推动社会发展。

（二）列宁文化观

列宁是个坚定的马克思主义者，他深知思想武器的力量，十分重视文化

---

① 黄力之，张春美. 马克思主义文化哲学与现代性 [M]. 上海：上海三联书店，2006：29.
② 易小明. 文化软实力的"硬核" [J]. 吉首大学学报（社会科学版），2018，39（4）：1-3.
③ 葛兰西. 狱中札记 [M]. 北京：人民出版社，1983：85.

在俄国十月革命和社会主义建设中的重要作用。在继承马克思恩格斯文化观基础上，他创造性地提出了一系列文化观点，用以领导俄国革命和建设。

在领导革命的过程中，列宁文化观侧重在加强政治文化建设方面。他说"文盲是站在政治之外的……不识字就不能有政治"①。因此必须加强革命群众的教育，确保"群众的自发的破坏力量同革命家组织的自觉的破坏力量接近起来并融为一体"②。如何才能吸引人民群众参与到政治文化建设中来呢？列宁主张，抓住人民群众最关心的切身利益问题，把其作为主要抓手。他发现，人民群众最为迫切的愿望是改善自身生活条件，对经济斗争十分有兴趣。列宁由此发出了使"一切经济斗争必然要变成政治斗争"③的号召。他一针见血地指出，"把经济问题和政治问题，社会主义活动与民主主义活动结合为一个整体，结合为统一的无产阶级的阶级斗争，这不仅不会削弱，反而会加强民主运动和政治斗争，使它接近人民群众的实际利益"④。正因为列宁同志的这种文化动员理念，使列宁文化观中拥有独特的革命文化新思想。

对于社会主义文化建设，列宁极力主张吸纳一切优秀成果作为社会主义文化的基础。他说，"社会主义文化并非是从天而降的，也并非那些自认为是社会主义文化专家的相关人等所杜撰而来的。社会主义文化实际上是人们在资本主义以及封建主义的压榨之下所创造出来的所有知识"⑤。也就是说，俄国社会主义制度虽推翻了资本主义制度，但"并没有抛弃资产阶级时代最宝贵的成就，相反却吸收和改造了两千多年来人类思想和文化发展中一切有价值的东西"⑥。同时，列宁同志强调文化传承过程中，一定要有创造性转换的认知。"只有弄清楚人类社会前进历程中所创造的一切文化，并对这些文化进行改进，才可能构建起真正的社会主义文化，假使不具备这一认识的话，这

① 中共中央马克思、恩格斯、列宁、斯大林著作编译局．列宁全集：第42卷［M］．北京：人民出版社，1987：200．

② 中共中央马克思、恩格斯、列宁、斯大林著作编译局．列宁选集：第1卷［M］．北京：人民出版社，2012：451．

③ 中共中央马克思、恩格斯、列宁、斯大林著作编译局．列宁全集：第4卷［M］．北京：人民出版社，1995：163．

④ 中共中央马克思、恩格斯、列宁、斯大林著作编译局．列宁选集：第1卷［M］．北京：人民出版社，2012：149．

⑤ 中共中央马克思、恩格斯、列宁、斯大林著作编译局．列宁全集：第39卷［M］．北京：人民出版社，1986：301-302．

⑥ 中共中央马克思、恩格斯、列宁、斯大林著作编译局．列宁选集：第4卷［M］．北京：人民出版社，2012：299．

一任务是不可能实现的。"① 因此，必须"让广大人民群众的文化水平得到有效的提升"②，真正发挥好人民群众作为文化建设主体的作用。

二、中国化马克思主义文化理论

马克思主义基本原理是普遍真理，具有永恒的思想价值。中国共产党是极富创造力的、走在时代前列的马克思主义政党。自成立之日起，就致力于将马克思主义基本原理与中国实际相结合、与中华优秀传统文化相结合，在实践的基础上不断推进理论创新，创造了一个又一个中国化的马克思主义文化理论。

（一）毛泽东文化观

马克思恩格斯文化观与列宁文化观，经普列汉诺夫（Георги ВалеНТИНОВИц ЛлехаНОВ）等众多马克思主义者的丰富和发展③，其影响进一步扩大。被引进到中国后，在中国共产党人的创造性探索下，逐步与中国实际相结合，与中华优秀传统文化相结合，为中国革命和建设提供了有力的指导。以毛泽东为主要代表的中国共产党领导人，深入剖析并灵活运用马克思主义文化观，一方面，不断彰显该文化观的理论深度及对中国革命和建设的指导价值，以适应指导中国的革命和建设的思想支撑需要。另一方面，不断总结和提炼中国革命和建设的文化创作与实践经验，从而认识和掌握基本规律，为马克思主义文化理论宝库增添了新的内容，创造了第一个中国化马克思主义文化观——毛泽东文化观。

新民主主义革命时期，毛泽东总结提炼出新民主主义文化纲领，强调在文化作品及文化活动的内容上要反对帝国主义，维护中华民族的尊严和独立；在表现形式和展现方式上要保持鲜明民族风格和民族特色，塑造中国的形象、表达人民的情感、反映人民的喜好、倡导科学的信仰。同时，毛泽东主张"大量吸收外国的先进文化，作为自己文化食粮的原料，凡是今天用得着的东西，都应该吸收。④ 对于我国灿烂的古代文化，也要'吸收其民主性的精

---

① 中共中央马克思、恩格斯、列宁、斯大林著作编译局．列宁全集：第 4 卷［M］．北京：人民出版社，1995：285.

② 中共中央马克思、恩格斯、列宁、斯大林著作编译局．列宁全集：第 34 卷［M］．北京：人民出版社，1985：285.

③ 王兰．普列汉诺夫对马克思主义文化观的丰富和发展［J］．学术交流，2019（8）：168-176.

④ 毛泽东．毛泽东选集：第 2 卷［M］．北京：人民出版社，1991：706-707.

华'，因为这'是发展民族新文化提高民族自信心的必要条件'"①。这一文化观，源起于新民主主义革命的伟大实践，反过来又成为指导新民主主义革命的精神动力。

新中国成立后，以毛泽东为主要代表的党中央，在分析当时中国社会的具体情况，明确提出科学文化领域要秉持"百花齐放、百家争鸣"的方针，鼓励民主讨论，并到基层实践中加以验证，最终找到解决方案，推进科学文化的发展。旨在"造成一个又有集中又有民主，又有纪律又有自由，又有统一意志，又有个人心情舒畅、生动活泼，那样一种政治局面，以利于社会主义革命和社会主义建设"②。同时强调，发展中国文化还要坚持"以我为主，为我所用"的原则，对其他民族的文化应加以甄别，取其精华去其糟粕。如此，有了毛泽东文化观的指导，中国共产党第一代领导集体团结带领全国各族人民进行了"一场新的战争——向自然界开战，发展我们的经济，发展我们的文化""巩固我们的新制度，建设我们的新国家"③。其精神动能举世瞩目。

（二）邓小平文化观

邓小平是中国改革开放和社会主义现代化建设的总设计师。针对"文化大革命"造成的"本本主义"和思想僵化现象，他提出要准确理解毛泽东思想，在继承经典马克思主义文化理论和毛泽东文化观的基础上，提出了解放思想、实事求是的认识路线和思想路线。时不我待，全党全国要在马克思主义指导下，敢于突破勇于创新，不断解放和发展生产力，杀出一条血路来。"我们现在所干的事业是一项新事业，马克思没有讲过，我们的前人没有做过，其他社会主义国家也没有干过，所以，没有现成的经验可学。我们只能在干中学，在实践中摸索。……关键在于不断地总结经验。"④ 对于实践探索中出现的新问题，要总结教训，找出规律，继续前进。探索中，必须"把马克思主义的普遍真理同我国的具体实际结合起来，走自己的道路，建设有中国特色的社会主义，这就是我们总结长期历史经验得出的基本结论"⑤。因而，解放思想、实事求是既是邓小平理论的核心和精髓，也是邓小平文化观

---

① 毛泽东．毛泽东选集：第2卷［M］．北京：人民出版社，1991：707-708.
② 中共中央文献研究室．建国以来重要文献选编：第10册［M］．北京：中央文献出版社，2011：429-430.
③ 中共中央文献研究室．毛泽东文集：第7卷［M］．北京：人民出版社，1999：216.
④ 中共中央文献研究室．邓小平文选：第3卷［M］．北京：人民出版社，1993：258-259.
⑤ 中共中央文献研究室．邓小平文选：第3卷［M］．北京：人民出版社，1993：3.

追求突破创新的基本写照。

同时，邓小平要求在坚持共同富裕的社会主义价值目标导向下，物质文明建设与精神文明建设"两手抓，两手都要硬""在建设高度物质文明的同时，提高全民族的科学文化水平，发展高尚的丰富多彩的文化生活，建设高度的社会主义精神文明"①。培养"共产主义的思想、理想、信念、道德、纪律、革命的立场和原则，人与人的同志式关系，等等"②，要抵制各种腐朽思想的侵蚀，必须用科学的健康的思想武装好自己。因此，不能将精神文明建设的倡导束之高阁，而要转化成全国人民共同参与的文化活动。"搞社会主义精神文明建设，主要是使我们的各族人民都成为有理想、讲道德、有文化、守纪律的人民。当然还有'五讲四美'。"③"两手抓，两手都要硬"，是邓小平关于物质文明建设与精神文明建设统筹推进的形象表达，而将精神文明建设与物质文明建设一道，列入国家发展总体布局中，则是邓小平文化观的一个新创举。自此，精神文明建设成为推动社会主义现代化建设、促进全面改革和实行对外开放、坚持四项基本原则的文化支撑和思想保障。足见邓小平将中国化马克思主义文化观推进到了一个新的高度。

（三）江泽民文化观

江泽民直面"苏东"剧变和"一超多强"国际格局的演变，在继承经典马克思主义文化观和毛泽东、邓小平文化观的基础上，于1991年建党70周年的讲话中明确提出了"中国特色社会主义文化"的概念，于1997年的十五大上提出了包括中国特色社会主义文化在内的社会初级阶段三大纲领。④ 进入新世纪，江泽民旗帜鲜明地将"代表中国先进文化的前进方向"⑤ 列为"三个代表"重要思想的组成部分之一。并明确指出，"创新是一个民族进步的灵魂，是一个国家兴旺发达的不竭动力，也是一个政党永葆生机的源泉"⑥。加强文化建设，必须"以科学的理论武装人，以正确的舆论引导人，以高尚的精神塑造人，以优秀的作品鼓舞人"⑦。在国际风云变幻中，坚定地走自己的文化发展道路，保持文化与经济政治的密切协调关系，在担当最大社会主义

---

① 中共中央文献研究室. 邓小平文选：第2卷［M］. 北京：人民出版社，1994：208.

② 中共中央文献研究室. 邓小平文选：第2卷［M］. 北京：人民出版社，1994：367.

③ 中共中央文献研究室. 邓小平文选：第2卷［M］. 北京：人民出版社，1994：408.

④ 张远新. 江泽民文化观探究［J］. 社会主义研究，2002（4）：61-63.

⑤ 中共中央文献研究室. 江泽民文选：第3卷［M］. 北京：人民出版社，2006：536.

⑥ 中共中央文献研究室. 江泽民文选：第3卷［M］. 北京：人民出版社，2006：64.

⑦ 中共中央文献研究室. 江泽民文选：第3卷［M］. 北京：人民出版社，2006：85.

国家责任方面，有能力有定力，强化中国人民对创造自己先进文化的信心与决心。

江泽民认为，必须将先进文化建设与思想道德建设结合起来，"努力继承和发扬中华民族的一切优秀文化传统，努力学习和吸收外国的一切优秀文化成果，从而不断创造和推进中国特色社会主义文化，使社会主义物质文明和精神文明协调发展"①。文化不是一朝一夕间培育的，它的根扎得很深，溯源其本，于中华民族而言，则是优秀文化传统，它以各种方式存留于人民的日常生活之中，必须重视并传承；外国优秀文化成果，可以在交往中共享、交流中互鉴，用其能用之元素，丰富我先进文化之系统，最终融于中国人民的思想道德建设之中。

（四）胡锦涛文化观

新世纪新阶段，以胡锦涛为主要代表的中国共产党人领导全国各族人民，在成为世贸组织（World Trade Organization，简称 WTO）成员的情境下，加速发展中国。中外交往加深，各种社会思潮裹挟而入。新形势下"实现什么样的发展，怎样发展"成为新形势下的重大课题，需要新的实践和新的理论创新。胡锦涛要求每一个共产党员都要"把政治智慧的增长、执政本领的增强深深扎根于人民的创造性实践之中"② "找准我国文化发展方位"③，提升文化软实力。

走中国特色社会主义文化道路，首先需要不断培育反映时代需求、彰显时代特色的先进文化。"没有先进文化的积极引领，没有人民精神世界的极大丰富，没有全民族创造精神的充分发挥，一个国家，一个民族不可能屹立于世界先进民族之林。"④ 因此，他要求坚持社会主义文化方向，稳住文化发展方位，着力培育民族精神，提高国民素质，激发奋斗热情，创造中华民族文化新辉煌。

文化竞争力是更深层次的竞争力，是民族自豪感的源泉。摒弃落后文化，抵制腐朽文化，真正贴近群众、贴近实际、贴近生活，以社会主义核心价值体系为支撑，构建社会主义和谐社会。任何时候都不能丢掉传统，弘扬民族优秀传统文化、发掘红色文化资源，弘扬人间正气、塑造美好心灵，是改善

---

① 中共中央文献研究室．江泽民文选：第3卷［M］．北京：人民出版社，2006：2.
② 中共中央文献研究室．胡锦涛文选：第3卷［M］．北京：人民出版社，2016：532.
③ 中共中央文献研究室．胡锦涛文选：第2卷［M］．北京：人民出版社，2016：539.
④ 中共中央文献研究室．胡锦涛文选：第3卷［M］．北京：人民出版社，2016：538.

人民的精神生活、丰富人民精神世界的重要举措。全体中华儿女要倍加努力，使我国文化软实力与滋养深厚的历史文化底蕴相匹配、与富强民主的价值目标及温馨和谐的社会属性相承接。

（五）习近平文化观

中国特色社会主义进入新时代，国家已经进入小康富裕状态，实现中华民族伟大复兴中国梦进入关键时期。"文化兴则国兴，文化强则民族强。"①习近平文化观，其内涵和外延有更大的拓展，将马克思主义文化观提升到了最新境界，成为新时代中国社会全面发展、国民综合素质大力提升的科学指南。

提高文化软实力，是习近平文化观的首要内容。习近平说"提高国家文化软实力，关系'两个一百年'奋斗目标和中华民族伟大复兴中国梦的实现"②。文化软实力的提升，一是做好内功，即加强文化建设，其间既要避免陷入封闭僵化的老路及改旗易帜的邪路，更要走好中国特色社会主义文化发展道路。既坚持经典马克思主义文化理论，又坚守实践特色、理论特色、民族特色和时代特色。二是抓好外传，即既要努力传播展现中国精神和中国力量的当代中国价值观念，又要着力推广彰显中国气度和人民生活场景的大国形象。当前中国人民正开启实现社会主义现代化强国的新征程，心往一处想，劲往一块使，才能克服发展中存在的诸多问题。"每个时代总有属于它自己的问题，只要科学地认识、准确地把握、正确地解决这些问题，就能够把我们的社会不断推向前进。"③

弘扬和践行社会主义核心价值是习近平文化观的基本内容。习近平指出，"核心价值观，其实就是一种德，既是个人的德，也是一种大德，就是国家的德、社会的德。国无德不兴，人无德不立"④。因而，培育和践行社会主义核心价值观，便是立德树人，使广大人民都是其中的剧作者和剧中人，要不断在实践中促进文化发展与创新，为实现中华民族伟大复兴的中国梦提供强大的精神动力及价值引领。⑤

增强文化自信，是习近平文化观的核心内容。他指出："文化自信，是更

① 习近平. 决胜全面建成小康社会　夺取新时代中国特色社会主义伟大胜利：在中国共产党第十九次全国代表大会上的报告［M］. 北京：人民出版社，2017：40-41.

② 习近平. 习近平谈治国理政［M］. 北京：外文出版社，2014：160.

③ 习近平. 之江新语［M］. 杭州：浙江人民出版社，2007：235.

④ 习近平. 习近平谈治国理政［M］. 北京：外文出版社，2014：168.

⑤ 王献福. 习近平文化观的哲学审思［J］. 学习论坛，2020（12）：61-67.

基础、更广泛、更深厚的自信，是更基本、更深沉、更持久的力量。坚定文化自信，是事关国运兴衰、事关文化安全、事关民族精神独立性的大问题。"① 他要求哲学社会科学工作者带好头，用自己的专业所长和民族情怀，贯通历史与现实，关闻国际与国内，融继承性、民族性、原创性、时代性、系统性、专业性为一体，努力构建全方位、全领域、全要素的中国特色哲学社会科学体系，即在"学科体系、学术体系、话语体系等方面体现中国特色、中国风格、中国气派"②。同时还要注重建设中国特色新型智库，以智库建设为依托充分发挥哲学社会科学资政育人功能，为哲学社会科学工作者立时代之潮头、通古今之变化、发思想之先声，为党和人民述学立论、建言献策搭建平台。让世界知道"发展中的中国""开放中的中国""为人类文明做贡献的中国"③。

推动中华优秀传统文化的创造性转化和创新性发展，是习近平文化观另一个极为重要的内容。党的十八大以来，习近平总书记就弘扬中华优秀传统文化的重要价值和意义、主要途径和目标等做出了精深的阐释。在福建武夷山朱熹园考察时，他指出："如果没有中华五千年文明，哪里有什么中国特色？"④ 在十九届中央政治局第三十九次集体学习时，他指出"中华优秀传统文化是中华文明的智慧结晶和精华所在，是中华民族的根和魂，是我们在世界文化激荡中站稳脚跟的根基"⑤。这两段讲话，都饱含着他对优秀传统文化重要价值和意义的精辟概括。"把弘扬优秀传统文化同马克思主义立场观点方法结合起来，坚定不移走中国特色社会主义道路"⑥ "守正创新，推动中华优秀传统文化同社会主义社会相适应，展示中华民族的独特精神标识，更好构筑中国精神、中国价值、中国力量"⑦ 则直接指明了弘扬优秀传统文化的途径和目标，成为我国进一步激活文化血脉的根本指引。

此外，习近平还将家教家风的培育，纳入党风政风的建设中来；将思想

---

① 习近平. 习近平谈治国理政：第2卷［M］. 北京：外文出版社，2017：349.
② 习近平. 习近平谈治国理政：第2卷［M］. 北京：外文出版社，2017：338.
③ 习近平. 习近平谈治国理政：第2卷［M］. 北京：外文出版社，2017：340.
④ 习近平. 习近平谈治国理政：第4卷［M］. 北京：外文出版社，2022：315.
⑤ 习近平. 把中国文明历史研究引向深入，推动增强历史自觉，坚定文化自信［N］. 人民日报，2022-05-29（1）.
⑥ 习近平. 习近平谈治国理政：第4卷［M］. 北京：外文出版社，2022：315.
⑦ 习近平. 把中国文明历史研究引向深入，推动增强历史自觉，坚定文化自信［N］. 人民日报，2022-05-29（1）.

政治教育的铸魂育人，纳入培养社会主义建设者和接班人的要求中来①；将公民道德建设纳入国家形象塑造中来②；使举旗帜、聚民心、育新人、兴文化、展形象的使命任务有指向、有方法、有路径，在全国各族人民中间落细落实，在正本清源上展现新担当，在守正创新上实现新作为③，汇集起 14 亿人民的磅礴伟力。

因而，习近平文化观成为本书研究的重要理论指南，它与其他马克思主义文化观一道，成为"指导我们积极建设社会主义先进文化的强大思想武装"④。

第三节　继替规律

习近平说："文艺只有植根现实生活，紧跟时代潮流，才能发展繁荣；只有顺应人民意愿，反映人民关切，才能充满活力。"⑤ 礼仪文化也是一样，它源自人民的生活需要，运用于人民的生活实践，演绎于人民的理性共识。

一、起源概说

礼仪作为代表传统文化渊源和基质的文化现象，内涵丰富、影响深远，欲探究礼仪文化的社会起源，首先要明晰礼仪的概念。礼仪是人类文明和社会进步的表征，它以内在的道德修养来调控外在的行为规范，是作为理性人的文化修养的外在体现。对于礼仪的定义，可从广义和狭义两方面来概括，广义的礼仪是指国家典章制度、伦理规范、治国方针等一系列文化理论，而狭义的礼仪则侧重于个体在人际交往中为了维持正常的、健康的社会秩序而形成的一系列行为规范。在现实生活中，礼仪作为狭义概念使用更为广泛，在个体交往、人际关系、社会发展等方面发挥着积极作用。

礼仪文化是以礼仪及其相关内容为核心要素的文化体系，而礼仪作为"礼"和"仪"的合成词，就要从这两方面进行阐述和探讨。关于"礼"之

---

① 习近平. 习近平谈治国理政：第 3 卷 [M]. 北京：外文出版社，2020：328-332.
② 国务院办公厅关于印发"互联网+政务服务"技术体系建设指南的通知 [EB/OL]. 中华人民共和国中央人民政府官网，2016-12-20.
③ 习近平. 习近平谈治国理政：第 3 卷 [M]. 北京：外文出版社，2020：322.
④ 张华. 历史地系统地把握马克思主义文化理论 [J]. 马克思主义研究，2007（10）：5-12.
⑤ 习近平. 习近平谈治国理政：第 2 卷 [M]. 北京：外文出版社，2017：317.

起源的话题，学者们历来众说纷纭、答案互异，笔者仅作简单梳理和总结。钱穆说："礼本是指宗教上一种祭神的仪文，……渐变而为政治上的礼。……又渐变而为伦理上的，即普及于一般社会与人生而附带有道德的礼了。"① 梁漱溟指出："在周孔教化未兴时，当亦为一种宗教；在周孔教化既兴之后，表面似无大改，而留心辨察实进入一种特殊情形了。质言之，此后之中国文化，其中心便移到非宗教的周孔教化上，而祭天祀祖只构成周孔教化之一条件而已。"② 王启发认为"中国古代最原初的'礼'具有原始宗教的性质，它起源于史前时期的各种鬼神崇拜和各种巫术、禁忌、祭祀、占卜等巫祝文化"③。张奇伟将礼的起源归纳为十者：起于天神，起于天人之际，生于人之本性，生于人之节制情欲，生于饮食，生于尊祖崇孝，生于男女有别，生于祭祀，生于习俗，生于治乱。④ 从自然天地到人情欲望，再到生活习俗，说明礼所调整的范围之广，对人的行为规范和生活方式有着重要作用。张璐从社会秩序和人际交往的角度将礼的起源归纳为两种情形：一是出于维持秩序需要的"等级礼"，二是出于和平共处需要的"善意礼"。⑤张弘、马婷婷将礼的起源问题概括为九说，分别是祭祀说、宗教说、人欲说、冠婚说、饮食说、交易说、风俗说、礼仪说、人情说。⑥ 王晓锋认为礼起源于原始社会的习惯风俗，是从饮食男女中萌生的文化现象。⑦ 对于礼之起源问题的探讨，学者们从不同角度提出了相应的观点，没有唯一的、确定的概论，但总结来看，起源于祭祀的学说得到大家的认可度和接受度较高。关于"仪"的讨论，《荀子·君道》中记载："君者仪也，仪正而景正。"⑧ 意思是一国的君主就像木柱一样，只有木柱正直影子才会正直。仪本义指竖立的木柱，后来引申为外表、容貌，突出表率、标准的含义。直到春秋时期，仪才释义为仪式、仪文，发展到今天仪的内涵又进一步丰富，解释为在人际交往中表示尊重、礼貌和友好的表现形式。

在我国历史上，礼仪一词最早见于《诗经·小雅·楚茨》，表述为"为宾

① 钱穆．中国文化史导论［M］．上海：三联出版社，1988：60.

② 梁漱溟．梁漱溟全集：第3卷［M］．济南：山东人民出版社，1990：101.

③ 王启发．礼学思想体系探源［M］．郑州：中州古籍出版社，2005：11.

④ 张奇伟．礼的起源之历史思考［J］．陕西师范大学继续教育学报，2001（3）：32-34.

⑤ 张璐．论"礼"的起源和发展［J］．四川经济管理学院学报，2007（2）：7-9.

⑥ 张弘，马婷婷．中国古代礼的起源问题新探［J］．济南大学学报（社会科学版），2011，21（1）：55-58，92.

⑦ 王晓锋．礼的起源、发展与功能［J］．唐都学刊，2000（3）：103-107.

⑧ 方勇，李波．荀子［M］．北京：中华书局，2015：194.

为客，献酬交错。礼仪卒度，笑语卒获"①。这里的礼仪主要是指宾客之间献酬交错的应对之道。《周礼·春官·肆师》中有言："凡国之大事，治其礼仪，以佐宗伯。"② 此处的礼仪主要是指治理国家大小事务的规章制度。《辞源》中记载，"礼仪，行礼之仪式"③，把礼仪解释为规定社会行为的法则、规范、仪式的总称。范文澜在《辞经概论》中提出："礼仪合言，皆名为礼，分言之则礼为体，仪为履。"④ 此语强调了两者的关系，礼是仪的内在根本，仪是礼的外在形式，两者相辅相成、互为表里。关于礼仪的起源问题，学者们提出的观点不尽相同，各有可借鉴之处。蒋璟萍认为礼仪始于原始时代，其起源可归为以下四种：一是礼仪源于俗，来源于民间的风俗；二是礼仪源于祭祀，用于供奉鬼神的庄重仪式；三是礼仪源于人情有序，对人之情欲的控制和制约；四是礼仪源于人际交往，一种人际交往活动。⑤ 郝文勉认为："礼仪起源于原始人的生产活动，是伴随着人们的劳动生产活动及社会交往活动的展开而形成的。"⑥ 顾希佳认为，礼仪的源起大致分为四种：起于祭祀说，起于饮食男女说，起于人的欲望与环境矛盾说，礼仪的多元起源及其他（包括天神生礼说，天经地义说，生于理说，礼从民俗说）。⑦ 金正昆认为，目前学术界的主要看法是，礼仪主要源自上古时期的祭祀活动。⑧ 唐丽娟、尹德锦、张琳把礼仪的起源归纳为五种起源说：一是天神生礼仪；二是礼为天地人的统一体；三是礼产生于人的自然本性；四是礼为人性和环境矛盾的产物；五是礼生于理，起源于俗。⑨ 史华楠把礼仪的起源归为两种学说：一是"仁爱为礼"说；二是"理俗即礼"说。⑩ 所谓"仁爱为礼"说是儒家对礼仪起源的见解，认为礼仪起源于人性中的仁爱情愫；"理俗即礼"说则是人们为了维持正常的生活秩序而制定的理性规范。

综上所述，关于礼仪的社会起源问题学术界尚未有明确的定论，学者们

① 刘毓庆，李蹊. 诗经：下［M］. 北京：中华书局，2011：566.
② 杨天宇. 周礼译注［M］. 上海：上海古籍出版社，2004：296.
③ 商务印书馆编辑部. 辞源：修订本：第3册［M］. 北京：商务印书馆，1984：2289.
④ 郝文勉. 礼仪溯源［J］. 史学月刊，1997（2）：3.
⑤ 蒋璟萍. 现代礼仪教程［M］. 长沙：湖南人民出版社，2006：2-4.
⑥ 郝文勉. 礼仪溯源［J］. 史学月刊，1997（2）：3.
⑦ 顾希佳. 礼仪与中国文化［M］. 北京：人民出版社，2001：73.
⑧ 金正昆. 孔子之"礼"新探［J］. 江西社会科学，2017（5）：243-249.
⑨ 唐丽娟，尹德锦，张琳. 礼仪与文化［M］. 成都：西南交通大学出版社，2018：4.
⑩ 史华楠. 中国礼仪的起源与鸿蒙之初的礼仪文化［J］. 扬州大学学报（人文社会科学版），1999（1）：5.

从不同学科、不同角度提出了相应的学说。不管是哪种说法，都不能否定礼仪的功能和作用，它作为与人类感情、道德观念、宗教意识相关的意识形态，在维持和谐人际关系、修正言行举止方面是作为规范条约而存在的。因此，无论礼仪起源于何种原因，今人所做的就是选择性地剔除礼仪文化中不合理的成分，发扬其优势、积极的一面，以推动人类社会文明的发展。

二、演绎历程

礼仪文化作为完善人们行为、调控群体关系的文化体系，随着人类社会的发展而发展，使得礼仪文化具有继承性的同时又具有时代局限性。笔者从人类社会发展的五个阶段进行探究，分析了每个阶段的礼仪特征，阐明了礼仪文化的继替规律。后一个社会阶段在对前一个社会阶段总结的基础上，添加了新的礼仪元素，对礼仪文化的内容选择性地加以发展和摒弃，从而推动了人类社会的不断进步与向前发展。

（一）原始社会：敬天祈福

礼是生产劳动及生活中达成的共识性规范。原始社会便是礼仪的发源期。这一时期的礼仪与远古先民们的饮食习惯密切相关，是先民们在当时的自然环境下为了饱腹而进行的文化创造。原始社会的礼仪较为简单，主要以当时社会风俗为基础，用食物进行祭祀活动，以寻求平安顺意。

原始社会的祭祀对象主要是祖先和自然天地之神。其一，祭祀祖先。对原始人类来说，人的生命现象充满了神秘感，而生命的死亡对崇拜万物皆有灵的原始人类来说，并不是终结，而是以另一种形式存在于另一个世界，这种存在对现世活着的人们又产生了各种影响。因此原始人类产生了对祖先的尊敬和崇拜。祭祀祖先不是抽象的事物，而是具体到氏族之祖、部落之长，并逐渐形成一整套祭祖仪式，其目的是表达对生命的敬畏和对祖先的尊敬。其二，祭祀自然天地之神。由于原始社会的生活水平不高，生产力低下，早期的人类对风雨雷电、猛兽怪物等一些自然现象无法解释，在与自然的抗争中往往处于劣势，自然而然把这种力量归为神的意志和权力，并对此产生了敬畏和崇拜，以期通过拜祭的方式寻求生存、保护生命的安全。

由于原始社会处于最原始的阶段，没有阶级的区分，这一时期的社会礼仪突出的特点就是简朴，体现了民主、平等的文化价值。中国自古就是依靠土地生存的农耕大国，古代社会以农业为基础，先民们非常珍视土地，从而有社稷之礼，社是土神，稷是谷神。粮食是一个人的生存所需，也是一个国家昌盛发展的基础，满足不了基本的粮食需要，祭祀、作战便无从谈起。因此，社稷成了国家的代称。行社稷之礼，体现了古人盼望社会长治久安的美好愿景。古人不仅对江山社稷有着深厚的情感，对鬼神也充满了企盼。有腊祭礼仪，其中包括蜡祭和腊祭，后由于佛教传入中国，产生了献粥敬佛的习俗，于是有了吃"腊八粥"的风俗习惯，并流传至今；祭灶礼仪，即拜祭灶王爷，希望他能"上天言好事，下界保平安"；高禖礼仪，生育之神，古代人类不知道女性受孕的真实原因，把种族的繁衍发展看作是自然的厚礼，因而对生育女神产生了崇拜，并对她进行拜祭，希望她能够保护子孙繁衍、后代繁荣；傩除礼仪，以驱除疫鬼为目的，通过采取一些强制措施驱赶和除掉恶鬼、厉鬼，以保人类平安祥和。

中国从本质上讲是以农业为主的国家，以农业经济为生存基础的社会。由于农民阶级自身的特点，基于农业土地而产生的拜祭礼仪或多或少地保留了下来，并随着时间和条件的变化而发展，坐落在村落间的土地庙便是最好的证明。每逢传统节日，村民们便会携带相应的食物和香烛纸钱前往拜祭。可见，原始社会的礼仪虽然简单且没有依据，但在长期的发展过程中，为原始人类的生活提供了具有约束力的准绳，使得社会成员在生活实践中按照大家公认的规矩办事。经过这一阶段的发展，发端于远古时期的礼仪更加具体化、丰富化和内涵化。

（二）奴隶社会：确定等级

人类社会进入奴隶社会后，礼仪开始带有阶级的色彩，从原始社会简单的仪式发展成为伦理道德观念，用来维护奴隶主的权威和利益。奴隶主为了维护自身的阶级统治，不惜利用各种手段，对人们进行奴役和控制。奴隶主通过对先前保留下来的习惯风俗进行有选择的改造和删减，使礼仪更加符合奴隶主的意愿，使被奴役的群体更加服从统治。

相比于原始社会的祭祀祖先和天地之神，奴隶社会的礼仪更加丰富，涵盖的内容更加广泛，它包含了社会的一切方面，"尽乎包容了国家政治、经济、军事、文化，一切典章制度以及个人的伦理道（德）修养准则规范的庞大的概念"①。小到个人的生活琐事，大到国家的政治活动，都需要礼仪对行为活动进行规范。奴隶社会阶段，人与人的身份关系具有鲜明的等级性，充满了浓厚的阶级味道。这一时期的礼仪以等级性为特征，以宗法制度为核心，即根据血缘上的远近来划分层次，从而形成不同的等级层次。从宗法来看，

---

① 冯相红，李卓，朱皖丽. 礼仪文化引论［M］. 哈尔滨：东北林业大学出版社，2007：13.

有大宗小宗的区别；从政治上说，有天子、诸侯、卿大夫、士四个等级，而诸侯中有公、侯、伯、子、男五等，卿大夫、士又各分上、中、下三级。血缘与政治地位的高低是一致的，依据血缘关系来分配权力。周王朝是一个金字塔式的等级组织，以周天子为金字塔的顶端，每个等级的成员有自己特定的权利、义务和物质利益。每个等级都对应一定的礼仪，贵族有贵族的礼，卑贱者有卑贱者的礼。所以天子、诸侯、大夫是高贵的一等，庶人则是低贱的一等，即庶人有庶人的礼仪，如同天子、诸侯、大夫有其相对应的礼仪一样。

奴隶社会阶段，统治阶级为了维护自身阶级稳定，提出了一系列的礼仪来约束和教化民众，使之服从统治且不予反抗。《礼记·曲礼》中"礼不下庶人，刑不上大夫"[1]，意思是礼仪不涉及平民百姓这类大众，刑罚不包含大夫以上的贵族。此句反映封建社会"礼""刑"等上层建筑的阶级性，它是维护封建统治阶级的利益、镇压人民群众的工具。在婚丧嫁娶方面也有其对应的一套礼仪，这些在当今社会仍然沿用，只不过步骤和形式略微缩减罢了。由于奴隶社会的等级性以及统治者与被统治者的对立，庶人的礼仪相对简单，没有贵族的隆重和奢侈。而有些贵族礼仪，如朝聘礼、会盟礼等，处于社会最底层的平民百姓是不能参与其中的。

奴隶社会的礼仪带有一定的局限性，使得礼仪逐步沦为统治者统治民众的手段，核心是维护统治阶级的权威、实现统治阶级的愿望，渐渐麻痹民众，使其丧失最基本的人权，服从统治且无法反抗。礼仪从最初祭祀祖先、天地的活动，转化为约束、控制人的行为的规则，尊君、等级制成为这一时期最大的特点。奴隶社会的礼仪为后面社会阶段发展奠定了重要的基础，这一阶段出现了许多著名的思想家，形成了较为全面的礼仪制度，产生了《周礼》《仪礼》《礼记》三部礼仪学名著，对后续礼仪文化的研究具有重大意义。

（三）封建社会：分伦养性

较之于奴隶社会，封建社会因其阶级性质和政权形式的改变，在礼仪诸方面又有很大不同。奴隶社会是根据血缘关系的远近来分配政治权力，将权力分散在各个阶层的权贵手中；但在封建社会里，权力最后都集中在皇帝手中，唯有皇帝才拥有最高的政治权力，官员们都要按照最高统治者的旨意办理事务、统治人民。

封建社会的礼仪对人类社会的发展产生了很大的影响，这一时期的礼仪

---

① 胡平生，张萌. 礼记：上［M］. 北京：中华书局，2017：47.

具有法律的作用，成为"治国之法"。封建社会的礼仪核心是"君权神授""三纲五常"。三纲即君为臣纲、父为子纲、夫为妻纲；五常即仁、义、礼、智、信。这一时期的礼仪相对奴隶社会而言，更加系统和完善，但"君权神授"过分夸大和神化了君主的权力。跪拜礼仪是封建社会尊卑贵贱等级制的重要表现形式，跪拜是跪而磕头，是臣服、崇拜或高度恭敬的表现。仅是跪拜，就有一跪三叩首、二跪六叩首、三跪九叩首的差别，形式烦琐、复杂。按程度可分为稽首、顿首和空首，适用于不同等级的对象；按场合可分为震拜、吉拜和凶拜，适用于不同的生活场景。跪拜礼仪从心理上贬低了行礼者的人格尊严，带有明显的人格侮辱色彩。到后来，作为社会政治礼仪的跪拜礼仪被废除，人们见面以脱帽礼代之，封建色彩逐渐衰退，更多的是彼此之间的尊重。

在封建社会统治中国两千多年的时间里，礼仪逐步成为统治者统治人民的工具，且以法律的形式使其完备和合法起来，形成特有的社会礼仪文化，其时代性和继承性也得到了发展和补充。正如晏婴曰："礼之可以为国也久矣。与天地并。君令臣共，父慈子孝，兄爱弟敬，夫和妻柔，姑慈妇听，礼也。君令而不违，臣共而不贰，父慈而教，子孝而箴，兄爱而友，弟敬而顺，夫和而义，妻柔而正，姑慈而从，妇听而婉，礼之善物也。"[①] 他认为礼仪不仅可以教化民众，稳定社会秩序，更可以帮助治理国家，改变政局发展的趋势。礼仪的实施范围非常广泛，不只是局限于生活的日常仪式，更涵盖社会生活一切方面，对社会上的不同阶层、不同地位、不同身份的民众皆有约束的作用，它是一种内容广泛且普遍适用的道德规范，这些道德规范通过日常生活中的仪式和行为表现出来。

（四）近代社会：中西渐融

人类社会进入近代社会以来，中国社会的很多方面发生了深刻的变化。由于西方文化大量涌入我国，我国的传统文化遭到了破坏，政治体制的变化使得人们的生活风貌、风俗礼仪发生了很多变化，礼仪文化的发展也受到了影响。这一时期的礼仪文化呈现中西融合的趋势，开始逐步带有西方的色彩和价值观念。

清朝时期，皇帝接见使臣时要求严格按照中国那套具有贬低色彩的叩拜礼仪，而外国使臣则坚持他们自己的礼仪，即基于人格平等的鞠躬和握手礼仪。直到雍正皇帝时期跪拜礼才有所改变，他是历史上第一个同意西方大臣

---

① 李梦生. 左传译注［M］. 上海：上海古籍出版社，2004：1165.

在特殊情况下行使西方的礼节，而不必被迫行中国跪拜之礼的皇帝。鸦片战争失败后，中国在对外交往中处于比较被动的状态，允许外国公使常驻北京并成立总理各国事务衙门后，各国使臣在华均采用鞠躬和握手的礼节。随着西学东渐日盛，尤其推翻清王朝、建立"中华民国"之后，西方文化在中国社会影响力越来越大，传统的礼仪规则、制度受到了冲击。五四新文化运动中，学习"德先生"和"赛先生"，人们的社会生活也发生了很大的变化，古代礼仪中烦琐复杂的部分逐渐被人们抛弃，取而代之的是具有融合味道的礼仪，这些礼仪兼具中国的传统特色和西方的文化色彩。从客观方面看，中西方礼仪互鉴，促进了中国与外国礼仪文化的交流以及世界各国礼仪规范的相互学习、相互借鉴。人们在平时生活中，越来越多地参考了西方传入的文化习俗，男人们越来越注重绅士风度，女人们越来越注重淑女规范。比如，人们剪掉长辫子，留起了短发；脱去传统的长袍马褂，穿上了西装；女人摆脱了缠足等。这些传统形式的改变，不仅反映了时代的进步和发展，另一方面也剔除了相对封建落后的习俗，使礼仪文化符合时代的客观条件，一定程度上推动了礼仪文化的发展。

现在通用的一些礼仪大部分是这一时期保留下来的，如鞠躬、握手、脱帽等。一定程度上来说，这一时期的礼仪文化是在破坏中逐步建立和完善的。中国历史悠久，传统文化早已在人们心中扎根，即便当时的社会环境中西方文化盛行，但资本主义的那套礼仪规范只是少许地、间接地被人们接受。因此，这一时期的礼仪文化是中国文化与西方文化相互借鉴趋于和谐的阶段。

（五）当代社会：回望转换

进入当代社会，礼仪文化建设进入了新的时期。不可否认，礼仪文化受传统历史文化影响很大，许多传统观念在人们心中根深蒂固，但礼仪革新才能更好地适应人们的需要和社会的文明发展。

首先，摒弃曾经束缚人们思想的封建观念，如"神权天命""三从四德"等，这类思想具有浓厚的封建等级色彩，愚昧至极，进而发扬尊老爱幼、讲究信义、以诚待人、礼尚往来等中国传统礼仪思想。其次，树立正确科学的礼仪观念，把受到错误批判的礼仪思想重新纠正过来，大力发扬《公民道德建设实施纲要》中倡导的礼仪风尚，引导人们讲文明、懂礼貌，形成知礼、行礼、重礼的良好社会风气。最后，立足中国的现实国情和发展需要，继承传统文化中的礼仪思想，有选择地融入西方的文化因素，使礼仪更加符合我国国民的生活需要，发挥礼仪文化对人的约束和调控作用。

随着时代的发展，要以更加全面的视角去分析礼仪文化，而不是盲目地、不假思索地遵循古代具有神秘、愚昧的东西。礼仪文化作为社会主义先进文化的重要内容，应当与时俱进、因时损益，发挥其在人类文明和社会发展中更加积极的促进作用。

三、本质特征

本质是事物发展变化的规律特征，礼仪文化的本质特征即是指行为主体在践行礼仪的过程中遵循的合理性的东西。中国传统文化博大精深、源远流长，涵盖众多的领域。现代文化的发展首先要传承历史悠久的传统文化，在此基础上对传统文化进行创造、超越和创新，这是时代发展和文化建设的必然过程。礼仪文化作为中国传统文化的核心部分，具有丰富的精神内涵。其基础在于诚，核心在于仁，本质在于敬，根本在于和。

（一）礼仪文化的基础在于诚

诚是礼仪文化的基本，没有了诚的前提，其他便无从谈起。首先，体现在学习方面，《论语》中记载："知之为知之，不知为不知，是知也。"[1] 学习知识要有一颗诚实的心，对于懂的知识就说懂，不明白的就直言不明白，不能不懂装懂。这句话强调了做学问的首要态度就是诚，不能为了一时的面子而违背内心的真实想法，做出与自身现实相反的表述。其次，体现在交友方面，《论语》有言："吾日三省吾身：为人谋而不忠乎？与朋友交而不信乎？传不习乎？"[2] 在与朋友交往过程中，要坚持诚信，答应别人的事情要做到，不能随意轻许承诺，降低了在朋友之间的信誉和价值。最后，体现在做人方面，《论语·为政》篇记载，"子曰：'人而无信，不知其可也。大车无輗，小车无軏，其何以行之哉？'"[3] 人之所以能在社会生存下去，靠的是自身的诚信。人缺少诚信，就像车子缺少零部件一样，无法正常在路上行驶。诚信是一个人道德修养的展现，如果一个人失去了诚信，那么礼仪文化也就没有了存在价值。

（二）礼仪文化的核心在于仁

仁是礼仪文化的核心所在。在古代推崇的"仁义礼智信"五常中仁居于

---

① 杨伯峻. 论语译注 [M]. 北京：中华书局，2017：25.
② 杨伯峻. 论语译注 [M]. 北京：中华书局，2017：4.
③ 杨伯峻. 论语译注 [M]. 北京：中华书局，2017：28.

首位，它通常是指一种理想的、和睦的人际关系。① "仁"作为一种美德或标准，其三层含义分别是爱亲、爱人和做事的准则。第一层含义指爱自己身边的亲人，基于血缘关系形成的家庭、家族，彼此之间的亲近程度最高，因而在遇到困难时，相互帮助、扶持才能体现个体仁的品质，否则即为不仁。《论语·颜渊》篇中记载，"樊迟问仁。子曰：'爱人。'"②，充分表明了仁的意义。第二层含义是爱他人，从亲属范围扩大到社会民众，把对自己亲人的爱延伸到社会上的公民，这种仁不仅是一种关心、友爱的态度，更上升到思想层面的尊重，即不把自己的想法和意志强加给他人。第三层含义指做事的基本准则，一切行为都是仁的外在表现形式。对亲人、对他人都要有一颗真诚的心，不去做违背良心和道德的事情，只有个体自身不断地努力，才能达到仁的境界，为人处世、待人接物才能具备仁心。《论语·子路》篇中记载，"樊迟问仁。子曰：'居处恭，执事敬，与人忠。虽之夷狄，不可弃也。'"③，充分强调了人与人之间和睦相处、互帮互助的关系。仁是个人的正路，是人的志向追求。要在生活中实践礼仪的要求，化被动为主动。④

（三）礼仪文化的本质在于敬

礼仪文化区别于其他文化的特质是什么？《论语》中记载："恭近于礼。"⑤"恭"有恭敬、尊敬的意思，《礼记》中有言："毋不敬。"⑥ 由此可知，礼仪文化的本质在于敬，即在待人接物方面表现出的尊重与恭敬的态度。礼仪大抵起源于古代的祭祀活动，其主要目的是通过祭祀排场布置、活动安排来表达对祖先、天地和鬼神的敬重。儒家学派的孔子十分好礼，但并不是注重礼仪活动所涉及的物资丰富、形式多样。《论语·子罕》中记载，"子曰：'麻冕，礼也；今也纯，俭；吾从众。'"⑦。《论语·阳货》中记载，"子曰：'礼云礼云，玉帛云乎哉？乐云乐云，钟鼓云乎哉？'"⑧。可见，孔子重视的是主体对被表达对象的尊重与敬意。《论语·宪问》中记载："修己以敬。"⑨

① 刘青，邓代玉．中国礼仪文化［M］．北京：时事出版社，2009：15-31.
② 杨伯峻．论语译注［M］．北京：中华书局，2017：185.
③ 杨伯峻．论语译注［M］．北京：中华书局，2017：197-198.
④ 傅佩荣．傅佩荣的哲学课：先秦儒家哲学［M］．北京：北京联合出版公司，2018：133-138.
⑤ 杨伯峻．论语译注［M］．北京：中华书局，2017：11.
⑥ 胡平生，张萌．礼记：上［M］．北京：中华书局，2017：1.
⑦ 杨伯峻．论语译注［M］．北京：中华书局，2017：124.
⑧ 杨伯峻．论语译注［M］．北京：中华书局，2017：263.
⑨ 杨伯峻．论语译注［M］．北京：中华书局，2017：225.

孔子用此告诫弟子为人处世要保持尊敬、谦让的心态。《论语·八佾》中记载，"子曰：'居上不宽，为礼不敬，临丧不哀，吾何以观之哉！'"[①]，表明孔子对生活中具体事情的看法，即不论对方是何种身份，要表达出对他人的敬意，以彰显自身的礼仪风貌和君子气概。

（四）礼仪文化的目标在于和

《礼记·中庸》有言："喜怒哀乐之未发，谓之中；发而皆中节，谓之和。"[②] 和是中国文化的主导意识，追求和谐是中国传统、民族心理和社会生活的重要特征。《论语·学而》中记载："礼之用，和为贵。先王之道，斯为美，小大由之。有所不行，知和而和，不以礼节之，亦不可行也。"[③] 这句话强调了礼仪的目标是促进社会和谐。和谐的范围有多广，取决于礼仪的通行范围有多大。"和为贵"的思想注重对个体的道德修养和道德教化，认为人与人之间的相处之道是建立在和谐基础上的适当关系的处理，通过对社会不同阶层的引导，按照礼的规范来处理人与人之间、人与群体之间的关系，从而在社会公共生活中形成一种良好的社会秩序，以达到建立和谐融洽的社会人际关系的目的。现代社会是多元文化交融的社会，正常的社交活动是日常生活的基本条件，人与人之间和谐相处、礼貌沟通和交流对每个人都至关重要，因而在此过程中礼仪不可或缺。礼仪不仅是对他人尊重和敬意的表现，更是对他人的一种宽容态度，是各种错综复杂的关系的调节剂，通过向他人展现礼仪、表示理解和宽容，做到"和为贵"才能有效化解矛盾，构建良好有序的社会秩序。

第四节　当代价值

一、礼仪文化的多维价值

任何一个能够孕育文明且不断推进社会文明进步的民族必然有其自身的行为规范与处世模式，于中华民族而言，这就是"礼"。中国的礼仪文化源远流长，博大精深，"从先秦的历史看，礼可以说是无所不包的社会生活的总规

---

① 杨伯峻. 论语译注［M］. 北京：中华书局，2017：46-47.
② 胡平生，张萌. 礼记：下［M］. 北京：中华书局，2017：1007.
③ 杨伯峻. 论语译注［M］. 北京：中华书局，2017：10.

范，融习俗、道德、政治经济制度、婚姻制度、思想准则为一体"①。当然，礼仪并非单纯沿袭，相反，它随社会变迁而大有损益，彰显出"时为大"的特色。在中西文化激荡的岁月里，人们对礼仪的价值判断时有悖论、褒贬不一。但在岁月洗礼之下，学者们发现，作为中华原生文化理路的礼仪文化，其灼灼光芒仍是人们安身立命不可或缺的重要元素。在建设文化强国的征程中，挖掘礼仪文化的潜力，对于破解当下中国人面临的精神与道德压力，寻觅安放个体生命意义的精神归所，推进民族内聚力、促进社会的和谐发展，甚为有益。

（一）治理维度：助力社会治理方式的创新

社会是一个复杂的有机体，其中生活的个体，有着各自的利益诉求。但为应对生存困境，彼此之间必须达成共识。而以制度化方式来处理人与人之间的关系，在中国古代曾被称为"礼制"，当下称为社会治理。在近代中国贫弱受欺而师法西方现代制度的进程中，国家治理体系源自西方治理理论的成分居多，外力强制型色彩比较重。

事实上，社会治理必须是一种融法律治理、道德治理和文化治理为一体的管理模式，治理主体应包含政府、城乡社区、社会组织和广大的社会成员等。其目标是预防并处置各类冲突和矛盾，协调错综复杂的社会关系，以激发个体的积极性，发挥群体的协作意识，从而保障社会健康有序地发展。因而社会治理的逻辑路径，单靠外力强制绝不可能发挥有效功能，而是必须借助"源于行为者之间彼此认同并相互发生影响的文化作用"②。

创新原有社会治理体系，推进内外力协同发展的国家治理能力现代化成为一项重大任务，关系到建设中国特色社会主义社会的积极性和创造性，关系到实现伟大中国梦的进程。历经几千年社会演绎的礼仪文化作为传统文化的精华所在，便是社会治理不可或缺的宝贵文化资源。因为礼仪文化所蕴含的力量在于对个体内在道德的教化与指引以及外在行为的规范与约束，它突破了法律治理和政府治理对公民和社会的强制管理，消除了对社会成员的强制惩治和约束。

礼仪文化以其功能、内涵实现对社会治理方式的创新，主要体现在两方面。一是从思想观念到行为习惯的内在途径。这种治理的方式是通过加强对

---

① 陈其泰.二十世纪中国礼学研究论集［M］.北京：学苑出版社，1998：73.
② 蒋璟萍，袁媛淑.论礼仪文化促进社会治理创新的机理和路径［J］.湘潭大学学报（哲学社会科学版），2015，39（6）：21-24.

公民的礼仪文化教育，遵循从思想观念到行为习惯的内在逻辑，提升公民对礼仪文化的认同感，引起情感上的共鸣，从而去除不合礼仪的行为，养成知礼、守礼、循礼的习惯。社会治理不是单方面、某部门的责任，它需要多部门协同作战、共同施力，治理结果的好坏取决于公民德性的优劣。因而，要实现涵养公民德性，提升公民素质的目的，必须加快礼仪文化建设，把礼仪文化的敬让、平等、文明、和谐等思想融入教育之中，培养具有高度道德自觉的公民，使其具备礼仪文化所要求的品质。二是从规范准则到秩序调控的外在途径。社会文明的实现，是基于公民对礼仪文化的认同和内心产生的遵循并践行规矩准则的意愿，这不仅是内在道德良知的驱动，也是外在规范秩序的要求。"社会力量总是在文化中获得表现的，社会过程被包含在文化生活本身的结构之中。"①

礼仪文化中的制度文化则通过规范准则来实现对公民行为的规范，强化社会成员的礼仪意识，发扬礼仪文化倡导的道德品质，传播正确的价值观，从而促进良好社会环境的形成。规范准则的强制性虽弱于法律，但对公民起到的约束作用甚为明显，公民在大家公认的规范和准则面前，迫于集体压力而纠正自身的行为，以期融入社会组织、社会集体当中，消除他人对自己的排斥心理和不悦情绪。长期来看，只有通过内外结合的治理方式，采取双管齐下的方法，才能提高公民的道德理性，才能改变公民的行为举止，从而促进社会的文明进步和整体发展。

（二）公序维度：重构礼让规范的模式

交往是人与人之间特有的行为活动，礼仪文化不仅有助于基于情理的交往、理性的新生，更为人际交往中礼让规范的建构提供了文化指导。中国社会是注重人情的社会，是基于各种人际关系而形成的群体性生活模式。人情是群体之间相互交往而形成的一种相对稳定的关系，这种稳定关系需要依靠礼仪来维持。而现代人在物欲横流的社会中逐渐忘却了礼仪文化，因而礼让规范的重构成为当务之急。

"礼仪始于原始人类时代，它是风俗、人情、祭祀等的综合产物。"② 礼仪的形成本身就是一个动态发展的过程，是在风俗习惯和地域人情变化中逐步系统化的规范。因而礼让规范的建构要树立贵人和和谐的意识。其一，尊

---

① 曼海姆. 重建时代的人与社会：现代社会结构研究 [M]. 张旅平，译. 北京：北京联合出版公司，2013：38.

② 蒋璟萍. 礼仪文化学的学科性质和体系初探 [J]. 大学教育科学，2013（3）：113-117.

敬礼让是中华民族世代相袭的传统道德精神，这种礼仪精神散发的魅力在现代社会并不明显，所以礼让规范的建构首先要树立贵人的意识。钱穆说："礼必兼双方，又必外敬而内和。知敬能和，斯必有让。故让者礼之质。"① 双方主体的尊敬和礼让是实现表达和沟通的内在因素。《礼记·坊记》曰："君子贵人而贱己，先人而后己，则民作让。"②《礼记·表记》曰："君子恭俭以求役仁，信让以求役礼，不自尚其事，不自尊其身，贱于位而寡于欲，让于贤，卑己而尊人，小心而畏义。"③ 贵人即以他人为贵，尊敬礼让他人，把他人放在较高的位置，而自己以相对较低的姿态以示尊重，以贵人的态度与人相处，有利于形成互相礼让的良好风气。礼仪文化所体现的贵人礼让的思想不止于文化层面，更是个体灵魂深处的道德展现。其二，以"和"为贵的处世态度，是礼让规范的基本原则。礼让是在处理与他人的关系中体现的道德品质，在不破坏和谐相处原则的基础上，以恰当的形式表达恭敬与尊重。《礼记·仲尼燕居》有言："敬而不中礼，谓之野；恭而不中礼，谓之给；勇而不中礼，谓之逆。"④ 以礼仪来处理人际关系，应用和谐的处世理念，不仅有利于和谐人际关系的实现，更有助于群体之间形成和睦融洽的氛围，从而推动社会礼让环境的形成。"六尺巷"的故事展示了主人公张英以邻里关系为大，以和谐大局为重，彼此间互相礼让的故事。这一成功典范展现的是与人相处秉持的礼让态度，正是邻里间的礼让才形成了淳朴的民风，才建立了和谐的乡村社会。礼仪文化是根植于每个中华儿女心中的传统，其涵容的文明礼仪和道德精神对人际交往、言行规范有莫大的影响，礼让规范的建构即是从传统文化中探寻符合现代社会发展的有益因子，从而促进社会成员间友好相处、彼此礼让。

（三）文化维度：促进中国文化模式的调适

"礼"在中国的内涵和外延都很丰富。但当它从"礼制"的高位退位至日常生活规制之时，它的制度硬壳慢慢退却，软实力的文化功能渐渐加强。众所周知，文化作为历史发展的存在方式，是处于不断发展变化中的。"在现实层面，对一个民族（国家）来说，文化是积淀而成并维系其不断延续、传承发展的内在基因。"⑤ 不同文化间的差异、共同点，最终通过文化整合的方

---

① 钱穆. 论语新解 [M]. 北京：九州出版社，2011：107.
② 胡平生，张萌. 礼记：下 [M]. 北京：中华书局，2017：988.
③ 胡平生，张萌. 礼记：下 [M]. 北京：中华书局，2017：1053.
④ 胡平生，张萌. 礼记：下 [M]. 北京：中华书局，2017：967.
⑤ 陈少雷. 文化转型与价值建构：问题、视角与路径 [J]. 北京联合大学学报（人文社会科学版），2019，17（3）：37-44.

式固化为一种文化模式，其根本是促进人的全面发展。而中国文化模式则是一种多方借鉴、去糟粕而取精华的"拼盘"形式，从传统文化模式发展到当代中国文化模式，礼仪文化一直是文化模式中不可或缺的部分。

"一种文化就像是一个人，是思想和行为的一个或多或少贯一的模式。每一种文化中都会形成一种并不必然是其他社会形态都有的独特的意图。"① 礼仪文化作为中华传统文化的一部分，它对人类行为的规范作用和社会文明的推动意义是显而易见的。就中华传统文化而言，加大礼仪文化建设，是对其内容的进一步丰富与扩展，更是对现有文化模式的一种调适，以期使这种文化模式更具时代气息并得以发展和完好地保留。社会的稳定发展需要一种符合大众文化需求，贴合实际生活需要的文化模式，能够对公民起到全面的教育和指导作用。礼仪文化不同于其他文化，它倡导以礼构建社会的文明秩序，培养具有先进思想和正确价值观的个人，用无形的内在道德来调控有形的外在行为。"在世界历史中，没有任何一种文化和制度的生命力可与中国的'礼'相提并论。"② 当今社会出现的道德失范、精神困顿、价值观扭曲等问题反映了社会主体对现有文化的不适应，而礼仪文化以悠久的历史和顽强的生命力在文化领域发挥强大的调适作用。

礼仪文化主张的政治思想和伦理品格为社会问题提供了解决之策。用政令、刑法来治理百姓，他们仅限于为了免于责罚而守法，但不知廉耻；相反，用道德、礼义引导百姓，他们不仅懂得礼义廉耻，而且从内心愿意顺从。礼仪文化将内心的恭敬与外在的形式紧密相连，从而实现一种非法律形式、依靠礼仪维系的和谐秩序。"维护文明首先也是最重要的一点，是依靠从我们心中精神生活的源头喷涌而出的力量。"③ 这种力量来源于内在的道德，而道德是需要文化来引导和教育的，脱离了礼仪文化赋予人的内在涵养，维护文明的重任则很难实现。礼仪文化传承和延续的意义在于发扬其优秀的内容，使其得到社会成员的普遍认可与赞同，从而提高内在的道德自觉意识，实现行为与精神相协调的高度社会文明。

文化模式的选择、生成和适用，在于其是否反映了鲜明的时代特色，是否贴合大众文化的需求。礼仪文化所构建的文明秩序是一种更具理性和柔性的模式，它消除了其他文化对社会发展的不适应性，通过对个体内在致思、

---

① 本尼迪克特．文化模式［M］．王炜，译．北京：社会科学文献出版社，2009：32.

② 马小红．礼与法［M］．北京：经济管理出版社，1997：13.

③ 阿尔伯特·史怀特．文明与伦理［M］．孙林，译．贵阳：贵州人民出版社，2018：304.

外在行为的教化和指导，实现个体自身道德素质的提高，使文化的发展更符合现代化的要求。

（四）价值维度：助益社会价值准则的衡定

礼仪文化不仅对当前中国文化模式具有调适作用，更为社会价值准则的确定提供了遵循依据。"作为重要的哲学范畴，'价值'指的是主体对于客观存在的评估和量度，表现为'积极的或消极的意义'。"① 公民对社会事物的认知有其评判的价值标准，只有公民共同认可的价值观念才能推动社会的发展与进步。当今社会诚信缺失、价值观扭曲等问题的频繁出现，其主要原因在于缺乏符合时代发展、满足道德礼仪的价值准则，没有形成一套能引起大家情感共鸣的价值体系。应从礼仪文化中寻找突破点，对社会价值准则重新进行衡定，引导公民形成积极向上的价值观，从而形成风清气正的和谐社会。"社会核心价值观的内核是个人与他人关系中的基本行为准则，也就是人类的基本道德。"② 核心价值观分别从个人、社会和国家三个层面提出相应的要求，而社会是由人推动其前进的，故而首先要对人的价值准则和道德理念做出衡定。

礼仪文化是中华传统文化的宝贵资源，其中蕴含的理念和思想对个人三观的形成具有重要的作用。一是礼仪文化主张待人以仁。"仁义礼智信"中仁居于五常之首，可见其重要性非同一般，孔子所推崇的理想人格也正是需要具备这五个条件。《论语》中记载了两次樊迟问仁的情景，一是《论语·颜渊》，"樊迟问仁。子曰：'爱人。'"③ 二是《论语·子路》，"樊迟问仁。子曰：'居处恭，执事敬，与人忠。'"④ 即强调仁是在相处过程中对他人的一种情感表达和责任担当，"爱人"不是局限于对喜欢的人的关爱和照顾，更是一种宽大胸怀的博爱，在他人需要时候的点滴关怀。只有每个人将仁的情怀敞开来，彼此之间互亲互爱、和睦相处，社会才会是一个充满温情与爱的地方。二是礼仪文化强调为人正义。"在中华传统文化里，'义'指的是天下合宜之理、天下公正的道义。"⑤ "义"作为一种道德素质，是比仁更为强烈的责任担当。它处于五常中第二位，国之四维的第二位，可见其重要程度。《论

① 袁贵仁. 价值观的理论与实践：价值观若干问题的思考［M］. 北京：北京师范大学出版社，2006.
② 潘维，玛雅. 聚焦当代中国价值观［M］. 北京：生活·读书·新知三联书店，2008：5.
③ 杨伯峻. 论语译注［M］. 北京：中华书局，2017：185.
④ 杨伯峻. 论语译注［M］. 北京：中华书局，2017：197-198.
⑤ 金正昆. 孔子之"礼"新探［J］. 江西社会科学，2017，37（5）：243-249.

语·卫灵公》："君子义以为质，礼以行之，孙以出之，信以成之。"① 《论语·阳货》："君子义以为上。"② 这展现了君子的风姿，以义为上、为根本，追求自身的义，从而赢得别人的认可与尊重。人不是孤立的个体，而是处在各种各样的关系网中，把正义作为价值准则、作为生存之基，恰当处理各种人际关系，才能实现自身发展的同时构建良好的社会风气。三是礼仪文化倡导交往诚信。诚信是自古以来的正人君子的必备品质之一，缺失了诚信这一基本道德品质，人恐怕很难在社会立足，更不用谈长久地生存下去。《论语·学而》："信近于义，言可复也。""与朋友交，言而有信。"③ 这表明诚信作为从属于道德范畴的内容，是与人交往应当遵循的基本准则之一。社会生活中与人诚信交往，才能建立和谐的人际关系，人与人之间的不信任感才能降低，社会风气才能有所净化。"正确的世界观、人生观和价值观的培养不是一朝一夕的事，是要长期的积累，这个过程中需要付出很多的努力，其所承受的苦痛也可能是难以言喻的，这时候更要发挥优秀传统礼文化的导向作用，才能避免消耗不必要的精力和时间，早日实现目标。"④

礼仪文化内涵的仁爱、正义和诚信对个人道德品质的提升具有重要作用，通过重新树立社会价值准则来纠正不良的思想观念，发挥礼仪文化对个体和社会的导向作用，从而形成社会成员公认的价值准则。

（五）人伦维度：推动中国人伦秩序的革新

发展具有不平衡性，人伦秩序亦因其内部个体实力变动差异而衍生出不同特征，革新成为一种必然趋势。人伦秩序循礼而生，"使得礼成为整个规范性社会秩序之黏合剂的原因在于：'礼'的主要内容涉及人们的行为，在一个结构化的社会之内，人们依据角色、身份、等级以及地位而相互联系在一起"⑤。礼仪文化是规范社会秩序的黏合剂，是协调人际关系的润滑剂，当今社会上出现的一些不和谐因素，使得人们必须从礼仪文化的角度出发，来重新审视各类人际关系，建立符合道义的人伦秩序。

在传统社会中具有范型意义的君臣、父子、夫妇、兄弟、朋友五种人伦关系，涵盖了古代社会交往主体间的各种关系，但不管是父子、夫妇、兄弟

---

① 杨伯峻．论语译注［M］．北京：中华书局，2017：235.
② 杨伯峻．论语译注［M］．北京：中华书局，2017：269-270.
③ 杨伯峻．论语译注［M］．北京：中华书局，2017：6-11.
④ 刘泽华，刘丰．礼学与等级人学［J］．河北学刊，2001（4）：46-51，97.
⑤ 史华兹．古代中国的思想世界［M］．程钢，译．南京：江苏人民出版社，2014：88.

的家庭伦理关系，还是君臣、朋友的社会伦理关系，都需要一定的价值规范来调节。社会的发展需要文化作为智力支持，需要灌入新鲜的思想，不可否认封建思想有其弊端，但加以选择性地发展和创新可以促进人伦秩序的革新。"五伦是由中国社会生活中生长出来的人与人之间关系的独特结构，它十分典型地体现了中国家国一体、由家及国的社会结构特征。"① 但现代社会中君臣关系的消失使得人们要从时代特点出发对人伦秩序进行重新调整，人无时无刻不处在人际关系当中，父与子、夫与妻、长与幼等都应当以恰当的姿态面对，不违背道德礼义，建立正确的人伦秩序，维护社会的和谐发展。"天有其秩序，民有其洪范。"② 社会要建立起保持正常运行的秩序，公民在社会中生存应当有其规范和制度，每个人的身份、角色应当有明确的区分，否则人与人之间的交流、沟通将无规则可循，久而久之将会造成社会的混乱。《礼记》对人进行了详细的区分，几乎涵盖了家庭、社会中的所有身份，不同的身份有其相对应的责任担当。因而，要根据时代的发展，从礼仪文化中找寻适应社会发展需要的东西，并结合时代的要求，建立符合现代人思维逻辑的人伦秩序。

概括来说，在家庭中有父子、夫妻、兄弟这三种人伦关系，应对这种亲密度较高、血缘程度较近的关系，更多的是感情多于形式，注重对对方情感的表达，对其工作的支持和理解，并多站在对方的立场考虑问题，从而巩固情感基础、维系亲情关系。在社会中有长幼、朋友、上下级这三种关系，应对这样复杂的具有社会性的关系，更多地注重礼仪形式，表达对对方的尊重与敬意，且保持自身的谦卑感，不能逾越礼仪规范，出现失礼的行为。"礼是道德的标准、教化的手段、是非的准则，是政治关系和人伦关系的分位体系，具有法规的功能，也有亲和的作用。"③ 因此，中国人伦秩序的革新需要依赖礼仪文化的深刻内涵，发挥礼仪文化的多重功效。

（六）人际维度：催动交往理性的新生

如果人伦关系是中国熟人社会特有的一种结构，而交往理性则是陌生人社会在交往中形成的一种基本价值取向。"所谓交往就是共生的主体之间的相互作用、相互抵触、相互交流、相互沟通、相互理解。"④ 而对理性的理解，

① 樊浩. 中国伦理精神的历史建构［M］. 南京：江苏人民出版社，1992：108.
② 隋思喜. 论儒家的礼乐文化及其当代重光［J］. 华中科技大学学报（社会科学版），2019，33（4）：8-15.
③ 陈来. 儒家"礼"的观念与现代世界［J］. 孔子研究，2001（1）：4-12.
④ 衣俊卿. 现代化与日常生活批判［M］. 北京：人民出版社，2005：133.

梁漱溟先生这样认为,"理性、理智为心思作用之两面:知的一面曰理智,情的一面曰理性……"① "'交往理性'(Communicative Reason),就是为了共同的合理信念而确立起来的主客观世界的同一性及生活语境中的主体间性"②。由于在交往过程中涉及双方很多共同利益的事件,如何在交往过程中保持理性,即人情上的理是关键性问题。"人(尤其是现代人)必定要生活在各种各样的公共生活样态当中,人无法成为公共生活之外的孤立的人。"③ 而现代社会中婚恋被骗、网络借贷等问题的频发也暴露了社会成员在交往中缺乏理性,因而有必要从礼仪文化中寻找解救良方,促进具有中国气质的交往理性的新生。

其一,保持平等的交往心态。"'平等'一词在《说文解字》中解释:平,语平舒也;等,齐简也。"④ 礼仪文化所蕴含的思想强调平等意识,即每个人在人格上是平等的,不论从事何种职业,位居何种位置,在与人交往中都是独立的个体,应该以理智的态度、理性的情感对待与他人的关系,不可产生盲目崇拜、过分信赖的心理。平等是交往的基础,在处理各种人际关系中扮演着重要的角色,只有交往主体在交往的实践活动中保持平等的心态,才能实现情感的表达和抒发,更有利于促使事件的成功,进而彰显自身的礼仪风度。其二,确保真实性。语言和行动是交往过程中最常见的表现形式,观念、想法、情感等都通过这些方式传达。因而,确保真实性是形成交往理性的关键。真实是一个有礼之人的内在品格之一,它是相对虚假而言,虚情假意在交往中被大家鄙夷,只有真实地表达内心的想法,向他人展现真诚的一面,才能促成有效的交流与沟通,才能达成和谐的人际关系,否则会引发各类问题,严重者会危及社会的健康发展。如婚恋被骗、网络借贷引发的一系列问题,受害者或是出于情感的需要,或是来自家庭的压力,又或者是经济的纠纷,对对方信息、身份的真实性都无从确定,在非理性的情况下做出一些决定,最终导致自己的身心受到伤害。其三,真诚的态度。在中国传统社会中人与人之间的交往,往往处于一个"熟人社会",彼此之间相对熟悉,其所处的环境也是熟识的人之间形成的相对固定的生活群落。而现实社会则不然,

---

① 梁漱溟. 中国文化要义 [M]. 上海:上海人民出版社,2003:147.
② 哈贝马斯. 交往行为理论:行为合理性与社会合理化 [M]. 曹卫东,译. 上海:上海人民出版社,2005:10.
③ 叶飞. 当代道德教育的三重理性向度——兼论如何培育理性的道德人 [J]. 南京社会科学,2019(7):140-146.
④ 许慎. 注音版说文解字 [M]. 北京:中华书局,2015.

它是由各类各样的陌生人形成的一个公开的、广泛的区域，每个人的家庭背景、教育经历都有悬殊，因而展现自己真诚的态度在交往中显得十分重要。礼仪文化主张仁爱，其仁爱就是善的一种表达，向善的力量是人与生俱来的，是一种超越种族、地域、物种的伟大力量，而这其中真诚的态度是善的主宰。在与人交往中，坚持毋自欺、不欺人的基本原则才能使其行为和语言符合理性的标准，才能获得道德上真诚相待，达到交往理性新生的目的。交往是人生的必修课程，关系也是不可避免的现实存在，只有遵循礼仪文化倡导的交往理性——平等、真实、真诚，社会问题才能得到解决，社会秩序才能得到保障。

礼仪文化发展至今已逐步成为一套较为完善的理论体系，在建设文化强国的时代背景下，其体现在创新社会治理方式、重构礼让规范、调适文化模式、衡定社会价值准则、革新人伦秩序和推动交往理性新生等方面的功能，无疑推动了当前礼仪文化建设，进一步阐明了中国文化的魅力所在。

二、礼仪文化的时代魅力

在中华文化体系中，礼最初起源于祭祀，主要指在祭祀时所运用到的相关仪式和礼节。而后随着朝代的更迭，礼仪文化涉及的内容和范围也随着时代变换更替删减，逐渐延伸至国家治理、社会发展和日常生活的行为惯例和精神准则。"礼仪是人类为维系社会正常生活而要求人们共同遵守的最起码的道德规范，它在人们在长期共同生活和相互交往中逐渐形成，并且以风俗、习惯和传统等方式固定下来。"① 正是这种经过长期实践，被大家普遍认可的礼俗和传统，才逐渐固化为中华民族骨子里的道德精髓。因此，礼仪文化中诚信、仁爱、敬让、和谐的思想内涵对推动公民道德建设、加强文化强国建设具有重要的指导作用。

（一）以诚信观念形塑公民道德建设的价值准则

诚信观念是礼仪文化的基本内涵，是在公民社会生活中形成的普遍认可的价值准则，主要表现在待人处世过程中真诚无所欺。公民道德建设工程一方面涵养了公民的性情，另一方面也展现了新时代公民的道德素养。诚信不仅是礼仪文化的重要组成部分，更在中华传统美德中占据主导地位，强调公民作为独立的个体在社会实践中要展现性善理念、发挥自主自律的精神。"诚

---

① 段尔煜，张光雄. 核心价值观视域下现代礼仪之构建［J］. 吉首大学学报（社会科学版），2019，40（4）：37-43.

信"是"诚"和"信"的结合，是两种道德品行的完美融合。"所谓诚其意者，毋自欺也。"① 诚既是天道本然，也是道德根本，是民之立于社会的基本准则。"人而无信，不知其可也"②，则表明信是公民进行社会交往、人际交流的基础，是建立真诚人际关系的前提，唯有言行一致、诚实正直，方可成为他人眼中贤人之辈。

诚信观念是中华民族几千年流传下来的美德，是镌刻在骨子里、血脉相承的道德因子，对新时代公民道德建设有着莫大的益处。"儒家伦理诚信主要依赖人情、习惯、传统、舆论及个人良知做保障，是一种软约束，而不像法律诚信那样可以通过刑罚加以强制。"③ 其一，诚信观念是公民为人处世的德行升华。"诚者，天之道也；思诚者，人之道也"④ "诚者，天之道也；诚之者，人之道也"⑤，解释了诚来源于天道，而公民对诚的追求则是人道，是在平常生活中展现出来的诚实、诚恳、忠诚等一系列质朴的品格。汉代董仲舒将诚信纳为五伦道德规范之一，凸显其在立身、交友方面的重要作用，诚信的价值意蕴已融于民族的心灵之中，成为公民在现代社会的立身之方、交友之道。"自古皆有死，民无信不立"⑥ "老者安之，朋友信之，少者怀之"⑦，这些都表明诚信是公民自立的根本，是应对广泛社会关系的必备道德素养，是使人际关系稳定和熟络起来的质朴品质。其二，诚信观念是公民人格范型的价值追求。古代君子的美好人格一直被后世追求和敬仰，历来激励无数贤者，成为约束自我、规范言行的标杆。诚信是公民在应对复杂人际关系的道德体现，是高尚操持者不可或缺的品行。"君子义以为质，礼以行之，孙以出之，信以成之。君子哉"⑧，强调了君子需借助诚信这一道德素质来实现礼仪规则下的义质，突出诚信是德行、善念的基础，是君子之所以为君子的根本。

（二）以仁爱情怀激发公民道德建设的情感共鸣

文化是一个民族赖以生存和发展的基础，而人的伦理道德无疑是社会生活秩序和个体生命秩序的深层设计。仁爱情怀是礼仪文化的核心要义，是中

---

① 胡平生，张萌．礼记：下 [M]．北京：中华书局，2017：1163.
② 杨伯峻．论语译注 [M]．北京：中华书局，2017：28.
③ 涂可国．儒家诚信伦理及其价值观意蕴 [J]．齐鲁学刊，2014（3）：19-25.
④ 方勇．孟子 [M]．北京：中华书局，2015：138.
⑤ 胡平生，张萌．礼记：下 [M]．北京：中华书局，2017：1026.
⑥ 杨伯峻．论语译注 [M]．北京：中华书局，2017：178.
⑦ 杨伯峻．论语译注 [M]．北京：中华书局，2017：74.
⑧ 杨伯峻．论语译注 [M]．北京：中华书局，2017：235.

华民族精神的象征，在公民的道德生活和日常交流中起到德行标准的作用。在中国社会中，仁爱被视为人之为人的根本特性。在现实生活中，仁爱不光是公民道德的展现，更是内心情感、家庭亲情的表露。"仁也者，人也。合而言之，道也。"① "仁远乎哉？我欲仁，斯仁至矣。"② 可见，仁爱的情愫是发端于公民公共生活中的同情心理，即"恻隐之心"，建立在家庭亲情基础之上延伸至对普通人的仁爱感情。

　　"深入实施公民道德建设工程，推进社会公德、职业道德、家庭美德、个人品德建设，激励人们向上向善、孝老爱亲，忠于祖国、忠于人民。"③ 公民道德建设其目标是完善个体的人格、促进个体的发展，使其思想、行为符合人伦道义，符合真、善、美的标准。而仁爱情怀则是激发公民情感共鸣的精神力量。其一，仁爱情怀是公民由小家情怀上升到民族情怀的情感之需。"所以谓人皆有不忍人之心者，今人乍见孺子将入于井，皆有怵惕恻隐之心。"④ 可见，同情心理、仁爱之心是与生俱来的，是一种自然而为的情感，见幼儿掉入井中出于本能的怜悯上前相救，而无其他过多牵涉关系、荣誉、利益的考虑。此种美德应大加赞赏，更应从小家中抽离出来，把仁爱之心、博爱之情广泛到社会成员，以此激发具有仁爱怜悯情愫者的共鸣，使这种向善、向美的力量更具民族性和公共性，从而在社会生活和情感实践中固定下来，成为中华民族口口相传、代代相袭的优良美德，成为公民道德建设的文化源头和理论支柱。其二，仁爱情怀是公民由单元理性升华至社会理性的会通之点。儒家之仁爱情怀是合情合理、合乎道义的道德精神，是把个体内在情感转化为人与人相互间的大爱，每个公民都在以他人为参照点，不断约束自身不道德的行为，在社会生活中发扬光大、实际践行仁爱情怀，这样公民个体的道德才会有质的飞跃。只有将礼仪文化蕴含的仁爱情怀创新性发展，突破个人小我的单元理性，将其放大到公共社会，乃至整个中华民族，才能到达社会理性的高度，形成宽广大爱、安老怀少的社会风尚，形成富于人情、充满情趣的社会生活。"今天看来，爱是人类不可忽视的需要，有必要使爱的问题回到它应有的地位上来，并根据时代趋势和人的内在精神重构多元的爱直至

---

① 方勇．孟子［M］．北京：中华书局，2015：291．
② 杨伯峻．论语译注［M］．北京：中华书局，2017：107．
③ 习近平．决胜全面建成小康社会　夺取新时代中国特色社会主义伟大胜利：在中国共产党第十九次全国代表大会上的报告［M］．北京：人民出版社，2017：43．
④ 方勇．孟子［M］．北京：中华书局，2015：59．

大爱。"①

（三）以敬让规范检验公民道德建设的实操原则

文化和思想具有跨越时空的价值，即便是几千年前提倡的敬让规范对现世仍有一定的指导意义。敬让规范作为礼仪文化的基本要素，为个体之间的交往提供了原则性的指导，即交往双方都要秉承敬让的原则，在社会交往中以长者为先，以幼者为先，以弱者为先，以此构建良好的社会总体秩序和个体生活秩序。"敬让"一词拆解意为恭敬谦让，以尊敬、恭敬的态度与人相处，必能获得对方的肯定和赞赏；以谦卑、谦虚的胸怀与人交往，必能取他人之长、补己身之短。而"敬让"一词的最初合并使用则见于《礼记》，在《礼记》中多次出现了"敬让"这一复合概念。"是故，隆礼由礼，谓之有方之士；不隆礼不由礼，谓之无方之民。敬让之道也。"② 提出遵从礼仪是践行敬让之道，阐明恭敬礼让的道理。"敬让以行，此虽有过，其不甚矣"③ 即在公共的社会生活中，个体之间相处遵循敬让的原则，即便言语有过失之处、行为有不当之嫌，其造成的后果不会太严重。

公民道德在人际关系中尤为重要，良好的道德品行能促进个体的发展和进步，反之，则会阻碍群体融洽关系的建立。道德是个人内在品行的展示，渗透在公共领域的方方面面，见于发生在日常生活中的点滴小事。因而，敬让规范是公民在人际交往中的基本准则，能够检验公民的行为是否符合公民道德建设的要求。其一，敬让规范是公民正确处理人际关系的道德准则。古人崇尚理想的君子人格，在各方面都追求完善、完美，而敬让则是与人相处的首要道德素养，"是以君子恭敬撙节退让以明礼"④ "敬让也者，君子之所以相接也"⑤。这些都展现了君子在交往中恭敬谦让的态度和应当遵守的道德规范。其二，敬让规范是公民提升道德修养的重要依据。"毋不敬，俨若思"⑥ "礼者，敬而已矣"⑦。敬让不仅是君子这样高要求、高标准的贤士所展现的品格，也是普通民众、社会成员欲提升道德修养、涵养内在心性的重要依据。公民在公共生活中展现的道德品质，不仅体现的是个体家庭教养的良好与否，

---

① 谢阳举. 儒家仁爱道德再检讨 [J]. 浙江社会科学，2019 (11)：87-93，158.

② 胡平生，张萌. 礼记：下 [M]. 北京：中华书局，2017：954.

③ 胡平生，张萌. 礼记：下 [M]. 北京：中华书局，2017：1051.

④ 胡平生，张萌. 礼记：上 [M]. 北京：中华书局，2017：5.

⑤ 胡平生，张萌. 礼记：下 [M]. 北京：中华书局，2017：1219.

⑥ 胡平生，张萌. 礼记：上 [M]. 北京：中华书局，2017：1.

⑦ 曾振宇. 孝经今注今译 [M]. 北京：人民出版社，2018：136.

更代表着社会整体的道德水平和文明程度。因而，在相互交往中时刻以敬让规范要求自己，把他人的良好行为作为参考，注重规范自身的言行。华夏民族自古以来就"重视道德的作用，强调人与人之间和谐相处的价值传统"①。唯有个体心怀敬让，才能促进自身道德修养的提升，构建融洽美好的人际关系。

（四）以和谐理念优化公民道德建设的整体环境

和谐理念作为礼仪文化的根本内涵，为礼仪文化体系的完善奠定了良好的思想基础，优化了新时代公民道德建设的社会环境。和谐曾是古代君主统治国家、治理社会的目标追求，是在承认差异和不同基础上的大和，这种承载着中华优秀传统礼仪内涵的和谐理念在现今社会仍然有积极作用，是实现"各美其美，美人之美，美美与共，天下大同"这一美好图景的指导思想。"礼之用，和为贵。先王之道，斯为美，小大由之。有所不行，知和而和，不以礼节之，亦不可行也"②，和谐理念不仅是国家治理的理论来源，更是中国文化的主导意识，是中国优秀传统、华夏民族心理和公民社会生活的重要特征。

"礼之本是人的性情，人的真情实感。在表面上看起来，礼的作用是板着面孔做分别，人与人之间的分别，但据有若说，礼实际上所要得到的是人与人之间的谐和。"③ 公民个体的身心和谐促成人与人之间的和谐，以此保证群体间的和睦相处，这样才能构筑大的社会环境的和谐。和谐不仅是公民良好道德素质的展现，更是中华民族特有的道德哲学和生存智慧。其一，和谐理念是公民自我系统和谐的理论之源。和谐思想的内涵之深、外延之广，而要保证社会大环境的舒适自然、融洽美好，首先是创造物质财富和精神财富的主体内在的和谐。"天时不如地利，地利不如人和"④ "见贤思齐焉，见不贤而内自省也"⑤，强调了人和的重要作用之大，甚至是天地自然不能达到的，而实现身心和谐则需要通过反省、慎独的方式，以道德涵润人心。正因为有了和谐思想作为理论基础，个体身心修炼和完善才有了努力的方向和目标，自我系统的和谐才能实现。其二，和谐理念是公民社会环境优化的文化保障。

---

① 彭俊桦．儒家传统价值观的当代价值及其传承体系探析［J］．社会科学家，2014（4）：21-24.

② 杨伯峻．论语译注［M］．北京：中华书局，2017：10.

③ 冯友兰．中国哲学史新编：第一册［M］．北京：人民出版社，1982：164.

④ 方勇．孟子［M］．北京：中华书局，2015：65.

⑤ 杨伯峻．论语译注［M］．北京：中华书局，2017：55.

公民自我系统的和谐和人际关系的融洽才能促成社会和睦氛围的实现和维持，新时代公民道德建设除了公民自身德行的完善和提高，也不能缺少社会和谐环境的支持。"和实生物，同则不继。以他平他谓之和，故能丰长而物生之。若以同稗同，尽乃弃矣。"① "礼，经国家，定社稷，序民人，利后嗣者也。"② 礼仪文化的效用体现在治理国家、维护社会秩序、协调社会关系上，"安上治民，莫善于礼"③。社会不同事物之间的相互配合才能达到平衡，和谐理念作为礼之根本，在"修身、齐家、治国、平天下"中起到了重要作用，保障了社会环境的安宁与稳定，是开展其他社会实践、社交活动的重要保证。

① 陈桐生. 国语 ［M］. 北京：中华书局，2013：573.
② 李梦生. 左传译注 ［M］. 上海：上海古籍出版社，2004：43.
③ 曾振宇. 孝经今注今译 ［M］. 北京：人民出版社，2018：136.

第二章

记忆与现实：礼仪文化现状的实证调研

礼仪首先表现为言行，它既外在于社会交往中，又内在于价值诉求里，潜移默化地影响着中国人的行为方式和思考模式。过去与现在之间不可能完全断链，习近平总书记说："一个民族、一个国家，必须知道自己是谁，是从哪里来的，要到哪里去，想明白了、想对了，就要坚定不移朝着目标前进。"① 探索我国当代礼仪文化现状，立足当下、回望过去，乃是面向未来的出发点。

第一节　实然场域调研

"礼，时为大"。现代化进程中，因为各类资源与政策的差异，不同社区呈现出现代化程度的不同状况。为获取现代化程度与礼仪文化运行的相关性素材，本书选定 6 类不同社区，即大中城市、新兴城镇、城中村、城乡接合部、传统乡村社会、中心行政村，调研各类社区礼仪文化的实然场域。

一、社区类型的选择

根据自东至西、由南到北的地理分布，由传统至现代的社会变迁程度，以及由乡村至城市的所处位置等不同，调研组将调研场域设定为 6 类社区，分别是大中城市、新兴城镇、城中村、城乡接合部、传统乡村社会、中心行政村（见图 2-1）。它们的基本情形如下。

大中城市。"与乡土社会以安土重迁为主要特征的区域性社会不同，城市社会是一个以流动性、开放性、异质性为主要特点的移民社会。"② 大中城市是个动态的概念，总体指其市区常住人口数量居于全国前列的城市。1989 年

---

① 习近平. 习近平谈治国理政 [M]. 北京：外文出版社，2014：171.
② 周大鸣. 广东农村改革开放四十年——以珠江三角洲为例 [J]. 西北民族研究，2019（1）：5-14.

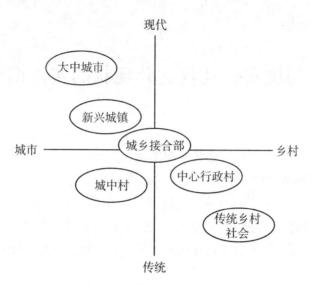

图 2-1　6 类社区象限区位图

《中华人民共和国城市规划法》规定："大城市是指市区和近郊区非农业人口五十万以上的城市。中等城市是指市区和近郊区非农业人口二十万以上，不满五十万的城市。小城市是指市区和近郊区非农业人口不满二十万的城市。"此后几易其口，大中城市衡量指标不断变化，据第 7 次人口普查，全国人口达 500 万的城市数量有 91 个。① 鉴于部分后起之秀人们关注不多，因而目前国内通称的大中城市指综合排名最前的 70 个城市。

新兴城镇。它是随着我国城镇化进程的不断推进，各类小城、小镇建设发生了巨大变化而形成的。② 在新兴城镇化的背景下，这类城镇人口数量激增，工业、农业、第三产业迅速发展，以人为本、四化同步、优化布局、生态文明、传承文化是新兴城镇发展的五大要素。

城中村，泛指都市里的村庄。2004 年，深圳市曾将城中村界定为"城市化过程中依照有关规定由原农村集体经济组织的村民及继受单位保留使用的非农建设用地的地域范围内的建成区域"③。10 余年后，城镇化加速成为全国普遍现象。不同省市政府对城中村的界定有所调整，且各省的界定比较接近。

① 中商产业研究院数据库. 第七次人口普查城市排名榜：91 市超 500 万人［EB/OL］. 中商情报网，2021-09-02.

② 王博宇，谢奉军，黄新建. 新型城镇化评价指标体系构建——以江西为例［J］. 江西社会科学，2013，33（8）：72-76.

③ 张健. 城中村改造途径和方法［M］. 上海：同济大学出版社，2019：4.

如上海市政府 2014 年 3 月发布的《关于本市开展"城中村"地块改造的实施意见》，将城中村界定为"城镇建成区或城镇规划区范围内，集体土地被全部或大部分征用，原农村居民全部或大部分转为城镇户口，被城镇建成区包围或基本包围的自然村"①。相对于城市或城镇的区域，城中村通常总体滞后于时代发展步伐，游离于现代城市管理之外。

城乡接合部。"是指工业化出现后大城市核心建成区外围正在进行城市化的城乡交错带，是一种非连续性的空间现象。"② 城乡接合部所强调的乃是该地区城乡连接地带的特色。③ 一是受城乡之间特定的空间扩展因素与空间过程的影响，其地域表现出一定的延伸性；二是同时受到城市与乡村经济的双向辐射，城乡接合部经济发展具有明显的多样化特点，经济的发展对城市的依附性不断加强，城市性产业及城市需求导向产业在增加。④

传统乡村社会。党国英在其文章中对传统乡村社会进行了定义，认为传统乡村社会是"指部落社会后、工业革命前的乡村社会"⑤。归纳总结了传统乡村社会的七个特征：一是主要依靠人力畜力从事经济活动，社会分工水平低；二是没有资本积累；三是公共领域的安全问题；四是货币化程度低；五是人与人之间的关系是全面依附的状态；六是道德的功利性明显；七是存在普遍的偶像崇拜。"传统的乡村社会首先是作为生产与生活空间存在的，而农耕是其存在最为重要的物质基础。"⑥ 由此可见，传统乡村社会与农民、农业、农耕是息息相关的。

中心行政村。中心村由"若干行政村组成的，具有一定人口规模和较为齐全的公共设施的农村社区，它介于乡镇与行政村之间，是城乡居民点最基层的完整的规划单元"⑦。行政村主要指乡下边一级的管理机构所管辖的区域，是"依据《中华人民共和国村民委员会组织法》设立的村民委员会进行村民自治的管理范围，是中国基层群众性自治单位"⑧。其设立的目的主要是

① 张健. 城中村改造途径和方法［M］. 上海：同济大学出版社，2019：4-5.
② 轩明飞. "边缘区"城市化的困境与反思［J］. 思想战线，2005（6）：6.
③ 谢宝富. 大都市城乡结合部流动人口居住问题研究［M］. 北京：中国书籍出版社，2019：5.
④ 胡际莲，周淑清. 探讨"城乡接合部"的统筹建设发展思路［J］. 湖北社会科学，2010（8）：85-88.
⑤ 党国英. 中国传统乡村社会转型研究论纲［J］. 社会科学战线，2020，22（1）：52-62.
⑥ 吴昌. 乡村振兴背景下传统乡村社会的再认识——以蒋梦麟《西潮》中的蒋村为例［J］. 宁波教育学院学报，2020，22（1）：98-102.
⑦ 徐玲琳. 武陵山区小城镇建设模式探讨——以铜仁为例［J］. 中国集体经济，2012（24）：41-42.
⑧ 陆龙平. 村庄规划编制的意义、任务与要点［J］. 乡村科技，2019（16）：17-18.

为了便于政府的管理。中心行政村是从规划角度出发进行定义的，主要是指在若干行政村中能够支撑起基本生活服务设施的作用，是对城镇体系中基本单元的一种称呼。

这6类社区的数量占比在全国有较大差异。但调研组并未对此做相应的比差设定，因为囿于就业、求学、务工等原因，乡村相当一部分人口长年在城市生活。故而，笔者最初只是根据自东至西、由南到北的地理分布，以及由传统至现代的社会变迁程度等，选取上海、广东、四川、河南、江西等省市作为样本地区，以分类抽样方式各选取10个社区单位，每个社区单位里抽取30个居（村）民，通过参与观察、问卷调查和深度访谈等方法获取原始素材。不在其中的江苏、山西、湖北等省，由课题组成员及研究生返乡完成。但在实际调研中，大家一致认为，访谈法更加自然有效，因而2018年和2020年春节前后的调研中，都以访谈法和观察法为主，这样两次实证调研形成了一些不错的访谈资料。但发放的问卷只有455份问卷，其中6份无效，有效问卷为449份。

为了弥补问卷不足的缺陷，笔者借助了问卷星这一新兴平台。如此一来，不仅所设定的6类社区场域均有分布，调研涉及的省市数量明显增加，遍布全国绝大部分省市。经过初次调研和补充调研，问卷星上共有976份①，与线下有效问卷相加，总数为1475份。

至于6类社区的调研占比情况见图2-2。从图中可以直观地看出所调查对象中大中城市的占比高于新兴城镇，高于传统乡村社会，高于城乡接合部，其中中心行政村的占比最小。这一状况，与我国人口的分布状态比较相近。

二、调研对象的情况

调研对象的情况，要从两方面来讲。一方面，线下实地调研中，调研人员严格按照分类抽样方式确定社区、受访者年龄分布等，以访谈和观察为主。另一方面，问卷星上的调研，囿于使用手机的群体偏于年轻，且课题组接触的主要是大学生，因而被调查对象分布不大均衡。总体情况见表2-1。

---

① 具体可登录问卷星用户15210454409，密码wensha1800。

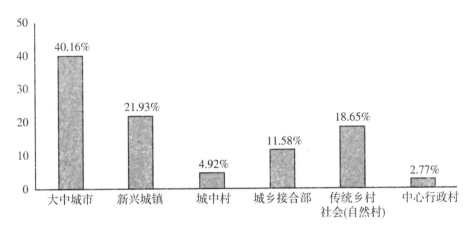

图 2-2　6 类社区调研数量占比图

表 2-1　调查对象基本情况

	项目	人数	百分比
性别	男	713	48.36
	女	762	51.64
民族	汉	1418	96.11
	少数民族	57	3.89
年龄	14 岁以下	8	0.55
	15~24 岁	606	41.08
	25~44 岁	639	43.32
	45~64 岁	156	10.58
	64 岁以上	66	4.47
工作情况	尚无工作	407	27.58
	在家务农	202	13.69
	外地务工	330	22.38
	公务员	95	6.44
	教师	96	6.52
	其他	345	23.39
婚姻状况	已婚	553	37.49
	未婚	922	62.51
有效样本总和	1475		

其中，调查对象的文化程度情况见图 2-3。在所设计的 9 个选项中，其中高中毕业和本科毕业占比分别为 24.9% 和 47.85%，大专毕业和硕士、博士毕业也有一定的占比。说明此次调查对象的整体文化素质较高，具备一定的文化基础，对问卷中设计的问题有一定的理解能力，从而有助于调查的深度推进。

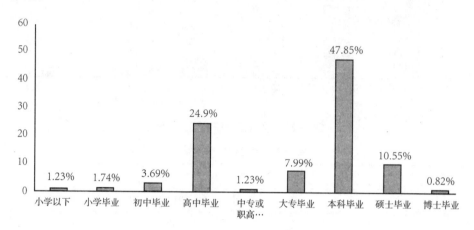

图 2-3　调查对象文化程度占比图

三、礼仪文化的运行现状

"任何社会都会产生与之相适应的文化，这种文化一经整合、完形后，便会定型化，即形成一定的文化模式。"① 礼仪文化就是中国社会特有的文化模式，是中华传统文化的重要构成，当前礼仪文化的发展关乎我国文化强国的建设。本调查以 6 类社区为主要研究对象，开展以人生重要节点礼仪、节庆礼仪、日常交往礼仪、遇事处理方式为主要内容的调查。

（一）人生重要节点礼仪文化

家礼文化中，节庆或家人重要人生节点，比如，幼儿满月、老人寿节、祭祀等场合的仪礼，是联络亲戚朋友情感的重要时刻，因此，调研组选取相关问题进行设问。调研发现如下。

孝老是礼仪文化中最被人关注的方面。随着生活水平的提高，为老人祝寿成为孝老的重要标识，反映的是子女对老人的关心和孝顺，体现了中华传统文化中的孝文化。基于此调研组设计了关于给老人做逢十寿宴的问题。6 类社区中六成以上表示会帮老人做寿，见图 2-4。中国古代把 50 岁作为老人的

---

① 邓红蕾 . 中国古代礼仪文化的哲学思考［J］. 江汉论坛，2005（1）：80-83.

年龄划分，"五十曰艾"（《礼记·曲礼上》），即50岁就算是老人；而世界卫生组织对老年人的定义为60周岁以上的人群。因此，给老人做逢十寿宴一般是70、80、90、100这四个年龄阶段。从图中可以直观地看出大多数晚辈会帮老人做逢十寿宴，一方面做寿可以让亲朋好友团聚，增强彼此的联系；另一方面也能陪伴老人，让老人的生活不孤单，提升家庭的幸福指数，表达晚辈对老人的关心与感恩。

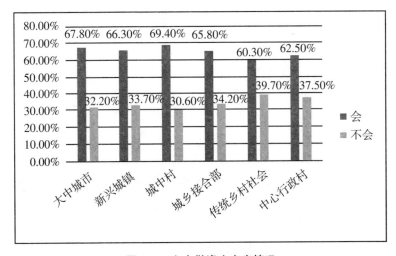

图2-4 老人做逢十寿宴情况

传统乡村社会给老人做逢十寿宴的占比比其他社区低，作为传统文化传承的重要地域，传统乡村社会对孝文化的传播应该比其他类型的社区更好，但数据反映的实际情况却与之相反。主要原因是传统乡村社会的整体经济发展较其他社区相对落后，且很多家庭子女和老人同住，生活中子女对老人的照顾更多，把为老人做逢十寿宴的孝顺已经分散到日常的生活中，具体表现在平时对老人吃喝拉撒、生病就医上的照顾。

关于孩子做满月酒的情况。满月酒通常指婴儿出生一个月而设立的酒宴。中国古代社会认为人的一生要经历很多难关，而婴儿出生后健康地生活了一个月，被视为渡过了第一个难关。家长为了庆祝孩子渡过人生的第一个难关，通常会摆酒席，宴请亲朋好友共同为孩子祈祷祝愿，希望孩子在未来的生活中健康成长。在6类社区中，八成以上选择给孩子做满月酒（见图2-5）。特别是城中村和城乡接合部，这种情况达到了90%以上，说明家长比较重视孩子的成长发展，也尊重传统礼俗和规矩。"从生活实践来看，这些礼俗仪式本身都是由各种'规矩''老礼儿'等构成。"① 因而，为孩子做满月酒符合人生礼俗的规矩和仪式，也是父母寄予孩子未来成长的美好祝愿。

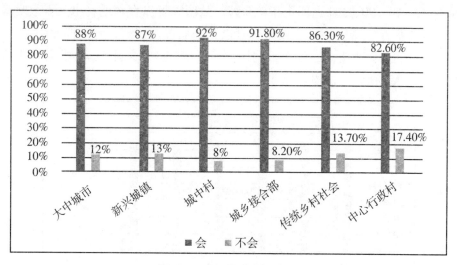

图2-5 孩子做满月酒情况

关于红白喜事帮忙的情况。红白喜事一词是出自清代诗人杨静亭的一首诗："居家不易是长安，俭约持躬稍自宽；最怕人情红白事，知单一到便为难。"现代引申下来主要分为两者，红是结婚的事情，白是人去世举办的丧事，两者合称"红白喜事"。这两件事情是人生过程的重要转折点，结婚作为喜庆的事情，既是人逐步成熟，走向新的人生阶段的标志，也是家庭之中父母长辈几十年的期盼和心愿，对儿女终身大事的关心。丧事是与人去世相关的一些仪式，它是个体生命终结的标志，是人生最后阶段的完成。生命的消失不仅是个体肉体的灭亡，更是与之相关的所有精神、感情世界的结束，是人生短短几十年历程的最重要的仪式。

在6类社区中，七成以上会去帮助红白喜事的家庭（见图2-6），这个比例在传统乡村社会最高，达到87.7%；其次是城中村，达到86.1%。城市是在乡村的基础上发展而来的，因而这些传统仪式在乡村社会保存更为完整，村民们也更加愿意参与到红白喜事中去。对结婚这类的喜事而言，前去帮忙一方面可以沾沾喜气，讨点好的、吉祥的兆头，另一方面也是邻里之间还清、传递人情的方式；对丧事而言，前去帮忙一方面是对亡者的怀念，表达自己

---

① 李向振．民间礼俗仪式中的人情再生产——以京郊姚村"喝满月酒"为例［J］．民族艺术，2020（1）：66-75.

的不舍感情，另一方面是亡者家人、亲友由于伤心、思念而疏于一些事情的打理，村民们可以稍加提醒，帮助整个丧事过程的顺利完成。在乡村社会，涉及个人利益的事情村民们会有所争执，但是关涉到出力帮忙的事情村民们几乎全体响应。因为在自然村中，时间、力气对村民们而言是最多的，也相对不值钱，靠出力、出时间能解决的事情远好过花钱去处理，人情往来、互相帮忙是乡村生活的常态。

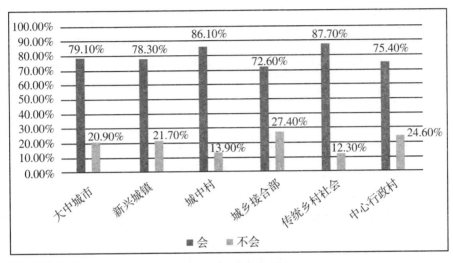

图 2-6　红白喜事帮忙情况

　　关于清明祭扫情况。清明节又称踏青节、祭祖节，是中国传统四大节日之一，它源于对祖先的崇拜和春祭的礼俗，融合了自然和人文两大内涵。清明节在仲春和暮春交替之时，既是人们扫墓祭祖的节日，也是人们踏青游玩、走进自然的欢乐节日。扫墓祭祀、缅怀祖先是中华民族的优良传统，在 6 类社区中，接近八成的都会在清明节祭扫祖先（见图 2-7），这个比例在传统乡村社会最高，达到了 97.3%，且 6 类社区中，传统乡村社会、城乡接合部和城中村选择"会"的比例排前三，分别是 97.3%、93.2%、88.9%，比例远远高于大中城市、新兴城镇和中心行政村，说明越接近乡村的地方传统的东西留存得越多，越接近城市的地方现代性的东西就越多，相应地传统性的风俗就没落了。客观地反映出传统节日在乡村社会、城乡交叉的区域保留和传承得较好，人们在清明节前去扫祭不仅是出于礼俗、仪式的需要，更是一种表达情感、寄托哀思的方式。

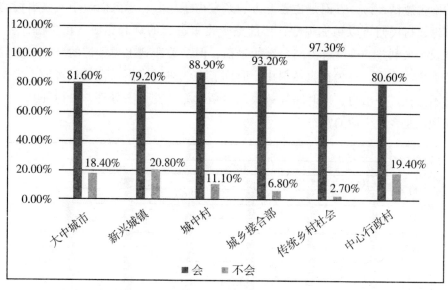

图 2-7　清明祭扫情况

（二）节庆礼仪文化

春节是我国最重要的节日。俗话说，有钱没钱，回家过年。因此，在节庆礼仪文化中，最具有代表性的便是春节中的礼仪文化。因此，调研组选择了除夕与家人聚餐情况作为了解节庆文化的切入点。

除夕是中国的传统佳节。调研发现，除夕与家人聚餐的情况，6 类社区的情况见图 2-8。可以看出 6 类社区九成以上选择与家人一起聚餐，说明传统节日的概念在中国人心中的分量之重，不论生活在哪种环境中，与家人团聚的亲情力量是强大的。这也展现出中国社会根深蒂固的家庭观念，通过陪伴家人的形式加强彼此间血浓于水的血脉联系，重视传统文化中家庭、亲情、宗族等在现实生活中的作用。

除春节这一传统节日的礼仪文化保留比较好之外，不同类型的社区中，是否还有其他曾经比较有影响力的仪式或庆典消失了？研究者设计了"您是否听老辈讲过原先有，但现在已经消失的庆典仪式？"这一问题。6 类社区中六成以上的选择是会，其中比例排前三的社区分别是传统乡村社会、城中村和城乡接合部（见图 2-9）。之所以这个比例在乡村社会较高，原因在于城市的快速发展使得人们渐渐淡忘了传统的庆典仪式，加上老辈们大都生活在乡村，在城市居住的老人少，在传承上出现了断裂，导致传统的东西无法继续传承下去。现在的很多年轻人都选择在大城市打拼，追求高品质的生活，而老人又不在身边生活，这种情况下很多乡村社会才有的古老的东西年轻人是不知道的，而且也不了解这些传统仪式背后的故事，从而使得传统的庆典仪式逐渐没落，甚至消失。

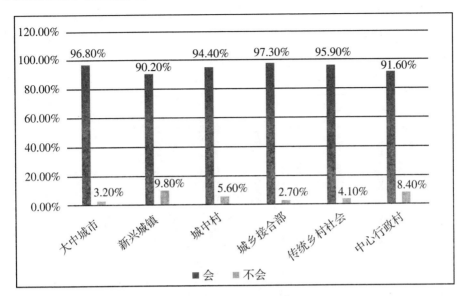

图 2-8　除夕与家人聚餐情况

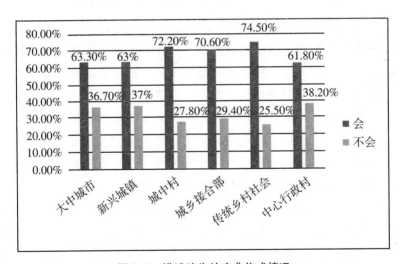

图 2-9　讲述消失的庆典仪式情况

调研还发现，尽管人们对节庆礼仪十分重视，在节日庆典中遵照族谱辈分称呼和排位高于日常交往中。但在 6 类社区中，已呈现出较大差异（见图 2-10）。在传统乡村，日常按族谱辈分称呼和排位约 74%；在节庆仪典中安排按照族谱辈分顺序，比例则高达 84.2%。说明在乡村社会这样的熟人模式下，不管是日常见面还是参加节日庆典，都会遵循族谱中的辈分排列称呼、安排村里人，这种称呼和安排不仅是对他人的尊重，也是遵守家族的辈分规定。如果不按照辈分称呼、安排对方，小则会影响邻里和气，惹大家不悦；大则会使两家人翻脸、老死不相往来。

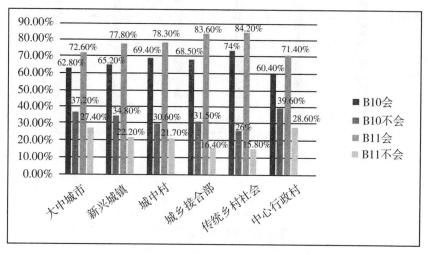

图 2-10　日常称呼和节庆仪典中按族谱辈分称呼情况

乡村社会的人们对家族的排资论辈十分看重，连家族中某位人名写错都要大动干戈，更不用说在参加庆典活动中了，乡村社会虽然民风淳朴，但好面子、争胜负一直是乡村的传统，如若不遵照族谱中的辈分排序，一方面是认为对对方的不尊重，另一方面更为重要的是存在看不起人的嫌疑。因而在被调查的 6 类社区中，绝大多数都会按照家族族谱安排各项事宜（见图2-11），小到日常生活中见面打招呼，大到参加重要的节日庆典。这不仅是乡村社会的礼仪传统，更关乎家族风气的传承和发展。

在问及社区节庆时的主要活动形式时，受访者给出的答案，让人有些吃惊。因为 6 类社区似乎都将团拜会和舞龙灯放在了前面，详见表 2-2。结合深度访谈，发现主要原因是很多大城市的居民，都是城市新人，他们在春节等节庆期间，多选择回老家，所以，他们虽身在城市，但往往出于心之所向，将其选了出来。而且城市的新兴节庆活动也确实不少，因而出现了表 2-2 所呈现的现象。

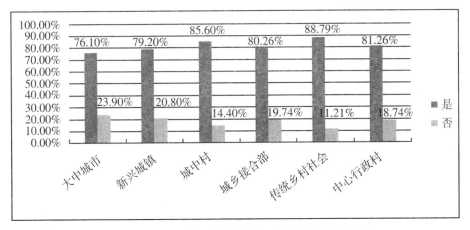

图2-11 节庆仪典中座次安排是否以族谱中的辈分为序

表2-2 受访者所在的地方通常会组织节庆活动类型情况

X \ Y	①团拜会（%）	②舞龙灯（%）	③赛龙舟（%）	④宗族祭祖（%）	⑤年节聚餐（%）	⑥其他（%）
大中城市	26.21	25.19	22.39	51.15	78.37	5.09
新兴城镇	28.84	27.91	22.79	59.07	76.74	3.72
城中村	27.08	47.92	31.25	52.08	83.33	6.25
城乡结合部	34.48	31.90	25	48.28	79.31	6.90
传统乡村社会（自然村）	21.43	24.18	13.19	58.24	73.63	7.69
中心行政村	25.93	25.93	7.41	33.33	59.26	7.41

（三）日常交往礼仪文化

人生的重要节点及节日庆典毕竟日子有限。真正体现礼仪文化功能的是日常生活的往来之中。正是在日常的家庭生活中，父母用言传身教"帮助孩子扣好人生的第一粒扣子，迈好人生的第一个台阶"①。调研中，主要聚焦了父母教导子女待人接物的情况及邻里交往情况。

关于前者，调研发现，6类社区整体情况良好，八成以上的父母都会在生活中向子女灌输待人接物的礼仪，尤其在大中城市，这种情况的比例非常高，达到了93%（见图2-12）。说明生活在大中城市的父母更加重视对子女为人

① 习近平. 在会见第一届全国文明家庭代表时的讲话［N］. 人民日报，2016-12-16（2）.

处世、待人接物的教育，城市相较于乡村，经济发达、文明程度更高，接触的人、事情更加复杂，如果子女自身没有良好的个人礼仪修养，可能会错失很多的发展机会。乡村社会中父母对子女的待人接物教育更加侧重于见到别人的日常打招呼以及邻里之间的关心问候，与大中城市相比，少一点功利性和目的性。但不管从何种角度去看，父母在家庭、社会中始终是子女的一面镜子，父母的言语举止给子女起到榜样作用，因此父母首先要规范自身的言行举止，再通过榜样示范作用教育子女，学会待人接物，提高自身的礼仪修养。

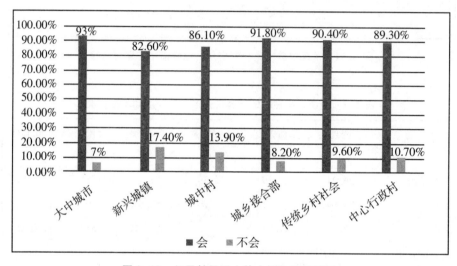

图 2-12 父母教导子女待人接物礼仪情况

关于后者，即村民们闲暇时串门聊天情况，6 类社区中八成以上选择的答案是"会"，最高达到了 91.8%（见图 2-13），比例排前三的分别是传统乡村社会（91.8%）、城乡接合部（89%）和城中村（88%）。乡村社会的生活节奏比城市要缓慢，生活秩序也相对松散，高科技和信息化的产品在乡村也较少，所以人们选择三五成群，随便聊聊天、拉拉家常。而这种现象在城市是很少的，因为促进城市发展、拉动城市 GDP 的人群主要是年轻人，年轻人每天都忙于工作，穿梭在人流和地铁中，很少有时间去邻居家串门聊天，即便是聊天也是通过手机 QQ、微信等聊天工具。但是生活在城市的中老年人，这种串门聊天的情况会多一些，老人在城市中生活主要负责家里的一日三餐和孩子的上下学，有同样生活经历的老人们很容易聚到一起聊聊家常，打发闲暇时间。

此外，笔者还通过调研一个特殊情况，即老人自杀情况的调研，来关注

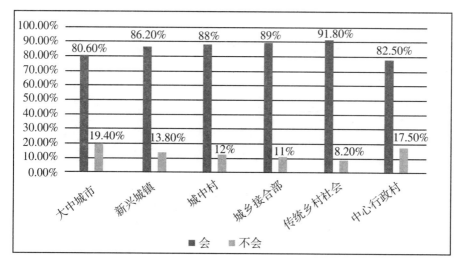

图 2-13 村民闲暇串门聊天情况

日常孝老敬亲的践行情况。因为，对孩子来讲，上行下效，是最具有感染力的。调研发现，6类社区中出现过此种情况的比例最高的是在城中村（见图2-14），达到了30.6%，可能本次调查的数据结果存在片面性，但也反映了一些问题。老人自杀是老人基于自己的思想和情感而有意识地采用某种方式结束生命的行为。这个比例在传统乡村社会是最低的，究其原因主要是现在的社会发展、生活方式的转变，很多年轻人与老人是分开居住的，这样一来生活和习惯上的矛盾大为减少，老人生活的幸福指数有所提高，从而不会产生自杀的念头。而城中村的地理位置处于城市中，生活的各方面都在积极与城市靠拢，老人在这种环境下生活，仍然保留着传统的生活习惯，加上家庭的经济压力和日常生活的纠纷，很容易激化老人的情绪，产生自杀的想法。

（四）遇事处理方式

礼仪文化是人们应对生活的智慧和技巧，它既能居于个体的主动积极意识去运用，更能在面对突如其来的困境时设计合乎自己安全和发展需要的选择方案。有学者说，在"社会转型中，中国社会关系方面发生的重要变化，不是在私人关系领域，而是在公共关系领域。私人关系虽然也有变化，但差异和从前相比不具'根本性'，而公共关系则发生了较为根本性的变化"①。为考察个体在处理人际关系中，对礼仪文化的运用状态，调研组专门设计了

———————————

① 张静. 公众怎样依靠公共制度？[J]. 吉林大学社会科学学报，2013，53（1）：14-18.

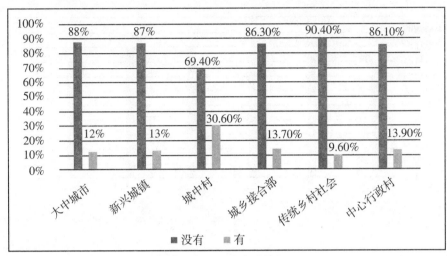

图 2-14　老人自杀情况

一些多选题，来了解受访者的选择，此部分均居于问卷星中的 976 份数据进行分析，以考察 6 类社区的礼仪运行现状。

一是关于生活中遇到问题时，个体通常选择的解决办法情况。结果发现，无论哪类社区，个体的第一选择都是家人。不过其他选项则出现了一些不同，详见表 2-3。有意思的是，中心行政村的受访对象选择"找干部帮忙"的比例最高，说明在空心化背景下，村委会虽是半熟人社会①，但村民对村干部的信任度日益提高。同时，也体现出熟人社会关系的弱化事实。

表 2-3　生活中遇到问题时，解决途径的选择偏好

X \ Y	①找家人帮忙（%）	②找族人帮忙（%）	③找朋友帮忙（%）	④找亲戚帮忙（%）	⑤找同学帮忙（%）	⑥找干部帮忙（%）	⑦其他（请填写）（%）
大中城市	84.95	20.41	64.29	40.56	40.31	17.60	5.36
新兴城镇	84.11	27.10	65.89	54.21	43.46	27.57	5.61
城中村	89.58	20.83	62.5	45.83	43.75	22.92	4.17
城乡接合部	81.58	28.07	63.16	42.98	40.35	31.58	6.14
传统乡村社会	80.22	26.37	61.54	48.90	40.11	30.22	7.14
中心行政村	62.96	11.11	51.85	37.04	22.22	51.85	7.41

二是遇到社区内发生争执现象，如何处理的问题。"衡量社会治理品质的

---

① 贺雪峰. 新乡土中国［M］. 桂林：广西师范大学出版社，2003：2.

一个重要指标应是，社会成员与公共组织之间是否存在便易及有效之连接渠道。"①越来越多的群众选择通过干部来调解（见表2-4），说明基层政府的公信力越来越高。但与此同时，也显示出礼仪文化发生作用的领域在弱化。

表2-4　社区发生争执时人们的选择

X＼Y	①帮理不帮亲（%）	②帮亲不帮理（%）	③在旁观望（%）	④急忙走开（%）	⑤找干部来调解（%）
大中城市	22.70	20.15	5.61	1.28	50.26
新兴城镇	16.82	18.69	5.61	0.93	57.94
城中村	20.83	8.33	14.58	4.17	52.08
城乡接合部	25.44	21.05	7.02	0.00	46.49
传统乡村社会（自然村）	19.23	21.43	9.34	1.65	48.35
中心行政村	29.63	11.11	3.70	0.00	55.56

三是关于社区舆论的影响力问题，不同类型的社区，虽然大趋势仍比较一致，但在具体比较上，传统乡村社会还是居于榜首，说明舆论仍然能在一定程度上制约人们日常行为，但在不同类型的社区中，体现出渐有弱化的现象。详见表2-5。

表2-5　日常生活中，社区舆论的力量

X＼Y	①单位内（%）	②社区（村落）中（%）	③朋友间（%）	④亲人间（%）	⑤其他（请注明）（%）
大中城市	15.31	55.61	10.71	16.58	1.79
新兴城镇	13.55	60.75	8.41	15.89	1.40
城中村	22.92	47.92	12.5	10.42	6.25
城乡接合部	14.91	54.39	11.40	16.67	2.63
传统乡村社会（自然村）	3.85	68.68	7.14	17.03	3.30
中心行政村	7.41	55.56	11.11	18.52	7.41

① 张静. 公众怎样依靠公共制度？［J］. 吉林大学社会科学学报，2013，53（1）：14-18.

总的说来，礼仪文化是中华传统文化的总名。因而，它流淌在中国人的血脉之中。随着社会变迁，人们对礼仪文化的看法发生了诸多的变迁，但还是会在不自觉中，或多或少地践行它，人们对它总体评价还是比较现实的（见表2-6）。这既说明了传统礼仪文化在弱化，也说明了传统礼仪文化有创造性改换、创新性发展的可能性与必然性。

表2-6 关于礼仪文化等问题的赞同程度①

题号	态度	频率	百分比
B16.1 礼仪源于自小生活的熏陶	完全赞同=5	588	60.18
	较赞同=4	290	29.68
	中立=3	84	8.60
	不太赞同=2	8	0.82
	完全不赞同=1	7	0.72
B16.2 老一辈更注重传统礼仪	完全赞同=5	476	48.72
	较赞同=4	327	32.47
	中立=3	150	15.35
	不太赞同=2	16	1.64
	完全不赞同=1	8	0.82
B16.3 年轻一辈强调平等式的礼让	完全赞同=5	399	40.84
	较赞同=4	370	37.87
	中立=3	174	17.81
	不太赞同=2	26	2.66
	完全不赞同=1	8	0.82
B16.4 尊老爱幼是中国礼仪的核心	完全赞同=5	605	61.92
	较赞同=4	262	26.82
	中立=3	93	9.52
	不太赞同=2	11	1.13
	完全不赞同=1	6	0.61

---

① 赵茜，赵东方，李冰洁，等．量表的选项顺序效应及其影响因素分析——以教育领域的李克特量表为例［J］．中国考试，2020（4）：22-27．

续表

题号	态度	频率	百分比
B16.5 礼仪是繁文缛节，该消失了	完全赞同 = 5	75	7.68
	较赞同 = 4	59	6.04
	中立 = 3	148	15.15
	不太赞同 = 2	346	35.41
	完全不赞同 = 1	349	35.72
B16.6 没有规矩不成方圆，礼仪不可废	完全赞同 = 5	487	49.85
	较赞同 = 4	325	33.27
	中立 = 3	127	13.00
	不太赞同 = 2	23	2.35
	完全不赞同 = 1	15	1.53
B16.7 公共场合能够排队就是一种礼仪	完全赞同 = 5	587	60.08
	较赞同 = 4	276	28.25
	中立 = 3	87	8.91
	不太赞同 = 2	17	1.74
	完全不赞同 = 1	10	1.02
B16.8 爱护公物也是一种礼仪	完全赞同 = 5	609	62.33
	较赞同 = 4	269	27.53
	中立 = 3	71	7.27
	不太赞同 = 2	21	2.15
	完全不赞同 = 1	7	0.72
B16.9 城市生活基本上延续了农村的礼俗	完全赞同 = 5	152	15.55
	较赞同 = 4	179	18.32
	中立 = 3	385	39.41
	不太赞同 = 2	233	23.85
	完全不赞同 = 1	28	2.87

题号	态度	频率	百分比
B16.10 越是经济落后的地方，传统礼仪保护得越好	完全赞同=5	154	15.76
	较赞同=4	206	21.08
	中立=3	333	34.08
	不太赞同=2	224	22.94
	完全不赞同=1	60	6.14

通过表2-6中的数据占比，不难发现受访者多数认为"尊老爱幼是中国礼仪的核心""没有规矩不成方圆，礼仪不可废""礼仪源于自小生活的熏陶"，它不能被视为"繁文缛节"而任其"消失"，因为人们的现实生活中礼仪无处不在。"公共场合能够排队就是一种礼仪""爱护公物也是一种礼仪"。礼仪不会自生自发，"需要从小培养，从小接触"。"老一辈更注重传统礼仪""年轻一辈强调平等式的礼让"；城市生活对农村礼俗有延续，但也有变迁；经济越落后的地方，其传统礼仪保护并未越好，毕竟没有任何地方是完全封闭的，外出务工人员的增多，空心化现象越明显。而消费主义无孔不入，因而需要大量的实证研究来验证经济落后地区与传统礼仪保护的深层关系。

第二节　个案今昔对比

西方马克思主义者、英国著名学者霍布斯鲍姆认为传统是可以被发明的。① 重大仪式往往是为了塑造国家民族的形象、确认民族国家的历史，以增强民族国家的凝聚力。尽管，笔者并不完全认可霍氏将礼仪等同于某些重大仪式的看法。但不得不说，礼仪是用于生活实境的，它必然随时代变迁而发生某些形式甚至内容上的改变。当代中国礼仪文化建设，必须区分历史记忆和现实图景两个维度，用于探索各类社区的人情风俗、节庆仪制等礼仪文化元素，运用"修身""齐家""治国"的分层标准，获得其在传统社会与现实场景中的比照镜像，直面其碎片化和边缘化的现实向度。

---

① 埃里克·霍布斯鲍姆，特伦斯·兰杰. 传统的发明［M］. 顾杭，庞冠群，译. 南京：译林出版社，2020：1-17.

如前所述，访谈调研和观察调研主要是课题组成员及研究生返乡完成的，数量比较多，涉及的省市有上海、广东、河南、四川、江西、山西、江苏、湖北等。因其共性之处也比较多，调研者从中选用了 6 类社区中比较有代表性的个案，省去受访者信息及原话，用综括性语言替代描述。又由于礼仪文化涉及的内容非常庞杂，笔者从中选择了几个有代表性的礼仪元素加以分析。如"修身"主要用日常礼仪来描述，"齐家"主要选择婚姻礼仪（或含丧葬仪式）来折射，"治国"则主要用节庆（或宗族）礼俗来映衬。期望从历史记忆和现实图景两个维度来把握当前中国礼仪文化的现状。

一、大中城市——以南京、上海、广州为例

南京是六朝古都。自古就崇文重教，执礼化俗，影响深远。上海是近代以来中国经济的一片高地。东濒东海，南临杭州湾，西接江苏、浙江两省，北接长江入海口。广州地处广东省的中南部，珠江三角洲的北缘。东连惠州市博罗、龙门两县，西邻佛山市的三水、南海和顺德区，北靠清远市市区和佛冈县及韶关市的新丰县，南接东莞市和中山市，是广府文化的发祥地。

选择此三地作为大中城市的代表，一方面源于整体发展较好，经济、文化、教育、交通各项事业建设得颇有成就；另一方面是因为具有代表性。三座城市中，南京作为一座古城，历史底蕴深厚，对于礼仪与风俗，重在传承；而上海和广州是近代中西文化激荡下迅速崛起的大城市，海派文化深融其中。该三大城市，正好反映出大中城市礼仪文化的变迁的两种面向。以下笔者以日常礼仪、婚嫁礼俗和节庆仪式为主要研究内容，对比其历史记忆和现实图景中的变化，探究时代变迁下的礼仪文化损益情况。

（一）历史记忆中的礼仪文化

礼仪文化是一个地区或区域的文化传统、生活方式和价值观念的体现，是在长期生活实践中保留下来的独具特色的处事风格与民俗风尚。

1. 日常礼仪

人生在世，生活起居，最能检验"修身"之质，它融入人文，倚赖自然，践于日常。一方水土养一方人，南京、上海、广州在历史进程中，形成了各具特色的日常礼仪。

历史上，南京人"崇文重教、朗健率直、豁达包容、重义轻利、质朴敦厚"①。文人雅士生活中的第一乐趣便是读书会友。因而，南京建有许多书院，如崇正书院、昭文斋、江南图书馆、孝子读书台、津逮楼、澹园藏书楼、艺风楼等，吸引着一批又一批学者前往。20 世纪 30 年代，张恨水等著名文士，"常与友人在街边小馆高谈阔论"②。日常交往，朋友之间，以诚相交，坦荡仗义。《松窗偶笔》曰："金陵士风，素以慕势为耻，不工于夤缘钻刺，故巍科既鲜，贵仕亦稀。"陌生人之间往来，借用明《正德江宁县志》引宋人游九言的话所说：金陵士风"颇知爱，少健狡之风，工商负贩，亦罕闻巧伪"③。不分本乡外乡，自爱自律，不爱算计，"语言不疾不缓、饮食不甜不咸，性情不温不炎，习性亦雅亦俗"④。

上海与广州都是近代西风东渐中，发展起来的大城市。自晚清时起，上海人的日常交往中，点头招呼等很寻常，但非情感互助型的特征已经体现。至 20 世纪 20—30 年代，已形成多重复合的人际关系。⑤ "交相利"成为上海人日常交往的基本内核。亦即是说，在社会流动不断加快、陌生人越来越多情形下，上海人的社会交往是居于新的物质利益和精神利益。"一切固定的古老的关系以及与相适应的素被尊崇的观念和见解都被消除了，一切新形成的关系等不到固定下来就陈旧了。一切固定的东西都烟消云散了，……人们终于不得不用冷静的眼光看他们的生活地位，他们的相互关系。"⑥ 因而，不管对方的人格品性是否合乎自己的喜爱，为了利益和办事之需，必须与之发生联系，依理性、法律和制度办事和往来的事本性交往，成为上海人日常生活中的重心。人与人之间的交往，公共性特征非常明显，朋友之间相聚，往往是在饭馆而非家中。所以，像城隍庙等人气极高的公共场所，便也成为小吃汇聚之处。这种交往，所形成的契约精神，使得旧上海时便十分重视强调平等与能力，有成就的名人出身也越来越超多元化和平民化。

广州明清以降，与海外交往日益频繁，文化的碰撞与兼容日益彰显，语言及行为都融入了外来文化的元素，因而以它为代表的岭南文化更显得开放与新鲜。特别是鸦片战争后，人均耕地日益减少的广州，不仅留洋海外务工

---

① 陶思炎. 略论南京民俗及其文化价值 [J]. 南京社会科学，2014（12）：150-156.
② 乔休. 南京人的生活：淡妆浓抹总相宜 [J]. 城市地理，2020（10）：46-55.
③ 陶思炎. 略论南京民俗及其文化价值 [J]. 南京社会科学，2014（12）：150-156.
④ 陶思炎. 略论南京民俗及其文化价值 [J]. 南京社会科学，2014（12）：150-156.
⑤ 忻平. 上海人人格特征刍议——兼论 20—30 年代上海人多重复合的人际关系 [J]. 华东师范大学学报（哲学社会科学版），1996（3）：70-76，82.
⑥ 忻平. 上海人人格特征刍议——兼论 20—30 年代上海人多重复合的人际关系 [J]. 华东师范大学学报（哲学社会科学版），1996（3）：70-76，82.

的人口增加，而且商业精神也愈益增强。在护卫自己家庭安全的同时，广州人的交往模式也发生了类似上海人的改变。家庭成员之外的交往，往往选择公共场合，由于天气原因，早晚时间更适宜于在公共场所聚会，于是广州人日常交往，多选择在早上。"饮咗茶未"（意即"你喝茶了吗"）便成为最常见的问候语。在物质生活不断改善的条件下，喝早茶，甚至成为家庭成员的集体行动。很多老一辈广东人早上起来都会到茶楼点上一些食物，喝茶看报聊天。当然，喝早茶，不是完完全全的茶，而是有各种十分精细的早点搭配，以增进感情。不过，需要特别指出的是，"交相利"也是广州人日常交往的本质和内核。

2. 婚嫁礼俗

"齐家"即社会细胞的组建。其中，婚嫁是开端。《礼记·昏义》中记载，"昏礼者，合二姓之好，上以事宗庙，而下以继后世也"[1]。"合二姓之好"既言明同姓不婚的传统，以防生育不顺、繁衍不足；也强调婚姻不只是两个人的事情，而是两个家庭的关系就此更加亲近，守望相助。它被实践证明是合乎农业文明时代人们应对生存困境的需要的，因而自西周以降，中国各地都忠实沿袭而又因地制宜地略有损益，形成具有地方特色的婚嫁礼俗。

在南京，传统的婚嫁礼俗基本遵循周代的"六礼"之制，即"纳采""问名""纳吉""纳征""请期""亲迎"的六礼，但也适时做出了一些调整。因为近代"光、宣之交，盛行文明结婚，倡于都会商埠，内地亦渐行之"[2]。而辛亥革命后中华民国九年颁布了《结婚服务法》，作为近代国都的南京，由此也渐渐出现各种中西合璧的婚礼。尽管人们依然会精心挑选合乎传统观念的黄道吉日，但程序简化为相看、订婚和结婚；接新娘工具也有了变化：既可用花轿，也可用汽车；婚礼改在了中午；新人服装也发生了变化，要么是新娘上袄下裙、新郎长袍马褂，要么就是新郎西装革履，新娘西式婚纱；婚礼期间流行新人拍照留念。

上海与南京一样，六礼之制深入人心。但其海派文化影响更深，除了婚服多为新郎长袍马褂，新娘上袄下裙的选择之外，登报声明婚讯，请名人主持婚礼等也非常有特色。此外，上海婚俗中，还引入了最初流行于外侨圈子里的银器礼物时尚。如1915年孙中山和宋庆龄就收到了孔祥熙赠送的、铭刻英文的银碗。《申报》编辑、上海青浦人王纯根在民国初年所著的《百弊放

---

① 胡平生，张萌．礼记译注［M］．北京：中华书局，2017：1182.

② 周丹迪，岳书法．浅析近代以来中国婚嫁民俗的演变［J］．文化学刊，2012（1）：12-16.

言》一书中也讲道"近年来，社会风俗崇尚奢侈，凡资财较雄厚的嫁女之家，必备银台面以实妆奁"①。

广州也讲究六礼，其中有一个重要环节就是过大礼，这需要男家择好良辰吉日带同礼金及礼品送到女方家中，过完大礼之后两人的婚约才算正式订立。一般，过大礼都会将所有礼金、礼品及礼饼取双数以示好事成双之意。男方过大礼的礼品一般是礼金、两对龙凤烛、两份龙凤礼饼、椰子、槟榔、两包喜果、八个糖饼、两罐茶叶、两份生果、新鲜扁柏、青蒌叶和红头绳。广州还传承着上头仪式，即男女双方在结婚前夕须各找一位好命公与好命婆为自己上头，这是象征两位新人踏入成人阶段的礼仪形式。一般选择好吉时后，男方会比女方早一小时进行仪式，随后等新郎和新娘各自于家中用柚叶洗澡，穿上全新内衣、红色睡衣及拖鞋走到近窗位置等待上头者为自己举行仪式。上头者会在每梳一次新人头发时说出一句吉祥语，比如，一梳梳到发尾，二梳白发齐眉等美好祝愿语。梳头完毕后，上头者会将红绳及扁柏用发夹系在新娘头上，新郎的则放在睡衣的口袋内，完成上头仪式的最后一步与家人一起共享汤圆即可。

3. 节庆仪式

"治国"需要健全的制度，更需要百姓的文化认同。而节庆仪式，便是无形之中强化认同的最好方式。无论哪种节庆，均以家为核心，走出家门共行或共庆为高潮，使家国同构思想不自觉地融入人民的基因之中。由此，节庆仪式在中国各地的民俗活动中，都是重头戏。

在南京，历史上节庆仪式非常丰富。春节时必贴春联或门神，文人雅士还会在大门上贴一幅鸡画，意指"鸡日相长"。初一必饮屠苏酒。"正月初八、十三、十五皆灯节，天青街白衣庵最盛，评事街江西会馆、门东长生祠亦然……"② 尤其是"走马灯"，外罩灯笼，内点蜡烛，利用空气热胀上升的原理，带动灯面转动，灯面上画着各种姿势的骏马疾驰，宛如万马奔腾，引人入胜。清明节踏春，端午节吃粽子、绿豆糕，食"炒五毒"、苋菜和雄黄豆，饮雄黄菖蒲酒，儿童挂"长命缕"，以求免灾。中元节放灯。中秋节"庆团圆"，出游街市"走月"。重阳节登高，食重阳糕，饮菊酒。冬至吃"小葱烧豆腐"。这些节庆仪式流传至今。此外，南京还有"三月二十三，乌龟爬下关"，举办妈祖文化庙会的传统习俗。

---

① 胡宝芳. 银器中的老上海社交礼俗［J］. 上海文博论丛，2014（2）：79-83.
② 乔休. 南京人的生活：淡妆浓抹总相宜［J］. 城市地理，2020（10）：46-55.

在上海，节庆仪式与南京比较接近，不过更加"洋气"一些。春节除旧岁时放鞭炮讲究响而美，飞得高且色彩多样。元宵节有舞龙舞狮、挂望田灯、串马灯、走三桥、扛三姑娘等活动，热闹非凡。诗云："错认瑶池却未真，满园花柳及时新。试灯风里游人集，半是嬉春半探春。""十里珠帘都不卷，看灯人看看灯人。"① 清明寄哀思并踏青。端午彩旗装扮小船，在水面唱歌、对歌，评出优胜。中秋节赏月、喝桂花酒，"走月"，共庆。近代受西方影响，传统节日中，也出现新兴歌舞伴奏，雅俗共赏。

在广州，除春联和吃团圆饭外，家家摆年橘、水仙等蕴意祝福的各色鲜花。农历十二月十八日至除夕深夜举办迎春花市，养成了"行花街"的传统。元宵则有广府庙会系列活动，舞狮是活动必备，元宝形的饺子则是必食之物。清明当是"行清"，族人齐齐扫墓，供祭酒食果品等食物，叩头行礼祭拜后，吃掉酒食。"扒龙船"活动从四月初八起至端午到达高潮，获胜者赏全只烧猪与银圆。中秋吃芋头、炒田螺，"对月啜螺肉"。重阳秋祭，登高，放纸鸢。

（二）现实图景中的礼仪文化

"礼是由两大要素组成的，一是外在形式，二是内在思想。"② 外在形式反映内在思想，内在思想影响外在形式。中华儿女勤劳勇敢，用自己的智慧创造财富，推动历史车轮滚滚向前。"时代是思想之母，实践是理论之源。"③ 当前，我们已经身处于中国特色社会主义新时代，历史记忆中的一些旧有习俗与当前社会生活方式不符，被视为"繁文缛节"，渐渐消弭。移风易俗的呼声随时代的进步而越来越高，但是，是否在"倒掉洗澡水的同时，也将婴儿倒掉了"呢？这是调研礼仪文化现实图景时聚焦的重要问题。南京、上海、广州三个现代化的大中城市，当下的日常礼仪、婚嫁礼仪、节庆礼仪，是个怎样的情形呢？调研主要采用深度访谈法和蹲点观察法获得了一些素材。

1. 日常礼仪

随着城市人口的迅速增长，南京、上海和广州的市区面积越来越大。人们的日常活动跨越的范围也越来越大。

在南京秦淮区银龙花园社区，课题组调研人员住到了亲戚家，并与附近几位市民有过短暂而愉快的交往。亲戚很热情，饮食招待尽显南京特色，游

---

① 仲富兰. 上海民俗：民俗文化视野下的上海日常生活 ［M］. 上海：文汇出版社，2009：179-224.

② 彭林. 彭林说礼：重建当代日常礼仪：增补本 ［M］. 北京：清华大学出版社，2018：5.

③ 习近平. 决胜全面建成小康社会　夺取新时代中国特色社会主义伟大胜利：在中国共产党第十九次全国代表大会上的报告 ［M］. 北京：人民出版社，2017：26.

玩推荐率直坦诚，工作休闲安排妥帖，让调研人员感觉传统亲戚往来的亲热关爱之情尽皆保存。但在问及几位市民对当前礼仪文化的看法时，他们普遍认为，现在生活条件好了，各家都独立地解决生存和发展问题，与邻里无涉。还有，现在的家庭太看重孩子的知识性学习了，孩子们与邻里很少打交道，不要说同一个小区，就是同一个单元，也有相互不认识的。这样，教育孩子就完全成为家庭的事情了。有些家长不注重德育，邻里又不方便教导，导致有些孩子不懂得礼仪，不知如何待人接物。家长们则基于"交相利"与必须接触的邻里或同事交往，人们的日常相处，很难建构起连贯的、富含情感的关系网络。因而，有人寄情于工作，有人寄情于娱乐，有人则通过破坏来吸引他人的关注。这样，看起来城市人多了，但人反而比以前孤独了。

在上海杨浦区五角场街道，本就在复旦大学学习过若干年的调研人员，在同学的陪同下，与几位市民进行了沟通。他们普遍认为，现在上海跟以前比，新上海人多了，房子多了，除了原先的老邻居，和新邻居打交道的时候很少。很多人上班的地方离家远，每天出门早，回家晚。有些邻里之间，只听到开门关门，几天都难见到一次人，彼此之间交往少，也没有什么矛盾。反倒是帮年轻人带孩子们的老人或保姆阿姨见得多一点，但别人家的孩子，也不好太亲近，所以人情比较淡薄，管好自己就行。即使来了亲戚，也很少住到家里，请客吃饭也一般都在旁边的餐馆，钱多的就高级一点，一般的也就档次低一点。邻里之间，认识的问候问候就可以了。孩子们的学习都是送到各种培训机构或托育机构，家里老人有钱的就给钱，自己照顾好自己就行。平时办什么事，大家都公事公办，讲规则重秩序，不给对方添麻烦，也不欠谁的人情，感觉蛮自在的。

在广州天河区天雅社区，调研人员在朋友的引见下，与几位正在喝早茶的市民聊了起来。结果发现，几位市民所说，与朋友所说，并无多大出入。作为最早沐浴改革春风的大省的省会城市，广州人的生活条件改善比较快。与人交往，首先会用粤语先区分一下。如果会粤语，则视为自己人，按照客家人习惯，极为热情。如果不会，则按陌生人关系进行处理，公事公办。广州人十分注重家庭生活品质，闲暇时间举办短途旅游度假，家人团聚等是比较普遍的现象。孩子的知识性学习十分重视，但也强调培养学习的素养，所以各类培训机构十分多。德育主要靠家长和老师，其他人很少介入。朋友之间相聚一般在饭店，入住别人家的现象比较少。

2. 婚嫁礼俗

笔者将在南京秦区淮银龙花园社区、上海杨浦区五角场街道和广州天河区天雅社区调研的资料比较了一下，发现三地的婚嫁礼仪都比较接近。传统的"六礼"之制都已经简化了，但婚礼的形式越来越丰富。

三大城市的婚礼都在酒店举办，且规格要求高。一方面酒店的装饰豪华、排场盛大，符合年轻人追求面子的心理；另一方面在酒店举办婚宴，一切事宜交由婚庆公司处理，省去很多麻烦的事情。通常婚庆公司比较了解当地的结婚习俗，很好地解决了新人不太清楚、不太明白风俗的问题。

在南京秦淮银龙花园社区，一般结婚习俗有接亲、改口茶、回门等，接亲是男方到女方家中迎娶新娘，同时还要向亲友敬酒，敬酒遵循长幼有序，在向宾客敬酒时，一般先敬女方客人后敬男方客人；在向朋友敬酒时，先敬长辈、领导，再敬一般朋友、同事等。改口茶在江苏一带婚嫁礼俗中广为流传，是结婚流程当中必不可少的一个过程。敬茶茶杯也有讲究，要选择中国传统成双成对的盖碗，象征着新人入对成双、夫妻恩爱，婚后生活幸福美满。敬改口茶一般先敬父母，再敬爷爷奶奶，一般是新人向父母敬茶，感谢多年养育之恩，并改口叫爸妈，通过拥抱表示感谢。回门是结婚的末尾阶段，回门是指新娘在婚后第三天，和新郎一起去岳父岳母家认亲，问候老人；一般新郎要提前备好礼品，在进家门时要跨越火盆（放柴火或炭火的盆），寓意去除污秽、健康平安。

在上海杨浦区五角场街道，上海如今的多元文化特征越来越明显。因而，婚礼也呈现出些许不同。比如，老上海市婚礼流程先是新郎在结婚前一天，带着公鸡、猪腿、鱼以及白鹅，再加上纯正的果品前去女方家，探讨第二天结婚事宜，同时还要确定女方带多少嫁妆，了解细致之后才能在第二天安排妥当。新郎先祭祖，再到新娘家中迎娶新娘，并给未来的岳父岳母敬茶，表心意。此后便是将新娘接回酒店，举行各种仪式：宣誓词、交换戒指、喝交杯酒、扔捧花、父母致辞等。其余上海人，则按双方约定，给定礼金，定好日子，婚郎带着车队迎接新娘至酒店，婚宴流程基本相同，新人在婚宴中途需到每桌敬酒，由父母领着挨个称呼，被称呼的长辈都要给新人见面礼，也就是红包，女方家人的红包给新郎，男方家人的红包则给新娘。

在广州天河区天雅社区，也差不多。但定亲最隆重仪式是过大礼，约在婚礼前15天到20天前进行。男家择选定良辰吉日，携带双方约定礼金和多种礼品送到女家，称为过大礼。礼品并不算贵重，但意义深刻，必须成双成对。有精装龙凤礼饼两盒、西式礼饼一盒；喜八样生果吉子篮、椰子两对、特长精装龙凤烛两对、精装烫金男女家对联各一对、精装茶叶、芝麻各两盒、双喜烫金大礼金封两个、百年好合三牲封两个，等等。有意思的是，男方自身素质越高，付给女方的礼金越少。女方家不会为难亲家，不会有攀比之心。

3. 节庆仪式

调研发现，与婚礼仪式类似，南京、上海、广州的重大节日不仅比较好地保留着庆贺传统，而且在活动内容和形式上均有所增加。这说明公共礼仪活动在现代化进程中有所强化。

由于城市管理部门对传统节庆礼仪的重视，三大城市的传统节日来临之际，管理部门都会花大气力对城区公共场所进行精心装饰，同时各社区也会花心思对社区精心装点，一些商家也主动参与其中，烘托出热闹的节日感。鼓励市民们走出家门，共庆佳节。同时，根据城市发展的需要，也会增加一些节庆活动。

南京推出了梅花节。梅花节始自 1996 年，成为南京市人民政府举办的、开春首个国家级大型旅游节庆活动，在海内外享有盛誉，它不是仅提供市民们休闲踏青赏梅的单一活动，而是融探花赏景、休闲娱乐、歌舞演出、文化展览、商贸交流等为一体的，全市性狂欢盛会，已成为增进城市和谐、提升城市活力的重要文化品牌。

上海推出了旅游节，它是由上海市文化和旅游局、上海市商务委员会共同主办的，是国内规模最大、最具城市影响力的大型旅游节庆活动。它以"人民大众的节日"为定位①，通过丰富多彩、各具特色的上海各区县节庆活动，吸引社会各界的大力支持和广泛参与。其中传统活动有上海旅游节花车巡游暨评比大奖赛、微游上海等，是融观光、休闲、娱乐、文体、会展、美食、购物为一体的节庆活动，向海内外集中展现了四季上海都市风光、都市文化和都市人文的无穷魅力。

广州创建了"广州国际美食节"。自 1987 年创立以来，其规模及影响力逐年扩大，逐渐形成了以"食"为主，集饮食、娱乐、商贸、旅游于一身，成为既具有鲜明的地方特色，更具有国际性、广泛性、群众性、专业性、科学性的著名旅游节庆活动，吸引了大量海内外专业人士和广大市民的参与，它对弘扬中华饮食文化，尤其是广州独具特色的饮食文化，加强海内外旅游饮食界的交流与合作②，丰富市民节日生活都起到了很好的推动作用。

---

① 戴天晨. 空间叙事：城市空间非物质性要素设计转译研究［D］. 南京：东南大学，2019.
② 广州国际美食节计划书［R/OL］. 豆丁网，2016-07-12.

二、新兴城镇——以广东茂名、山西张兰镇为例

新兴城镇是我国城镇化过程中，快速崛起的城镇。广东茂名地处粤港澳大湾区、北部湾城市群和海南自贸区三大国家级经济区的交会处。茂名是全国重要的石油化工基地和能源基地，形成了石油化工、农副产品、矿产资源、轻工纺织、医药健康、金属加工及先进装备制造等"六大主导产业"。茂名市域经济稳步发展，位居粤东西北前列。物产丰富，是广东省农业总产值最高的地级市。张兰镇隶属于山西省晋中市介休市，地处介休市东部，东北与平遥县中都乡接壤，东南与平遥县段村镇相接，南与长治市沁源县相邻，西南、西与连福镇毗邻，西北与义安镇相连，北有汾河流经，是介休市第一畜牧大镇，及中国农村最大的古玩市场，交通便利，经济繁荣。2019年10月，张兰镇入选"2019年度全国综合实力千强镇"。这两座新兴城镇，一个是进入工业化城镇的典型代表，一个是保留农业特质的城镇的代表。

（一）历史记忆中的礼仪文化

作为新兴城镇的广东茂名和山西张兰镇，历史上均是乡村社会形态，因而，两地历史记忆中的礼仪文化，均与当地传统礼仪文化相类似。

1. 日常礼仪

乡土社会的熟人模式，在两个新兴城镇的前身表现得淋漓尽致。

广东茂名则具有南方村庄结构的显著特征，那就是聚族而居，村庄宗族结构完整，宗族力量强大，一个自然村的人，往往只有一个姓，村庄与宗族同构，村内的都是自己人，一个老祖宗传下来的，低头不见抬头见，相互之间都很熟悉。村内有矛盾，找宗族负责人即可调解。村外有矛盾，则全村立即团结一致，矛头向外，守望相助践行得非常好。礼治在村庄内发挥着极好的作用。

山西张兰镇作为北方村落，由于长期的战争拉锯，百姓生存不易，需要抱团守望相助，亲族内部比较团结，但亲族之间存在较为激烈的竞争关系。贺雪峰将其称为分裂型村庄①，因为村庄内存在众多"门子""门派"等小亲族，在有限的资源守卫中，会出现矛盾，因而五服之内的宗亲关系维系得非常好。同时，为减少亲族之间矛盾，各族的族长都尽力维护本族形象，扩大本族实力，强身健体等活动在村庄内也有很好的风气。

———————————

① 贺雪峰. 村庄类型及其区域分布 [J]. 中国乡村发现，2018（5）：79-83.

2. 婚嫁礼俗

传统"六礼"在乡村运行过程中，往往会因村庄的经济状况而有所损益。在广东茂名，村落人均耕地不算多，成婚要花费家里的大笔钱财，因而期望婚姻能长长久久，其仪式也便特别讲究。比如，其中的上头仪式。男女双方在结婚前夕须各找一位好命公与好命婆为自己上头，这是象征两位新人踏入成人阶段的礼仪形式。

张兰镇的婚姻礼仪分为订婚和结婚两部分，定亲又称订婚。一般新郎与家人需要携带彩礼和其他礼品，前往新娘家参加订婚仪式。结婚的流程则较为复杂，结婚的前一天，女方家人准备新娘化妆用的东西——头花、胸花、红盖头、红手套、红袜子、红裤带、红皮鞋等，将新娘要带走的物品装到大红箱子中，箱内要放压箱钱，新娘还要藏岁数钱求富贵。结婚前一天的晚上，新娘家人要蒸花馍馍，请十全十美的人，帮新娘梳妆换衣服。新娘的屁股下面要垫被子，吃饺子，用鸡蛋滚脸，寓意"开脸"。新郎家派人前往新娘家中，确认第二天的迎亲事宜，如迎亲的时间、婚车路线（一般为顺时针方向，不走回头路，在闹市街游街为主）、迎亲人数等。结婚当天，早上起床，新娘要吃鸡蛋和岁数饺子，新娘家把面做成兔子状，叫"跑兔"，由亲弟弟送到新郎家中，新郎家收到"跑兔"即可前往新娘家中接亲。新郎进门前，新娘亲戚们会拦门要喜钱，俗称"开门钱"。之后，先在新娘家中举行认亲仪式，新郎认新娘家的亲戚，跟随新娘改称呼。认亲仪式完成后，新人出门，喜轿出发前，由新娘向周围闹喜的亲朋好友撒富贵钱和糖果。婚礼在男方家举办，三拜仪式结束后，举行认亲仪式，新娘认新郎家的亲戚，跟随新郎改称呼，家中参与认亲的长辈都会给改口钱。婚床的四个角压着用红纸包的面疙瘩，结婚当晚的喜蜡不能吹灭。结婚的第二天，新娘回门，新娘家请亲戚吃饭。

3. 节庆仪式

传统社会中，广东茂名和山西张兰镇都是自然村落，因而节庆仪式均与当地省趋同。茂名是广府文化影响比较多的地方，春节、元宵、清明、端午、七夕、中秋、重阳、冬至这几个大的节日，都非常隆重，比如，农历初一就准备包粽子的材料，买糯米、花生、绿豆、红豆、五花肉、十三香、粽叶、包粽子的扎带；端午节包粽子、食粽子、劏鸡、拜神、插艾叶、洗艾水澡、看扒龙船等活动。不仅家人能够聚在一起，改善伙食，联络感情。族人也可以，争取在扒龙船中更加团结起来。

张兰镇的节庆仪式与山西省其他地方类似。不过，寒食节的起源与当地有较大的关联性，值得关注。它最初是关于介子推的地方风物传说和寒食节习俗，最终在唐宋之际，三节合流，形成了一个以祭祖扫墓为中心，包括寒食习俗与上巳踏青等活动的具有代表性的传统节日。介休清明习俗主要包括禁烟、吃冷食、祭祀扫墓、插柳踏春、赏花咏诗、荡秋千、放风筝等一系列传统活动，以及发黑豆芽、采柳芽、蒸面塑、戴柳圈、扫房顶、唱大戏、文化交流等具有浓郁地方特色的活动。这些民俗活动承载着丰厚的民族民间文化，是介休培养精忠尽孝、忧国爱民情怀的重要方式，也是当地民众集体记忆的集中体现。

（二）现实图景中的礼仪文化

新兴城镇脱胎于乡村社会的时间并不长，城镇民众还是比较习惯于熟人社会的生存模式，因此，当他们进入这里虽然生活模式不同于乡村，但人与人之间的相处模式，还具有乡村社会的诸多特点。

1. 日常礼仪

我们调研了广东茂名茂南区红旗街道和山西张兰镇石场坊社区居民委员会，发现城镇化过程中，村民往往就地转为市民。安置中，城市管理部门也很贴心地尽可能将他们的住宅安排在一起，所以社区内往往以熟人关系为主。哪怕没有住在一块，原来的村民之间也仍然会保持很密切的联系。有意思的是，即使小区中有许多陌生面孔，年纪大一些的居民因生活习惯使然，会通过各种方式去打听对方的情况。如此一来，熟人关系交往模式在第一代市民中表现得十分明显。犹如涂尔干（Émile Durkeheim）在《社会分工论》中所说，共同利益代替了血缘的纽带，但许多特征可以证明，在他们中间确实存在着一种深厚的兄弟情谊。"模拟亲属关系很快地进入社会，并发挥了自然亲属所能发挥的所有作用。"① 同时，由于身边的陌生人逐渐增多，他们的不安全感渐渐产生，因而反向地又拉近了他们原有的熟人关系，生活中沿用着各种传统礼仪。

不过，这一现象在新生代身上逐步弱化。调研发现，他们出生后，父母按照城市孩子的标准要求他们，学业压力很大，孩子们在社区内活动得不多。加之城市车辆多，基于安全的考量，将孩子留在家里，依靠电视、手机及其他玩具陪伴孩子的时间增多，邻里帮忙看顾和教导孩子的很少，孩子们的交往圈子产生了很大变化，慢慢地他们身上失去了长辈日常交往认知和礼仪范式。陌生人社会的冷淡式交往则呈现在他们的处事之道中，见面时即使打招

---

① 涂尔干. 社会分工论：第 2 版 [M]. 渠东，译. 北京：生活·读书·新知三联书店，2013：28.

呼只是出于礼貌，"交相利"的礼仪往来本质尽显。

2. 婚嫁礼俗

婚姻大事，在新兴城镇中体现了极大的追求时尚特征。调研发现，由于生活条件的改善，无论是广东茂名茂南区红旗街道，还是山西张兰镇石场坊社区居民委员会，年轻人都以模仿大中城市的婚礼为时尚。

广东茂名的婚礼流程与广州相似。但有一点不同的是，亲戚朋友送礼以黄金手镯等为时尚，婚礼现场新娘挂于胸前，极为耀眼。婚礼讲究排场，耗费钱财良多。过度物质化的讲究，难免让人对新兴城镇居民的精神世界产生些许担忧。

山西张兰镇的婚礼风俗也与过去差异不大，在一些不必要的细节上有所省略。与过去不同的地方是，现在一般为了省事，大件礼钱采用总稿的形式。结婚两日所用，均以小钱应酬。过去与现在婚礼习俗主要在彩礼的数额上有所变动，无非就是彩礼的多少，风俗钱的多少，习俗中有些小细节的省略，这些都是因人而定，跟随办喜事人家的意愿而决定，并无硬性规定。结婚风俗的繁杂，可以使结婚显得更加隆重，结婚的人也会产生神秘紧张的感觉，从而开始感受到结婚的不易，对婚姻开始具有敬畏之感，也许会使双方可以更加珍惜这段婚姻。所以，婚礼习俗，从一方面来说，具有一定正面的作用。

3. 节庆仪式

调研发现，无论是广东茂名茂南区红旗街道和山西张兰镇石场坊社区居民委员会，都十分重视节庆礼俗的传承。一是希望能产生文化搭台、经济唱戏的效果；二是希望能够借助节庆礼俗活动，能够将日益淡化的代际关系和亲戚朋友关系拉近；三是希望能够丰富大家的精神生活，减少一些因物质财富增加起来后出现的诸如赌博渐增、生活混乱等不良现象的发生。因此，两地的政府部门不仅十分重视节庆礼俗的宣传和推广，而且对时代发展中出现的新资源，加以利用，积极推出一系列富于地方特色的新节庆。如山西张兰镇开发成全国农村最大的古玩市场；广东茂名则成为世界荔枝之乡，举办荔枝龙眼展览大会，吸引八方来客。

三、城中村——以上海徐汇区邹家宅、江西南昌永溪村为例

"城中村"一词始见于 1996 年①，此后，逐渐引发越来越多学者的关注，其中，李培林先生的描述最为鲜活："就在热闹的市中心区域，就在鳞次栉比

---

① 杨安."城中村"的防治 [J]. 城乡建设，1996（8）：30-31.

的高楼大厦之中，每个'城中村'就像在方圆几公里人为制造的一个整体的高达 20 多米的'水泥巨物'，……经济学的铁律碾碎了中国传统飘落和谐人居空间的'文化意义'，……而在所有'日常生活'的细微之处，村落的影子似乎始终是一个徘徊游荡的魂灵。"① 为强化城市的集中统一管理、加快市民化步伐，全国各省都启动了大中城市的"城中村"改造工程。但因改造的进度等原因，全国很多城市仍或多或少存在"城中村"现象。

上海徐汇区邹家宅位于徐汇区虹梅街道和闵行区虹桥镇交错地带，东起 29b-07 地块、南临蒲汇塘、西至虹镇路、北至规划三路。共有 55 家权证，90 多户居民，外来人口 1500 余人。邹家宅实际上是"一地两管"，土地等行政管理归闵行区，居民户籍归徐汇区。也因其区与区之间交界处的"边角料"地块，成了"城中村"，治理也一度成了"真空地带"。② 永溪村隶属江西省南昌市东湖区贤士湖管理处，位于洪都北大道和阳明路交界处，是南昌市一个较为典型的"城中村"。目前该村居住人口大约 10000 人，其中外来务工人员就有近 8000 人，人口分属 56 个民族，外来务工人员中，很大一部分来自被誉为"挖掘机之都"的上饶市广丰区。

（一）历史记忆中的礼仪文化

城中村，原本只是寻常的乡村居落。因而，在其各自的历史上，适用的自然是传统乡村社会的礼仪文化。

调研中，村里老人讲述道：说起徐汇区邹家宅历史记忆中的礼仪文化，不得不说起徐汇区内核心的"徐家汇"。它是晚明文渊阁大学士、著名科学家徐光启建农庄别业、从事农业实验、著书立说的地方，也是其身后安葬和繁衍后裔的地方，正是以它为中心慢慢扩散，才有集镇和其他村落，最终演化成徐汇区。邹家宅作为徐汇区和闵行区交界处的一个自然村，其礼仪文化传统既有徐光启后人代代相传的传统礼仪，也有近代在附近建立天主教堂的法国传教士带来的一些西方规则。因而，这里其实也有海派文化影响下的中西礼仪混合的特点。加之地处鱼米之乡，村庄属于分散型，村民之间更强调自治，人情往来不如南方宗族型村落那么多，讲究个人依本事生活，因而，村庄内虽然也讲究礼尚往来，但礼物多为象征性的。在日常礼仪、婚姻礼仪及节庆礼俗方面，均是如此。

调研中，老人们说，永溪村原本是南昌市郊的一个传统村落。无论是日

---

① 李培林. 村落的终结：羊城村的故事［M］. 北京：商务印书馆，2004：2-3.
② 课题 2018 年调研时，还是城中村，2021 年 10 月，根本性改造和拆迁工作已正式启动。

常礼仪、婚姻礼仪和节庆礼俗，都是使用南昌地区的风俗，家族观念特别强。日常生活中，吃饭必先由长辈动筷子，上座必先由男性全坐好，称呼问候等均按宗族辈分来，遇事先找家人族人帮忙。年节送礼，尤其是新婚自订婚起，三五年之内，必须送给女方家几乎所有族里人，以增强情感。婚姻礼仪中娘亲舅大，三媒六聘，略有简化，但其内核一直被沿袭。节庆礼俗十分重视，如除夕日，中午煮面，内有蛋肉，必先敬长辈；晚上齐聚，必请长辈居上座；拜年必先向长辈行跪拜礼等。

（二）现实图景中的礼仪文化

作为各自城市极富代表性的"城中村"，无论是上海徐汇区邹家宅还是江西南昌永溪村，都具有李培林精辟概括出来的特质：不仅仅是一个村落，也是一种村落和企业合一的特殊的、嵌入在村落社会网络的经济组织，是市场网络和企业组织之间的一种形态。① 尽管它们都不像"羊城村"那样具有极为浓郁的土地崇拜：家家户户都供奉敬拜土地神的神龛，并在门口点上檀香。但都从农耕的土地中长出了工商创业精神，小小的村庄里，"握手楼""接吻楼""鸽子房"遍地开花，以与周边相比低廉的价格，一方面吸引着大量外来务工者；另一方面又发展起如餐饮、理发等就地服务性产业。村庄集体经济活络，村民的村庄面向生存方式十分突出。因而，城中村的礼仪文化，也就呈现出传统与现代的杂糅特质。

上海徐汇区邹家宅，经调研发现，在村里的人彼此之间还是保持着乡里乡亲的关系，平时交往还是沿用传统的礼仪，但这主要是限于年纪比较大的老人们。中青年人，只要勤劳一点的，大多都离村工作；只要买得起房的，也选择在外购房，他们觉得村外的生活更体面，条件也更好。而一旦他们离家，房子就会被租出去，尽管周围并没有什么地铁，但骑着电动车出行还是很方便。租客们往往是举家租住、同乡合租。这种离乡的状态，使得租客们更加珍惜乡亲故旧相依为命的生活，俨然将这里当成自己的第二个家。所谓"狗不嫌家贫"，哪怕房子再小，只要有条件，租客们也会呼朋唤友，聚在一起。以各自的小团体生活演绎着各自家乡的交往礼仪。因而，一个小小的城中村，反倒成为包容性极强的礼仪文化综合展演场域。人们用人气遮蔽了简陋的生活条件，但也给城市管理带来了较大的隐患。

江西南昌永溪村与上海邹家宅一样是"城中村"，但南昌的城市建设布局与上海有很大的不同，即更多致力于建设新城区，且永溪村旁边是热闹的洪

---

① 李培林. 村落的终结：羊城村的故事［M］. 北京：商务印书馆，2004：16.

都北大道和繁华的文教路，2~3公里内，学校多学生多。村民们自主建了不少小产权房，租给在附近做各种生意的外来务工人员。管理部门不强行迁村，而是强调整治。因此，村民们基本上过着比较传统而自在的生活，村民之间的交往基本上还是传统式，日常礼仪模式也无多大改变。但是包容性很强，对于外来务工人员的人际礼仪的差异性，都表示了尊重。如此，虽然生活条件不大好，但这个城中村的和谐性总体保持得不错。当然，村庄年轻人的婚礼已经无法在村内照传统方式完成了，而是与村外大城市的模式基本一致了。节庆活动则是传统与现代相结合，老一辈的按自己一直以来的习惯操持，年轻人当家的话，则越来越与大城市同步。

四、城乡接合部——以四川绵阳涪城区和江苏省扬州市经济开发区城乡接合部社区为例

城乡接合部是伴随着我国现代化建设城市不断扩张而多起来的。它"是指介于城乡之间的第三种社区类型，兼有城乡生活方式的特征，因而不同于一般概念中的郊区或农村"①"它既非自然村落，更非行政编制……是典型的城乡结合部"②。在城镇化进程中，如果城乡接合部改造不及时的话，有可能就会成为城中村。课题组调研时，有意识地选择了中等城市作为样本，相对省会等大城市来说，三、四线的地级市，城乡接合部演变为城中村的速度要慢一些，人口结构也更具有地方特色。

在调研的诸多社区中，调研组选择了四川绵阳涪城区大包梁村和江苏扬州经济开发区城乡接合部扬子津街道进行分析。绵阳涪城区位于四川盆地西北部，绵阳市中部偏西，地处涪江西岸，总面积554.47平方千米，占全省的2.7%，距省会成都98千米。曾出土了中国最大的摇钱树、汉代铜马，最早的汉代铜佛像、人体经脉模型和最精彩的说唱俑五件国家级文物精品，因此被誉为"绵阳五绝"，历史悠久。在发展扩张过程中涪城城区与城郊自然村落越来越连接在一起，将大包梁村变成了城乡接合部社区。江苏省扬州市位于江苏省中部，长江与京杭大运河交汇处，是世界遗产城市、世界美食之都、世界运河之都、东亚文化之都、首批国家历史文化名城和具有传统特色的风景旅游城市。由于现代化的推进，扬州市城市不断扩张，城乡之间的边界越来

---

① 周大鸣，高崇. 城乡结合部社区的研究——广州南景村50年的变迁 [J]. 社会学研究，2001（4）：99-108.

② 项飚. 跨越边界的社区：北京"浙江村"的生活史 [M]. 北京：生活·读书·新知三联书店，2000：5.

越近，扬州经济开发区也便有了扬子津街道等城乡接合部社区。这两地的历史文化都比较悠久，都是旅游文化重要区域，其礼仪文化的古与今、传承与创新，是现代化进程中礼仪文化变迁的东西部地区典型代表。

（一）历史记忆中的礼仪文化

四川绵阳涪城区大包梁村和江苏扬州经济开发区扬子津街道都处在长江流域，不过一个在上游一个在下游，但都属于鱼米之乡。历史上靠山吃山靠水吃水的生存智慧，在这两个地方都有体现。当时，两地都属于传统乡村社会。在礼仪文化的大传统下，结合当地风土人情，创造了各自的礼仪文化传统。

在四川绵阳涪城区大包梁村，受访者非常热心地接待了我们调研人员，完全没有对陌生人的戒备心理。他们说，历史上江西填湖广，湖广填四川。绵阳与四川其他地方一样，山高水美，但交通不大便利。因此，当地的人民生活在熟人圈子里，劳动的目的是生活。生活不追求快节奏，人们在闲暇之余，或围在一处喝茶聊天，或聚在一起打牌九，或约到一块听曲子，或者抽空去走亲戚，哪怕走一天也非常有热情。因此，父母对子女的约束不是很多，孝道要求也不是很强，顾好自己才是人生的根本。所以，绵阳涪城区人比较舍得在个人身上花钱，爱穿能吃、性格平和、与人为善、包容性强。因此，无论是日常礼仪、婚姻礼俗还是节庆礼俗，绵阳涪城区都遵循热情、友好、包容、守望相助的传统。

在江苏扬州经济开发区扬子津街道，受访者和我们聊起了扬州的悠久历史和村庄的历史，"烟花三月下扬州"取道的是运河。扬州人喝运河水长大，水有灵性且包容万物，造就了扬州人不温不火、虚实相生的处事风格。由于南来北往都在这里汇集，扬州杂糅了许多地方的文化，孕育出自身的理性处理、精细生活传统。又由于水资源比较丰富，扬子津街道只是扬州的一个小社区，身体中流着扬州人的血液，不过分强调依赖父母长辈，而是很看重自身的创造能力，重视教育和人才的培养，"亲兄弟明算账"。因此，与绵阳殊途同归的是，村里的人，也比较看重当下的生活品质，强调活在当下。日常礼仪中强调讲道理"把丑话说在前头"，父母子女之间的责任负担没有强行标准，尽力就好，婚姻礼仪和节庆民俗等则受南京等地影响较深。

（二）现实图景中的礼仪文化

随着社会的进步和经济的发展，四川绵阳和江苏扬州城区不断扩张。绵阳涪城区及扬州经济开发区等城郊地区村落成了城乡接合部。特殊的区位使得它们的礼仪文化也有了较大变化。

在四川绵阳涪城区城乡接合部大包梁村调研中，调研组发现，与大城市的城中村不同，大包梁村适合做民宿，村里环境好，居住的主要是当地人及省内外乡人，外省的很少，除非是在当地读书的大学生。生活交往中体现出一个明显的城乡过渡性特征。受访者说：老一辈的人，哪怕进城务工，也会乘公交车或骑电动车往返，几乎每天都住在家里，还会种点地。与熟悉的人形成交往圈，和同事之间的相处，也颇有传统社会的人情往来特色。谁家有个什么事儿，如果邻居有空，都会热情前去帮忙，谁家在村里做寿、嫁娶，缺少桌椅板凳和人手都会拿出自家的家伙什，并去帮忙。但对租住进来的人，则沟通得很少，只要按约定交了租金，没给村里带来什么不好的事情，则大家一般都心照不宣地少打交道。年轻人嫌收入低，还是有很多人外出，平时与家人联系不多，父母子女的亲情不如以前那么深了。子女结婚对象很多都是自己处的，实在找不到或不愿找，父母才会插手。现在结婚方便了，要么直接在外面包席，送礼直接包红包，回礼也是直接在网上、店里买，吃完饭就能各自回各自家去；要么请专门做喜宴的班子过来，自己买好原材料，其他的交给包做喜宴的班子就行。但结婚男女要追求时尚，按城里那套来，拍婚纱照，婚礼还要请婚庆公司，耗费比以前多多了。节庆礼俗大家都还重视，但有些出去打工的年轻人可能过年也不回家，就在打工的地方过，过年过节也没以前的气氛。祭拜也省了，以前小年要拜灶神，现在好多家庭也不拜了，礼仪没以前严格。端午的菖蒲也不挂了，对于月饼、粽子，大家也不再当作节日必备品，有些家庭甚至都不买不吃。人情方面，大家都在各地打工，见面的时间也少，也就是过年聚在一起唠唠、打打牌。感觉生活水平提高了，但大家的幸福感反而低了。

江苏扬州经开区城乡接合部扬子津街道，与绵阳涪城区城乡接合部不大一样，因为整个江苏作为沿海城市，拥有西部城市绵阳所不具有的区位优势，尤其是苏南地区，在改革开放进程中，经济发展很快，扬州自然也沐浴其中。因此，在2002年前后，扬州的城市与乡村之间的边界就越来越不清晰。扬子津街道作为城乡接合部，改造也启动得比较早。不过，相对市区来讲，还是具有一些由农村向城市过渡的特征。一是人口比较混杂，除了本村人之外，附近打工租住者也不少。二是日常生活中，年纪大一些的村民主要还是按自己以前的交往方式相互联系，对于基层政府的介入不大习惯，但基层政府又认为村民自治能力不行，在对村民市民化方面投入了比较大的力气。加之当地民众原本就是理性交往，因此，向城市生活方式靠拢成为主流。大家都将比较多的精力用于劳作，尤其是年轻时生活条件比较差的中老年人，很快就释放出极大的参与社区建设的热情，社区产业快速发展，而日常礼仪也没有完全断裂，婚姻习俗也大体保持了下来。订婚在扬州的有些地区仍是存在的，一般依据男女两家双方的意思，到了订婚这一步基本这门婚事已经确定，等待吉日举办婚礼。在这之前，有的人家会将男女双方的生辰八字给算命先生算一算，看属相是否相合。不过，现代人不太相信老一辈的合八字一说，但此举归于个人，有人相信有人不信。因而，这一做法也因人而异，不是现在订婚或结婚的必需过程。订婚后，男女双方准备婚礼的相关事宜，通常婚礼举办两天，第一天为暖房，设晚宴招待亲朋好友，一为女方向父母表达感恩之情，一为男方向亲友表示感谢；第二天的中午和晚上分别设宴款待，尤以晚宴最为重要，新人在双方亲友的见证下完成婚礼仪式。扬州地区娶亲，闹洞房环节通常以新郎新娘为开玩笑的对象，有人也会闹公爹或小叔子，这一习俗保留至今，是婚礼的高潮和亲友关注的重点。节庆礼仪则虽然淡化，但仪式基本还是完整的。

五、传统乡村社会——以江西万安县符竹村和河南卫辉市大司马村为例

乡村是中华文明的发祥地，孕育出泱泱华夏的民族心理及性格特征。传统农耕文明的生产生活方式，使乡村民众聚族而居。彼此之间的相处之道，概而言之，不外是个"礼"字。亦即是说，礼仪文化是乡村社会的意义之网，规约着传统乡村社会的运行逻辑，维系着乡村民众的生活习惯，保持着村落共同体的安宁与和谐。① 它随着社会变迁而有所改变，人类学家周大鸣曾于1994—1997年间，对美国学者葛学溥（Daniel H. Kulp Ⅱ）《华南的乡村生活》一书描述的乡村景象进行追踪调研。围绕葛学溥书中的69个结论一一加以对比，生动地揭示出礼仪文化及其他方面的变迁。② 调研相对简单一些，不追求全景对比分析，只通过文献资料解读和现场调研两种方式，分别对江西省万安县符竹村和河南省卫辉市唐庄镇大司马村的礼仪文化变迁进行梳理和分析。

---

① 傅琼，杨丹. 礼仪文化与乡村社会和谐 [J]. 农林经济管理学报，2016，15（4）：475-481.
② 周大鸣. 凤凰村的变迁:《华南的乡村生活》追踪研究 [M]. 北京：社会科学文献出版社，2006：17-22.

（一）符竹村郭氏谱牒与乡村礼仪文化变迁①

符竹村位于江西省万安县北部，四季分明，农业生产季节较长，适宜人口繁衍生息。符竹郭氏是江西郭氏的两大主支之一，其始祖郭延嵩是郭子仪第六子郭暖的曾孙郭瞿之子。自唐末五代交际，该支便在此开基拓荒、开枝散叶，至今传续 1100 余年。本篇以郭氏族谱为研究对象来揭示乡村礼仪文化的传承和延续现状，族谱不仅记录了家族繁衍生息的历程，更隐藏着家族礼仪文化的发展脉络。

1. 历史记忆中的礼仪文化

每一份族谱里必不可少的部分就是祖训、家训，它们是宗族、家庭对于子孙后代安身立业、持家行事的教导，是寓于生活之中最为真实的礼仪文化。《符竹东岸郭氏七修族谱》中记载着符竹村郭氏先祖自创的"家训十五条"，《江西省万安县窑头流芳庙下郭氏族谱》则记录了始自先祖的大量谱规，其目的均在引导其后世子孙在思想道德、为人处世等方面养成良好的修养及处世技巧，折射出内容丰富的传统礼仪文化景象。

个体层面的礼仪教化。个体生而必处于某种社会环境之内，在成长中必须习得该群属通行的规范。谱规"勤生产"中就要求不能"游手好闲，漫不事事，郡居终日，惯用机巧"②，族人应以农为本，辛勤劳作，诸如赌博等陋习更是碰不得。在个人言谈举止上，要时刻"谨语言"，如果"将好论人长短者，不有奇祸，定有奇穷"③，希望族人少留意他人的是非。在"严称呼"中就直接严令"凡有族人，直呼长辈人名之陋习，当重处不贷"④，晚辈心中就应常怀对长辈的尊敬之心，在称呼上的注重是尊敬最直观的反应。而在家训中，"正士习"则通过"立身务以孝悌忠信为先"⑤ 的倡导树立族人传统的核

① 傅琼，吴其佑. 历史镜像与现实图景：从万安郭氏谱牒看乡村礼仪文化变迁 ［J］. 新疆社会科学，2019（5）：122-128.

② 郭行坊. 江西省万安县窑头流芳庙下郭氏族谱 ［M］. 高雄：高雄市郭氏宗亲会，1993：42.

③ 郭行坊. 江西省万安县窑头流芳庙下郭氏族谱 ［M］. 高雄：高雄市郭氏宗亲会，1993：41.

④ 郭行坊. 江西省万安县窑头流芳庙下郭氏族谱 ［M］. 高雄：高雄市郭氏宗亲会，1993：41.

⑤ 华中师范大学中国农村研究院. 符竹前房东山郭氏族谱 ［M］//中国农村数据库·家谱族谱库. 符竹东岸郭氏七修族谱，2017：家训 1 号.

心价值观。同时，"治生产"中"人之谋生，贵有常业"①的要求也表明：获得稳固职业并在不断实践中将它做好是族人生存的应然模式。"禁奸盗"还强调"天伦自有正配，富贵实由前定"②，如果做出越礼犯分、鼠窃狗盗的事情就会遭到族人的唾弃乃至族规的处罚。

家庭层面的礼仪伦常。家庭是社会的细胞，是个体健康成长最具实质意义的物质与精神依托，长幼有序是家庭建构的核心规则。就家庭层面而言，谱规确定伦常的作用极其明显。以血缘为网线所形成的秩序网格内，父母位于家庭结构中的最高位，处在下一血缘等级的子女务必遵从长辈的意愿，回馈长辈的养育之恩；如果被认定为不孝，就会被处以最严重的处罚——逐村除谱。而作为人伦之始的夫妻关系中，要求家庭内部做到"重婚姻"，不能"或贪财贿，勿论倡优，或恣情欲，罔念渎伦"③。另外，在同一血缘等级的兄弟之间，弟弟不能做出兄长离世后娶嫂子的事情。谱规对"敦孝弟"有具体要求："族有不孝者，一经查出，逐出不贷"④，即必须在家庭范围内遵守长幼尊卑的规则。从这个角度来看，对于个体而言，兄长和父亲的意义是近乎等同的。

反观"家训十五条""尽孝悌"同样劝导："生我者父母，必悦亲顺亲方可为子。"⑤这与谱规中的说法没有太大差别，符竹郭氏关于父子、兄弟之间的关系界定也是基于汾阳堂先祖的。不过，"正婚姻"中却强调："娶妻务期贤淑，嫁女须择门楣"⑥，与流芳郭氏宗族对于人伦关系的全面规范相比，符竹郭氏宗族更强调"门当户对"，宗族对婚姻对象的考察首先就是其出身，在此基础上才会看其他诸如个人素质等因素。此外，家训在家户内部协调上还特别提出了"严教训"的要求，父辈在与子女相处过程中，"倘或过于溺爱，

---

① 华中师范大学中国农村研究院. 符竹前房东山郭氏族谱［M］//中国农村数据库·家谱族谱库. 符竹东岸郭氏七修族谱，2017：家训 2 号.

② 华中师范大学中国农村研究院. 符竹前房东山郭氏族谱［M］//中国农村数据库·家谱族谱库. 符竹东岸郭氏七修族谱，2017：家训 5 号.

③ 郭行坊. 江西省万安县窑头流芳庙下郭氏族谱［M］. 高雄：高雄市郭氏宗亲会，1993：41.

④ 郭行坊. 江西省万安县窑头流芳庙下郭氏族谱［M］. 高雄：高雄市郭氏宗亲会，1993：40.

⑤ 华中师范大学中国农村研究院. 符竹前房东山郭氏族谱［M］//中国农村数据库·家谱族谱库. 符竹东岸郭氏七修族谱，2017：家训 1 号.

⑥ 华中师范大学中国农村研究院. 符竹前房东山郭氏族谱［M］//中国农村数据库·家谱族谱库. 符竹东岸郭氏七修族谱，2017：家训 2 号.

败坏家声谁之过软？"① 突出了在家庭教育方面长辈的定位：长辈应该是晚辈的榜样，所以父母要把握好爱护子女的尺度，这也与谱规中要求父辈对子代积极引导遥相呼应。

宗族层面的礼仪秩序。宋代以降，宗族的宗旨是"尊祖敬宗睦族"②，核心是维系孝亲睦族的礼仪秩序。流芳郭氏族谱中，谱规"敦孝弟"中就告诫，一定要遵守礼仪秩序，如若不然就会"在家为族蠹者，在国即为金壬"③。为落实这一理念，宗族要用"崇祀典"的态度对待祭祀，于前期做到"致赍三日，散赍三日"；正式祭祀时，更要像《礼记·祭义》中描写的那样，做到"忾乎如见，僾乎有闻"④。这种对祖先极致的诚心、敬意被确立为标准。同时，为了在日常生活中凝聚族人，谱规提出了"睦九族"的要求，认为"一本其可视犹秦越"⑤，即强调宗族是一个共同体，个体之间要友善互助。这种关系是剥离个体外在的客观因素、回归血缘后的结果，是礼仪秩序和谐要求在宗族内的体现。当然，为了避免日常生活中矛盾扩大伤害族人之间的感情，"戒争讼"直接告诉族人"盖是非自有定"⑥，告诫族人，个体之间的矛盾自然由大家公认的礼仪秩序定夺，任何因矛盾激化而影响族亲关系的行为都是不可取的。与之相对，符竹"家训十五条"在"重丧祭"中提到："丧以送终，各尽其心。祭以追远，各殚其诚"⑦，这与谱规别无二致，不过在礼节方面着墨更为详尽。符竹村郭氏族内的丧葬礼制大多沿袭了祖训，只是在形式上有些许简化。在族人的治理方面，"睦宗族"中则认为："乡党之中，不是叔伯兄弟便是亲戚朋友"⑧，所以，族人也应先从血缘出发，在做事时谨慎不

① 华中师范大学中国农村研究院. 符竹前房东山郭氏族谱［M］//中国农村数据库·家谱族谱库. 符竹东岸郭氏七修族谱，2017：家训2号.

② 冯尔康. 中国宗族的历史特点及其史料——《清代宗族史料选辑》序言［J］. 社会科学战线，2011（7）：82-91.

③ 郭行坊. 江西省万安县窖头流芳庙下郭氏族谱［M］. 高雄：高雄市郭氏宗亲会，1993：40.

④ 郭行坊. 江西省万安县窖头流芳庙下郭氏族谱［M］. 高雄：高雄市郭氏宗亲会，1993：40.

⑤ 郭行坊. 江西省万安县窖头流芳庙下郭氏族谱［M］. 高雄：高雄市郭氏宗亲会，1993：41.

⑥ 郭行坊. 江西省万安县窖头流芳庙下郭氏族谱［M］. 高雄：高雄市郭氏宗亲会，1993：42.

⑦ 华中师范大学中国农村研究院. 符竹前房东山郭氏族谱［M］//中国农村数据库·家谱族谱库. 符竹东岸郭氏七修族谱，2017：家训5号.

⑧ 华中师范大学中国农村研究院. 符竹前房东山郭氏族谱［M］//中国农村数据库·家谱族谱库. 符竹东岸郭氏七修族谱，2017：家训6号.

出错、在交往态度上恭敬而有礼。

2. 现实图景中的礼仪文化

近代以来，西方列强挟枪炮而来，"师夷长技以制夷"由初期的不得已而为之的化解之策，渐渐演化为主动模仿西方价值观和生活方式的现代理性选择，传统遂成为落后的象征。新中国成立之后，在封闭与开放转换之中，多元文化裹挟而入，乡村传统礼仪文化受到了挑战，礼仪文化衰微的表征日渐显现。

个人的行为教化渐趋失效。乡土社会有序发展与礼仪指导下乡村民众和谐的交往行为和处事风格密切相关。立足当代发现，乡村虽然还留有宗族色彩，但因城乡流动以及各种现代思潮的影响，村民在思想上的异化现象显著，物质至上的观点逐渐占据主导地位，农村的阶层分化、职业分化更使得乡村礼仪文化在传统与现代间摇摆，进城务工的村民返乡时向留守村民炫耀城市的种种优越，诱发村民对于乡村隐喻的传统的鄙夷，村民对合法身份的选择也更倾向于成为城市市民，农村人的身份反而成为"落后"的代名词。至此，在主体及客体身份认同缺失的情况下，礼仪文化的教化功能自然无从谈起。

家庭的家风家教渐趋偏轨。家庭教育是乡村民众健康成长的第一化育场所。符竹村良好社会风气延续千年的主要原因便是家庭教育得法。而当下，个体重利轻义观念上升，传统礼仪文化在代际关系中发生异化。首先，生产方式的转变使得子代更具经济优势，父辈绝对权威受损，子代的孝道实践掺杂了理性算计，导致传统礼仪文化主敬的核心思想渐失。其次，这种观念驱使宗亲关系向弱伦理化方向发展。如 2013 年起，符竹郭氏参与了专门的理事会进行南迁始祖瞿公墓的修葺，其间个别宗亲就因为理念和行为方面的问题产生了冲突。诸如此类事件会将农村家庭内部平辈间的关系引入两个极端：要么几乎不相往来、要么表面虚与委蛇，表明传统礼仪文化在家庭关系中的和谐作用失效。最后，这种观念嵌入个体对子代教育中就会造成家庭教育的功利化。在高强度的竞争压力下，乡村家庭中子代学习的内生动力只是改变生活现状的实际需要，一旦这个需要得到了满足，其他诸如思想、性格上的问题就被掩盖甚至置之不顾。传统家庭礼仪文化的教导功能偏离有可能引发家庭伦理悲剧。

宗族的礼仪规制渐趋衰微。礼治是我国传统乡村社会的主旋律，构建出乡村自我组织和自我调节的公序良俗。然而，在遭遇现代化的冲击之后，国家权力下沉到乡村内部，乡村的各类事务均纳入国家管辖之中，农民的身份从村落乡民转变成国家公民，宗族成员分化成一个个原子化的个体。近 30 年来，符竹村的族长、房长、长老等职位名义上已创建，但乡村除宗族祭祖功能之外，孝亲睦族功能已沦丧。统治乡村的权威不再是传统精英，乡村礼治失去了精英领袖。与此同时，各级政府在全国范围内推行统一的法律。符竹村的族规、家法实际上已被国家律法所替代，村庄由"礼治"向"法治"转型。但有些法律条文与乡村缺少融合性，人们对法律的感知往往只获得于违法之后，因此，它不具备思想道德和行为规范的直接指引性。这种制度转型引发的社会阵痛不仅存在于符竹村，而且影响着全国乡村社会。现今，民间传统的伦理道德观念还根植在不少人的思想中，强制性地用法律体系取代传统礼治，当问题得不到解决的时候，村民势必会质疑法律，这样一来基层政权也失去了治理村落的权威。

（二）河南省卫辉市唐庄镇大司马村的礼仪文化变迁

大司马村是河南省卫辉市唐庄镇下辖的行政村，地处河南省北部，卫辉市西部，西北部邻近太行山，南水北调中线干渠从此经过。村庄原名叫大西木村，相传是三国时期魏大将司马懿的家眷在这一带居住，故该村被称为司马村，后来该村面积不断扩大，便改名为大司马村。大司马村共有人口 2449 人，共计 620 户，村民经济收入主要来源是传统农业和运输行业。2006 年大司马村曾发掘一处墓葬，其中汉墓一座，还有西晋墓四座，唐墓一座，宋墓三座，明清墓十七座。该墓虽在历史上多次被盗，但墓葬出土文物也证实了大司马村一带在两千多年历史中的繁华。该村的礼仪文化变迁可称为北方传统乡村的典型代表

1. 历史记忆中的礼仪文化

（1）个体层面：遵从社会规范，畅行礼仪教化

个体生而必处于某种社会环境中，必须遵从社会中大多数团体所推崇的社会规范。就河南省卫辉市唐庄镇大司马村而言，基于礼仪文化所成的社会规范对个体行为的作用较为明显。以传统婚俗为例，受孝道文化所倡导"父母命、不可违"的影响，该村传统婚姻多为男女双方遵从父母之命、媒妁之言，讲究门当户对的"包办婚姻"。同时，在当时生活条件与社会规范制约下，一些较为贫困的农村还存在换亲现象，即男方以自己的一位姐妹许给女方的一位兄弟做妻，以换取女方成为自己妻子的婚姻方式。在自小耳闻目染、渐渐对本地区礼仪文化习以为常后，个体在生活中自然而然地按礼仪教化办事和处世。日常生活中，人们奉行"勤于生产、谨于谈吐、尊于称呼"的礼仪文化，以农为本、勤恳敬业，不过多议及他人是非，对家中长辈心怀尊敬。礼仪文化在河南省卫辉市唐庄镇大司马村中对个体的教化辐射范围之广、影

响之深，可见一斑。

（2）家庭层面：明晰伦理纲常，恪守家风家教

家庭是连接个体与社会的重要纽带，家风家教是家庭礼仪文化中的核心要素。河南省卫辉市唐庄镇大司马村通常会以血缘为基础，形成各自严密的社会关系网络，这一网络不仅保证了家庭的秩序，也有助于家族的延续。在"孝悌忠信"的家风影响下，子孙奉行以孝为先，尽力回馈长辈的养育之恩。以做寿为例，该村习惯把六十岁作为祝寿的起点，民间有"不到六十不庆寿"的说法，六十岁及之后的每十年称为大寿，六十岁之后的每五年称为小寿，不管是大寿小寿，都要举行庆祝活动。寿日早晨，寿星端坐堂屋，其儿女侄孙辈依次给寿星磕头，共祝老人多福多寿。同时，晚辈们也会为寿星献上"寿果"和"寿蛋"，并等待老人将其分给众人同吃，意为给老人"咬灾"。做寿仪式是河南省卫辉市唐庄镇大司马村家庭中伦理纲常、长幼有序文化的体现。此外，"二月送鱼""五月瞧娘""六月送羊"的传统礼仪，更是加深了子代家庭与父代家庭的感情，家族新生儿满月、周岁等宴会仪式也同样创造了团聚的机会。

（3）社会层面：遵守礼仪秩序，维护善治格局

任何一个社会都存在自身独特的秩序，这一秩序通过制约和规范人们的行为使社会保持稳定发展的状态。"礼之所兴，众之所治也"，礼仪文化本就是为社会治理服务。河南省卫辉市唐庄镇大司马村经过数千年发展，其礼仪文化经过代际积累与批判继承，逐渐形成一种公序良俗，贯穿于人们的思想观念与行为举止之中，甚至演绎成一个社区的行为模式，是其乡土社会治理秩序形成的内在基础。有别于古代以政令、刑罚来进行社区治理，河南省卫辉市唐庄镇大司马村更强调公序良俗、村规民约的重要作用。村规民约以道德、礼法教化百姓，能使百姓从心底有顺从、遵守之意，且有羞耻的道德之心。个体在社会大环境的影响下，总是遵守礼仪秩序，力图使自身行为与周围大多数人保持一致，因而自觉沿袭着守望相助、团结协作、和睦邻里的传统，保障着乡村社会的和谐稳定。同时，在传统乡村社会，礼仪文化既作为个体德行与家庭规范而存在，同时也延伸到乡村政治领域，导致家庭伦理和公共规范的合一，自然成为维护乡村善治格局的有效手段。

2. 现实图景中的礼仪文化

（1）个体层面：礼仪教化失范，个体思想异化

传统乡村社会礼仪文化对个体行为与处事风格具有潜移默化的教化作用。伴随工业化与城镇化发展，自由主义思想不断冲击着乡村传统礼仪文化，礼

仪文化的教化功能日渐衰微。当前河南省卫辉市唐庄镇大司马村虽仍保留宗族色彩，但在人口流动及各种现代化思潮的影响下，村民思想异化现象明显，物质利益至上思想日益占据主位。传统乡村地区农民的阶级分化、职业分化更是使得礼仪文化、村规民约在传统与现代之间摇摆。留守的农民渴望体验城市生活，进城务工的农民限于自身身份难以获得城镇居民的同等权利，这种文化自信的欠缺使得农村人身份日益成为落后的代名词。在主体及客体身份认同缺失的情况下，礼仪文化的教化功能自然无从谈起。

（2）家庭层面：家庭权威转变，家风家教异化

改革开放后，尤其是进入21世纪后，该村二、三产业快速发展，农业财富积累逐渐落后于知识与技能，传统乡村家庭中子代日渐成为财富的创造者与拥有者。父辈在农耕时代积累的阅历与经验已不具有绝对权威，加之个体重利轻义观念上升，传统礼仪文化的衰退使得家风家教与代际关系出现异化趋势。当前社会知识与技能需求越来越高，父辈对子代的责任随受教育时间延长而愈发增多，但子代对父辈的赡养义务却随社会保障制度的日益完善而持续弱化，孝道观念发生异变，代际关系趋于失衡。此外，家庭结构的小型化、核心化也驱使着宗亲关系向弱伦理化方向发展，传统家风家教在维持家庭和谐中的作用日渐失效。

（3）社会层面：礼仪规制衰微，传统秩序紊乱

在豫北传统乡村社会中，秩序并不是一种随意达成的状态。伴随着近年来该村城市化进程的加快，人们的财富获取方式与居住方式更加多元，"生于斯、长于斯、老于斯"的传统乡村生产生活方式被打破，很多人选择离开乡村熟人社会外出寻求发展机会，生产生活圈子继而发生变化。因此，村庄舆论对他们而言并不会造成什么实质上的影响，自行其是的方式在乡村慢慢扩散开来。原有礼仪文化的约束力渐次失效，村落共识性规则的道德影响力越来越弱，传统礼仪秩序受到挑战。此外，传统乡村社会由于生产力水平较为低下，婚事、满月、周岁、做寿等人情往来中的"礼"往往只是象征，"君子喻于义，小人喻于利"的传统观念深入人心，形成了"礼轻情意重"的交往机制。但随着现代化进程的推进，传统人际交往趋于"货币化"，人们的感情最终被市场交易的规则进行丈量，异化的人情关系使得乡村集体理念衰退，守望相助、团结协作、和睦邻里的传统日渐成为一种奢望，传统礼仪文化作用力大大降低，很大程度上影响了传统乡村社会的稳定发展。

六、中心行政村——以湖北省天门市 L 村为例

天门市地处于湖北省中部，杨林街道办事处位于天门市河与杨林河交汇处，L 村则位于杨林东北角，与乡政府行车距离是 11 公里。本篇以天门市 L 村为例探讨婚嫁礼仪和丧葬礼仪在历史和现代的变化差异，从礼仪文化的角度来看，L 村村民在现实生活中仍保留着许多代际传承下来的重要仪式，它依然成为诠释村民人生意义的重要标识和象征。

（一）历史记忆中的礼仪文化

关于婚嫁礼仪。在过去的天门 L 村，男女的婚嫁仪式一直参照三书六礼的传统制度，社会地位中等偏上的家族涉及的仪式较多，而小门小户的家族则相对简单。男孩女孩在年纪较小的时候就会举行订婚仪式，男方家族会选择门户相当的家族，邀请亲朋好友作为媒人，在两家之间反复沟通撮合。在正式订婚前，男方家会送礼给媒人，并且设置专门的酒席招待他。第二天，媒人会带着男方家用红色木盒装着的庚帖和聘礼到女方家。女方会在家中摆上酒席款待，把女儿出生的年月日和具体时辰用干支写在庚帖的左侧，并且备好衣帽、鞋子、装订好的图书典籍让媒人带回男方家去。这个时候男方家会挥鞭发出声响来迎接，然后在庚帖左侧加上儿子的姓名，并且放置在堂屋的桌子、几案上，完成上香敬神的仪式后就宴请媒人和关系最近的亲属。在婚嫁前一年，每到端阳、八月十五、腊月等节日时，男方家要让儿子亲自用抬盆装着节日礼品去女方家并住在那里致贺。礼品除了酒水外，其他的还要根据时节而定。端午节赠送糕点、雪梨、扇子和夏季衣物等；中秋节赠送月饼、橘子和秋季衣物等；腊月赠送精致的点心、茶食和冬季衣物等，女方家也有相应的回馈。这个时候，女儿要么藏在自己的闺房内、要么躲到邻居家中，羞于被未来的夫君看到，并且在正式洞房之前男女都是不清楚对方面貌的。结婚的时间往往是男方家大概定下，再请媒人去女方家多次沟通才得到允许。具体的时间则是两家商议后共同确定，媒人备好布匹、果盒之类的礼品，把选好的时间正式告知给女方家族。到了婚礼前一天，男方家要赠送特定份数的衣物、酒水、果脯、鱼肉等，而女方则回赠针线、鞋帽和大型家具，男方以燃放鞭炮的方式迎接。在这天，男方家要祭祀先祖和家神，摆一桌酒席为儿子表字，并以九位少年作陪。相应地，女方家则是待嫁女子和九名少女同席。娶亲当天，男方家设置好锣鼓仪仗队伍，由于大家传统观念中将成对大雁作为爱情的象征，而鹅又是大雁的近属，因此让两人抱着全身染着红

色吉祥标记的鹅于队伍前列，鼓乐队紧随其后负责沿途吹奏喜乐，新郎于花轿前身穿喜服高踞马上。而专为新娘设置的彩轿位于花轿后方，少年男女乘坐四至十匹"顶马"跟随彩轿，抬嫁妆的队伍则位于最后方。迎亲队通常中午出发，女方收到消息必须紧闭家门，男方则需按照女方要求一层一层地叫门，并将红包分发给女方亲戚。然后随着男方牵亲娘的高声呼唤，头顶红盖头、身着凤冠霞帔的新娘在自家牵亲娘护送下进彩轿。届时，迎亲队奏乐燃鞭，沿着与来时不重复的道路回程。归家后，新娘在牵亲娘的搀扶下沿着红毯步入喜堂完成拜堂礼，而后入洞房与新郎共饮交杯酒。在新婚三天内，无论年长还是年少的人都可让新人表演节目，如既定内容的对白、绕口令等。除此之外，新人还需择其一天去女方家探亲，并当天返回。值得一提的是，在宴请宾客方面虽然两家都要摆酒席，但男方可用请帖通知亲友，女方则不能下请帖，而是亲友闻讯后自发上门。

关于丧葬礼仪。在天门市 L 村传统的丧葬仪式中，老人去世时葬礼中的广而告之色彩颇为浓厚，有钱人家常常通过大办丧事的方式彰显自家门楣。在老人临终时，直系亲属会聚集在老人床榻旁守候，在老人咽下最后一口气后立刻燃烧纸钱，将遗体转移至正厅前要进行整理遗体的"装老"程序，正式下榻后才能请道士选择时间入殓，并通过朗诵经文的方式帮助逝者指引黄泉之路。报丧时，会将讣文通过张贴、寄送、刊登等方式传递，从而让亲属得以闻讯奔丧。堂奠时，正厅一般被作为灵堂，堂中设置灵桌用来摆放烛台、香炉，把棺材搁置在案台前，刻好逝者姓名和生卒时间，并且堂里堂外均要摆放亲朋好友赠送的花圈和挽联，为了避免冲撞家神，堂内的神龛需要被暂时遮掩。在入殓当天，逝者的亲友们均需在场，长子、次子、女婿按照从上到下的顺序抬起死者头、腰、脚三个部位，待遗体转移至棺木后，亲友纷纷哭泣以示哀悼，从此日算起，恭请和尚诵经或者道士作法一天到七天。直到出殡前，若还有亲友准备好挽联、钱财等登堂致哀的，家中晚辈都要根据其性别专人陪同，来去都要做到有乐器相合，并且为他们准备好酒水和食物。在出殡前一天这样的活动是最隆重的。在出殡当日，全体亲友应聚集在灵堂，以棺木为首，孝子、亲属、友人次第排列，晚辈亲属跪拜，长辈、同辈友人端坐，礼宾用唱诵"唐祭文"的方式描述死者生平，赞扬死者功德。出殡时，灵柩出门后，家中需命人扫地，并把扫把扔出门，最后将逝者生前使用的饭碗在台阶上摔碎后才能关上家中大门。出殡队伍以灵柩为中心排列，为首的仪仗由举持纸制模型的队伍构成，紧随的则是击钹奏乐的僧道与穿戴孝服的亲友，孝子必须披麻戴孝、佝身挂哭丧棒并一直位于灵柩之前。在出殡途中，每逢亲友家鸣鞭表达哀悼的，队伍都要停留少许，让孝子就地拜叩以表达谢意。下葬墓地是阴阳先生特地挑选的，亲属需要按照辈分依次捧少许土入墓穴中，接着再下棺填坟，最后在坟前燃尽纸钱、花圈等纸质模型，亲属再次有序祭拜后由孝子将灵位捧着带回家。出殡后的第三天，家中的男女老少需身着孝服再次到目的地祭奠，回家后要把用逝者相关信息制作的纸制品供奉在灵桌上，三年之后才能请和尚和道士焚烧掉。

（二）现实图景中的礼仪文化

礼仪文化总是依据人们的需要和时代的发展而有所修改，且更多地融入社会的现代性和观念性，使得传统礼仪文化在现代社会出现了一些扭曲。

现代社会中的婚嫁礼仪。婚礼是合两姓之好，组建新家庭的开端。在传统礼仪文化中，婚姻的缔结十分注重程序。西周时期形成的包括纳采、问名、纳吉、纳征、请期、亲迎等环节的"六礼"，是公认规范性程序。虽经斗转星移般的社会历史变迁，天门市现今农村的婚礼流程依然大体沿袭了古制。① 起初，男女之间通过各种方式互相了解，有结婚意向的话，便以"请媒"的方式委托媒人拿着男方的庚帖和聘礼去女方家"拜允"，女方将生辰八字"回庚"于男方并回礼，合纳采和问名为一体。在结婚前一年，每个重要节日，男女双方会委托亲友以互赠礼物的方式进行非见面性互动。同时，男方会请媒人携带聘礼进行多次"说项"来商讨婚期，最后通过"过礼"的方式正式确定，是为纳吉、纳征和请期。在成婚前一天，男方会将一些女性日用品、水果、鱼肉之类的物品分放于九个红色盘子中，再经由九名少年端至女方家中，俗称"上头"，礼谓"催妆"。当天的晚餐则是新郎与九名少年共进，同理，女方也相应安排九位少女和新娘聚餐。之后正式婚礼的迎新在程序上则与传统的亲迎礼相差不大。

现代婚礼更多地考虑双方的家庭背景、经济条件等，一般男女双方待到感情成熟后，双方家长便进行简短的聚餐以商议结婚事宜，而彩礼数额是其中最重要的话题。高达 20 万的彩礼是 L 村普遍标准，至少一子一女也是 L 村常见的家庭结构。彩礼的事情双方基本达成一致，后期婚礼的仪式问题的商讨则较为简单快捷，即场景布置、服装搭配、方案策划等，均是交由婚庆公司完成。是日，新郎带车队去新娘家娶亲，按照传统婚俗的流程带回新娘。之后在司仪的引导下新人还要在家门口的临时舞台上完成类似西方教堂婚礼的仪式，同时亲友们坐于台下酒桌作为见证，酒席结束就意味着婚礼正式宣

---

① 姚超益. 陆羽茶文化与侨乡民俗文化 [M]. 北京：中国文史出版社，2009：301-302.

告完成。

现代社会中的丧葬礼仪。孝道是乡村社会伦理的重要内核，生养死葬缺一不可。天门市城乡，旧时的丧葬仪式中总是通过烦琐的程序来厚葬逝者以明孝道。从弥留之际到入土为安，大致要经过移床、送终、洗浴、下榻、报丧、堂奠、出殡、下葬、接灵、烧七等一系列程序①。而在 1980 年后，随着政府对移风易俗的大力倡导，天门市城乡极力推行火葬的方式。村里若有人去世，村书记会提倡以开追悼会的形式来寄托亲人的哀思，如果是五保户则是书记本人出面主持。在天门市近郊的火葬场内设置有专门用于吊念和开追悼会的场地，参加追悼会时，友人通常在胸前别着纸质白花，亲属们往往头裹白布、手捧花卉。遗体火化后依据其户口，农村的埋在村公墓，城区的则安置在火葬场内的公墓或者骨灰纪念堂。当然，也存在出生农村的老人，在市区安家立业几十年后仍然希望归葬农村老家的想法。L 村现代葬礼摒弃了封建元素，对于依然存在的守灵、烧纸钱等现象，当事人只是寻求自我心灵上的慰藉，在思想上还是能对其进行辨析。后代子女为逝者办理丧礼事宜更加注重形式上的隆重和豪华，使用更多的资源提升自己的脸面，缺少真实的孝心和感情。

综合这几类社区的个案分析，传统礼仪文化在时代发展中渐趋落寞，一些礼仪文化要素已慢慢简化甚至消弭，另一些礼仪文化要素，如婚丧嫁娶、过生节庆等，仪式中仍然保留了传统要素，不过在程序、形式、操作和表达上与过去有异。当下的礼仪文化中，越来越多地融入了现代人的消费观念、审美情趣和价值理念，这种转变有的是对中华优秀传统文化的创新发展，有的则是徒留仪式，几乎没有思想文化内涵，甚至趋向异化，缺少温情，无法满足人民群众的精神需求。

第三节　横向比较关联

"人民有信仰，民族有希望，国家有力量。"② 中国共产党团结带领全国各族人民，励精图治，为实现中华民族伟大复兴而不懈奋进，既要创造物质

---

① 天门市地方志编纂委员会．天门志：1979-2003 [M]．武汉：长江出版社，2013：645.

② 习近平．习近平谈治国理政：第 2 卷 [M]．北京：外文出版社，2017：323.

财富，也要创新精神财富。"文化自信"和"文化强国"既是增强精神财富的内在动能及目标，也是礼仪文化的应然场域。本节拟在前两节分别从6类社区实然场域问卷调查及个案今昔对比分析的基础上，立足"提高国家文化软实力，要努力传播当代中国价值观念"①，通过对6类社区的横向比较，探索当下文化在民众生活中的践行情况，以期揭示当代中国礼仪文化衰退与社会结构变迁、生活追求转向、舆论导向离场等存在的一定关联性。

一、背景关联：社会结构的变迁

礼仪文化是各个时代的人民群众真切的实践中遵守的道德规范与行为规则。它成为连接社会成员的纽带，将民众团结起来，经年累月地创造并积累财富，一代代相继，推动着社会文明不断向前发展。如果说传统农业社会生产力低下、积累的财富比较少、社会变迁比较慢的话，以工业文明为表征的现代社会，其财富积累速度非常快，社会变迁速度自然呈现出倍增效应。从经济政治到文化思想的梯次的变迁，会使社会结构的变迁呈现出不大协调的状态②。

从中华人民共和国成立到中国特色社会主义进入新时代，经济社会快速发展，社会生产由无法满足人民群众日益增长的物质文化需要转变为无法满足人民日益增长的美好生活需要。同时，城乡发展不均衡导致城乡二元结构的局面发生了进一步分化。大中城市、新兴城镇、城中村、城乡接合部、传统乡村社会、中心行政村等多类型社区的出现，便是见证。一方面，社会结构变迁揭示了中国社会从落后到崛起的奋斗历程，也是社会进步和人类文明的发展史。"社会结构的变迁，本质上是社会资源和社会机会进行重新分配的博弈过程。"③ 另一方面，社会结构变迁，使得人民群众熟悉的传统礼仪文化的适用范围不断被挤压，除了传统自然村落保留尚好，其余类型的社区中，要么有其形而无其神，要么连形式都不复存在。细细说起来，社会结构构成要素的发展和变化，体现在"人口结构、家庭结构、就业结构、消费结构、城乡结构、区域结构、分配结构、阶层结构、组织结构等子结构"④ 的变化之中。原本无处不在的礼仪文化，也随它们的变化而呈现出程度不同的衰弱景象。

① 习近平. 习近平谈治国理政：第1卷 [M]. 北京：外文出版社，2014：161.
② 陆学艺. 当代中国社会结构 [M]. 北京：社会科学文献出版社，2010：30-37.
③ 陈鹏. 全面建成小康社会背景下的中国社会结构变迁 [J]. 行政管理改革，2020（2）：44-51.
④ 陆学艺. 当代中国社会结构 [M]. 北京：社会科学文献出版社，2010：16-22.

就人口结构而言，我国的人口数量每年呈高态势的增长，但年轻生命个体的增加是伴随着年老生命个体的消失而发生的，老辈们的逝去导致老一辈人所了解、熟知的、具有年代性的礼仪文化的消退，传统礼仪文化相关的东西逐步在老人的记忆中模糊、远离最后消失。还有很多知道、了解礼仪文化的老人由于各种各样的原因，没有将生活中的礼仪文化教给年轻人，使得后代想要了解和探寻的中华传统的东西无处可寻。在调研中发现，除了保留着传统礼仪文化较多且人口比空心化的传统自然村落多得多、社区活力很大的新兴城镇社区之外，其他类型社区，受访者都认为改革开放之后，礼仪文化衰落了（见表2-7）。

表2-7 改革开放前后礼仪文化的对比

X ＼ Y	衰弱（%）	进步（%）
大中城市	49.62	50.38
新兴城镇	40.47	59.53
城中村	56.25	43.75
城乡接合部	54.31	45.69
传统乡村社会（自然村）	52.20	47.80
中心行政村	51.85	48.15

就家庭结构而言，在计划生育的时代，四二一的家庭结构模式十分普遍，而随着二孩政策的开放，传统的四二一模式逐步转变为四二二模式，使得处于纵向结构中的中间成员的精神压力加大，由于赡养老人、抚养孩子的压力过大，导致很多传统家庭模式的消解，年轻人逐步从原来的家庭中抽离出来，到大城市打拼、就业。由于中间层的断裂，反而让祖孙间的关系更加和谐、融洽、亲密，甚至远远超过与父母的感情（见表2-8），但这种隔代抚养的模式不利于礼仪文化的传承，祖辈受文化、年龄的限制，很难直接将传统的东西描述、讲解清楚，而父母辈长期不在身边，导致文化的传承出现了差错和遗漏。

表2-8 谁是家里最有权威的人

X ＼ Y	①长辈（%）	②赚钱最多的人（%）	③关系最多的人（%）	④读书最多的人（%）	⑤消息最灵通的人（%）	⑥其他（%）
大中城市	70.99	10.94	5.34	8.65	0.25	3.82

X\Y	①长辈（%）	②赚钱最多的人（%）	③关系最多的人（%）	④读书最多的人（%）	⑤消息最灵通的人（%）	⑥其他（%）
新兴城镇	73.49	11.63	4.65	7.91	0.47	1.86
城中村	77.08	8.33	6.25	4.17	4.17	0.00
城乡接合部	69.83	12.93	9.48	4.31	1.72	1.72
传统乡村社会（自然村）	69.78	12.64	7.14	6.59	1.10	2.75
中心行政村	51.85	22.22	7.41	3.70	7.41	7.41

就城乡结构而言，城乡统筹发展改变了原有的城市—农村发展模式，使得城市和农村的发展紧密相连。而老人由于受传统观念或者生活习惯的影响，通常不愿意与子女住在城市，主要是在农村生活更加自由，这种自由体现在饮食习惯、生活方式、节庆仪式等多个方面。传统的一些风俗习惯，如逢年过节燃放烟火爆竹、供奉祭品、香烛纸钱等风俗在城市是不允许的，而在老人眼中缺失了这些仪式感的东西传统礼仪文化是不完整的。老辈们所熟知的仪式在现实社会中不能完全、完整的展现，使得后代人对中国的礼仪文化很难有正确的认知，也无法将传统的东西、礼仪的仪式保留并传承下去。

二、价值关联：民众生活追求转向

中国传统价值追求中，既有"仓廪实则知礼节，衣食足则知荣辱"① 之说，也有"一箪食，一瓢饮"而"不改其乐"② 的之行。而后者，是传统中国一直倡导的精神生活。这种为了满足生存需要而产生的情感需要，即是生活追求。总体而言分为物质追求和精神追求，物质追求是基本生活需要的物质条件的满足，而精神追求是人的精神需求的满足。不同时代、不同地区的不同人群对生活追求的理解和实践是有差异的，在所调查的6类社区中，我们发现，当前人们的生活的追求，与重义轻利的传统社会发生了很大的变化，无论哪类社区，在"衡量个体成功的主要指标"的统计中，赚钱本领受到了

---

① 管仲.管子 [M].张小燕，译.北京：北京联合出版公司，2016：5.
② 杨伯峻.论语译注 [M].北京：中华书局，2017：184.

大家的重视。

而横向对不同类型社区进行比较，又会发现，城中村和城乡接合部这两类社区，则呈现出对赚钱本领的更大追求，这是因为前者被周边的高楼和比自己好得多的生活条件所刺激，后者则是在城乡的直接对比中做出了趋近城市的选择。而中心村，由于相较于空心化现象比较严重的传统自然村落，无论是转移支付获得还是乡村精英的奋斗成功，最终使得它们成为乡村社会中最为繁华的区域，在乡村面向的比较之下，幸福感比较强。因而，其衡量成功指标中赚钱项的占比，反倒比空心化的传统自然村落及新兴城镇还略低一些。

值得关注的是，"待人接物、知礼守礼"和"孝顺长辈"两个选择中，表面上，是面对复杂生存环境的新兴城镇和城乡接合部两类社区表现得更为突出。但现实情况有些复杂：笔者曾经专门询问过一些社区居民，他们给出了比较有意思的说法，即一是自己所处环境复杂，不团结就无法与外力抗衡；二是因为现有住房等都是长辈建起来的，如果拆迁，自己的房还需看父母意愿；三是村里土地等资源，身为村里人要守好，大家相互关照才能获得比较好的结果。可见，两类社区的民众将"待人接物、知礼守礼"和"孝顺长辈"，也当作了赚钱的另类方式。这一点，还可以在受访者对"期望最亲密的人"的类型中得到验证（见表2-9）。在表中，无论哪类社区中，选择"家人"和"朋友"都是遥遥领先，选择"亲戚""邻里""同学"和"同事"的占比要少得多。由此可见，在从传统转向现代的过程中，礼仪文化的原本内涵已经发生了较大的改变，它助益于人民群众情感沟通和守望相助的价值期盼在下降，其引导和规范人民群众的力度呈下降趋势。

表 2-9 您期望最亲密的朋友（请排序）[多选题]

X \ Y	①朋友（%）	②家人（%）	③村落（社区）邻居（%）	④同学（%）	⑤同事（%）	⑥亲戚（%）	⑦其他（%）
大中城市	77.35	77.86	28.75	50.64	36.64	38.93	4.33
新兴城镇	80.93	81.86	36.74	56.28	42.33	49.30	5.12
城中村	79.17	79.17	43.75	50.00	45.83	52.08	10.42
城乡接合部	73.28	75.86	30.17	51.72	37.07	44.83	5.17

续表

X \ Y	①朋友（%）	②家人（%）	③村落（社区）邻居（%）	④同学（%）	⑤同事（%）	⑥亲戚（%）	⑦其他（%）
传统乡村社会（自然村）	76.92	78.57	34.07	48.90	30.22	45.05	4.95
中心行政村	66.67	74.07	22.22	37.04	3.33	48.15	0.00

此外，在访谈中还发现，不同社区的老年群体对待礼仪文化存在差异。传统自然村落的农民，除了日常的农耕劳作外，也开始接触新鲜的事物，如学习使用老人手机加强与子女的联系、获取更多的外界信息等。但对传统礼俗仪式还比较重视，只要自己身体允许，他们都会准备并参加相应的活动。城市社区的老人，在学习和接受新鲜事物方面比农民更加快速，他们大多能够使用手机的各种 app，如游戏、微信、微博、抖音、快手等，逐渐把注意力从现实生活转向了网络虚拟世界中去，导致对传统文化、礼仪风俗的关注度降低。

同样，不同社区的青年群体对待礼仪文化也存在差异。青年群体的生活追求转向表现得更加明显，由于过去社会的经济、文化发展缓慢，生活中农村地区的青年群体小时候的生活条件相对简陋，使得这部分群体童年生活的乐趣更加简单和朴素，大都是伴随着老人讲述的奇人怪事、风俗野史等故事长大的，而现在社会隐藏的影响因素太多，尤其是网络的发展，使得各类信息的传递速度大大加快，年轻人的兴趣不再是传统文化的故事发展，而是更多新潮的事物，如潮牌搭配、游戏装备、角色扮演等，导致礼仪文化的传承者和发扬者越来越少。城市地区的青年群体从小生活相对优越，物质上满足程度远远大于农村地区的青年群体，他们的追求和兴趣点往往都是一些新奇、炫酷的东西，由于他们的成长环境中几乎没有接触过农村社会的风俗、仪式等表征礼仪文化的东西，所以对礼仪文化的东西了解甚少，甚至不感兴趣，这种在精神追求产生的审美转向，"其实质就是审美停留在形式的获取，而忽视了内容，或者说是以快感代替了美感"①。

---

① 曾德生，董名利．当代大学生精神追求的审美转向［J］．教育学术月刊，2010（1）：35-36，39.

三、治理关联：公共舆论导向离场

"舆论是公众针对现实生活或社会问题大体一致的意见、情绪和行为意向，反映公众的利益诉求、信念、情感、价值观。"① 正确的舆论会对社会公众产生正面的、积极的指引作用，而错误的舆论则会产生负面的、消极的影响。因此，在社会治理中，坚持正确的舆论导向是一种引导民众分清是非、形成强大社会凝聚力、共建核心价值观的重要方式，相较于法律等硬制度，这是一种真正的柔性治理手段，往往能事半功倍。坚持以马克思主义为指导，发挥好舆论导向的治理助力，是中国共产党领导人十分关注的事情。习近平总书记指出："舆论导向正确就能凝聚人心、汇聚力量，推动事业发展；舆论导向错误，就会动摇人心、瓦解斗志，危害党和人民事业。"②

党中央高度重视舆情管理，各级地方政府也就舆情监管做了诸多安排。但人民群众的生活极为多样，再有为的政府也无法一一把控。因此，仅就微观层面而言，依靠舆论力量来管理和引导民众，还存在不少薄弱环节。因为随着生活条件的不断改善，个体可以依靠自身力量获得自己所需财富，且这种财富的获得与人际关系关涉很小，而是强调个体的专业知识和技能。这样，民众越来越强调自己的隐私边界。

社会舆论失范的现象在各类社区中都存在。其中"礼仪什么的，规矩太多，过时了"的选项中，城乡接合部的认同占比最高，达到了 23.38%，说明在社会转型阵痛最激烈的社区，民众摆脱现状的愿望最强烈，礼仪文化也被他们中的少数人当作过时的规范而放弃。"生活好坏各凭本事，他人的看法不重要了"选项，占比最高的是城中村，达 39.58%。说明在与环绕自身的大中城市群体相比，他们遇到的困惑很多，但村落在经济铁律下，只能为提供物质保障，精神层面已无能为力了。所以尽管村籍很重要，村内社会边界很牢固，村民们已经不会太多介入别人的事情。成为基本选择。"对于富足生活的向往"选项，占比最高的是传统自然村落，说明村民们对美好生活的向往最为强烈，改善经济生活条件的愿望最为直白。它同时在一定程度上解释了传统自然村落空心化最为严重的原因。"赡养老人，不能靠子女，要靠社会保障"选择，反对最强烈的是传统自然村落，同意说明的只有 2.75%，这反映

---

① 刘春波. 舆论引导论 [M]. 北京：社会科学文献出版社，2015：41.
② 中共中央文献研究室. 习近平关于社会主义文化建设论述摘编 [M]. 北京：中央文献出版社，2017：43.

出传统社会人们的养老观念最为传统，但子女后辈的外出务工，空心化背景下，传统村落养老问题也是最突出的。"道德楷模，对现实物质生活追求的示范价值"选项，认同度最高的是城中村，说明城中村还存在较大家族荣誉感，族谱书写绝不能只是经济精英，还需要甘于为村落服务的有情怀的村民，因而对道德楷模的期望最高。不过，强调个人自治的情境下，这一期望得到实现的个案十分稀少。由此，可以认为，民众生活中，身边舆论的影响力已经明显下降了，礼仪文化的力量亦是如此。

那么，依托现代媒体宣传，在网络平台上是否能传承礼仪文化呢？调研发现：其一，网络各平台的关注重点往往很少涉及中国传统文化，更不用说作为核心内容的礼仪文化了。微博热搜往往都是娱乐圈的明星生活，公众早已对此类新闻产生了疲劳，所以当网络中出现李子柒这样一位乡村姑娘的人生原生态视频，公众立刻产生极大的兴趣，她的视频中所呈现的乡村自给自足的简单生活、与祖辈的深厚感情、传统的手工技艺等，让大家感受到独特自然风景的同时更多的是对中国传统文化的回忆和感慨。因而，《人民日报》《光明日报》《经济日报》、新华网、人民网等媒体迅速转发，并大力宣传和弘扬，此种做法无疑产生了良好的宣传作用，不仅增强了中国人的文化自信，更在国际社会上展现了中国传统文化的魅力。其二，舆论导向内容的实质性和真实性有待提高。马克思主义认为，公众对舆论的态度"实际上是在一定的价值观支配下的行为，带有一定的主观倾向性"①。有些微信公众号恶意诋毁、捏造事实，在朋友圈大肆转发，此种行为是在错误的价值观支配下产生的，容易让人们对问题产生错误的看法，把一些意志不坚定的人群引向错误的道路上。不可否认，抖音上也有一些小视频展现了中国的礼仪元素，通过服饰、语言、行为的展现来传达礼仪文化的内涵，但这其中的实质性和真实性有待研究，小视频的拍摄者往往通过视频的形式想要达到个人的利益目的，而非通过网络向人们展示中华的礼仪之美，更有甚者花费高昂成本来打造更加震撼的效果，其最终目的是实现个人的经济丰收。

---

① 李春华. 坚持正确舆论导向的体制机制研究 [M]. 北京：中国社会科学出版社，2018：13.

第三章

弥散与断链：礼仪文化现状的实践反思

管子说："欲民之有礼，则小礼不可不谨也。小礼不谨于国，而求百姓之行大礼，不可得也。"① 当下，要建设好礼仪文化，须针对前章所述现状之深层缘由（见表3-1），加以剖析，开展反思。

表3-1　造成当下礼仪文化衰弱的最主要的因素

X \ Y	①家庭权威与代际关系变迁（%）	②社会舆论失效与道德伦理滑坡（%）	③功利主义盛行与人情关系市场化（%）	④家国情怀淡化与责任担当弱化（%）
大中城市	35.88	11.96	47.33	4.83
新兴城镇	34.88	18.14	43.26	3.72
城中村	22.92	25.00	43.75	8.33
城乡接合部	25.00	18.10	46.55	10.34
传统乡村社会（自然村）	21.98	17.03	49.45	11.54
中心行政村	7.41	22.22	55.56	14.81

第一节　家礼家风变化的根源

天下之本在家。家是家礼家风的孕育所。家人们在家庭生活中相互适应，逐渐形成一套日用而不自知的家庭相处规则，即家礼。遵循家礼，使家人们相处起来融洽而自在，营造出温馨和谐的家庭氛围。家礼内涵丰富，其核心的元素被抽象出来，慢慢成为家人共守的法则和家人共有的风貌，并被代代相承，即家风。可见，家礼家风与家庭状况互为表里。探寻家礼家风变化，

① 管仲. 管子［M］. 张小燕，译. 北京：北京联合出版社，2016：21.

须从作为社会组成细胞的家庭入手。故而本书从分析家庭结构小型化以及家庭财富积累方式变化入手，诠释代际关系变化以及家庭权威变迁与家礼家风异化的关联性。

一、家庭结构小型化

家庭是中国人安身立命之所。由家及国，是中国传统社会的典型表征。所以，"家天下"不仅是中国传统社会的政治形态表现，也承担着人在社会活动中发展、交流和融合的各项功能。① 在重农抑商的农耕时代，人们主要依赖农业生产的成果来维系自身的生存和发展，土地的不可移动性，养成了人们的安土重迁理念。尽管中国的先祖们很早就关注灌溉农业，但面朝黄土背朝天的人力劳作效率较为低下，而农业对气候的高度依赖，又增加了它的不确定性。农业生产经验丰富的长者，其凭借阅历和经验成为减少农业不确定性、最大限度保障农业生产成效的权威；而增加家庭人口或组建的家庭联合体，成为抵抗自然灾害和守望相助的较优选择。正是在这样的人生体验中，"多子多福""添人添寿"的俗语转化成人们的日常追求和向往。而从中提炼出来的礼仪文化，以最质朴的方式自上代沿袭至下代，生生不息。农耕时代财富积累十分不易，所以长辈需要树立绝对的权威来管理家庭。一方面，用好家庭积攒的每一笔钱；另一方面，是在尽可能短的时间里实现家庭成员数量的增长。两方面的关系，前者是手段和方法，后者是目标和追求。因此正如费孝通所认为的那样，传统中国家庭代际关系的核心是"反馈"（也称反哺）② 模式，即在子女未成年或未成家时，父母尽心尽力地抚养子女，帮助他们成家立业；而当子女成年或成家之后，必须回报父母的养育之恩。在这种代际关系中，父子两代合力实现家庭的价值追求。这是农耕文明守望相助的理性选择。这种代际关系，是一种双向负责的平衡式代际关系，对于增进父系家庭合作、降低生存成本、保持社会稳定，具有十分重要的意义。

新中国成立至改革开放前的 30 年间，培养富于集体主义精神、更好为社会主义服务的社会公民，成为第一代领导集体的主要使命。而实现工业化、现代化的坚定信仰和追求，使党和政府极为重视社会积累。在以劳动力代替资本的年代里，人口的快速增加，也在一定程度上助推了家庭结构日趋核心

---

① 徐勇. 中国家户制传统与农村发展道路——以俄国、印度的村社传统为参照 [J]. 中国社会科学，2013（8）：102-123，206-207.

② 费孝通. 家庭结构变动中的老年赡养问题——再论中国家庭结构的变动 [J]. 北京大学学报（哲学社会科学版），1983（3）：10.

化的趋势。家庭关系的主轴逐渐由父子关系转变为夫妻关系。不过，总体而言，当时农耕生产依然是主业，财富累积的速度依然比较缓慢，依赖父母帮扶成家立业、看护孩子依然是子代的必然选择。户籍制度的强化使农村人口迁移比较困难，稳定的乡村社会生产生活模式使尊老爱幼、父慈子孝的代际关系得以较好传承。

改革开放之后，非农产业逐渐增多，知识与技能成为积累财富的主要方式，子代成为财富的主要创造者和拥有者。家庭结构"小型化"趋势加剧。所谓家庭结构"小型化"，一方面，是指"家庭结构简单化，即核心家庭、夫妻家庭及单亲家庭所占比例日益增长，在联合家庭趋于消失的前提下，主干家庭（三代家庭）的比例逐渐下降；另一方面，是指在每种家庭结构中，其家庭人口容量都向组成这种家庭结构所需的最低限度的人口接近"①。即仅由父母和未成年子女组成的核心家庭。

首先，家庭结构的小型化，导致了家庭重心的逐渐改变。因为家庭结构的变化，父母需要亲自抚育和照看年幼的子女。父母投入的育儿时间越长，对孩子的情感就越强烈。而彼时推行的计划生育政策，造就出很多独生子女家庭群体，它又加深了父母对孩子的爱护。因此，在不少家庭中，独生子女成为家庭的中心，"小皇帝""小公主"称号遂而出现并成为社会文化符号，家庭权威出现改变。② 正如眼泪只向下流的那样，父母不追求孩子的回报。这种单向型的接力模式，只强调父母对子女的责任，而不大强调子女对父母的义务。这一理念，很大程度上源于在知识和技能需求越来越高的现实面前，父母对子女的责任因子女接受教育的时间延长而益发增多，站在子女视角考虑问题的倾向愈加明显。他们普遍认为，子女要在快速流动而陌生的社会中站稳脚跟非常不容易，不应该给他们太大的压力。加之在长期历史演绎中确立的父辈责任感，使得很多父辈甘于为子女奉献而不求回报。计划生育政策中强调的"只生一个孩子好，国家来养老"的思想及其物化而成的宣传标语，也在推动家庭结构的变化。

其次，家庭结构的小型化，改变了传统代际关系。在传统家礼家风中，国人的代际关系是互惠型的"反哺"模式。即父母全力养大子女，子女回报父母的养育之恩，赡养老人是为人子女的基本责任。"父慈子孝"是中国传统

---

① 侯春英. 家庭小型化对初级群体社会关系的影响 [J]. 山西师大学报（社会科学版），2013, 40（S2）：14-16.

② 郑卫东. 二十世纪村落家庭结构、家长权威与生育的变动——山东东村调查 [J]. 山西师大学报（社会科学版），2007（4）：26-30.

社会理想的家庭关系模式，它不仅反映了父母与子女之间自然、深厚、淳朴的爱，还体现了父母与子女之间"反哺式"的双向义务伦理实质，是父子血缘天性的伦理升华。① 随着现代化进程的演进，尤其是进入新世纪以来，代际关系发生了深刻变化：子女赡养父母的意识有所改变，原先那种"你养我小，我养你老"的纵式双向互惠代际关系逐渐改变，部分经济条件较差的父母深感为子女付出甚大却可能老而无靠。"家里人口减少，社会关系更简单"的现象越来越普遍。父母子女间的纵式双向互惠代际关系向子女一方倾斜。然而"亲情依然是中国人家庭中最为珍视的东西，敬与孝的伦理也仍然是中国文化中的牢固观念"②。这种单向接力模式形成的代际关系，弱化了代际交换，降低了代际期待。家庭结构的小型化，使夫妻关系与父子关系的价值趋同，家庭权威逐步变迁。也就是说，传统家庭权威依附在农业生产资料和孝道观念上。而改革开放后，社会生产力快速提升，工业化发展迅速，工业财富的积累周期短、见效快，个体自身的力量得到强化，个人有能力支撑起小型化家庭的生活和发展。所以在核心家庭中尽管父母依然是家庭权威的主导，但子女也掌握了部分话语权。如表3-2所示，在中心行政村的家庭里，"家庭地位变了，赚钱多的说了算"的认同度高达48.15%。再以嫁娶为例，传统家庭嫁娶往往是父母之命媒妁之言，而现代社会往往是自由恋爱，父母依然为子女的婚配操心，成为帮子女"掌眼"的新角色。成家后与父母同住的年轻人越来越少，其生育与否父母也不能横加干涉。

表3-2　在家庭权威与代际关系变迁中，造成礼仪文化衰弱的最大影响

X＼Y	①家里人口减少，社会关系更简单了	②赚钱靠技术和胆量，无关年龄了	③家庭地位变了，赚钱多的说了算	④父母子女关系不如夫妻关系亲近了	小计
大中城市	59.03	19.59	17.81	3.56	393
新兴城镇	46.51	27.91	18.60	6.98	215
城中村	31.25	39.58	22.92	6.25	48
城乡接合部	42.24	25.86	25	6.90	116
传统自然村	39.01	27.47	24.73	8.79	182

---

① 洪彩华．试从"反哺"与"接力"看中西亲子关系［J］．伦理学研究，2007（2）：74-77.

② 廖申白．交往生活的公共性转变［M］．北京：北京大学出版社，2007：125.

续表

X＼Y	①家里人口减少，社会关系更简单了	②赚钱靠技术和胆量，无关年龄了	③家庭地位变了，赚钱多的说了算	④父母子女关系不如夫妻关系亲近了	小计
中心行政村	22.22	22.22	48.15	7.41	27

基于以上种种变迁，家礼家风变化趋向越来越明显。以下主要从孝道观念和感恩意识异化两方面加以剖析。

其一，在孝道观念方面。它强调的是孝敬长辈，尤其是父母，是个人道德自觉内化于心的层面，孝，即孝敬父母，尊敬长辈祖先。[1] 孝道观念是中华民族传统文化的重要组成部分，是中国传统伦理道德的基石，是中华民族维系家庭关系的重要道德准则[2]，是家礼的重要内核。儒家强调百善孝为先，孝乃人伦之本、道德之源、百行之冠、众善之始。[3] 孔子主张，"教以孝，所以敬天下之为人父者也"[4]。要求"弟子入则孝，出则弟（悌）"[5]，所以他将孝道视为"仁之本"[6]，这也是中国人之所以称之为中国人的原因所在。如前所述，传统家礼家风的盛行，主要是因为传统社会基于生产力低下、交通不便等客观条件形成的大家庭，农业生产是家庭财富积累的主要方式，个人依附家族进行生产生活，传统孝道观念深入人心。但从另一方面来说，当尚礼敬亲成为惯习，它也以家礼家风的样态传承，使家庭生活安稳且充满亲情。众所周知，传统教育更注重家庭德育，父母与子女朝夕相处。因为传统社会生活方式比较简单，生活空间也比较狭窄。家礼既作为家庭规范存在，同时也延伸到村社政治领域，是家庭伦理和公共规范的合一。礼仪文化由"敬人"出发而生成"仁者爱人"，讲"礼"即意味着讲"理"，能够适应各方的利益诉求。因而，礼仪便成为破解个体利益、家庭利益、公共利益乃至国家责任冲突的有效方式。富有生活智慧的父母为家庭长远安稳考虑，认定远亲不如

---

① 梅敬忠．孝悌忠信 礼义廉耻 [N]．学习时报，2020-03-20.

② 张俊英，严凯，邹璇．传统孝悌思想在青少年思想政治教育中的作用 [J]．阜阳职业技术学院学报，2018，29（1）：4-6.

③ 蒋晓红，王化伟，张金富．中国传统文化中的孝悌观念与当代社会的道德建设 [J]．贵州师范学院学报，2014，30（2）：14-17.

④ 曾振宇．孝经今注今译 [M]．北京：人民出版社，2018：148.

⑤ 杨伯峻．论语译注 [M]．北京：中华书局，2017：6.

⑥ 杨伯峻．论语译注 [M]．北京：中华书局，2017：2.

近邻，追求敬亲睦邻，十分注重处理各种人际关系。这种日用而无需多言的德育模式，培养了孩子的礼仪认知和交往能力，懂礼、用礼几乎成为本能，孝悌观念成为孩子们生活中最为基本的理念。

工业时代到来之后，社会教育慢慢普及，子女教育往往依托于学校教育，部分父母则忙于工作，对孩子较少进行家庭德育，容易造成子女与父母之间感情失衡。更为重要的是，为适应工业生产的需要，知识性学习成为孩子们最主要的任务。各类因素的叠加，如科技的快速发展、社会的不断变迁，导致子女与父辈之间存在认知层面、沟通层面和心理层面的鸿沟。因此，子女往往会将更多精力放在改善自身生活方面，成年后往往能更适应现代社会节奏。财富积累方式的差异，容易造成部分子女心理上对父母的做法不理解，甚至产生反感，对父母的感情易产生变化。

可见，家庭小型化，既有物质层面的因素，即社会生产力的不断提高、子女因经济独立而对父母的依赖性变小；也有精神层面的原因，即子女认为自己是有独立生活能力的个体，不愿受父母管束，不愿听父母的唠叨。成年后大多选择与父母分家，成为另一个小型家庭。两个家庭之间虽有联系，但缺少传统那种大家庭的凝聚力和向心力。这种分家行为在一定程度上削弱了子女与父母之间的情感联系，尤其是远行的子女，成家后与父母相隔千里甚至万里的情况时常可见。距离有时会产生美，但那是适度的。隔远了，突破了临界点，情感沟通慢慢变少，很容易造成子女对父母的情感变化。

其二，在感恩意识方面。感恩是感受恩情懂得回报。马克思指出："人不是单个人所固有的抽象物，在其现实性上，它是一切社会关系的总和。"① 意思是社会是由一个个独立的人组成的，个体对社会的贡献，是社会能够产生聚合力的源泉。贡献的大小不是绝对数值，有时候这种贡献也许仅仅是一句话、一件小物品，但它确实是给他人带来价值的表现。因此马克思关于人的本质的阐述在一定程度上奠定了感恩教育的社会理论基础。人不是单独存在的，社会属性是人的本质属性，人必然依赖社会群体而存在。感恩教育是人文礼仪教育的一种，是一种关于人际情感、伦理道德和人性善恶的表现形式之一。② 感恩是一种品质，是一种积极向上的价值观，这种情感无论是人类还是动物，都是客观存在的。心理学上将感恩看做是一种心理上引起的行为变

---

① 中共中央马克思、恩格斯、列宁、斯大林著作编译局．马克思恩格斯选集：第 1 卷 [M]．北京：人民出版社，2012：135．

② 熊平．将感恩教育作为新时代培育学生核心素养的实践研究 [J]．中国教育学刊，2019 （S2）：121－122．

化；社会学上将感恩当做一种人与人之间微妙存在所产生的一系列社交行为；传播学上将感恩看作是信息通过某种媒介的传递过程，即感恩传播人将感恩这一信息通过一定的媒介传达给接收者所产生的一系列传播活动。《诗经》中"投我以木桃，报之以琼瑶"① 和《论语·学而》中"慎终追远，民德归厚矣"②，表现的都是古人的感恩意识。

而在现代社会中，中国传统代际互惠正受到现代社会的挑战。代际互惠涉及子女与父母之间的紧密联系，在现代社会，两者的观念可能都会产生变化。客观地说，家礼家风的变化是时代发展的必然结果，事物都是在运动中不断发展变化的，没有一成不变的事物。家礼家风异化状况也是相对而言的，其异化与否以及异化程度，与家庭自身的社会适应力有关，也与社会道德规范变迁情形有关。传统中国以农立国，农业生产是社会财富累积的主要方式，而农业生产对地理环境、气候变化和人力物力依赖性较高，基于血缘和地缘的宗族势力便孕育而生，传统社会财富往往投入农业生产当中，买田置地便是农业时代财富丰厚的象征以及保有财产的手段。维系宗族正常运行的，不光是共同的利益诉求，也是传统道德理念的均衡施策。富于经验、智慧以及财力的长辈，在家族中处于权威地位，担负家族兴旺的引领责任，不仅为子女的人生发展方向出谋划策，而且从宗族中选出聪颖子弟并精心培养。子女及宗族子弟成年后，理应回馈这种栽培之恩。如此，孝悌理念根深于日常生活中。传统社会的孝道文化是深入人心的，孝善父母连皇帝都没有理由干预，因而传统社会的家礼和家风十分有序，每个人在宗族中扮演着不同的角色，但都服从于宗族礼法、尊卑和长幼有序。③ 家庭小型化，使得传统守望相助失去了生存环境，传统家礼家风开始改变。

二、家庭财富积累方式变化

改革开放以来，农业虽依旧是财富的累积方式之一，但工业生产逐步扩大了比例。与农业生产长时段周期相比，其循环周期短得多，"月薪"的常态化呈现便是明证。这意味着中国文明史上存在几千年之久的财富积累方式发生了根本性变化，而作为社会细胞的家庭，其财富积累方式，也随之发生了变化。

---

① 李毓庆，李蹊．诗经［M］．北京：中华书局，2011：172.
② 杨伯峻．论语译注［M］．北京：中华书局，2017：8.
③ 陈延斌，王伟．传统家礼文化：载体、地位与价值［J］．道德与文明，2020（1）：124-129.

首先，从创造财富的工作时间来看。工业时代家庭成员能够从事生产劳动积累财富的时间不再由季节来决定。为了最大限度地发挥机器的功能，往往是机器不停，而操作机器的工人实行两班倒或三班倒。长期从事单调繁忙的工作，人的疲惫之感会经常出现。传统社会的家礼家规，如小辈在早上起床洗漱后到长辈那里跪拜请安、倾听长辈的训诫的晨礼，转换成家庭成员之间简单的招呼礼仪。究其原因，长辈对小辈辛苦工作的理解与疼爱，使家礼简化甚至淡化。

其次，从创造财富的工作地点来看。安装大机器需要大厂房，机器转动也有噪声，因而工厂往往与居民居住地有些距离。它或许与到农田地块的时间差不多，或许是几倍的时间，因而在工厂工作的家庭成员，在家待的时间受限。众所周知，传统餐桌礼仪是有特定要求的，要求长辈先入主座，余者按照辈分和权威大小依次入座。长辈未开口吃饭，小辈是不可以先吃的。除此之外，还要注重吃相，如端碗举筷要平稳有力，坐姿端正，不言不语，小口吞咽等。而工业文明时代，此类餐桌礼仪在隆重的宴请中还保留着。但在家庭和日常中，却已产生变化。为适应快节奏工作遗留下较少餐饮时间的现实，家庭成员随位任意落座，只要全家能吃饱吃好，谁先吃、端不端碗很少关注了，食不言寝不语的做法也慢慢废弃，餐桌成了家庭成员聊天谈话和交流感情的固有时间，这是一种比较好的情形。在实际生活中，有的家庭成员因为工作地点离家远，必须住在工作地，回家时间极少，无法与家人进行一日三餐的相聚。家人们的沟通逐渐减少，彼此间的亲情也随之淡化。相反，与同事之间的交往沟通时间增多了，在同事间可能建构起一种拟亲属化的情感。在相互磨合一段时间后，同事之间可能建立起家人般的关系。它在很大程度上模糊了人们家里家外之间存在边界的认知，家礼家风的重要性被人们慢慢淡化。

再次，从创造财富的工作要求看。得体的着装成为获得他人认可的路径之一，因而，参加非农生产或入职企业的人员，虽然不似传统贵族那样身着繁复的衣饰，但庄重、简洁、干练的服饰，成为上班族的宠儿。这是好现象。在工作之余放松，家庭被视作温馨的、休憩的港湾，家内的着装日益休闲随性。此外，由于现代生产更加依赖科技，对个体的技能型知识有专门的要求。因而，为更好适应工作岗位的需要，个体往往将学习的重心放在知识的获得上，对自身道德素养问题缺少关注。家长也将孩子获得知识技能视为学习的第一要务，家庭德育渐渐弱化，家礼家风渐渐流失。

最后，从创造财富的目的上看。马克思主义强调经济基础决定上层建筑，尽自己所能创造财富，是自立于世的标志，是值得肯定甚至是表扬的。因为任何个体的劳动年限都受年龄和身体健康状态的制约。年轻人能够以自己的知识和技能实现经济自由，为自己的安稳生活提供保障，是正确向上的。但部分年轻人以自我为中心，漠视父辈的付出，只顾自身生活享乐，是不正确的做法，将基于亲情的自然义务弃于一旁绝不是个性独立和思想解放的现代标识，而是自私自利的表现。

由此可见，当家庭成员中的子代财富积累方式发生变化时，传统家礼家风也随之发生变化。《易经》云："天施地生，其益无方。凡益之道，与时偕行。"[1] 意思是天施气于地，地受气而化生，正所谓"损上益下"，其施化之益，没有方向、处所的限制，可以说无所不至。"益之道"就是变通趋时，把握时机，做出正确的判断和选择。因此，正视社会变迁及家礼家风的与时俱进，是推进家礼家风实现创造性转化和创新性发展的基本前提。生活节奏的变化，使得人们的生活由以家庭为重心转向家庭和社会并重，甚至重心在社会。但无论何时，都要清醒地知道一点，即"家庭不只是人们身体的住处，更是人们心灵的归宿"[2]，家礼家风的建设必不可少。家礼家风约束力减弱后出现的不良现象，比如，以家庭成员获取金钱数量的多寡作为衡量其在家庭中权威的重要指标的错误做法，可能导致家庭内产生"金钱万能论"的风气，忽视了家礼家风的核心要义是孝善有道、懂得感恩回报。不可否认，金钱是家庭运行不可或缺的硬资源之一，但更不能忽视良好家礼家风是家庭和睦温馨运转的软资源。否则，便可能变成"积不善之家"，"余殃"难避。

总而言之，在肯定家礼家风将随着社会变迁而不断变化的同时，要警惕假借创新之名，淡化优秀传统家礼家风甚至抛弃优秀传统家礼家风的异化趋向。不可否认，传统社会存在一些专制做法，优先保障家长、家族的权威和利益。但在熟人社会中生存，能够使人们服膺的唯有"礼治"，无论对个人还是家族来说，名声都是极为重要的。因而传统社会的士绅十分修身养性，"修身、齐家、治国和平天下"是社会的普遍价值取向。而现代社会，随着现代化的快速发展，人们获取财富的方式越来越多样化，人们居住场所的选择也越来越多元。很多人向往诗和远方，选择离开熟人社会外出发展，家被他们留在了身后。他们生产与生活的圈子遂而发生了变化，自然也就缺少家人的提醒和关照。当他们身处陌生人社会时，发现名声的力量不一定比财富数量

---

① 于春海．易经［M］.吉林：吉林文史出版社，2010：126.
② 习近平．习近平著作选读：第1卷［M］.北京：人民出版社，2023.546.

的影响大，甚至有时会被名声所累。因而，他们学会了市场交易法则和功利主义，部分人追求"短频快"的致富方式。个别甚至蛊惑家人参与其中，最终导致家庭衰败，此其一。其二，家被一些人当成逃避社会生活的避难所。他们怕苦怕累，眼高手低，躺平成为"巨婴"和"啃老族"，成为家人的拖累。其三，有些人家里家外忙，将家人当做出气筒。与面对外人时的温文尔雅完全相反，他们会将自己最恶的那一面留给家人，使得家里的氛围一团糟。凡此种种，皆是家庭教育的功能没有真正发挥出来，导致家礼家风不断异化而生的结果。故而，须全力重构适应时代特点的家礼家风。

第二节　社情礼序异化的根由

人是一切社会关系的总和，社会属性是人的本质属性。身为社会成员的个体，与他人交往是常态，如何相交则需共识与规范，是为公共礼仪。荀子曰："忠信以为质，端悫以为统，礼义以为文，伦类以为理，喘而言，臑而动，而一可以为法则。"① 可见，社会秩序的构建、社会成员的往来，需要个体学会换位思考，做好自我约束，始终做真正的君子。唯其如此，方能搭建出合乎公意的社情礼序。

一、传统规约弱化

"传统"的基本涵义是"世代相传的事物"，亦"即任何从过去延传至今或相传至今的东西"②，总的来说就是传统包含从古至今的实物和非实物。实物方面是历史遗迹、景观、字画等，非实物方面往往指思想文化、情感寄托、信仰等，其实质就是对过去的成就和智慧的认可。其主要表现在对故土家园的眷恋、对先贤祖宗的崇拜、对传统文化固有的传承依托等。传统意味着保守和有序，因而有人认为，"传统是秩序的保证，是文明质量的保证"③。但事实上，传统兼具变迁性和传承性。前者主要说明传统不是一成不变的，而是在历史传承下，一些基本因素被保留，又随着时代发展的异同性增加了其他因素；后者则阐述了传统之所以为传统，必须是历经时代传承和发展而来

---

① 方勇，李波. 荀子［M］. 北京：中华书局，2015：217.
② 爱德华·希尔斯. 论传统［M］. 傅铿，吕乐，译. 上海：上海人民出版社，2014：12.
③ 爱德华·希尔斯. 论传统［M］. 傅铿，吕乐，译. 上海：上海人民出版社，2014：20.

的，一般意义上的传统往往是指三代及以后的传承。

"现代"一词是相对于"传统"一词而形成的文化符号，在我国历史分期上多指五四运动到现在的时期。广义上现代是指与古代传统相对立而存在的一种文化符号，狭义上是指工业化后的现代社会，与当代含义相近。① 其特征往往是流动与开放。基于此，两者延伸出传统社会和现代社会的差异性。传统社会往往指古代安土重迁的农业社会，现代社会往往指大机器生产的工业化的现代社会。前者是自给自足，封闭性较强，活动范围较小，个人身份地位由家族势力承袭，与他人交往多偏向于情感，常居住在村落；后者是现代式生产生活，强调分工合作和契约交易，个人身份地位与家庭势力和个人成就有关，与人交往常抱有理性因素，多移居于城市地区。因而传统社会又被称为"礼序情感社会"，现代社会被称为"理性法治社会"②。前者社会关系相对单一，以亲情、血缘、地缘和道德为基础，造就了敬畏自然、崇拜先贤和祖先、注重人伦情感、传承礼俗道德的礼文化社会体系；后者社会关系复杂，工业化的分工合作和契约交易，意味着人们活动范围的扩大，流动性使得"各人不知道各人的底细"③，"人的行为和本能情势在'文明'的意义上发生改变"④，因而构建了外在于情感的理性法治体系。

"一个有悠久传统的社会，在它走向现代化的过程中，生活上的一个理想情况，应该是传统价值观念与逐渐抬头的新价值之间能互相整合。"⑤ 传统规约被认为主要是依靠传统道德、礼俗和地方宗族威望的人来维持的，法律约束处于次要地位，因而在很大程度上，传统规约是指传统礼俗规约，或者说是传统规约。⑥ 其核心是为了保证宗法正统的伦理关系，因而不可避免地带有鲜明的伦理色彩，其特性主要有三方面。第一，具有等差性。传统规约维系的是封建君主专制统治，其本质是一种不平等的社会秩序。君权神授，皇帝处于社会的顶层位置，君主与士大夫共治天下，接下来是农户、商户、匠户、奴隶等阶层。第二，具有调和性。传统礼俗或道德规约仍追求社会的和平稳

① 何星亮. 对传统与现代及其相互间关系的阐释［J］. 中央民族大学学报，2003（4）：20-29.

② 何星亮. 对传统与现代及其相互间关系的阐释［J］. 中央民族大学学报，2003（4）：20-29.

③ 费孝通. 乡土中国 生育制度［M］. 北京：北京大学出版社，2008：10.

④ 诺贝特·埃利亚斯. 文明的进程 第2卷［M］. 袁志英，译. 北京：生活·读书·新知三联书店，1999：30.

⑤ 韦政通. 伦理思想的突破［M］. 北京：中国人民大学出版社，2005：140.

⑥ 李慧伟. 中国传统礼俗文化及其在近代的变迁［J］. 贵州文史丛刊，2009（2）：67-70.

定，以儒学为切入点，为人与人不同的发展方向寻找依据，人为规约君臣父子等级秩序，依靠封建专制调和等级关系，这种调和是较为强势的调和。第三，具有规范性。这是传统礼俗最根本的特性。传统礼俗规约的直接目的在于规范人们的行为举止，以相对明确的说法和情感依托来约束人们的行为。在实践中，礼俗是有形的，它与无形的道德相结合，甚至将道德置于其内。因而生活的规范是通过礼义原则与礼俗规制的内容结合来实现的。

传统礼俗力量之强大，乃在于它与传统政治制度无缝对接、走向现代化的过程中，与传统割裂成为中国的总体趋势；传统规约不断弱化的主要表现是社会道德规范原有的约束力不断趋弱。这显然不利于我国社会的发展进步。历史是最好的老师，中华优秀传统礼俗文化很多成为当今社会的公序良俗。因此，必须正视传统礼俗规约机制在人们生活中的正向引导力。① 笔者将其概括为三方面：其一，精神共识力。中国人之所以为中国人，不完全是源于黄皮肤、黑眼睛和黑头发的外在形象，主要是植根于中国人内心的中华民族精神基因，即传承于中华上下五千年的民族文化。文化内涵的物质维度、制度维度、组织维度和精神维度，呈现于人们日常中，表现为民族道德情感和礼俗风尚。它们以质朴的形态，融于人们生活之中，成为人们日用而心领神会的传统规约。其二，规则共识力。传统社会，人们之间有误会或矛盾，就在村里处理矛盾，每个邻里都是法官，以舆论来区分对与错、界定善与恶。这种舆论，是乡村民众普遍认同的一整套共识和规范。这些共识和规范，首先是地方性的，源自村民世代相承的经验积累或理性建构，人们将它们当成评判是非、善恶的准则。在共同体内，它们具有绝对的权威，鲜少有人对这些准则提出疑义。当人们需要办事或遇到问题时，自然而然地会想到并选择它们。其三，先贤教化力。在传统社会中，皇权不下县，基层社会治理主要依赖富有声望的士绅。他们推崇先贤及其思想，以圣人言论为原则、为榜样，渴望求仁得仁。因此，先贤被树立为人们的精神偶像乃至道德信仰，其言行举止为后世之人点明前进的道路和方向，具有鲜明的教化之力。

"中华优秀传统文化源远流长、博大精深，是中华文明的智慧结晶"②，本应创造性转化和创新发展，奈何在走向现代化的进程中往往会有坎坷。为轻装前行，革命者和改革者都选择革新传统，因而传统规约被弱化。主要体

---

① 张开城. 从传统道德的约束看道德的约束弱化和他律成效 [J]. 济南大学学报，1999 (3)：5.

② 习近平. 高举中国特色社会主义伟大旗帜 为全面建设社会主义现代化国家而团结奋斗：在中国共产党第二十次全国代表大会上的报告 [M]. 北京：人民出版社，2022：18.

现在社会约束弱化和自我约束弱化两方面。富于强烈的民族自尊心和自豪感的仁人志士，在"国家蒙辱、人民蒙难、文明蒙尘"的情境下，为寻求救国良方不断引进西方思想文化和制度。西方中心论者贬低东方传统，对西学的引进在很大程度上冲击了传统社会中充满活力的规约。而随着现代化持续推进，至改革开放速度激增，在给中国社会带来社会经济繁荣的同时，也带来了一些思想文化上的困扰，尤其是新旧思想的冲突和融合，造成了人们思想上、选择上的多元无序。

传统规约弱化的重要表现是舆论力量的虚化。众所周知，舆论是在特定的时间和空间里，公众对特定的社会公共事务，公开表达的、基本一致的信念、意见和态度的总和。① 它不是现代社会特有的文化现象，在古代也是存在的。封建社会时期，统治者对民众的管制力度比较严，此时舆论犹如大文化，往往是世家大族支持或对抗皇权的重要武器；有时舆论也会在读书人之间形成传播与扩散，成为读书人参加政论或反抗官府决策的有力手段。但并不是说普通民众之间无法形成社会舆论，在遇到某些不可抗力因素，如遇到天灾人祸、特大冤假错案和统治阶级腐朽而横征暴敛时，普通民众也会爆发舆论。其一，天灾人祸使部分百姓食不果腹，因而会自发地形成舆论规模，引起官府注意，以期官府赈灾，如若官府不管不顾，便会演变成流民舆论而冲击官府。其二，冤假错案的舆论主要发生在冤假错案当地，由于官府的不公正促使民众一致抒发内心的不满，在此特定情况下的公众舆论，是民众内心的真实情感，如元朝时期的窦娥冤，便形成了特定的公众舆论。其三，统治者腐朽而横征暴敛引发的舆论有两种情况，在王朝中期，个别统治者昏庸无道，引发民众的不满，民众往往会向天请命，用舆论诉说内心对统治者的不满；在王朝末期，民众因对统治阶级不满而形成的社会舆论往往会推翻统治者的统治、爆发农民运动，如陈胜吴广起义等。但无论是哪种情况，封建社会时期的舆论权往往掌握在世家大族手中，普通民众文化水平较低，在无特大外力情况下，无法自我引导舆论的形成和发酵，而世家大族掌握着教育的权利，是社会的精英，能够有意识的引导舆论的形成和发展。可以说谁掌握了受教育的权利，谁就掌握了舆论的方向。受制于传播手段和交通，传统社会的舆论往往传播范围和影响范围较小，民众缺乏足够的平台和能力表达诉求，即使出现舆情波动，也多是在村落交往中引发的，波及面窄，相对容易控制舆论的事态发展。其控制措施往往是由官府或士绅出面澄清、镇压清洗等。总

---

① 李良荣. 新闻学概论［M］. 上海：复旦大学出版社，2001：49.

之，封建社会的矛盾存在三种，即皇权与士大夫之间的矛盾、农民与地主阶级的矛盾、农民之间的矛盾。

进入现代社会，随着社会教育的普及，普通民众受教育的水平不断提高，人们思想的解放，再加上各种传播媒介的蓬勃发展，以手机为终端的自媒体成为人们表达意见、态度和情绪的接入口。现代社会的舆论不再仅仅局限于线下，而是更多地爆发在互联网上，其中微博成为舆论爆发的发源地和发酵场所。网络舆论现象的增多，与新媒体的传播便利性、传播权的下放、网络准入门槛较低、受教育水平的不断提高等因素有关。① 其一，与传统报纸、电视等媒介相比，以互联网为核心的微博、微信等媒介传播更加迅速，传播范围更加广泛，参与形式更加多样，互联网的便利性，赋予传播媒体以高效的时效性、互动性和传导性，事件的发生通过互联网能够传播到每一个手机终端，人们可以很快收到消息并发表意见和态度；其二，新媒体的兴起，使得普通民众有平台和权利发言，相较传统媒体，新媒体发言方便快捷，自媒体的兴起使得普通民众也有发言权，这也是传播权下放的主要表现，普通民众既是传播者也是受众；其三，早期互联网发展相对无序，官方对互联网的管理起步较晚，相关法律法规不完善，网络准入门槛较低，网民年龄分布范围较广、跨度较大，网络世界不是全实名制，一些地方允许存在匿名，这也是造成网络舆论失范的原因之一；其四，民众受教育水平的不断提高，使人解放思想，普通民众有能力进行发言，参与积极性不断提高。

网络舆论已成为现代社会舆论的主要形式，由于网络舆论传播速度快、传播范围广，因而网络舆论失范往往比传统舆论失范更加具有破坏力和影响力。其主要表现在网络舆论绑架、网络舆论暴力和网络谣言的兴起。② 其一，网络舆论绑架。舆论绑架通常和道德绑架是一体的，网络舆论绑架往往是在舆论事件发生后，网民依据舆论事件本身的力量，利用道德层面的要求规定他人的行为。其二，网络舆论暴力。网络舆论暴力通常与人肉搜索有关，其也是在舆论事件发生后，不理性和不理智的针对舆情中的某一方进行人肉搜索，将舆情中的某一方的照片、姓名、家庭住址等信息爆料在网络上，并对所谓"失德者"进行口诛笔伐，如辱骂、骚扰、威胁等，给当事人造成极大的心理创伤和伤害。这类现象被称之为网络舆论暴力。其三，网络谣言的兴起。网络舆论失范后，大量猜测信息和不实报道在网络上传播，这主要是因

---

① 张小虎. 探析大数据背景下新媒体舆论失范现象 [J]. 传播力研究，2018，2 (32)：98.
② 高琪. 融媒体时代舆论监督越权失范与本位回归 [J]. 中国报业，2019 (8)：14-15.

为在新媒体时代，人人都是信息的生产者和受众，但每个人受教育程度是不同的，非理性的网络便会根据舆情的一些方面，单方面断定事件的发生发展情况，再加上网络传播的便利性，传播大量不实信息，误导和干扰其他网民的判断，从而形成网络谣言。

网络舆论失范影响范围广，传播速度快，对社会的和谐稳定是不利的，而网络舆论失范的原因与互联网的兴起是有很大关联的，其失效原因在于互联网的特性、商业利益的诱导和群体分化聚集三方面。① 其一，互联网的特性。新媒体时代，大量以互联网为基础的自媒体不断发展，平台的大量存在也意味着舆论发源地的增多，网络的匿名性和虚拟性，以及监管盲区的存在给网络舆论失范埋下了隐患，而作为信息发布者的网民，网民基数大，存在大量不理性的网民，在事件发生后，发布大量言论不断影响其他网民的判断，从而造成网络舆论倾向的弯曲。其二，商业利益的诱导。某些平台既是信息的发布平台，又包含着平台本身的商业利益，为了利益最大化，通常发布一些虚假噱头和信息来吸引受众注意，干扰舆情的发展。其三，群体分化聚集。人与人之间是相互影响的，在网络世界中，每个人对舆情的看法和评价是不一样的，但总的来说分为三种：一是赞同，二是中立，三是反对。持有三种观点的人会分别聚集，一些网民会受最大观点群体的影响而改变态度，传播学中的"沉默螺旋"理论告诉我们：人们在表达自己想法和观点的时候，如果看到自己赞同的观点受到广泛欢迎，就会积极参与进来，这类观点就会越发大胆地发表和扩散；而发觉某一观点无人或很少有人理会（有时会有群起而攻之的遭遇），即使自己赞同它，也会保持沉默。② 久而久之便会造成某一观点的大量聚集，形成新的舆论中心，而谁也无法保证这个群体意见是正确的，因而也会造成网络舆情的失范。

二、有用崇拜泛滥

关于"崇拜"一词，有研究者认为，最早出现于沈约的《宋书》卷九《后废帝本纪》，大意指上尊号、封爵位。现代意义上的"崇拜"一词，源自西方。③ 例如，《辞海》载曰：尊崇钦佩之至。进入现代社会，人们崇拜偶像和强者。班杜拉的社会学习理论就认为："大部分的人类行为都是通过对榜样

---

① 任豪豪. 网络舆论失范动因及对策浅析——以"万州公交坠江事件"为例 [J]. 新闻研究导刊, 2020, 11 (9): 75-76.

② 郭庆光. 传播学教程 [M]. 北京：中国人民大学出版社, 2011: 200.

③ 樊葵. 传媒崇拜：现代人与传媒的异态关系 [D]. 杭州：浙江大学, 2006: 12.

的观察而习得。"① 因而人们认为崇拜是有价值的，于是一些现实主义者将其定性为"有用崇拜"。它的含义很简单，那就是什么有用就崇拜什么。钱有用就崇拜金钱，权有用就崇拜权力，人有用就崇拜人。这种"有用崇拜"实际上仍属于实用主义的范畴。

当然，必须将"追求实用性"和"有用崇拜"区分开来。因为，"追求实用性"是一种正确的理念。人是善于思考和学习的，人们往往会坚持目标导向。所以在行为处事中，时常会强调实用性，如我国民众自古以来就注重事物的实用性，创造了以四大发明为代表的众多成就。

如前所述，传统社会的社情礼序是相对稳固的。它以大家族为基石，一个又一个大家族构建出了一个巨大的传统道德体系网。农业生产生计模式以及安土重迁的思想，使得个人的活动范围较小，个人的生活和发展离不开家族，家族对个人的行为举止是具有相当大约束力的。社情礼序都由士绅等精英倡导并率先施行，再慢慢向普通民众扩散。其主要路径有三：其一，依靠儒家文化理念倡导仁义廉耻，明确社会等级秩序，明确礼仪范式。有相对固定的标准供人们去遵循。一旦出现礼序破坏者，便会声败名裂，严重者会被官府拘留关押。其二，强化君权神授等级思想，人们惧怕惩罚，畏惧皇权，敬畏皇权，再加上封建社会对人们的言行举止是有规范和要求的，因而传统礼序得以白上而下的维系传承。其三，突出家族道德教育。个人从小生活在家族中，父母长辈言传身教，督促个人修身养性和成长成才，个人行为与家礼家风是相联系的，所以家族对个人的道德教育一直十分严格。可见，一方面，囿于生活环境，普通民众对外部信息接触的比较少；另一方面，源于多维教化，使民众普遍安于现状，除非外敌入侵或自然灾难等生存危机，否则社情礼序都是稳定且可控的。

与传统社会注重情感教育和礼治教化不同，现代社会往往强调知识教育与法治秩序。以居于共同生活体验的、有一定血缘关系的、适用于小众群体的传统规约，无法在共同生活体验少、无血缘关系的、大众群体中通用，必须构建适应现代社会特征的社情礼序来促进社会和谐。它理应具有如下一些特征：其一，由封闭走向开放。与传统社会相反，现代社会是流动性的，人们接触到的不仅仅有国内传统文化，还有国外文化。因而现代社会的社情礼序不仅内含我国传统的礼序规范，还吸纳了部分国外的社会思潮或道德规范，

---

① 艾伯特·班杜拉. 社会学习心理学［M］. 郭占基，译. 长春：吉林教育出版社，1988：22.

相比于传统社情礼序，在内容和形式上更具开放性。其二，由小集体走向大众。传统社会教育权掌握在士绅阶层手里，普通民众有条件接受教育的较少，多是在日常生活中习得人情世故，掌握礼仪规范，社情礼序往往在家族和村落等小集体中口口相传。现代社会人们受教育水平的不断提高、思想的解放，再加上新媒体的不断发展，各类媒体平台的兴起，人们既是信息的发布者又是信息的接收者，人人都可以借助新媒体平台发表自己的看法和观点。社情礼序规范的运行和制定由小集体走向了人们大众，受众群体的增多，也使得现代社会社情礼序变得复杂多变。其三，由迷信走向科学。传统社会的社情礼序往往带有一定的迷信色彩，比如，社会舆论时常借助神明等来向民众施压。现代社会崇尚科学，追求自由解放，强调人的天性，社情礼序虽然变得纷繁复杂，但就其内容和形式上看，是科学的。

从传统走向现代，我国的社情礼序变得更加纷繁复杂，在传统规约弱化和"有用崇拜"泛滥的大背景下，现代社会舆论失范和道德失控引发的社会问题日益增多，社情礼序虽由封闭走向开放、由小集体走向大众、由迷信压制走向科学解放，但也使得现代社会社情礼序发生巨大转变，由注重道德修养走向道德修养弱化。这不单单是社会问题，也是个人问题。天下兴亡，匹夫有责，社情礼序依靠的不单单是强有力的政府法制规范，更多的是依靠道德的自觉性和约束力。

第三节　礼俗礼义异化的缘由

礼俗礼义异化趋势，可从消费主义盛行以及人情关系市场化入手，在理性算计裸化以及诚信底线衰退中找到解释。

一、消费主义盛行

什么是"消费主义"？法国社会学家鲍德里亚（Jean Baudrillard）在《消费社会》中谈到，消费主义指的是消费本身的目的不是为了满足物质生活需要，而是在不断追求被制造出来和刺激起来欲望的满足的一种生活方式和态度。[①] 消费主义产生于19世纪末20世纪初的西方资本主义社会，消费一词也包含着挥霍的含义，消费的目的不再是生活的物质需要，而是消费商品本身

---

① 张智新．"消费主义"盛行的陷阱［J］．人民论坛，2007（18）：59.

带来的文化含义和符号象征，是一种追求享乐的过度超前消费。① 虽然说消费是生产的动力，消费市场的增大会刺激生产的扩大，在一定程度上会促进社会经济的发展和繁荣，但这种过度超前消费模式也会给社会经济发展带来潜在的隐患。消费主义为何会在中国盛行呢？原因主要为外源动力的社会主义市场经济的繁荣发展、内源动力的个人内心消费心理特点的影响和外围助力的大众传媒的摇旗呐喊。② 其一，社会主义市场经济的繁荣发展。改革开放前，我国生产力水平有限，物质资料相对较少，人们的消费观念秉承着勤俭节约和物尽其用的传统美德，消费观念尚未发生巨大变化。改革开放后，生产力水平的提高，物质财富极大丰富，商品琳琅满目，人们的生活水平也不断提高，钱袋子鼓起来后，部分人们在满足基本物质生活需要后，在西方消费观念的影响下，其内在消费观念也发生变化。其二，个人内心消费心理特点的影响。消费主义盛行的主力军是 80 后、90 后以及 00 后，他们深受改革开放的影响，从小生活相对富足，相比于老一辈，对西方文化接触更多，受到的影响也更大，再加上青年群体追求时尚潮流和个人自由，因而他们的消费能力较高。其三，大众媒体的影响。市场经济的繁荣，也带动了大众传播媒介的发展，尤其是以互联网为内核的新媒体，常常以其传播的生动有趣、快捷迅速、受众精准定位等特点对某些商品进行包装广告传播，再加上其传播面广、受众广泛，其推广的消费价值观影响范围深远。大众传播媒介在追求商业利益而传播的商品广告和文案等行为对大众消费观念的影响和转变具有相当大的推动作用。

二、人情关系市场化

人情在中国社会当中，是一个既普通又蕴含深意的词汇，它被认为是中国伦理社会关系的核心。关于人情含义的界定，《礼记·礼运》谈道："何谓人情？喜、怒、哀、惧、爱、恶、欲，七者弗学而能。"③ 阎云翔在《礼物的流动：一个中国村庄中的互惠原则与社会网络》一书中将人情界定为三个结构性维度——理性算计、道德义务和情感联系。④ 也就是说人情既指个人在人

---

① 雷存秀. 消费主义思潮影响下大学生消费现象研究 [D]. 昆明：昆明理工大学，2020.
② 彭婷玲. 消费主义境遇下大学生价值观的困境与超越 [J]. 法制与社会，2020（11）：151-152.
③ 胡平生，张萌. 礼记：上 [M]. 北京：中华书局，2017：412.
④ 阎云翔. 礼物的流动：一个中国村庄中的互惠原则与社会网络 [M]. 上海：上海人民出版社，2004：262.

际社交关系中所流露出来的情感反应，又指一套完整的社会规范和道德义务。中国传统社会注重人情交往，更多的是强调感情、彰显正气浩然的礼义道德。"重义轻利""君子喻于义"便是中国传统人情关系最好的体现。改革开放后，物质生活的极大丰富，市场经济不仅活跃了社会生产，也刺激了人情关系互联。人情关系市场化是市场经济繁荣催生出的一种异化产物，当前在我国人情关系交往中，人情关系市场化或者说货币化现象越来越明显，其展现了人情关系物质化、人情关系市场化名目增多、人情关系市场化金额数目不断增大和范围不断扩大等特点特质。① 其一，人情关系物质化。在《礼记·曲礼》中谈道："礼尚往来，往而不来，非礼也；来而不往，亦非礼也。"② 可见人情关系往来是符合礼俗礼仪的，但传统中国人情往来通常注重人情礼物表达的心意和含义，更重视感情的沟通交流。而现代社会将其带到人情关系网络中。其二，人情关系市场化名目悄然增多。传统人情关系的礼尚往来通常表现在传统节日的祝福、婚宴嫁娶和丧葬礼仪上，然现代社会人情往来名目不断扩大，各种宴席名目纷至沓来。其三，人情关系市场化金额数目不断增大。虽说随着经济的发展，人们生活水平不断提高，相应送礼的价值也有所提高，但当代人情关系正脱离传统伦理社交圈，走向市场化。其四，人情关系市场化范围的不断扩大。传统人情关系的范围通常是亲朋好友之间联络感情的一种社交方式，现代社会重新定义了人情关系网络，将其扩大为同事、领导、下属等。

但人情关系市场化带来了一些不良影响，其主要体现在以下两方面。其一，人情关系市场化致使人们精神修养荒芜化。人情关系单以金钱来衡量和维系，致使人情关系交往本身的含义异化，与传统人情关系所展现出来追求道德内化和情感共鸣的深层次需求相违背。其二，人情关系市场化异化了人际关系。传统人际关系追求的是内心的道德舒适感和情感的共鸣感，即君子往而取义，言而循礼，行而蹈矩。人际关系道德规范的共同遵循，是维系社会和谐稳定的重要因素。现代社会人情关系市场化，过度强调金钱物质利益，人际交往都靠金钱多寡衡量，其本身就是对人际交往关系的变化，容易造成社会道德的滑坡和失控。

理性算计是中国传统人际关系互惠原则的变化，是消费主义盛行和人情

---

① 王尚银，刘朝峰. 人情关系"货币化"：基于社会交换理论的分析 [J]. 贵州大学学报（社会科学版），2011，29（2）：33-38.

② 胡平生，张萌. 礼记：上 [M]. 北京：中华书局，2017：7.

关系市场化的必然产物。理性和感性是相对应的两个词语，一个人的思维也往往区别于以理性为主或者是感性为主。传统封建社会，是建立在儒家道德基础上的人治社会，社会秩序往往依靠道德规范约束，因而通常意义上是强调情感情谊，而现代社会是法治社会，用法律来强制规范人们的言行举止，制度化的东西通常是强调理性和逻辑的。消费主义和人情关系市场化突出强调了物质利益的重要性，在人际交换的社会当中，一个人可能会为了个人利益而仔细计算每一个社会交换行为，从而得出自己是否吃亏的结论；另一个人可能恰恰相反，注重道德义务和情感互联来感性衡量社会交换行为。前者个人理性算计虽符合个人交往的利益，对个人来说是理性的，但对整个社会而言，理性算计是不理性的，因为理性算计忽略了人与人之间存在的道德规范和情感交互，仅仅以金钱作为人际交往的衡量标准，本身就是不理性的行为，理性算计裸化虽符合个人利益得失，但对社会道德规范的建设是不利的。而后者人际交往注重道德规范，不关心一时的利益得失，看起来与现代社会的理性相冲突，实际上是非常符合我国传统道德规范的理性交往的，古人云，"吃亏是福"。虽然注重道德规范的感性人际交往，在礼尚往来的情境下，会丢失一些利益上的得失，但获得的却是真挚深远的情感，道德是最高的法律，法律是最低的道德规范，符合传统道德规范的人际交往行为，虽形同感性，但实为真正的社会理性。

理性算计裸化的背后是物质利益的得失和交互。人情本身就是不可衡量的存在。就人情的感情属性而言，感情是虚拟化的一种情感感知和态度，盲目用金钱来算计人情得失本身就是非理性行为，过于注重物质利益，强调理性算计，不仅容易造成不健康的人际交往网络，也容易造成道德滑坡。其一，人际交往是人类社会不可缺少的生活方式，人是群居性的高级动物，正常的人际交往可使人获得幸福感和社会认同感，而以物质利益为基础的人际交往，充斥着利益得失的算计，使人际网络流于表面的利益得失，而非内在的情感交流，这种人际交往网络是不正常的交往。其二，理性算计的基础是可视化的金钱，将人情关系具象为金钱，就好比将道德规范具象为金钱，这本身就是人情交往的异化，过于强调金钱的作用，过于理性算计人际交往的成本和利润，往往使人道德认知局限于物质利益得失上，以明确的收支关系衡量人际关系不仅会造成个人道德修养的变化，也会造成社会道德的滑坡。

诚信是个体身为社会人的本分和立身处世的基本价值规范，也是个体获得他人认可的保证和社会存续发展的重要价值基石。"言不行，信不果"，不论是过去还是现在，都有其鲜明的民族特色，都有其永不褪色的时代价值。① 孔子曾提出"轻千乘之国，而重一言之信"②，这是对诚信价值的精辟总结，也表明诚信不仅适用于个体之间的交往，亦可推行于国与国之间。今天，在我们的社会主义核心价值观之中，也见"诚信友爱"的元素。诚实守信是中华民族传统美德和社会主义核心价值观的重要内容，是为人处世的底线和道德规范准则。③ 在社会经济高速发展的现代社会，消费主义盛行、人情关系市场化，功利主义、拜金享乐主义和实用主义不良思想也影响着社会中的每一个人。诚信问题正日益成为一个不可忽视的社会现象。其主要表现在社会、企业和学生三方面。其一，社会方面。诚实守信是做人的基本原则，人而无信不知其可也。古人特别注重"信"，这不仅是儒家提倡的仁义礼信，也是社会道德规范的遵循。而在价值观念多元化的现代社会，个人诚信意识问题已成为社会问题，失约、爽约的现象屡见不鲜。其二，企业方面。诚实守信是企业的职业道德准则，企业在生产销售过程中，诚信经营是经商的基础，但一些商人为了个人私利，毫无诚信底线，缺斤少两、以次充好时有发生，如三鹿奶粉事件、双汇瘦肉精事件等，食品安全俨然成为中国社会的敏感事件。其三，学生方面。作为新时代的学生，应当将诚实守信的传统美德继承和发扬，然而部分学生却诚信缺失，影响了自己的未来，得不偿失。

诚信底线的薄弱，是社会道德规范的滑坡，诚信的缺失不仅关系到个人，也关系到企业，更关系到国家。对个人而言，诚信缺失必然造成人际关系矛盾，缺乏个人信用的个体在社会生活当中处处受排挤和歧视，谚语中"人无信不立"便说明人如若失去信用就很难在社会上立足。因为连诚信都没有，何以保证其他方面的健全呢？对企业而言，诚信是企业间生产销售的有力凭证。言而有信的企业不仅能够树立好良好优质的企业品牌，更可以深得其他企业信任，大额订单不断。相反，若企业失去诚信，首先导致的便是商业危机，人们不再信任企业销售产品的安全性，企业一旦失去信用，那么便再难向前发展了。对国家而言，诚信代表的是一个国家的形象，代表的是一个国家的权威。如果国家失去诚信底线，那么这个国家在国际交流上如同人际交往一样处处受限，造成国际关系紧张，形象破灭。再者诚信底线衰弱的国家

① 熊平安，傅琼．大学生明礼崇德基本价值及实现路径探析［J］．北京青年研究，2020，29（1）：29-35．

② 魏王肃．孔子家语［M］．北京：中华书局，2011：111．

③ 简福平，岳松君．新时代大学生诚信缺失管见［J］．重庆理工大学学报（社会科学），2019，33（7）：158-166．

政令反复、光说不做，容易损害国家的权威性，容易引发社会动荡，不利于社会的和谐稳定。

诚信底线薄弱的原因多样，其最大的三个原因是：社会道德滑坡、诚信制度不健全和监管力度不到位。① 其一，社会道德滑坡。传统社会重义轻利，社会民众普遍遵循儒家思想，道德规范相对统一，人际交往注重情感，家庭道德教育相对完善。而现代社会，物质资料极为丰富，风气浮躁，生活节奏加快，人们往往忽略内在的感性情感需求而追寻具象化的物质利益。社会土壤的变化使得传统道德规范弱化，消费主义盛行和人情关系市场化进一步加剧了社会道德滑坡，造成社会诚信底线的衰退。其二，诚信制度不健全。市场经济繁荣的现代社会，其开放包容性和流动性相比于传统小农经济的自给自足和封闭性，显得更加多元广阔，社会情况的急剧变化使得传统诚信制度滞后于社会的发展需求。很多人存在侥幸心理，投机倒把，进一步加速了诚信底线的衰退。其三，监管力度不到位。监管力度不到位主要体现在社会信用监管体系不健全、配套诚信教育措施不完善、个人诚信档案的缺失等方面。当然监管力度的不到位也体现在一些具体行为上，如监管人员欺上瞒下、滥用职权谋私利、监管人员的不作为等行为都有可能导致诚信底线的衰退。

礼俗礼义强调的是社会道德习俗规范和义利观。在消费主义盛行和人情关系市场化的当代社会，传统礼俗礼义对人们的约束力不断弱化，现代社会生活节奏加快，人们浮躁不安，很难静下心思考一些内在的情感和礼义。人们在人际交往关系中，用可视化的金钱取代了情感时间，这不仅体现在人际交往关系上，也关联着孝道礼义。子女用金钱取代时间陪伴，老年的父母缺少的不是金钱而是子女的陪伴。就好比人际关系网络，真诚真挚的情感在物欲横流的现代社会愈显珍贵。赤裸裸的理性算计彰显的不仅仅是个人的利益得失，而是个人的道德底线和良知，更是一个国家和社会的整体风貌。理性的个人算计，带来的不一定是理性的社会，更多的是非理性的道德滑坡，而诚信底线的衰退便是道德滑坡的重要体现。

总而言之，礼俗礼义在传统小农经济社会中是相对稳固的。它的稳固性源于社会成员信仰的趋同性和文化价值的统一性以及大家族与个人荣辱与共的社会形态。它造就了传统社会大家族对个人相对完备的道德教育，虽在一定程度上压抑了人性，一些规范也显得封闭落后和愚昧，但其核心要义如仁

---

① 李林子. 社会诚信道德教育研究［D］. 西安：陕西科技大学，2018.

义廉耻和义利观都是十分优秀的道德规范。我们在步入现代社会的过程中，经济虽然繁荣发展，社会流动性和生活节奏快速使人们无法沉下心思考来自传统文化的道德修养精髓。简而言之，现代社会礼俗礼义的异化趋向是重利轻义。传统规约力衰退，在尚未建立健全新的道德规约体系时，更像处于转型过渡时期，这种异化是断断续续的，与社会总体环境有关。从目前社会情况看，这种异化虽方便了人际交往的衡量，使道德规范具象化，但却是一种不健康的异化。当然，如果一味遵循传统道德习俗规约体系，也会造成不良后果，传统虽好，但其中也存在一些与时代不符的内容和形式，变革是不可避免的。事物的发展是不断运动的，西方国家在市场经济繁荣的初期经历过消费主义、人情关系市场化倾向等社会问题，处在转型期的中国，虽遭遇种种困境，但我们有信心将这种异化扭转至正常轨道。

第四节　师生礼道变化的因由

学校生活不仅是现代化社会中个体成长不可或缺的部分，而且时间越来越长。因而，学校礼仪也是成就个体礼仪素养与能力的重要部分。

一、实用主义倡行

实用主义是从希腊词派生出来的。其产生于 19 世纪 70 年代的现代哲学派别，在 20 世纪的美国成为一种主流思潮。[①] 实用主义典型代表人物杜威（John Dewey）在《民主主义与教育》一书中对实用主义哲学观的内涵进行了概述：注重行动重要性、重实效原则、超脱认识论管辖范围的经验论。[②] 从这可看出杜威的实用主义注重知行合一和实效。实际上我国古代也产生了类似于实用主义的经验主义，古人也注重事物的实用性，强调知行合一，在许多学科方面都有相当大的成就，但因为过于看重事物的实用性而没有去深入探究事物本身实用性的奥秘，因而我国虽然有最早的星图轨迹，但未形成系统的天文学理论。古人将技艺视为吃饭的家伙本事，不轻易传授，其传授方式往往是口口相传，每个人的工艺水准也是凭借个人经验决定的。究其原因还

---

① 汪峰，刘雪飞. 当代中国社会思潮对大学生的影响及对策研究［J］. 内蒙古农业大学学报（社会科学版），2011，13（1）：182-184.
② 俞丹丰. 杜威实用主义哲学观中的教育意蕴［J］. 宁波教育学院学报，2019；21（4）：87-91.

是在于过度注重事物本身所带来的便利性和实用性。"经验主义"与"实用主义"共同点在于注重事物的效用。

实用主义不可避免带有两个特性。其一，功利主义。实用主义者在进行实践前，会根据自身需要和一定的现实情况，做预期的效果，其实践往往是为了达到这类效果。追求实用性本身不是错误的，毕竟明确实用性，方能抓住事物本身的要点，增强实践的目的性，提高人们的活动积极性。将其引入教育当中，虽明确了教育内容和目的，在一定程度上促进了教育成果的明显增长，但对于社会的环境要求比较高，如果社会环境不佳，那必然导致教育的畸形发展。其二，经验主义。实用主义与经验主义在某些方面是趋同的，在具体社会实践当中，实用主义与经验主义一样，都是探索事物本身的当下价值，而不愿意对其进行深入研究，不会对事物现象进行反复实验和论证，以透过现象认识事物本质，而只是在意事物本身的实用价值和实效性。虽方便省事，但无法形成系统性的研究和探索，将其引入教育当中，虽能教育出已知科学知识，但在一定程度上削弱了学习者的创新思考能力。

在实用主义影响下，少数学生将自己的绝大部分精力放在所谓"社会需要的领域"，将读书定义为找工作的前站。如表3-3可见，认为"读书就是为了找份好工作"的学生人数占比超过23%，接近1/4。选择"人情往来图的是利，以利相交"的受访者（除城中村外）高达40%以上。因而可以想象，他们在学习和生活中，可能出现用金钱解决问题的做法。

表3-3 功利主义盛行与人情关系市场化的表现（多选）

X＼Y	大中城市	新兴城镇	城中村	城乡接合部	传统乡村社会（自然村）	中心行政村
①考试分数万岁，其他的可以放一边（%）	42.86	22.86	5.71	14.29	13.57	0.71
②大道理是讲给别人听的，与我无关（%）	41.03	23.93	5.13	11.11	17.09	1.71
③读书就是为了找份好工作，有关的才需学（%）	39.27	22.67	4.45	11.34	19.43	2.83
④权威不必太在意，我的地盘我做主（%）	49.18	11.48	8.20	14.75	14.75	1.64

续表

X \ Y	大中城市	新兴城镇	城中村	城乡接合部	传统乡村社会（自然村）	中心行政村
⑤人情往来图的是利，以利相交，才是正道（%）	37.98	22.12	4.33	11.06	20.67	3.85

这一现象的产生，是日积月累的过程。20世纪上半叶，新文化运动迅速发展之时，胡适邀请杜威来华访问，他的实用主义教育思想随之传入中国。1922年我国参照美国的学制，出台了六三三四学制，即小学为六年教育，初中为三年教育，高中为三年教育，大学为四年教育。[①] 其最明显的特点便是以升学和就业为目标导向，将实践和理论有机结合起来，为学生设定清晰的培养方案和教育任务，成为学生知识技能提升参照标准。这样一来，杜威的实用主义思想便在中国各类教育中慢慢推广开来，受教育者离开乡村，到大城市就业或创业成为主要选择趋向。为加快乡村教育现代化，陶行知等人发展了杜威的思想，提出了"生活教育理论"——生活即教育、社会即学校，教学做合一。[②] 凡此种种，都表明实用主义教育思想引入我国学界，成为主流，而传统儒学教育内容体系则完全被抛弃。客观地说，当时引入美国教育模式，是中国走向现代化的一种理性选择。毕竟它是适应大工业生产的需要而出现的，学科细化，且有实验课和劳动课等，注重培养学生的实践认知能力和动手能力。但这种过分重视知识技能培育的学制，在一代一代的接力过程中，不断弱化德行方面的培养。改革开放后，各种社会思潮裹挟而入，功利主义思想更盛，我国各级学校的指挥棒事实上围绕"升学和就业"而高扬。加之国家各级教育，尤其是大学教育，已经由精英教育转向大众教育甚至普及教育，大学生人数暴涨。其中不少人眼界和视野都不高，对大学期间的期望只是能学个好专业以便找份好工作。怎么能给自己带来便捷和实惠就怎么来，尊师重道的意识持续弱化，校园中实用主义趋于泛滥。

---

① 张若以，高天枢. 实用主义思想对中西方教育的影响 [J]. 现代交际，2019（13）：143-144.

② 王欢. 杜威的实用主义教育在中国 [J]. 齐齐哈尔师范高等专科学校学报，2015（2）：19-20.

二、学分至上误区

学分至上是实用主义的重要表现，也是应试教育的必然产物。高考是中国学子必经门槛。所以，中小学教育十分重视学习成绩，以学习成绩高低衡量学生的能力，并以此排名作为考评学校等级和学生优劣的主要指标。升入大学后，十几年来一直惯于应试教育的学生，自然持有重视学分的理念，将本应富有大学精神的大学教育，定义为以学科知识和学分定高下的职业型学校。如此一来，大学与中小学教育"唯成绩"观念并无太大差别。相对单一明确的衡量指标，虽方便了教学活动的开展和教学成果的评比，但仍带来了一些负面影响。其一，学分至上理念容易扭曲教育的目的。教育的任务是立德树人，是培养德智体美劳全面发展的社会主义建设者和接班人，过于强调学分的重要性，容易误导学生认为学习的目的就是为了获取学分，学分是教育的目的，这种错误观念的形成是教育失败案例。其二，学分至上理念容易引发学生的功利攀比。以学分多寡衡量学生的能力强弱，本身就是对学生个人情况的概述化，学分只是学生个人学习方面的一些体现，并不能完全衡量一个人的能力，也并不是每个人都擅长学习考试，因而过于重视学分，用学分作为就业、保研和奖励的主要指标虽保证了教育的大多数公平，但容易引发学生对学分的过分追求，即学生为了学分而拼命参加比赛和活动，以提高自身学分数量，追求学校奖励。其三，学分至上理念在一定程度上削弱了教育的效果。课堂教育的精髓便在于能将学习知识和理论系统化，便于学生理解和梳理，而过于重视学分，便会造成学生忽视教育内容而仅仅为了获取对应的学分，从而影响教学的效果。其四，学分至上理念不利于礼仪文化教育的践行。礼仪文化教育不仅要内化于心，更需要外化于行，当代高校对于礼仪文化教育的课程教育本身就少，加上礼仪文化教育的专业知识相对烦琐，学生往往人在课堂、心在操场，不仅没有学进理论知识，更不会将其应用于生活实践。

学分至上观念的形成与市场经济的繁荣、实用主义教育思想的影响和学校教育管理特性有关。其一，现代社会市场经济繁荣，物质生活极为丰富，但文化生活供需出现了脱节，因而快节奏的生活方式也使得人们更加关注事物的实用性，我国六三三学制本身就含有兼顾学业和就业的设定，在就业导向的环境下，人们为了快速衡量和评价事物，往往以具象化的标准进行衡量评价，因而催生出了学分评价理念。其二，早期杜威实用主义传入中国，其实用主义教育思想对中国教育模式影响深远，学分作为衡量学生学习水平和能力的重要指标，在高校教育当中一直很有市场。其三，学校管理特性决定了学分作为重要衡量标准，教育内容和成果需要以明确的概念进行衡量，学分便是很好的衡量指标，将教学内容的传授和教学成果的评价用学分串联起来，方便了学校教育的管理和运行。但在应试教育的大背景下，学生过于注重结果实效，弱化了学校礼仪教育，校园的人文环境受到较大影响，尤其是在师生关系上。原本人有三尊：君、父、师，学生应侍师如侍父，师长应爱生如爱子。师生间建立良好的关系后，学生会亲其师而信其道。对于促进学生的成长、增强教师的职业荣誉感都有极为重要的助力作用。但在学分至上的理念误导下，师生之间的礼仪之情、相处之道越来越被淡化，礼仪文化教育虚化明显。

在教师方面，礼仪文化教育的弱化，意味着礼仪文化教育的教师社会地位有所变化，因而容易造成部分教师动力不足、师德师风有不好的发展倾向。其一，工作比较消极。各级学校礼仪文化教育的弱化，导致礼仪德育课程被矮化，相比于主干课程的重视，礼仪德育课程在各级教育体系中被边缘化。如部分学校音体美课程让步于语数英，这必然导致部分从事礼仪文化教育的课时不能完全保障，教学内容设计自然也不一定能用得上。如此，教师们的教育激情下降，工作消极，教学内容更新意愿不足，致使"新瓶装老酒"的现象日益严重。课程的社会适应性变差，学生满意度下降，课程被进一步边缘化。教师更加消极被动、安于现状，礼仪文化教育更加低位生存。其二，功利思想增强。各级礼仪文化教育的弱位，也使得部分教师的人际关系出现边缘化，他们开始将精力更多放在自身的职称晋升上，先花大气力研读剖析相关文件，然后将精力投到逐条对标对表上，一切以个人晋升为导向。这样，部分教师在他人眼中是极为优秀的，但就教育学生而言，则是极为不负责任的。

在学生方面，各级礼仪文化教育的弱化，使学生专注于实用性的主干课程，而忽视自身的礼仪道德修养，这容易造成部分学生尊师重道传统的缺位、感恩意识的缺失和个人功利主义的抬头。其一，尊师重道传统的弱化。中国自古就将尊师重道视为关乎国家兴亡的大事。"国将兴，必贵师而重傅，贵师而重傅，则法度存。国将衰，必贱师而轻傅，贱师而轻傅，则人有快，人有快则法度坏。"[1] 因此，要求学生待师如父，《管子·弟子职》曾比较详细地描述了作为弟子该如何对待先生：在教学中，洒扫教室，为先生摆好讲席，

---

[1]　方勇，李波. 荀子［M］. 北京：中华书局，2015：463.

服侍先生入座讲习；有疑难之处要求教时，学生先拱手，在先生解惑时，认真垂手细听；下课时，先生离席，学生一律直立，之后再离开教室。[①] 这种做法渐渐成为中华优秀传统美德和基本规范。中国共产党历代领导人也十分重视尊师重道。如习近平总书记2013年在向全国广大教师致慰问信中指出，教师是立教之本、兴教之源，承担着让每个孩子健康成长、办好人民满意教育的重任。[②] 但在执行教育政策之时，高考指挥棒最具权威，分数至上也就难以避免。知识性学习占用了学生绝大部分时间，学校礼仪文化教育弱化，修身养性的教育引导减少。部分学生形成傲慢无礼、无师无长的性格，在校园内放飞自我，言行举止方面表现得傲慢无礼和自由散漫。在课堂上，迟到早退，提问时鸦雀无声；在课堂外，课后作业抄袭复制成风和不主动思考学习，知是师长而不言，路遇师长而不礼，诲出师长而不尊。其二，感恩意识的缺失。在学生成长过程中，学生有大量时间在学校，接受教师传授的知识和技能。学生从教师处获得知识和技能，理当感谢教师的教导。然而，由于礼仪文化教育的弱化，部分学生将教师的教导视为平等交易，认为自己交了学费，教师得了工资，教自己是职责所在。忽略教师在教学中的情感投入以及自身的德行引导。特别是一些高年级学生，出了教室便视教师为陌生人，教师无可奈何，只得淡然视之。学生对老师的教诲不懂感恩，师生关系公事化、陌路化，它所带来的创伤是难以弥合的，不仅阻碍了学生健康人际关系的获得，也影响了学生健全人格以及公共精神的培养。

概而述之，师生礼道异化，深受社会经济发展、应试教育和师生观念这三方面的影响。展开分析则如下：其一，社会经济发展。改革开放以来，社会经济高速发展，而文化建设方面与高速发展的经济是不相适应的。以经济建设为中心，文化建设滞后于经济发展，文化发展在很长一段时间是围绕着社会经济运行的，而礼仪文化教育是偏软性的，其影响是内在的，与经济发展要求的硬发展和见效快是不相适应的，因而在提倡经济发展的思想下，容易引发各级学校礼仪文化教育的退化。其二，应试教育的影响。应试教育虽培养了大量合格的社会人才，也保证了教育的大多数公平，但其终究忽视了学生个体发展的差异，用考试决定一个人的能力和未来，从人格全面发展的角度看，失之偏颇。[③] 礼仪文化教育这类强调内在修养的课程，其见效慢而不

---

① 管仲. 管子 [M]. 张小燕，译. 北京：北京联合出版社，2016：135-140.

② 习近平. 习近平向全国广大教师致慰问信 [N]. 人民日报，2013-09-10 (1).

③ 黄春芬. 当前学校礼仪教育缺失之原因与对策 [J]. 宁波教育学院学报，2015，17 (3)：86-88.

易察觉的课程通常要让步于考试所要求的硬性指标，毕竟考试不考思想品德，因而容易被学校和家长所忽略。大学教育同样存在升学率和就业率一说，因而大学虽然开设了礼仪文化教育的相关课程，但普遍以公共课或选修课的形式存在，在当今的市场导向下，礼仪文化教育在一定程度上是不受重视的。其三，师生观念的影响。从近代西方实用主义传入中国后，实用主义教育思想便深远影响着我国的教育理念，现阶段的中小学教育"唯分数"理念和大学教育的"学分至上"理念，其根源都是实用主义，实用主义虽然也给教育带来了积极影响，但也给我国教育带来了一些消极影响，师生观念的异化便是其中的重要体现。现阶段的青少年从出生开始便享受着改革开放所带来的物质红利，学生过于关注分数和学分，对于其他不相关或者相关度很低的事物是自动忽略的，而礼仪文化教育便处于这类观念的边缘。礼仪教育的边缘化也使得教师的观念发生变化，在"唯学历论文"的职称晋升机制下，部分教师不再重视教学活动，而是专注于论文撰写等活动，这也在一定程度上加剧了礼仪文化教育的缺位。

综上所述，师生礼道异化从大方向来说是源于文化建设为经济发展服务，文化发展滞后于社会经济发展水平。市场导向的社会机制，以及现代社会工作生活的快节奏化，使人们更多关注于那些浮于表面的实用和快速方便的事物，当然师生礼道异化也与近代西方实用主义传入中国有关，实用主义虽然给我国早期教育提供了发展方向和指明灯，但也造成了相当大的消极影响，应试教育便是实用主义教育理念的体现，应试教育是"一刀切"的教育形式，其固然有传统考试情结的影响，但应试教育的出现是与我国社会经济文化状况相关联的，当代社会贫富差距相对明显，各地区教育资源不均衡，应试教育在很大程度上重新定义了教育资源，在很大层面上保证了大多数人的教育公平，但这种"一刀切"的教育方式，忽视了个体发展的特殊性，因而近些年一直有媒体宣扬要实行素质教育。在实用主义教育思想的影响下，教育注重实用性和实践性，在学校即社会的教育理念下，社会需求在很大程度上能影响学校教育的方向，因而在升学和就业的压力下，学校出现了"唯分数"和"学分至上"的理念，就连教师的职称考核晋升也遵循"唯学历论文"的实用主义理念。在这些理念下，造成了各级学校礼仪文化教育的退位，礼仪文化教育出现边缘化，自然导致部分师生出现了不良社会现象，如教师的师风师德缺失、学生感恩意识缺失、个人功利主义思想强烈等不良教育现象。其中原因纷繁复杂，展现了当代中国教育的问题和困境。

师生礼道异化的主要趋势是由以内修道德为主向以外修实用为主转变、

由强调修身养性向功利实用主义转变、由偏理论教育向理论和实践并重教育方向转变。其一，以内修道德为主向以外修实用为主转变。中国传统教育是内向性的情感教育，其专修圣人之道，强调个人的内在道德修养，"胸藏文墨怀若谷，腹有诗书气自华"便是此理，古人重视人之德，认为修身方能齐家治国，齐家治国之策都是小道，只要内有圣人之道，自然而然便明晓施政之道。而现代社会注重外修实用主义教育，以学制区分受教育水平，注重知识理论与社会发展需求之间的关联，教育理论和知识往往偏向于实用性，对礼仪道德这类见效慢的课程自然重视少。其二，由强调修身养性向功利实用主义转变。传统教育思想的基础是儒家思想，儒家强调"礼义廉耻"。《礼记·冠义》曰："凡人之所以为人者，礼义也。"① 在中华文明的早期，便将礼、义、廉、耻视为国之四维，告知人们要明礼节知荣辱，以礼、义、廉、耻约束自身，做到"穷则独善其身，达则兼济天下"②。这一追求已内化为中华民族的独有品格，在世代更替中得以传承。传统教育以修身养性为主，这不仅受儒家思想影响，也受家庭教育的影响，在传统社会中，个人与家族是关系密切的，个人行为不端通常被指家教不严，而传统社会人们的活动范围较小，家族对人的影响很大，大家族的道德教育影响着家族中的每一个人，这也是封建社会统治的基石。而现代社会追求民主自由，在"实用主义"和"有用崇拜"的思想引领下，市场导向化使人们更加注重事物的实用价值，人们思想方面也倾向于金钱物质，似乎受教育的目的是获取更多的金钱，人是为了金钱和所谓面子而活着的。其三，由偏理论教育向理论和实践并重教育方向转变。传统教育理念是纯理论性的道德教育，很少注重经世致用之策。因而古人形容读书人或书生常用"四体不勤，五谷不分"③ 来形容，古代是以农立国的社会，按实用主义理论，教育应与社会需求相关联，而书生"四体不勤，五谷不分"，自然是缺少农业实践教育。而现代社会的师生礼道不仅强调实用性的理论知识，也强调社会实践，虽提倡的社会实践也是致用于社会实际发展需求的，但相对来说，比传统礼道教育更加全面，符合现代社会发展需求和实际。

简而言之，在实用主义教育思想下，因各级学校礼仪教育的退位而引发的师生礼道异化是由理论偏向于社会实用的，其既有积极的一方面，如明确了教育的目的和内容，与社会市场需求紧密联系和教育成果显著等，但过于

---

① 戴圣. 礼记［M］. 北京：北京联合出版社，2015：145.
② 方勇. 孟子：第 2 版［M］. 北京：中华书局，2015：261.
③ 杨伯峻. 论语译注［M］. 北京：中华书局，2017：277.

强调实用主义也带来了一系列教育问题，如"唯分数"和"学历至上"理念带来的是对礼德教育的相对缺位，使社会陷入一种浮躁不安的怪圈，社会道德滑坡问题也屡屡出现。这种异化趋势既有其合理的一面，又有其不合理的一面，强调实用实践是社会进步的必然，但其中出现的道德教育缺位却折射出了现代教育的问题。

第五节　礼仪礼治失范的本因

从分析礼法冲突以及"家国异构"问题入手，不难发现，家国情怀淡漠与礼法信念同弃引发了礼仪礼治失范趋向。

一、礼法冲突曲解

礼法冲突是指礼治和法治的冲突。在中国历史上，礼仪的教化功能与惩罚功能齐生共长。正如《荀子·天论》所言："礼者，表也。非礼，昏世也；昏世，大乱也。"① 礼仪是社会生活中"明伦分"的根本依据，是人们社会行为规范的标准和规矩。因此，礼仪具有深厚的文化意义和社会功能。在日常生活中，礼仪能够调节或控制人们的欲望；在庆典及仪式中，礼仪可以疏导或整顿人们的情感与意志。所以在荀子看来，礼仪能够顺天遵时，帮助人们守住天然的、规范的社会秩序，是社会存在和发展的必要法则，是治理国家必需的基本规范。所以他说："隆礼贵义者其国治，简礼贱义者其国乱。"② 这一主张深得传统官绅的认同。在中国漫漫历史长河中，礼仪文化长期发挥着类似宗教功能，既道法自然，又承接人与自然和谐相处的使命，唤醒人们的道德仁义伦理秩序观念，引导着人们的价值取向与行为逻辑。"法"在古代通常与"刑"是相通的，它的含义是惩罚、定罪和规范。古代的"法"与我们现代意义上的"法"是不一样的，中国古代社会强调的是"礼治"，"法"只是用来补充礼治的不足的，所谓儒家"尚礼轻刑"之说便是此理，孔子在晋赵鞅铸刑鼎这一事件上，也慨叹道："晋其亡乎，失其度矣。"③ 可见传统社会更强调礼治而非法治，礼治的地位是高于法治的。而现代社会是法治社会，

① 方勇，李波 . 荀子：第 2 版 [M]. 北京：中华书局，2015：275.
② 方勇，李波 . 荀子：第 2 版 [M]. 北京：中华书局，2015：231.
③ 黄星 . 道之以德，齐之以礼——孔子对春秋时期礼法之争的回应 [J]. 儒学评论，2018（1）：187-195.

强调法治，法治的地位高于礼治，也就是说法律对人的约束力高于道德规范的约束力，我国的社会规范运行主要是以法律为主，道德规范为辅。

现代社会强调法治的原因在于时代发展的需要和西方文化的影响。其一，时代发展的需要。现代社会，强调法律面前人人平等，每个人都是自由独立的存在，这为法律规范的运行提供了良好的社会土壤。再加上现代社会情况复杂，人员流动性大，传统大家族裂变为小型化家庭，封建礼治统治的基础遭到破坏，中国礼治社会统治的熟人社会与现代社会普遍存在的非熟人社会是不相适应的，而法律与此相得益彰，法律可以更好地规范社会秩序。其二，西方文化的影响。这主要基于近代西方列强的侵略，国人为了救亡图存，不断学习西方，从器物到制度，再到思想，西方的法律法理便传入中国，清末出现的"礼法之争"便是大变革当中的小波澜，而这一历史事件也标志着中国法治社会的源起。再加上近代列强的侵略，不断破坏着封建社会的礼治统治基础，传统礼治道德规约力不断削弱，因而法治社会走到了中国历史的台面上。

"礼治"和"法治"的冲突，自古有之，《论语·为政》谈道："道之以政，齐之以刑，民免而无耻。道之以德，齐之以礼，有耻且格。"[1] 意思是用政令治理百姓，用刑法管制百姓，老百姓只会想方设法不触碰制度法律的红线，以求免于惩罚，不会生出廉耻之心；用道德引导百姓，用礼制同化百姓，百姓不仅能生出羞耻之心，还会有归服之意。可见在礼法关系中，孔子提倡"尚礼轻刑"有一定现实意义，当然这与春秋战国时期礼崩乐坏的社会环境有关。商鞅主张"法者，国之权衡"，认为法律是治理国家很好的度量尺，强调法治重于礼治、法治的效果比礼治好。儒家学派的代表人物之一荀子，其关于礼治和法治的观点与前人不同，他主张"隆礼重法"，强调国家治理要礼法并用，方能达到圣人仁政之境界。汉朝儒学集大成者董仲舒则提倡"德主刑辅"，他强调礼治为主，法治为辅。清朝时期的"礼法之争"是即将谢幕的清王朝的求生本能，慈禧太后发布变法上喻，企图将传统礼法与西方法理结合起来，创造出一个符合清王朝统治的新秩序，虽然"礼法之争"最后以清王朝的谢幕而完结，但也开启了现代法治社会的新纪元。[2]

"礼治"和"法治"冲突的根源在于社会秩序规范需要明确，不能含糊

---

① 杨伯峻. 论语译注 [M]. 北京：中华书局，2017：15.
② 陈娟. 礼法之争与礼法两派不同选择原因的实证分析 [D]. 郑州：河南大学，2008：7-55.

不清。无论是礼治还是法治其目的都是为了维系社会和谐稳定。① 但社会规范是有侧重点的，用礼义道德规范还是用法律法规规范是不同的，当然这与社会经济发展水平和社会需求有关，古代社会以农立国，教育方面强调情感道德教育，属于非制度性的人治，其社会的主流思想是儒家思想，儒家思想的"礼治"符合封建社会的统治需求，因而传统社会往往以礼治为主。而现代社会，工业渐渐成为支柱产业，经济高速发展，生产力水平不断提高，人民群众更加强调民主和法制，"法律"被视为极为有效的社会行为规范，"礼治"被淡化。事实上，社会的复杂性以及人们需求的多元化引导的矛盾，"法"是无法完全化解的，因为法主要是禁止"违法"行为的，在无罪推定法则之下，没有触碰到法律红线而有违道德的事情，便会成为社会治理的盲区；同时，法律边界的强调，也使一些人过度追求个人隐私，闹市中的孤独者越来越多，浅层交往往往引发沟通障碍，困惑滞留于心难以纾解，容易引发心理健康问题。

二、"家国异构"误读

家国异构是西方社会政治架构的一种概述，与我国"家国同构"的社会政治体系是不一样的，在我国政治体制当中，国是家的扩大化，家是组成国的最小单元，也是封建社会统治的基石，家国同构是建立在血缘宗法制度上的，人与人之间通过血缘宗族和亲缘紧密联系在一块，形成了一个又一个的大家族②，传统中国封建社会统治企图以小家的治理扩大到国家的和谐稳定，其中起作用的便是"礼治"。在西方文化理念当中，"家"与"国"是不同的，国家是一种政治体制，是属于公共领域的事物，而家是属于私人空间的。最早希腊的城邦制政治体制在一定程度上体现了"家国同构"，但随着希腊城邦制的解体，家国异构成为西方社会的主要形式。③ 人文主义运动后，进一步扩大了"家国异构"在西方文化当中的影响，其主要来源于人性的解放，强调人与自然的自由平等和民主，这在客观上形成了"法治"社会的基础，西方文明以古罗马的成文法典为基础发展成了"法治"文明，所以说，家国异构是"法治"的体现。家国异构将家与国区分，注意到了公共空间的秩序和个人权利的保障，更符合所谓"现代化"思维，即以保护个人利益扩张到国

① 胡昕蕾. 礼法之争的思考 [J]. 法制与经济（下半月），2008（3）：129-130.
② 周靖. "家国同构"与"家国异构"——中西传统家国关系对法的影响的比较 [J]. 法制与经济（下旬），2012（1）：125-126.
③ 徐雪野. "家国异构"与"家国同构"——中西家国观的追溯与重构 [J]. 理论月刊，2020（5）：146-152.

家层面，家国异构是强调个人私利保护的，西方人缺少大一统及天下观的生活体验，天然不信任"礼治"规范，更青睐于"法律"规范，用社会契约的方式构建国家的政治体系。因而强调法治而非人治，与商业贸易一样更具有工具理性。西方文明正是以这样的方式建立起了现代化规则，他们的西方文明现代化理念也伴随着1840年鸦片战争的一声炮响而渐次传入中国。中国在救亡图存的道路上，尝试学习西方的各方面，将西方的思想文化引入中国。但西方的思想文化并不都是优秀且适应中国国情的，其中存在一些不良思想文化，如功利主义、拜金享乐主义、金钱至上理念等。所谓"家国异构"问题，主要体现在中西方文化冲突上，其中既有礼法冲突问题，也有中西方价值观冲突等。家国异构过于强调个人主义，将国家、社会、家庭和个人分离开来，用社会契约的方式相连，使人们在礼义道德方面失去方向感，使现代人生活追功逐利，对生活没有沉淀感。家国异构膨胀了个体的小我，但削弱了人性道德之间的情感纽带，与我国恋家爱国、安土重迁的血脉相连的深沉感是相冲突的。因而造成现代社会浮躁不安，致使传统规约弱化，社会出现颇多道德滑坡事件。如表3-4所示，受访对象选择遇到"没有利益的事，大家都尽可能避开"，最低概率也有31%，最高概率则有45%。值得关注的是，传统乡村社会（自然村落）的概率最大。因为这类区域外出务工的人通常最多，在陌生的社会环境中，务工者有近半数的人选择明哲保身。

表3-4　家国情怀淡化与担当弱化的表现（多选）

X \ Y	大中城市	新兴城镇	城中村	城乡接合部	传统乡村社会（自然村）	中心行政村
①没有利益的事，人家都尽可能避开（%）	33.00	35.03	39.92	44.01	45.00	33.04
②自己的问题自己解决，找人帮忙是下策（%）	39.37	21.72	8.60	10.41	17.19	11.71
③管好自己就行，保家卫国是军人的事（%）	45.45	23.86	12.84	11.36	14.77	11.70
④文化建设嘴上上重要，实际行动中不重要（%）	42.79	22.52	14.03	10.91	16.67	11.05

家国情怀以"家国同构"为思想渊源，熔铸着中华民族的价值理念，深刻影响着社会成员价值观的建构。家国情怀是个人对家庭、社会、国家等产生的一种眷恋和认同的情感，它包括"个人、家庭、国家和世界"四个维度的价值理念和情怀。个人价值理念的形成发展与植根于民族情感和历史文化的家国情怀息息相关，家国情怀对人的培育作用，古已有之。春秋时期的孔子十分推崇礼德，提出"不学礼，无以立"的重要论断。宋代程颐"孝弟于其家，而后仁爱及于物"便是倡导人应有孝悌仁爱之心。近代梁启超主张"男儿志今天下事，救亡图存尔"，其所言实乃心系天下存亡。

在西方国家，家国情怀的研究主要体现在德育方面，许多思想家、教育家从多个层面探讨德育与人格发展的方方面面。柏拉图（Plato）认为"节制、勇敢、智慧和正义"是人格所需的四方面①，杜威则提出"三位一体"的道德教育模式，强调互动和谐的道德教育，强调知行合一，反对灌输，注重经验教育等。② 除此之外，不少西方学者从本质和意义出发，提出德育的价值主导论、人学目的论和灌输论等理论。

上述观点对于探讨新时代学生家国情怀培育有一定的借鉴和启示作用。但也存在一定的局限性：西方国家较为关注的是德育问题，家国情怀是中国特有的文化概念，德育一词无法囊括它的丰富意蕴；同时，家国情怀的具体内涵，因时而异，在不同的历史时期有较大的不同。比如，岳飞精忠报国，所言的"国"是宋王朝，与今日所说主权国家，无论是边界还是主权要素，都是不同的。换言之，古代家国情怀所追求的价值理念与当下所求存在一些出入。而习近平关于社会主义核心价值观的倡导便密切联系了家国建设和时代发展需要，从传统文化中汲取中华民族的思想精华和道德精髓，把家国情怀所涵盖的深层次文化心理密码，熔铸成一种对国家和人民深情大爱的认同感、归属感和责任感，传达出一种积极向上的社会思想意识。③

家国情怀具有爱国传统、爱国情怀和爱国梦想这三大植根于中华民族优秀传统文化的文化价值含义。

第一，在爱国传统方面。家国情怀源于西周"家国一体"的血缘宗法制，源远流长的民族文化厚植着家国情怀，其在"家国一体"理念的延伸下，将个人修身与家庭和睦和国家稳定紧密相连，以史为卷，以人执笔，续写着情

---

① 柏拉图.理想国［M］.郭斌和，张竹明，译.北京：商务印书馆，1986：230-274.
② 杜威.道德教育原理［M］.王承绪，译.杭州：浙江教育出版社，2003：25-26.
③ 傅琼，熊平安.新时代大学生家国情怀探略［J］.北京青年研究，2021，30（2）：88-94.

怀深厚的爱国传统。古有诸葛亮"鞠躬尽瘁，死而后已"之爱国奉献精神，有岳飞"精忠报国"之卫国担当意识，更有顾炎武"天下兴亡，匹夫有责"之爱国责任意识。近代中国，列强侵略，家国受难，为救亡图存，先有李鸿章掀起科技救国的"洋务运动"，再有康有为、梁启超发起制度图存的"维新变法"，后有孙中山发动暴力革命的"辛亥革命"。毛泽东挺起了中国人民的"脊梁骨"，邓小平实现了中国人民的"小康梦"，进入新时代，强起来成为家国情怀的新时代内涵，成为个人报效祖国的时代使命。

第二，在爱国情怀方面。党的十九大明确提出："社会主义核心价值观是当代中国精神的集中体现，凝结着全体人民共同的价值追求。"①习近平总书记指出，"富强、民主、文明、和谐"是国家层面的价值准则；"自由、平等、公正、法治"是社会层面的价值准则；"爱国、敬业、诚信、友善"是公民个人层面的价值准则。而家国情怀则表现为"修身、齐家、治国、平天下"等四个层面的价值追求。其中，"修身"意指君子注重自我道德修养，以达到与人为善、义以为质、言而有信等正心诚意的"内圣"境界；"齐家"意指君子注重家庭和睦、以仁爱孝悌之心，力争达到"老吾老以及人之老，幼吾幼以及人之幼"的仁爱境界；"治国"意指君子勇于担当，以国家社稷为己任，坚守"天下兴亡，匹夫有责"的社会责任感，以达到国安民泰和律法通明的治国目标；"平天下"也叫"天下平"，意指天下"公平、公正、和谐"，追求"民为邦本"和"天下大同"崇高价值理念。习近平总书记指出：中华优秀传统文化所蕴含的"思想和理念，不论过去还是现在，都有其鲜明的民族特色，都有其永不褪色的时代价值"②。中华优秀传统文化孕育而出的家国情怀，其价值理念与社会主义核心价值观存在着不可或缺的契合点，以爱国情怀为核心，根植着连绵五千年历史的价值准则，体现着新时代中国人民的共同价值追求，熔铸着风雨兼程的红色革命文化，凝结着中国人民内在的爱国理念。③

第三，在爱国梦想方面。文化强盛是实现中华民族伟大复兴中国梦的重要支撑。厚植数千年历史文化涵养的家国情怀，蕴含着强烈的爱国理念内涵和爱国践行方式，是中华儿女践行爱国梦想的重要支撑。其一，家国情怀涵

---

① 习近平. 决胜全面建成小康社会，夺取新时代中国特色社会主义伟大胜利：在中国共产党第十九次全国代表大会上的报告 [M]. 北京：人民出版社，2017：42.

② 习近平. 习近平谈治国理政 [M]. 北京：外文出版社，2014：170-171.

③ 傅琼，熊平安. 新时代大学生家国情怀探略 [J]. 北京青年研究，2021，30（2）：88-94.

养着丰富的爱国理念内涵。古有文天祥"人生自古谁无死，留取丹心照汗青"宁死不屈的英雄事迹，今有焦裕禄"人民公仆，为人民服务"无私奉献的英雄丰碑。古往今来，家国情怀以丰富的爱国理念内涵，激发了无数中华儿女的情感共鸣，增强了人们对民族文化的认同感和归属感，以内在的价值理念和情怀助推中国梦腾飞。其二，家国情怀囊括了多种爱国实践方式。古有勾践的卧薪尝胆和岳飞的刺字明义以报家国，今有中国共产党以中国化的马克思主义救国、建国、富国、强国。中华儿女理当铭记历史，延续文脉，以民族文化为源泉，传承红色革命文化，厚植家国情怀，筑爱国传统，明爱国情怀，圆爱国强国之梦。因为，植根于中华民族传统文化的家国情怀蕴含着恋家爱国的深沉情怀，并与社会主义核心价值观相连，两者同根同源，都展示着中华儿女所独有的中华文明价值观。

然而在现代化进程中，西方社会思潮的冲击，使中华儿女的家国情怀出现淡漠的情况，其主要表现在以下四方面：

第一，爱国主义意识有待提升。爱国主义是传统文化的精髓，是中华民族精神的核心，是个人对国家以及民族和文化归属感、认同感、尊严感与荣誉感的统一。① 在我国传统文化中蕴含着丰富的爱国主义精神，涌现了一批又一批的爱国仁人志士，构建了多维爱国主义教育路径，形成了主流意识形态的社会主义核心价值观，但受复杂的世界环境、多元化社会思潮和不良社会文化的影响②，部分人的爱国觉悟和爱国行为有待提升，其主要表现在两方面。其一，在多元社会思潮的影响下，部分国人倾向于西方价值理念，对五千年的历史文化缺乏深刻的体会，对近代中国抵御外侵的艰苦奋斗历程和精神也难以引发情感共鸣。其二，不良的社会价值思想和文化阻碍了部分国人对爱家、爱党、爱社会主义和爱国之间内在关系的厘清，因而容易形成激进狭隘的爱国主义意识，如盲目抵制日货、游行示威、静坐等。

第二，孝善感恩意识有待增强。《孝经》指出："夫孝，德之本也，教之所由生也。"③ 清代《围炉夜话》谈道："百善孝为先""常存仁孝心"④。孝善感恩文化是中华民族传统文化的重要组成部分，在家庭关系中起着中枢纽

① 刘颖. 微文化视域下大学生爱国主义教育有效性研究［D］. 长春：东北师范大学，2019.
② 傅琼，熊平安. 新时代大学生家国情怀探略［J］. 北京青年研究，2021，30（2）：88-94.
③ 孔子. 孝经［M］. 北京：北京联合出版社，2015：5.
④ 王永彬. 围炉夜话［M］. 北京：北京联合出版社，2015：153

带的作用,是遵循孝悌友爱、怀抱真善感恩的生动写实。在传统文化中蕴含着丰富的孝善感恩文化,"培育和弘扬社会主义核心价值观必须立足中华优秀传统文化"①,其既涵盖了传统的孝善感恩,又提出了新时代的孝善感恩价值要求和理念。部分人在家庭道德教育失衡、西方个人功利主义和拜金主义的影响下,其孝善感恩意识存在一些问题。例如,我国家庭道德教育的相对失衡,使得部分人孝善感恩观念淡薄,盲目追求物质利益享受和攀比,罔顾父母的辛勤劳作,视父母的付出为理所当然,与父母的情感沟通掺杂着利益得失。

第三,责任担当意识有待提高。古有司马迁"究天人之际,通古今之变"的历史担当和顾炎武"天下兴亡,匹夫有责"的爱国精神;今有中国共产党为人民谋幸福为民族谋复兴的初心使命以及全体中华儿女勠力同心实现中华民族伟大复兴的时代责任。但在责任面前,仍存在一部分人因价值观念多元化环境的干扰,迷失自我,信念摇摆,其责任担当意识出现了问题。其一,理想信念相对淡薄。身体缺钙会导致骨质疏松和营养不良,精神缺钙则会导致精神颓废和"软骨病"。理想信念好比钙片,当代社会,部分人片面追求物质利益享受和个人自由,以自我为中心的功利性取向明显,攀比享乐,理想信念相对淡薄,将国家和民族的未来置之不顾。其二,大局意识相对模糊。大局意识要求个人将自身学习、工作和生活融入大局视野当中,以大局为重,正确处理个人与集体、局部和整体的关系。部分国人盲目贪图享受,只着眼于眼前利益,忽视长远未来,只看重个人利益,漠视集体利益,以自我为中心,缺乏集体荣誉感②,把实现中华民族伟大复兴中国梦的初心和使命置之脑后,责任担当意识相对淡薄。

第四,人类命运共同体意识有待完善。党的十八大报告首次提出"倡导人类命运共同体意识"的重要论述。③ 世界是一个整体,构建人类命运共同体是"全球观"的一个重要表现,其涵盖了经济、政治、文化和生态等方面的文明建设共识。倡导人类命运共同体意识不是无根之水、无本之木,源于家国情怀的"天下一体"和"平天下"理念,源于中华民族传统文化的"天

---

① 习近平. 在中共中央政治局第十三次集体学习时的讲话 [N]. 人民日报,2014-02-26(1).

② 傅琼,熊平安. 新时代大学生家国情怀探略 [J]. 北京青年研究,2021,30(2):88-94.

③ 胡锦涛. 坚定不移沿着中国特色社会主义道路前进,为全面建成小康社会而奋斗:在中国共产党第十八次全国代表大会上的报告 [M]. 人民出版社,2012.

人合一"和"和而不同"的文化理念。全球化视野下的现代社会，多数人都能清晰地认识到物理距离的拉近使世界仿若形成一个"地球村"，在共同体意识下，多数国人能做到爱家爱国，维护祖国的独立自主和社会的和谐稳定。但仍然存在部分人对人类命运共同体意识重视不够、认识不深、践行不足等问题。

家国情怀淡漠的主要原因是传统文化道德教育的缺失、西方文化价值的影响以及个人观念的变化。其一，传统文化道德教育的缺失。家国情怀源于中华民族传统文化，蕴含着中华民族朴素价值观，其深深地植根于中国传统文化当中，熔铸于中华民族传统道德理念当中，近代以来，人们对中华民族传统文化的认同感和归属感相对较弱，因而内心深处缺乏国人固有的家国情怀理念。其二，西方文化价值的影响。近代中国社会传统文化道德教育式微，西学大量传入中国，至今影响着国人的思想文化观念。改革开放以来，经济社会快速发展，给中国带来了丰厚的物质财富的同时，也给我国带来了大量西方文化，造成部分国人家国情怀淡漠。其三，个人观念的变化。随着物质生活水平的不断提高，个体对精神生活水平也提出了新的需求。而我国文化建设相对经济建设来说是相对滞后的，传统规约弱化，西方不良思想的冲击影响，再加上社会风气的浮躁不安，部分国人过于看重金钱物质，追名逐利，形成个人功利主义观念，这与我国家国情怀的内核是相违背的。总的来说，家国情怀淡漠的原因在于传统文化传承的式微、西方不良文化的影响以及个人观念的异化。当然家国情怀淡漠与社会传播土壤和各级学校教育的重视程度也有较大关系。

礼法信念同弃是指个人将礼治和法治社会规范的信念一同丢弃，是典型的个人功利主义，视社会法制约束和道德规范为无物，极易引发社会道德问题，走向犯罪的深渊。礼法之争延续千年，这里面固有传统儒家"礼治"和法家"法治"的理念冲突，也有中国家国同构的"礼治"和西方文明家国异构的"法治"冲突，更有深藏人内心的礼法冲突。礼法冲突从本质上说既是中国传统学派所衍生的理念冲突，也是中西方文化的冲突，更涉及人内心道德抉择的理念冲突。但无论礼治还是法治都是维系社会和谐稳定的一种手段，礼治更多强调依靠礼仪道德规范，而法治更多强调用法律法理来约束人们的行为。现代化社会，交通通信十分方便，人们活动形式和范围不断扩大，社会情况越来越复杂，人不再与家族紧密联系，因而导致传统规约弱化，法治走上历史舞台，但我国法治建设相对西方社会来说，起步较晚，法律法规还不是很完善，在传统规约弱化的今天，新的社会规范体系尚未完善，导致部分人礼法观念不强。

　　综上所述，礼仪礼治代表的是道德规约，是传统社会维系人们人际交往和社会活动的社会规范，其主要以儒家思想为内核，强调礼仪道德的重要性。传统社会是通过宗族血缘将人与人联系在一起的，道德规范能适应当时的社会发展需要，而近代社会传统规约的弱化、西方法治思想的引入，加之社会情况的多元复杂性，原有的传统道德规范体系已不适应于现代社会，因而现代社会主要以法治为主，道德为辅，礼仪礼治失范后，其趋向是以法治为主，道德规范为辅，保留其核心重要元素，与社会发展需求相适应，与时俱进，礼仪礼治作为一种传统文化思想进行传承和弘扬，与家国情怀是一体同源的。现代社会，礼仪礼治虽然式微，但其代表着中华民族最朴素的价值观念，深深地熔铸在每一位中华儿女的血肉灵魂中，现代社会虽受西方文化思想影响，但西方文化理念与我国固有的文化基因本质上是不同的，礼仪礼治一时的式微并不代表未来，道德作为法律的最高模范，其本身的社会影响力日益增大，加之法治也不是万能的，礼仪道德的存在必有其合理因素。中国素有"礼仪之邦"的美称，礼仪礼治作为本土根源的社会道德规范，彰显着中国人独有的特质和风貌。总而言之，家国同构是最符合中国国情的社会规范，其背后是源远流长的五千年中华文化，虽一时式微，但前途是光明的。实现中华民族伟大复兴中国梦需要一个稳定和谐的社会环境，法治规范的只是道德的最低底线，只有道德规范为大多数人所认同和遵循，才能使社会风气优质化，才能实现大同和谐社会，道之以德，齐之以礼，方能唤醒人们内心深处对传统民族文化的认同感和归属感，以助力实现中华民族伟大复兴中国梦的实现。

第四章

借鉴与独创：礼仪文化建设的中外比较

礼仪的最大特色在其实践性。而实践的方式与效果，与社会情境密切相关。在中国，"礼有大有小，有显有微。大者不可损，小者不可益，显者不可揜，微者不可大也"① 成为人民群众不同生活场域的基本规范。但无论如何变化，"礼也者，反本修古，不忘其初者也"② 成为中国国家形象的基石。当西方以其工业成果深描自身的文明进程，并以感怀的方式不断发明自身传统之时，不忘用"礼仪/传统"与"理性/现代"的二元结构区分西方与非西方。③ 这便引发众多西方学者用礼仪的社会学分析研究方法，剖析礼仪与民众身份、礼仪与社会权力关系等问题的强烈兴趣，试图构建西方文明的高大形象。④ 然而，依托马克思主义唯物史观，运用历史分析法来比较，我们发现中西方的礼仪文化建设与发展各有特色、无高下之分。

第一节　中西礼仪文化的差异

礼仪于个人的生活而言，无所不在。无论是在日常生活还是专门性活动中，时时处处都有礼仪。根据文献查阅以及中西方行为取向的比较，笔者认为，可以从文化基因理路、文化认同特质、行动逻辑选择等角度揭示中外礼仪文化的生成差异、动力差异和归宿差异。

一、文化基因理路相异

"思想一旦掌握群众，就会变成物质力量。"⑤ 文化亦如此，不同的文化

---

① 胡平生，张萌. 礼记：上 [M]. 北京：中华书局，2017：457.

② 胡平生，张萌. 礼记：上 [M]. 北京：中华书局，2017：462.

③ 何伟亚. 怀柔远人：马嘎尔尼使华的中英礼仪冲突 [M]. 邓常春，译. 北京：社会科学文献出版社，2015：4-5.

④ 基佐. 欧洲文明史 [M]. 程洪逵，译. 北京：商务印书馆，2005：1-244.

⑤ 中共中央马克思、恩格斯、列宁、斯大林著作编译局. 马克思恩格斯选集：第 1 卷 [M]. 北京：人民出版社，1995：9.

基因往往能够集中体现在一个国家所特有的民族性上。它内含文化基因，在民族国家的历史沉淀中形成共识性的文化信念、价值链接和行为习惯。因而，民族特性的不同，实乃民族国家文化基因异质之产物。

（一）中国：儒家文化，铸"礼"之魂

中国乃"礼仪"之邦。儒家文化既是中国传统文化的自我表达，也是中华民族的集体认知，还是东亚文明奇花异果中的精品。它来自中华民族，又超越中国国界，成为全人类可共享的文明成果。它虽未如基督教、伊斯兰教、佛教一般成为西方世界普遍认可的精神传统，但儒家思想的兼收并蓄精髓，早已具有全球性的普世意义。因而，儒学文化在中华民族的精神场域是被默认的"心灵积习"①。散落于世界各处的华人群体虽犹如一个离散集群，但因儒家文化而相通相融，谨守中华之礼，沿袭儒家传统。故而，欲铸就文化中国，重筑文化自信，从多元、多样文明对话角度来看，儒家文化乃是极其重要的文脉资源，儒家倡导的"仁义礼智信"思想延绵几千年，在现世仍然散发出独特魅力和智慧光芒。

礼，虽先于儒家文化，但在儒学大家的改造中成为其内核。它所蕴涵的规约之礼、谦让之礼、和合之礼等丰富的伦理内容，在净化人们精神信念、约束思想行为、铸就理想信念、润滑社会人情、维护社会稳定等各方面都起着催化剂、固定剂的作用。在中华民族五千年文明史中，儒家礼仪文化曾被视为一种具有统摄力的制度，"礼，经国家，定社稷，序民人，利后嗣者也"②，后渐渐下移，与人们日常社会生活结合，成为规约人们日常交往的惯习，也成为中华民族之"魂魄"。它并非天然固有，而是以教化而成，清代学者凌廷堪曾言："上古圣王所以治民者，后世圣贤之所以教民者，一礼字而已。"同时，被提炼出来的"礼"，也非统治阶级所臆造，它广泛汲取人们日常风俗习惯的有益因子，使"礼从俗"。儒家更是"因俗制礼"，采民间风俗而用，顺民众意愿习性而制，进而衍生出一系列的礼仪礼节。所以，中国之礼，被视为中华文化的总名。周公制礼作乐，礼制导物，"礼仪三百，威仪三千"③；孔子拯救礼崩乐坏之困局，强调克己复礼为仁，力促以人释礼；荀子援礼立法，"至道大行：隆礼至法则国有常，尚贤使能则民知方"④，以礼本法末的

① 杜维明．文明对话中的儒家 [M]．北京：北京大学出版社，2016：8-10．
② 阮元．十三经注疏 [M]．北京：中华书局，1980：1736．
③ 胡平生，张萌．礼记：下 [M]．北京：中华书局，2017：1032．
④ 方勇，李波．荀子：第2版 [M]．北京：中华书局，2015：199．

终极关怀将儒家思想集大成。尔后历朝历代循用"以礼治国，以礼治人"传统，虽代有损益，但不改其质。汉朝以降的封建王朝将儒家倡导之礼作为等级统治秩序的"威杖"；延及宋朝，竟将其定为明分三纲五常的人伦条束，礼在家国秩序构建方面，犹如严密网络，铺陈开来。部分礼义在一定意义上被固化，部分仪节在一定程度上趋于繁文缛节，成为民族国家进步的束缚。帝国主义的强势入侵，西方科学技术和理性思潮的强行闯入，使仿若静止的民族精神和陷于危亡的民族国家渐趋觉醒，急于应对千年变局的仁人志士们，将目光锁定在西学之上，认为"欲求超胜，务必会通"，学习西方从涓涓细流终汇成汹涌定川。在新文化运动中封建礼教受到重创，被冠以"吃人"的名号。这种文化的不自信演绎为对中国传统礼仪文化的全盘否定，连传统礼仪文化中彰显中华民族特性的民族精神也遭到质疑，中华之礼横遭排斥，给国家带来了挫折。所谓"天不灭斯文"，融于中华气节血脉的礼仪文化在现代批判中必须也必然转型与重塑。如梁启超先生所言："以复古求解放。"复的不是礼教，而是精选儒家"仁义礼智信"等可以跨越时空的优秀传统文化精髓，重建民族文化气质；涤荡掉传统礼仪中不合时代需求的部分，以经世致用的务实革新精神，在马克思主义中国化时代化的大潮中，实现中华传统礼仪的创新性发展，以礼铸魂，是中国的理性选择。

（二）西方：自然人文，凝"法"之魄

源自爱琴文明和希腊文明的西方，既是一个地理概念，更是一个文化概念。早在古希腊时期，就奠定了注重自由和现世欢愉的西方文化特质。依托贸易往来满足生存和发展需要的商业模式，使征服海洋成为商品交易的必须，使西方科学、哲学、文化艺术有了征服和超越自然的神采。与中国古代神话中"骏马""雨狮""雷神""风伯"所代表的诸神不同，古希腊神话主要由自然力诸神的"前奥林匹斯神系"转化为具有操纵自然力量神力的"奥林匹斯神系"。它们都是具有人文色彩和社会因素的神，都显示出征服自然的超人神形。至古罗马文化的标志——罗马法诞生，其中包含的政治法律、组织权力思想，也表达了一定程度的平等、民主、法治，这既揭示出西方法治秩序构建的自然法前提，也暗示了西方礼仪重"义"轻"形"的自然至上源头。中世纪西方种族林立，引导人们从现世苦难中摆脱出来的基督教成为欧洲最大的封建宗主，它用宗教仪式和教义规约着西方民众的行为，用宗教音乐慰藉西方民众的心灵，孕育出西方的虔信与怀疑。而"教会吸收了国家既不能释放、也无法利用的活力，为这些活力打通了新的宣泄口"①。先进知识分子以追问上帝之名，在科学的道路上越走越远。

至14、15世纪，西方资本主义生产关系已经稳步发展，反抗教会仪式化生活的群体增多，不同民族在相互征战中酝酿出各自的民族主义精神。源起于意大利北部的、充满当地民众"生活气息"②的文艺复兴，迅速扩及至欧洲其他民族国家。那些投身于文艺复兴运动的思想家们被称为人文主义者，他们挑战教会为宗教信仰的中介地位，提出"因信称义"，将宗教仪式视为拘绊。反对经院哲学，对世俗教育推崇备至，强调人自我的价值和其存在的意义，反对宗教神学的禁欲主义，呼唤人的本性与自由，"人文主义"就此诞生。文艺复兴后，自由理念植根于西方文化之中，理性，自由，宣扬人性并追求享乐主义。受无神论、唯物论影响至深的启蒙运动时期，理性的思想被推向高潮，资产阶级思想家们提出了"永恒的正义"。

可见，在古希腊文明时期，作为西方文化之源，最底层自由民与奴隶主之间的反抗剥削以及奴隶主内部不同阶层、集团间的利益冲突在深处为反压迫、抗争自由与公正的理性思想埋下了基因。早期资产阶级是以反对封建主义的蒙昧和推崇理性的姿态走上历史舞台的，他们认为人是理性动物，主张人性和意志自由。在西方文化中资产阶级民主、平等、法治的思想伴随着工业革命和科学技术的发展而不断推进。"在文化上，它的特征是自我实现，即把个人从传统束缚和归属纽带（家庭或血统）中解脱出来，以便他按照主观意愿'造就'自我。在品格构造上，它确立了自我控制和延期报偿原则，培养出为追求既定目的所需的严肃意向行为方式。"③古希腊法律的宗法原则——公平的神之意志的理性也在罗马法中再现，法律规定了公正与真诚的准绳，这些乃西方文明民主、公平、法治的起源，而科学的起源发祥于地中海沿岸的"海洋型"文化中。

二、文化认同特质分殊

文化基因构筑文化导向，以历史长河溯源。纵观东西视野，东西方传统文化价值架构与文化认同差异源于原生性文脉不同、经济根基不同、思维模式与伦理取向不同。

---

① 阿诺德·汤因比. 历史研究：下 [M]. 郭小凌，译. 上海：上海人民出版社，2010：669.
② 阿诺德·汤因比. 历史研究：上 [M]. 郭小凌，译. 上海：上海人民出版社，2010：4.
③ 丹尼尔·贝尔. 资本主义文化矛盾 [M]. 赵一凡，蒲隆，任晓晋，译. 北京：生活·读书·新知三联书店，1989：25.

（一）中国：克己复礼的折衷礼态

中国传统文化产生与发展的经济基础是包含家户农业和家庭手工业在内的男耕女织型小农经济。这种以一家一户为单位的经营形态有着深厚的稳定性、固着性和封闭性。在日复一日、面朝黄土背朝天的、日出而作日落而息的农业劳作中，塑造出国人畏天敬天，追求天人合一、顺应自然的生产生活模式，也孕育出国人内省自修的文化底蕴。故"正心、专意、内修、养性"等一系列伦理道德观念以及经世致用之学深植于中华民族的价值判断与价值认同之中。中国人的文化轨迹指向注重个体内在的礼性修养。推己及人，方外化于治国平天下的民族治理格局之中。

按思辨哲学视域，人类的思维方式主要有两种，即逻辑思维和直觉思维。中国传统文化偏向于直觉思维，纵观古代先哲们提出的"诚明之知""湛然之知""藏识"等思想，都在不同程度上强调直觉观念，即以内在经验感觉为主。佛教本土化的代表——禅宗也以"顿悟成佛"为精髓，强调"直指人心，见性成佛"，没有悟，就没有禅。所谓"悟"，便是以道德礼仪教化与自然万物合一的自省自知，在主体经过内在整合的沉思过程之后受某种偶然因素的触发，而瞬间开悟，完成思想的质变与飞跃。"淡泊以明志""克己复礼"至宋明时期的"三纲五常""以理修身"，都讲求对内在的约束与克制，"己所不欲勿施于人"①。

中国民众这种直觉型的思维方式以重和谐、重整体、重平均为特点。其一，重和谐。"以礼为先"的儒家礼学思想在汉朝之后成了中国传统社会的正统思想，其所强调的和谐对称仪礼观也渗透进了社会的方方面面，作为典型的伦理型思想文化，形成根深蒂固的"礼治天下，规范人伦"。儒家倡导的"和"适应了宗法统治的需要，以"忠恕"之道主张民胞物与。其二，重整体。信奉"阴阳五行化生万物"的自然有机整体、人与万物可浑于一道的"天人合一"的双向同构体系。孟子主张"万物皆备于我"②；庄周首倡与天地并生，与万物为一③；董仲舒强化了天人合一、知行合一的"大一统"追求理念。这种整体本位观致使中国传统文化强调家国利益、集体为先，在大我之局中舍弃小我之存在，以"礼"之内涵贯统社会秩序、规范人伦纲常。其三，重平均。讲求理性，必然外化为中庸之态。中华文化自古崇尚平均，

---

①　杨伯峻.论语译注［M］.北京：中华书局，2017：175.

②　方勇.孟子：第2版［M］.北京：中华书局，2015：258.

③　方勇.庄子［M］.北京：中华书局，2015：26.

先秦各家虽百家争鸣，但普遍存有要求百姓知足、安贫的价值理念，在小农经济构建下，只有平均才为农民所容易接受，经济求均至思想求均，与以和为贵一脉相承的折衷立世原则也始终贯穿文化长河。既然追求的是万物为一的主流格局，必然是以牺牲小我为先的中庸之势，实现"和"的境界必须坚持"中"的原则，《论语·雍也》曰："中庸之为德也，其至矣乎。"① 朱熹也曾曰："不偏之谓中，不倚之谓庸；中者天下之正道，庸者天下之定理也。"②只有中立调和之态，方立不败之地，达到人与人之间和谐、正统等级分明的礼治伦理社会秩序。而礼教孕育的中华民族文化，庸而不温，和而不同，中庸与主流价值认同等向并不是毫无原则、模棱两可的，而是温文尔雅、谦逊礼仪的文化气节。从《周礼》《礼记》《仪礼》至儒家思想中的礼义与礼仪，再至现代社会主义和谐社会与礼仪文化，中国人的重礼重善的价值取向可谓是今古赓续、一脉相承的。

（二）西方：斗争自由的理性导向

西方文化起源于欧亚大陆西南部，由于其农业方面的自然条件欠佳，欧亚文明便诞生于商业与海洋。古希腊罗马拥有繁荣的商品经济与海洋贸易，在商品往来互通之中形成了开放、外向、扩张的文化特色。西方文化自初始就有向外扩寻的态势，而在探索外部世界扩展经济的过程中精于计算，因而西方较早产生了长于思辨的民主智识以及出于理性的自然科学。自由、民主、平等、科学的诉求渐渐深植于西方文脉之中，表征为仪式性的礼在西方文化中鲜见于竞争性商业活动之中，仅在强调权威的王室活动以及司法实践中出于象征的需要，有所发展。

与东方传统"以静制动"的折衷理念相异，西方文化提倡"一切皆流，万物皆变"的进化性思维，主张运动和变化是永恒的，因而在对外探索中诞生出诸如，奥林匹克运动会、哥伦布（Christopher Columbus）麦哲伦（Ferdinand Magellan）开辟新航路、哥白尼（Nikolaj Kopernik）观测计算提出"日心说"等事件，将西方文化的运动价值导向一步步推至更高阶段。同时，与中华文化所体现的直觉逻辑思维不同，西方文化凸显出理性逻辑。爱因斯坦（Albert Einstein）曾说：西方科学的成就应归功于两大要素，即亚里士多德（Aristotle）创立的形式逻辑和近代兴起的科学实验活动。培根（Francis Bacon）创立了科学归纳法，这种科学化研究模式使得西方文化带有精确性、

---

① 杨伯峻. 论语译注［M］. 北京：中华书局，2017：92.
② 朱熹. 四书集注［M］. 南京：凤凰出版社，2008：17.

唯一性，因而才推动了科学技术的发展。

追求理性的价值导向，造就了西方文化理念的重斗争、重个人、重理性特征。其一，重斗争。西方的永恒运动文化是以斗争为本位的，其处世之学就表现为斗争外扩的趋势，赫拉克利特（Heraclitus）曾说："战争是普遍的，正义就是斗争，都是通过斗争和战争的必然性而产生的。"① 西方崇奉"一切皆流""无物常住"的运动观。其二，重个人。西方的逻辑思维模式偏重于关注个体，分析型观念将对象分解为各个部分加以深入研究，于其文化价值中产生了个体主义、平等主义的哲理。这种理念趋向将个体、个人作为社会的逻辑元点和价值元点，进而才衍生为人权、民主、法治。其三，重理性。逻辑性思维的缜密特性驱使其公正理性的价值选择。西方的宗教观认为人生来罪恶，人类是上帝惩罚至人间赎罪的，人的特性即利己、排他。因而西方文化主张利用法治来规约人的行为，从而维护社会稳定。近代后的启蒙思想家无比憎恶教会和封建贵族统治，高举"理性""公正""法治"大旗来呼唤人性的自由和解放，呼唤理性光辉；而现代科学主义中逻辑经验主义、批判理性主义、库恩（Thomas Samuel Kuhn）的历史主义都不乏理性之光。

三、行动逻辑选择分野

中国传统社会偏集权，礼治为核心，以法为补充，礼主刑辅；西方传统社会偏分权，以法治为核心，以宗教为补充，法主教辅。当资本主义发展起来之后，西方为追逐物质财富而强化了法治；中国的近代化则被外力所迫，内生动力不足，故而磕磕绊绊，礼治观念仍然制约着人们的生活习惯。正是文化认同的差异性价值观念致使中西方文化发展模式与运行机制中的行为逻辑选择走向了不同的发展道路。

（一）中国：礼法交融循环绵延

中华文明不曾中断，中国文化正是在中华文明源远流长中历经历史长河的绵延而赓续下来的。先秦时期中华文化就已经进入成熟期，以老子、庄子道家文化为开端，继而进入了稳固的儒家文化守成阶段。通过孔孟儒学与庄周哲学，以历史经验及伦理规范的人生原则，为中国文化传统正名。它不似西方文化与宗教伴生，而是去宗教化的政治生活伦理，从世俗例证中提炼精髓来诠释中华文明的发展历程。钱穆先生曾言："以过去世界文化之兴衰大略

---

① 北大哲学系. 西方哲学原著选读：上卷［M］. 北京：商务印书馆，1985：27.

言之，西方文化衰则不再兴，而中国文化则屡仆屡起，故能绵延数千年不断。"①

中国遵礼、重礼、守礼、行礼，从文化原生基因中就处处体现了绵延久远的礼文化。"礼制"贯穿了原始社会、封建时期、近现代阶段，礼仪文化的建设也随着社会制度的变迁与统治阶级的维系而流变。在传统文化中，"礼乐思想"是不分家的，在文明更替中，"礼法制度"也呈循环绵延的态势。儒家思想中的"礼"有礼义和礼仪两层含义，礼义指礼的精神，礼仪指礼的仪节。②"毋不敬，俨若思。安定辞，安民哉！"③"君子之道，辟如行远必自迩，辟如登高必自卑。"④敬畏之心、慎独之心、诚心即礼之本义。由此，于个人，礼是关乎义性本质的。而在社会范畴中，儒家的礼义则有塑德与治世两个层面，儒家向来提倡"贵贱有等，长幼有序"，只有在一个有序有别的稳定社会里，才能"和亲和宁"，实现"礼之用也"。礼仪与礼义在封建时期就具有规约百姓、治民化礼的社会作用，以礼治国，则人能自养而不失其乐，社会方能安宁而不失其序。孔子要求人们"非礼勿视，非礼勿听，非礼勿言，非礼勿动"，只有义以为质，礼以行之，信以成之，方能成为真正的君子。当然，欲构建安稳的社会秩序，仅以居于教化的礼仪道德来规约是远远不够的，还需以惩治失礼行为为目的的法治来补充。从未然到已然，形成一个完整的教惩合体的礼治系统，才能教化人民。"亲亲之杀，尊贤之等，礼所生也。"⑤中国古人讲礼法，是与"仁、德"紧密相连的，礼义是道德原则的法律化，"仁心"与"德行"是在礼法中实现归统的，"君臣、父子、长幼"都是礼的规范化，才合乎礼义道德。在儒家看来，只有如此才能最大限度地保证人性持续向善，才能建立一个祥和安稳的家国社会；法治只有通过礼治，才能调节人民行为，规范社会秩序。唯有维护"塑德、治世"理念，在礼法所限定的社会关系中，明晰君、臣、父、子、兄、弟、夫、妻等身为子民的权责利，才能建构出相对的权利与义务。因为在人情的仁德善意笼罩下，人际关系是一种"差序格局"，因血缘关系远近不同，相互间的地位有差、义务有异，人们需以礼法自保。提倡礼孝，宣扬德行，国家方能上下井然有序。为王者以"礼义"为工具，既能调民纠葛、约民行为、使民向善，同时亦能凝聚统治力

---

① 钱穆. 中国文化对人类未来可有的贡献 [J]. 中国文化，1991 (1)：93-96.

② 任强. 知识、信仰与超越：儒家礼法思想解读 [M]. 北京：北京大学出版社，2009：75.

③ 胡平生，张萌. 礼记：上 [M]. 北京：中华书局，2017：1.

④ 胡平生，张萌. 礼记：下 [M]. 北京：中华书局，2017：1016.

⑤ 胡平生，张萌. 礼记：下 [M]. 北京：中华书局，2017：1021.

量和人心。所以，中国的礼法在封建教化的发展中，既有汉唐开化、民俗和乐，亦有宋明理教、管制情欲，遂与传统文明并行的同时也遗留了封建礼制的陋鄙。近代时期受西方思想浸染后全盘西化、反儒反孔的非黑即白式二元论方法，一度使中华传统礼仪道德受到巨大冲击，民族独特性遭遇困境。

在中国，"不学礼，无以立"，礼法始终与中国的人文主义紧密相连，其凝聚整合的社会功能也无可替代。当下构建社会主义和谐社会，重塑儒家礼仪道德，发掘其文化价值，用传统道德精神的"修己""敬人"力量，对于增强中华文化自信，建设社会主义文化强国，避免"经济繁荣，精神萧条"的不平衡景象大有助益。

（二）西方：宗教人文相伴相生

宗教是西方文化的重要组成部分，同时也深刻影响着西方文化的走向。众所周知，观察和研究自然、发现其运动规律，是西方人征服自然的前提。在科学技术不发达的时候，乞求自然庇护是人们的必然选择。因而，在近代以前的西方文化中，宗教成为人们征战海洋、开展贸易的重要心灵慰藉。对中下层民众来讲，宗教是其应对现存困境的良方。因此，近代以前的西方，从多神论到一神论，宗教始终是其文明发展的重要内在支撑。如在中世纪，面对不同种族之间的争夺，为人民群众提供庇护的主要是教会。因此，在西方的礼仪文化中，无论是用餐礼仪、婚庆礼仪、节庆礼俗、丧葬礼俗，还是祈求平安、礼乐庆典等，无一不镌刻上了宗教的烙印。

事实上，西方宗教具有"在人们中间建立强有力的、普遍的和持续的情绪及动机"的功能，因而被赋予诠释有关存在的普遍秩序理念并被披上实在性的外衣。这一点，从中世纪至文艺复兴时期修建的高耸入云的教堂便可印证。西方学者孜孜以求，试图找到可以主宰自然的上帝，探寻自然界变幻不居的原初力量，获得控制自然的钥匙。然而，恰恰是在中世纪这个一度被人视为千年黑暗的时期里，为追问至高无上之神而催生了西方的自然科学。从达尔文（Charles Robert Darwin）的进化论演化至德国生物学家海克尔（Ernst Haeckel）的"系统树"，均用解剖学视角对个体及种系进行了比较研究。德国文化哲学家斯宾格勒（O. A. G. Spengler）提出：每一种文化都有一个生命周期，都要经过像人那样的生命生长阶段，也就是说每一种文化都有它发展的婴儿期、青年期、成年期、老年期。而西方文化围绕神学追问而生成的飞速发展，自少年至青壮年，如今已走向没落。

张光直先生认为，西方文化的爆破式模式是特殊的。① 与从先秦时期就已成熟的、拥有巨大稳定性、连续性的中国文化相比，西方文化则是从不务实际且天真爱幻想的孩童时代迅猛成长为实际热爱科学理性的成熟状态。西方自古希腊时期开始，便笼罩在神话的迷雾之中，从古希腊罗马文明的浪漫多情，至中世纪时期基督教的传入，西方文化突变为强调刻板教化的青壮年，文艺复兴时期随着培根的"知识就是力量"转折为追求知识与真理，启蒙运动后西方人性自由与自觉开始释放。跳跃式的转折、广纳吸收融合的西方文化始终无法摆脱宗教色彩的文化形式，在文明礼仪的践行上也随文化的转轨变迁历经宗教神学的形而上学至实证主义。中华礼仪文明发展是一个循环往复、螺旋式上升的过程，而西方文化建设的运行轨迹则是直线式的，基督教所持的直线式宇宙观，强调悲则悲喜则喜，创世论、末日说都是持有唯一基调的，西方在文明礼仪的普世传播中极力鼓吹自由、平等、民主的思想，以科学技术推动的近代科学、宗教和人文精神，皆已飞速发展。19 世纪末，当西方经济凯歌高唱之时，试图让上帝死掉，从而引发了两次世界大战，西方科技文明的缺陷暴露无遗。可见，西方文化最核心的信仰——上帝观念，一旦动摇，就会像艾略特（T. S. Eliot）所指出的，"西方文化会陷入一片荒原"。因此，时至今日，西方文化仍然以宗教相伴相生，唯有宗教才能发挥道德教化功能，方能保西方文明之安。

第二节　中西礼仪文化的交流互鉴

习近平总书记说："文明因交流而多彩，文明因互鉴而丰富。"② 中西方在相互接触与交往中，慢慢出现了交互影响。

一、交流互鉴的向路

文化之于人具有重要的教化意义，是人的内在之心与外在之形的展现。在中西方的持续交往过程中，人们渐渐感受到中国的"礼"为邦本形象之基，西方的"礼"是交友助力，历史上中西方文化是交互影响的。

---

① 高旭东. 中西比较文化讲稿［M］. 合肥：安徽大学出版社，2012：167.
② 习近平. 习近平谈治国理政［M］. 北京：外文出版社，2014：258.

（一）东礼西传

早在 12 世纪上半叶，中国就因精美丝织品而闻名欧洲；13 世纪，马可波罗（Marco Polo）往返连通于中欧之间，以游记方式记录了中国的富庶繁荣与神秘，在西边世界掀起轩然大波；明清时期，来华传教的耶稣会士打开了西方人对中国传统文化的认识。传教士的研究，客观上推动了欧洲社会研究中国传统文化的风尚，推崇中国文化哲学成为此后几个世纪欧洲社会中国学的主基调。中国的唯心主义哲学，如宋明理学，被启蒙运动时期的唯物论者引为同调。至 18 世纪，欧洲知识界将对东方思想的礼赞推至巅峰。如歌德（J. W. V. Gwethe）用其强烈的世界文化意识颂扬了中国用礼仪规范书写的道德文化；伏尔泰在《风俗论》中圣赞中国是"用道德治理国家"，建议欧洲国家推广此模式以平息纷争；孟德斯鸠在《论法的精神》中有多处研究讨论关于中国人的礼仪、中国的良好风俗等内容，认可中国的稳定与规约力量。尽管 19 世纪西方依靠坚船利炮打开中国国门之后，西方中心主义思想居于主导的欧洲社会对中国国家形象的评价急转直下。然有部分清醒的学者，如英国历史学家汤·因比（A. J. Toynbee）还理性评价说："华夏从公元前 221 年以来，几乎在所有时代肩负着不止给半个世界且至整个世界带来政治一流与和平的命运"①。这正是"礼运大同和为贵"的文化践行。

（二）西学东渐

中国一直是一个具有开放性和包容性的国度。在与他国交往中，中国不是单方面的输出思想文化，而是以积极的姿态，汲取外来文化的精髓。如自魏晋时期开始，佛教逐渐在中华大地扎下根来，形成了禅宗、净土宗等诸多流派，渗透到普通百姓的日常生活之中。在盛唐时期，隶属天主教的景教以及阿拉伯商人带来的伊斯兰教，在长安均有一席之地。北宋之时，中外贸易往来更加频繁，文化吸纳虽未成气候，但对中国的天文历算等产生了影响。此后，一些信仰坚定的西方传教士不辞万里，带着"中华归主"的愿意来到中国传教，他们携带的西方科学知识，对中国的天文历算、农田水利等产生了些许影响，但并未触动中国礼仪文化的本核。真正撼动中国礼仪文化传统的是鸦片战争以降，西方强势的军事入侵与传教士的潜心布道相叠，中国无力锁国，与西方人接触日益增多，地主阶级中的精英，如曾国藩、李鸿章等

---

① 阿诺德·约瑟夫·汤因比，池田大作. 展望二十一世纪［M］. 荀春生，朱继征，陈国梁，等，译. 香港：国际文化出版社，1997：26-41.

发起"洋务运动",中国开始主动引进西学中的科学技术;甲午战败后,在具有资产阶级启蒙运动色彩的维新变法中,中国先进分子大力倡导学习西方的政治制度;而至"五四"新文化运动,中国知识界终于指出打败中国的是西方思想文化。于是乎,冲决封建网罗、向封建礼教开战成为一种全方位学习西方的号角。自此,西方的实用主义、生命哲学全然替代了禁锢情欲的中国礼教。这一反对旧道德、提倡新道德的态势,对几千年的中国伦理纲常产生巨大冲击。争女权、平等观成为新的社会文明风向,绅士风度、女士优先等西洋外交礼仪也从中国上流社会慢慢下渗,文化激荡遂而成为中国现代化进程中的主旋律。中西方礼仪文化之对照也因此可概览风貌。

二、交流互鉴的表现

中西方礼仪文化的差异不仅可以在宏观视角做分析,还能够通过交往的礼仪规则来把握。

(一)交往原则的互鉴

在中国礼仪交往中要遵循有序原则、适度原则、尊重原则。有序原则是指无论是工作场域还是生活场域,交往都要维护秩序、区分名分。周公制礼的经典之作《周礼》也被称为《周官经》①,而人们在交往中,也将等级规格放在第一位,服饰、居室、器用、位次等,无一不有严格的要求。适度原则是指不做过分的事情让对方难堪,也不强迫对方完成他无法完成的事情。在交往中"惠而不费,劳而不怨,欲而不贪,泰而不骄,威而不猛",保持温文尔雅的形象。尊重原则是指重视对方,礼敬对方。坦坦荡荡,使对方深切感受到交往的诚意,争取形成"老者安之,朋友信之,少者怀之"②的良好局面。这些原则反映了中国礼仪文化中的含蓄美:说话处事留有余地,给彼此留情面。

在西方交往中遵循坦率直面原则、尊重隐私原则、女士优先原则。坦率直面原则是指直接向对方言明为此次交往(见面、交流、宴请、赴约等)自己做了哪些、付出了什么、准备了什么,让对方明了自己的热情或诚意。尊重隐私是指不问涉及对方私人方面的一些问题。比如,在交谈中不问宗教信仰、不问财产、不问收入、不问年龄、不问党派等,这是西方资产阶级个人主义在交往中基本表现。女士优先原则是指在各种公共场合中,女士可以先

① 杨天宇. 周礼译注 [M]. 上海:上海古籍出版社,2004:2.
② 杨伯峻. 论语译注 [M]. 北京:中华书局,2017:74.

行、先动、先获得保护的惯例。它在天主教圣母玛利亚的尊崇、中世纪骑士精神的弘扬以及文艺复兴爱情至上观念的传扬中汇集而成。①

（二）人生礼仪的互鉴

中国的人生礼仪节点很多，主要有出生礼、满月礼、百日礼、抓周礼、成年礼、婚礼、寿礼、葬礼等。出生礼即婴儿降生，父母向亲友们报告。第三日，亲友们前来祝贺，观看婴儿洗浴（洗三）。满月礼是孩子满 30 天左右，家里大宴宾客，婴儿与母亲一道，可以走出卧房，接受亲友们的祝福。百日礼是祝福孩子长命百岁的庆祝仪式，亲友携礼参加，婴儿穿百家衣、挂长命锁。抓周礼是孩子周岁的庆祝仪式，家人亲友将自己送的礼物放在一处，让孩子抓取，以试探孩子未来的发展方向。成年礼古代分男女之别，男子为"冠礼"，即在亲友见证下先加缁布冠、次加皮弁，再加爵弁，并大加庆祝；女子为"笄礼"，即由声望高的女性亲友将其头发盘结起来，加上一根簪子。现下一般为 18 周岁举行，主要是宴请宾客，无专门针对当事人的衣着仪式。婚礼，古代有 6 个环节，也称六礼。在现代化进程中简化了，但庆祝仪式大体相同。寿礼是 50 岁及以上逢十而举办的仪式，以喜庆大红为主色，祝福老人健康长寿，亲友都要到场祝福。葬礼是人生的终点到来，家人亲友来往悼念，送死者至坟山，观其入土为安的整个仪式。

西方的人生礼仪也有出生礼、成人礼、婚礼、丧礼等。但具体细节有诸多迥异之处。出生礼一般是在婴儿一两周至 6 个月的期间，确定一个日子，由婴儿的父母及教父教母等参加的洗礼，是为赦免"原罪"、除去污垢、变得纯洁而举行的仪式。成年礼是根据西方各自国家确定的成年年龄，为成年的男子和女子举办的隆重庆祝仪式，当事人穿戴一新，由地方政府或社会名流致辞，讲解成人后应承担的义务，可享受的权利；之后亲友也纷纷送上祝福，共享宴席。婚礼一般在教堂举行，女右男左，新娘穿白色婚纱，新郎穿黑色晨礼服或西装，在牧师主持下宣誓，在亲友的见证下互换戒指。葬礼多在教堂举行，人死后，亲属发出讣告，告知葬礼安排。停灵数日后，正式举办葬礼，程序包括祷告、唱赞美诗、奏哀乐、牧师或神父致辞、亲友们向遗体告别、遗体安葬，再次祷告。

（三）餐饮节日的互鉴

中国餐饮菜品讲究荤素搭配、材料自由组合，追求色香味俱全，餐具因

---

① 刘佩华. 中外礼仪文化比较［M］. 广州：中山大学出版社，2005：27-45.

菜品而异，可谓五花八门。用餐座位讲究长幼有序，用餐顺序为汤、酒、菜、饭，用餐习惯为团餐而食，将合家欢展现无遗。中国节庆活动最普遍的是春节、端午、中秋、重阳等传统节日，追思的节日主要有清明、中元以及冬至。前者以喜庆团圆为趣旨，后者以哀思祭祖寻源为导向。在此两类活动中，家庭或宗族团餐是必备内容。其间，亲人们分享各自的经历或观点，表达彼此之间的亲情和关切之情，是中国礼仪文化传承最恒久的方面。

西方餐饮菜品讲究纯粹，肉菜只有肉、素菜只有素，追求高蛋白，餐具中除盘子之外，刀叉勺品类讲究，用餐座位讲究女士优先，用餐顺序为面包、汤、酒、菜、甜品，用餐习惯为分餐而食，将追求个人自主直面呈现。西方的节日各个国家都有所不同。其中美国的节日最多，包括元旦、情人节、母亲节、父亲节、感恩节、圣诞节等。虽然这些节日都有一定的历史渊源，但随着与市场经济的结合，在营销精英们的精心包装下，几乎都演化为浓郁的商业活动，其中的文化元素反而弱化了。改革开放后，随着美国大片和商业精英的扩张，它们一度被中国青少年追捧，几乎成为青少年生活中的一部分。

三、交流互鉴的启示

汤因比说："模仿是一切社会生活的一般特征。"① 当不同文明形态的族群相互交往之时，由于文化模式深层影响，尽管总体还保持各自民族的本源性文化，但也造就了"五里不同风，十里不同俗"局面。而人类有强烈的求新求异心理，因此在交通条件许可的情况下，相互交往自然而然，"入竟而问禁，入国而问俗，入门而问讳"② 是约定俗成的交往技巧。但也因交往有所感悟，进而更好建设自身的礼仪文化。我们认为交流互鉴的启示主要有三，即立足本国国情与普世文明相契合、立足现代资源与传统资源相对接、立足公共礼仪与个体礼仪相映照，推进礼仪文化建设。

正如唐代著名儒学家、经学家孔颖达曾言："中国有礼仪之大，故称夏；有服章美，故谓华。"③ 礼仪是中华文化认同的核心价值，是族人惯用的思维方式和行为准则。钱穆先生曾说礼是中国的核心思想，是中国文化之心。传统是任何一个民族都不可回避的文化源流，是信仰也是行动导航，礼仪文化作为中华传统文化的精髓，不但是"礼俗"，随着社会的发展，也与政治制

---

① 阿诺德·约瑟夫·汤因比. 历史研究：上 [M]. 郭小凌，译. 上海：上海人民出版社，2010：54.

② 胡平生，张萌. 礼记：上 [M]. 北京：中华书局，2017：51.

③ 阮元. 十三经注疏 [M]. 北京：中华书局，1980：2148.

度、伦理、法律、宗教、哲学思想融合在一起。① 在新时代的背景下，各国文化交流愈加频繁，更需要以包容大度、和而不同的态度对待他国的礼仪文化，在承认和尊重不同的基础上和谐共生、融合发展，吸收优秀文化成果，更新传统礼仪文化。从远古到现代，礼仪文化也随中国社会的变迁有了新的时代内涵和时代意义，成为现代化的人文精神，欲将传统礼仪文化持续发扬，必贯通中西之精华、融古今之血脉。

（一）公共礼仪与个体礼仪相映照

现代社会分工不断细化，使得交换成为人民群众生活的基本样态之一。公共生活与私人生活的共存，已然成为人民群众更为普遍的生存形态。尽管，我们并不完全同意"公共生活与私人生活的相对分离是同资本运行逻辑的普遍化相同步的"② 观点，但现代社会对公共生活的依赖程度确实在不断扩大。个体礼仪与公共礼仪相互呼应的现象随之增加。不难发现，在现代交往中，不论是国与国之间的外交还是国内民众的群体交际，都不能缺少良好的礼仪礼态。因为礼仪是个人与他人、个体与群体相处的润滑剂，是实现和谐人际关系的基础。它不仅是个体自身礼仪风貌的展现，更是对良好家礼家风以及社情民俗的传承和弘扬。可以说，现代社会日常的交流网络和交际圈子越来越多，礼仪成为公共生活和私人生活中可供参照的社会规范和行为准则。尤其是在跨文化交往中，作为黏合剂的礼仪更是跨文化交流中不可或缺的文明表达依托。传承优秀传统礼仪文化，吸收和借鉴其他国家文化中的优秀成分，是确保在跨文化交往中既掌握东方独特礼仪文化之美，又理解西方礼仪文化之质，展现中华儿女良好礼仪修养，做到明大德、严公德、守私德良好气质的关键所在。"以群体观念为特性的中国文化重视处理人际关系，人在社会化的过程中形成了自己的价值观念体系。"③ 人始终是生活在群体中的，只有依靠群体、团结群体，才能发挥个人的价值和弘扬生命的意义。当个体礼仪在群体生活中展现并被大家所认可，并成为约定俗成的行为准则或社会规范时，社会的生产和生活才能进入有序的轨道。因为唯有经过不断实践和发展并逐渐成为群体性的规范，才能具备公共礼仪的特质，才能为群体接纳并产生凝聚力和向心力。在公共生活中形成的公共礼仪和个人礼仪是包含与被包含的关系，个人礼仪是公共礼仪在细小方面的体现，而公共礼仪则是个人礼仪的

---

① 邹昌林. 中国礼文化 [M]. 北京：社会科学文献出版社，2000：13.

② 晏辉. 公共生活与公民伦理（上）[J]. 河北学刊，2007（2）：47-52.

③ 吴爱宁. 中西礼仪文化差异探析 [J]. 理论导刊，2007（8）：43-45.

凝聚。公共活动的开展，"巩固了群体的规范，给个人的行为提供了道德制裁，为共同体平衡所依赖的共同目的和价值观念提供了基础"①。社会主义核心价值观，从某种意义上说，便是从不同维度向公民提出的道德准则与行为规范，因而每个人都要参照它不断完善和发展自身。当然，社会主义核心价值观不是天上掉下来的，它既居于当前社会发展的需要，也可溯源至传统社会的道德观和礼治观。尤其是作为礼仪之邦的中国，自古就强调在人际交往中要自谦尊人、诚信待人。当然，西方社会也有一些可以跨越时空的、满足其民众公共生活和私人生活的共性价值观念以及行为规范。所以，在公共礼仪以及个体礼仪的创新性发展中，应该创造性地"复兴传统"，并将中国优秀传统礼仪文化与西方优秀礼仪文化相融合，以内修自省规范时刻提点自身仪态举止，加强个体礼仪塑造。同时，加强公共礼仪和道德建设，提高个体守礼的自觉性和群体用礼的积极性，构建并维护良好的公共道德和秩序。

（二）现代实践与传统理念相对接

传统和现代是社会发展的不同历史阶段。每个阶段文化发展的重点不尽相同，但总体是在历史的基础上选择性地更新并加以完善。在漫漫历史长河中，古今之理念与规范仍然能透过时空相互照应、互相对接。通达路径有二：其一，春风化雨式终身学习。历史在不断演进，社会在不断发展。生活于其中的人，需不断学习新的知识和技能、道德和规范。现代社会倡导全面教育、启发教育和终身教育，其中素质教育贯彻始终，而它其实与传统社会中的君子教育相契合。《论语·述而》载："子以四教：文，行，忠，信。"② 孔子教育学生四方面的内容，即历代文献、圣贤操行、对人忠诚、交友守信，这便是君子教育。它注重教育学生理论知识，聚焦文化素养的积累，强调要身体力行的实践，与他人交往要忠诚守信。因为在传统中国社会中，皇权不下县，政府的管理主要集中于护卫民族国家的安全和提取养活军队和官员的税赋，对人民的管理主要依赖宗法等级制。因此，国家自上而下的管理是粗线条的，自下而上的管理是细线条的。基层社会更多是靠士绅的教化，而忠孝信义、忠君孝长，既是传统中国社会中不可或缺的个体礼仪素养，也是维持社会正常运转的管理规范和制度。如何教化？《礼记·学记》云："建国君民，教学为先。"③ 教学关联教育的两个主体，即教师和学生，教师教育与学生学习缺

---

① 王铭铭. 想像的异邦 [M]. 上海：上海人民出版社，1998：14.

② 杨伯峻. 论语译注 [M]. 北京：中华书局，2017：104.

③ 胡平生，张萌. 礼记：下 [M]. 北京：中华书局，2017：697.

一不可。唯有加强这两方面的建设，民族和国家的发展才有基础和保障，经济和社会发展才能稳固。故曰教育，乃安邦兴国之本。在《论语·述而》中孔子说："志于德，据于道，依于仁，游于艺。"① 为人之道，为学之道；据守个人道德底线，公德私德皆有原则；有仁心有人性，爱人爱己；积极向善，学习各种技艺。这些古之经典所展现的正是终身学习观的理念，与当代社会教育的理念不谋而合。生命不止，奋斗不息。全体国民都要以终身学习为己任，构建知识能力与礼仪素养并重的学习型社会。其二，"和同"大局的礼义观教育。儒家礼仪历来重"和"，提倡以和为贵。"礼之用，和为贵。"② "喜怒哀乐之未发，谓之中；发而皆中节，谓之和。中也者，天下之大本也；和也者，天下之达道也。致中和，天地位焉，万物育焉。"③ 这些流传经典皆说明"和"的重要作用。大一统的思想深植其中，和谐与大同，方能一统。小和，则阖家欢乐；大和，则山川太平，民族凝聚。社会人际的和谐风尚，社会秩序的和谐井然，社会市场的公平规范，都需要汲取传统的和同理念以及规范来支撑。当前，构建和谐礼仪文化，需要三方面的和谐，即物质文化、制度文化和思想文化达到和谐。因为只有物质得到发展，制度得以保障，思想得到净化，方能上下齐心、万众合力，共同构建社会主义和谐社会。

（三）立足国情与共性文化相契合

"在不同文化传统中应该可以通过交往和对话，在讨论中取得某种共识，这是一个从'不同'到某种意义上的'同'的过程。这种'同'不是一方消灭一方，也不是一方'同化'另一方，而是在两种不同文化中寻找交汇点，并在此基础上推动双方文化的进展，这正是'和'的作用。"④ 文化的作用隐藏在人的内心深处，它不会一下就爆发出来，而是在生活的细微之处尽展风姿。当前各国的交往体现在方方面面，尤其是文化领域的交融互鉴。传统礼仪文化的创新要立足本国国情，从本国实际出发的同时观照大家共同认可的文化。在哲学视域中，"弘扬和平、发展、公平、正义、民主、自由的全人类共同价值，坚持合作、不搞对抗，坚持开放、不搞封闭，坚持互利共赢、不搞零和博弈，反对霸权主义和强权政治"⑤。倡导求同存异、和而不同，充分

① 杨伯峻. 论语译注 [M]. 北京：中华书局，2017：96.
② 杨伯峻. 论语译注 [M]. 北京：中华书局，2017：10.
③ 胡平生，张萌. 礼记：下 [M]. 北京：中华书局，2017：1007.
④ 汤一介. 多元文化共处 [M] //杨晖. 思想无疆. 长沙：湖南大学出版社，2002：54.
⑤ 习近平. 在庆祝中国共产党成立 100 周年大会上的讲话 [M]. 北京：人民出版社，2021：16.

尊重世界文明的多样性，尊重各国自主选择社会制度和发展道路，即尊重社会中的个体，保障其平等、民主和尊严。近代中国，国家蒙辱、人民蒙难、文明蒙尘，仁人志士以西方为师，从学习器物到学习制度再到学习文化，最终找到了马克思主义这一具有革命性、人民性、实践性和发展性等鲜明理论品格的强大武器作为指导思想，并以中国人民喜闻乐见的民族语言来阐述它、充实它、发展它。在它成为具有中国特色、中国风格和中国气派的马克思主义理论的过程中，中国人民日用而不自知的礼仪文化也悄然嵌入其中。正如习近平总书记所说："蕴含的天下为公、民为邦本、为政以德、革故鼎新、任人唯贤、天人合一、自强不息、厚德载物、讲信修睦、亲仁善邻等，是中国人民在长期生产生活中积累的宇宙观、天下观、社会观、道德观的重要体现，同科学社会主义价值观主张具有高度契合性。"① 当前想要建设好中国礼仪文化，既要传承中国优秀传统礼仪文化，又要借鉴西方礼仪文化的有益元素，更要观照现实社会的礼仪问题或困境。并在系统观念和问题导向下，"把马克思主义思想精髓同中华优秀传统文化精华贯通起来、同人民群众日用而不觉的共同价值观念融通起来，不断赋予科学理论鲜明的中国特色，不断夯实马克思主义中国化时代化的历史基础和群众基础，让马克思主义在中国牢牢扎根"②。提升国民的综合素质，塑造社会主义和谐人伦道德。以礼仪文化建设行动，向世界彰显中国对倡导人类共同价值及构建人类命运共同体的智慧与方案。

第三节 "正棱锥"模式的建构

从上述中西方礼仪文化的比较分析中不难发现，西方社会在文艺复兴宗教与改革之前，社会文明程度比较低，礼仪文化与宗教活动相伴相生。而我国，周公礼制之后，礼仪文化就成为社会发展的重要支撑力量。针对当前礼仪文化运行中存在的问题，立足我国国情，建构由"家庭、学校、社会、政府"合成的礼仪文化"正棱锥"模式，是不断增强中国人的志气、骨气、底气的理性选择。

① 习近平. 高举中国特色社会主义伟大旗帜 为全面建设社会主义现代化国家而团结奋斗：在中国共产党第二十次全国代表大会上的报告 [M]. 北京：人民出版社，2022：18.
② 习近平. 高举中国特色社会主义伟大旗帜 为全面建设社会主义现代化国家而团结奋斗：在中国共产党第二十次全国代表大会上的报告 [M]. 北京：人民出版社，2022：18.

一、"正棱锥"模式的实证分析

"棱锥体"的四个切面，即家庭、学校、社会、政府，在礼仪文化建设中缺一不可。在调研中便证实了这一点。

有关家庭、学校、社会、政府等影响力的问题，第一份问卷中的科学性偏弱，因而，我们重新设计了一份问卷①，在本校大学生中分专业、分年级，发放了 1500 份问卷，有效的有 1366 份，有效率为 91.1%。此次我们使用 SPSS25.0 进行数据的处理和探索性因子分析，使用 SEM 和 AMOS25.0 进行验证性因子分析和路径分析，以此探讨家庭、学校、社会和政府对礼仪文化系统的影响。

（一）影响因素分析

1. 量表的信度检验

信度（reliability）指测量结果（数据）一致性或稳定性的程度。一致性主要反映的是测验内部题目之间的关系，考察测验的各个题目是否测量了相同的内容或特质。稳定性是指用一种测量工具（比如，同一份问卷）对同一群受试者进行不同时间上的重复测量结果间的可靠系数。如果问卷设计合理，重复测量的结果间应该高度相关。由于本研究并没有进行多次重复测量，所以主要采用反映内部一致性的指标来测量数据的信度。

采用克隆巴赫（Cronbach's Alpha）系数检验量表信度。结果显示，量表的总体 α 系数为 0.940，家庭、社会、学校和政府等潜变量的 α 系数分别为 0.920、0.783、0.927 和 0.790，主要因变量礼仪的 α 系数为 0.972，均大于 0.70，根据费耐尔（Customer Satisfaction Index，CSI）② 等的判断标准，量表的信度较高，各个变量之间具有较好的内部一致性。具体的 α 系数值见表 4-4。

2. 量表的效度检验

其一，探索性因子分析。由于目前还没有关于礼仪文化通用的量表，因此首先采用探索性因子分析评价量表的构建效度。结论显示，KMO 取样适切性量数为 0.952，大于 0.6 的评判标准。经巴特利特（Bartlett）球形度检验，近似卡方为 46557.853，显著性概率为 0.000，表明在 1% 的显著性水平上拒绝原假设，该量表题项的相关系数矩阵不可能是单位矩阵。另外，最小的取

---

① 见附录二。

② FORNELL C, LARCKER D F. Evaluating Structural Equation Models with Unobservable Variables and Measurement Error [J]. Journal of Marketing Research, 1981, 18 (1): 39-50.

样适当性度量（MSA）为 0.824，大于 0.5。因此本量表具有较好的结构效度，可以进行因子分析。

采用主成分分析法提取公共因子，提取的公因子方差见表 4-1。可以看到，本次因子提取的方差最低为 0.686，远大于 0.16，提取效果可以接受。

表 4-1　公因子方差

题项	初始	提取	题项	初始	提取
a1	1	0.861	e2	1	0.749
a2	1	0.864	e3	1	0.749
a3	1	0.859	e4	1	0.743
b1	1	0.686	e5	1	0.756
b2	1	0.696	e6	1	0.735
b3	1	0.713	e7	1	0.736
c1	1	0.870	e8	1	0.751
c2	1	0.880	e9	1	0.737
c3	1	0.869	e10	1	0.751
d1	1	0.699	e11	1	0.719
d2	1	0.710	e12	1	0.712
d3	1	0.705	e13	1	0.701
e1	1	0.739	e14	1	0.718

由于 26 个测量题项的相关系数超过 0.4 的占 31.7%，因此采用迫近最大方差斜交旋转（Promax 旋转）。旋转在 6 次迭代后收敛。旋转前后的因子成分矩阵见表 4-2。可以看到，收敛后的因子载荷都大于 0.8，效果较为理想。第 1 个因子代替了 e1—e14 总共 14 个测量变量的作用，这些变量都是礼仪方面的测量指标，因此第 1 个因子也就是礼仪。

表 4-2 因子成分矩阵

题项	旋转前					旋转后				
	1	2	3	4	5	1	2	3	4	5
a1	0.521	-0.138	0.288	0.641	-0.277	0.017	-0.003	0.922	-0.003	-0.008
a2	0.521	-0.139	0.272	0.656	-0.262	0.011	-0.011	0.923	-0.005	0.020
a3	0.510	-0.126	0.298	0.648	-0.273	-0.004	0.004	0.927	0.010	-0.004
b1	0.296	0.160	-0.486	0.395	0.424	0.011	0.001	-0.022	-0.015	0.828
b2	0.325	0.145	-0.470	0.428	0.405	0.018	-0.004	0.030	-0.019	0.822
b3	0.297	0.181	-0.455	0.426	0.450	-0.025	0.006	0.001	0.031	0.850
c1	0.356	0.827	-0.066	-0.029	-0.231	-0.007	0.934	-0.015	-0.004	0.013
c2	0.373	0.821	-0.032	-0.022	-0.256	-0.002	0.939	0.020	0.003	-0.020
c3	0.375	0.819	-0.060	-0.032	-0.229	0.014	0.928	-0.014	0.001	0.010
d1	0.261	0.203	0.639	-0.036	0.424	0.023	-0.019	-0.019	0.838	0.000
d2	0.259	0.228	0.649	-0.028	0.411	0.003	0.009	-0.006	0.841	-0.006
d3	0.254	0.228	0.652	0.003	0.404	-0.023	0.010	0.027	0.838	0.003
e1	0.836	-0.111	-0.062	-0.151	0.016	0.890	-0.029	-0.048	-0.009	0.002
e2	0.848	-0.074	-0.077	-0.129	0.029	0.873	0.001	-0.044	-0.002	0.038
e3	0.843	-0.092	-0.057	-0.157	0.034	0.891	-0.019	-0.062	0.012	0.013
e4	0.845	-0.107	-0.043	-0.121	0.018	0.871	-0.027	-0.014	0.006	0.010
e5	0.850	-0.105	-0.059	-0.128	0.043	0.883	-0.035	-0.039	0.014	0.033
e6	0.843	-0.102	-0.020	-0.112	-0.038	0.857	0.001	0.031	-0.015	-0.037
e7	0.846	-0.074	-0.041	-0.111	-0.025	0.852	0.023	0.014	-0.015	-0.012
e8	0.853	-0.100	-0.034	-0.111	-0.011	0.867	-0.008	0.014	-0.005	-0.009
e9	0.848	-0.088	-0.015	-0.099	-0.029	0.845	0.010	0.039	-0.002	-0.025
e10	0.855	-0.083	-0.023	-0.110	-0.029	0.859	0.016	0.025	-0.006	-0.025
e11	0.840	-0.054	-0.038	-0.093	-0.023	0.824	0.040	0.026	-0.008	0.001
e12	0.835	-0.071	-0.011	-0.090	-0.028	0.820	0.024	0.043	0.005	-0.019
e13	0.831	-0.063	-0.026	-0.075	0.002	0.805	0.017	0.035	0.016	0.020
e14	0.836	-0.082	-0.033	-0.103	0.008	0.839	-0.001	0.006	0.012	0.011

同理，第 2 个因子代替了 c1—c3，即学校因子；第 3 个因子代替了 a1—

a3，即家庭因子；第 4 个因子代替了 d1—d3，即政府因子；第 5 个因子代替了 b1—b3，即社会因子。5 个公共因子与本书的理论框架相符，没有跨因子分配情况产生。综上所述，整个问卷题项通过了效度检验。

其二，验证性因子分析。使用结构方程模型（SEM）和阿莫斯（AMOS 25.0）对模型进行估计。SEM 是一种多变量统计分析工具，有效结合因子分析和多元回归分析，不仅可以很好地估计潜变量的测量误差，还可以在估计潜变量之间协变的同时，识别他们之间的关系。该方法被广泛用于分析被测变量与潜在构念之间的结构关系。

通过验证性因子分析评估了潜变量之间的结构效度和区别效度。测量模型由家庭、社会、学校、政府和礼仪（包含三个子维度：人伦关系、公共秩序和风俗习惯）等潜变量以及 26 个测量题项组成。

由于家庭、社会、学校和政府 4 个因子都是一阶潜变量，而礼仪因子是二阶潜变量，因此首先针对二阶潜变量进行验证性因子分析，如表 4-3 所示。结果显示，目标系数为 1，反映二阶因子模型具有良好拟合。[①]

表 4-3　礼仪因子的二阶 CFA

模型	χ^2	df	χ^2/df	CFI	TLI	RMSEA	RMR
一阶斜交	70.224	74	0.949	1.000	1.000	0.000	0.010
二阶	70.224	74	0.949	1.000	1.000	0.000	0.010

注：目标系数 = 一阶斜交 χ^2/二阶 χ^2

表 4-4 报告了测量模型的验证性因子分析结果。和邦利[②]等一致，我们通过因子载荷、组合信度（CR）和平均方差提取值（AVE）来估计结构的可靠性。可以看到，所有的因子载荷都大于 0.7，且都在 1% 水平下显著，说明量表中的测量题项和潜因子之间具备较强的相关关系。另外，所有潜因子的组合信度都大于 0.7，AVE 都大于 0.5，说明量表数据具有良好的收敛效度。

① MARSH H W, HOCEVAR D. The application of confirmatory factor analysis to the study of self-concept: first and higher order factor structures and their invariance across age groups [J]. Psychological Bulletin, 1985, 97（3）：562-582; MILFONT T L, DUCKITT J. The environmental attitudes inventory: A valid and reliable measure to assess the structure of environmental attitudes [J]. Journal of Environmental Psychology, 2010, 30（1）：80-94.

② GBONGLI K, XU Y, AMEDJONEKOU K M, et al. Evaluation and Classification of Mobile Financial Services Sustainability Using Structural Equation Modeling and Multiple Criteria Decision-Making Methods [J]. Sustainability, 2020, 12（4）：1288.

表4-4　α系数和验证性因子分析

构念		题项	Cronbach's α	CR	AVE	T 值	因子载荷
家庭		a1	0.920	0.921	0.795	—	0.891
		a2				55.993	0.895
		a3				54.304	0.888
社会		b1	0.783	0.783	0.547	—	0.719
		b2				26.284	0.750
		b3				26.274	0.749
学校		c1	0.927	0.927	0.809	—	0.893
		c2				58.847	0.908
		c3				57.708	0.898
政府		d1	0.790	0.791	0.557	—	0.736
		d2				26.993	0.756
		d3				26.917	0.747
礼仪	人伦关系	e1	0.957	0.957	0.815	—	0.896
		e2				64.171	0.909
		e3				62.823	0.902
		e4				62.098	0.898
		e5				64.314	0.910
	公共秩序	e6	0.957	0.957	0.817	—	0.900
		e7				63.695	0.903
		e8				64.091	0.905
		e9				63.767	0.903
		e10				64.629	0.908
	风俗习惯	e11	0.944	0.944	0.810	—	0.900
		e12				62.284	0.900
		e13				62.114	0.899
		e14				62.448	0.900

表4-5报告了家庭、社会、政府、学校和礼仪文化等潜变量的相关系数以及 AVE 的平方根。可以看到，家庭和礼仪文化的相关系数最高，为0.498。

政府和社会的相关系数最低，为-0.039。社会与家庭和学校在1%水平下显著正相关，政府与家庭和学校在1%水平下也呈现显著正相关，另外，家庭、社会、政府和学校与礼仪在1%水平下都呈现出显著正相关。

表4-5　Pearson 相关和 AVE 平方根

	均值	标准差	家庭	社会	政府	学校	礼仪
家庭	2.691	1.356	**0.891**				
社会	2.552	0.966	0.237 (8.595)	**0.739**			
政府	2.545	0.975	0.246 (8.953)	-0.039 (-1.354)	**0.899**		
学校	2.697	1.398	0.141 (5.736)	0.235 (8.534)	0.214 (7.887)	**0.746**	
礼仪	2.554	1.134	0.498 (17.594)	0.353 (12.066)	0.287 (10.176)	0.333 (12.750)	**0.844**

注：括号里为 T 值；对角线上加黑数据为 AVE 的平方根

　　通过表4-5可以看到，家庭、社会、政府、学校和礼仪的 AVE 平方根均大于其相关系数，说明量表数据的区分效度良好。[①] 另外，采用卡方差异检验区分效度，见表4-6所示。结果显示，5因子的假设模型拟合效果最佳，进一步证明量表具有良好的区分效度。

表4-6　收敛效度的卡方差异检验

模型	χ^2	df	NFI	CFI	RMSEA	模型比较检验	
						$\Delta\chi^2$	Δdf
假设模型	297.338	286	0.994	1.000	0.004	—	—
四因子模型1	3873.295	290	0.917	0.923	0.079	3575.957***	4
四因子模型2	1800.894	290	0.962	0.967	0.051	1503.556***	4
三因子模型1	6347.297	293	0.864	0.870	0.102	6049.959***	7

---

① HENSELER J, RINGLE C M, SARSTEDT M. A new criterion for assessing discriminant validity in variance-based structural equation modeling [J]. Journal of the Academy of Marketing Science, 2015, 43 (1): 115-135.

续表

模型	χ^2	df	NFI	CFI	RMSEA	模型比较检验	
						$\Delta\chi^2$	Δdf
三因子模型2	5546.247	293	0.881	0.887	0.095	5248.909***	7
双因子模型	8466.764	295	0.819	0.824	0.118	8169.426***	9

注：（1）假设模型为5因子模型；

四因子模型1：在假设模型的基础上，将礼仪和家庭合并为一个因子；

四因子模型2：在假设模型的基础上，将礼仪和社会合并为一个因子；

三因子模型1：在假设模型的基础上，将礼仪、学校和社会合并为一个因子；

三因子模型2：在假设模型的基础上，将礼仪、家庭和政府合并为一个因子；

双因子模型：在假设模型的基础上，将家庭、社会、学校和政府合并为一个因子。

（2）模型比较检验，均为与假设模型的比较结果。

（3）*** $p < 0.01$ （双侧）

由于测量数据全部来自问卷调查，因此需要检验共同方法偏差。[1] 波德萨科夫[2]等指出，在进行探索性因素分析时，如果单个因素占各测度总方差的50%以上，则存在严重的共同方法偏差。从表4-7可知，单因素解释的最大方差为44.824%，小于50%的阈值，据此可知本量表不存在严重的共同方法偏差。

表4-7　总方差解释

成份	初始特征值			提取载荷平方和			旋转载荷平方和[a]
	合计	方差%	累积%	合计	方差%	累积%	合计
1	11.654	44.824	44.824	11.654	44.824	44.824	11.366
2	2.415	9.290	54.114	2.415	9.290	54.114	3.783
3	2.201	8.466	62.581	2.201	8.466	62.581	4.900
4	1.974	7.591	70.172	1.974	7.591	70.172	2.922
5	1.461	5.618	75.790	1.461	5.618	75.790	3.204
6	0.889	3.420	79.211				
7	0.794	3.054	82.265				

① ANTONAKIS J, BENDAHAN S, JACQUART P, et al. On making causal claims: A review and recommendations [J]. The Leadership Quarterly, 2010, 21 (6): 1086-1120.

② PODSAKOFF P M, ORGAN D W. Self-reports in Organizational Research: Problems and Prospects [J]. Journal of Management, 1986, 12 (4): 531-544.

续表

成份	初始特征值			提取载荷平方和			旋转载荷平方和[a]
	合计	方差%	累积%	合计	方差%	累积%	合计
8	0.482	1.852	84.117				
9	0.443	1.705	85.822				
10	0.437	1.680	87.501				
11	0.434	1.669	89.170				
12	0.223	0.856	90.026				
13	0.210	0.808	90.834				
14	0.209	0.805	91.639				
15	0.207	0.794	92.433				
16	0.198	0.760	93.193				
17	0.194	0.746	93.940				
18	0.188	0.724	94.664				
19	0.186	0.716	95.380				
20	0.180	0.693	96.073				
21	0.179	0.689	96.762				
22	0.178	0.684	97.446				
23	0.172	0.661	98.107				
24	0.170	0.653	98.760				
25	0.166	0.637	99.397				
26	0.157	0.603	100.000				

考虑到单因子的方差解释率容易受到特质因子数量的影响[1]，另外使用单个 CFA（Fuller 等）和增加方法因子[2]检验共同方法偏差，检验结果见表 4-8。结果显示，单因子模型的 AGFI、CFI 和 TLI 都小于 0.9，RMSEA 大于 0.05，RMR 大于 0.05，模型拟合效果很差。而增加方法因子后，卡方值相比基准模型下降了 26.436，AGFI、CFI 和 TLI 都保持不变，RMR 降低了 0.003，

---

① FULLER C M, SIMMERING M J, BABIN B J, et al. Common methods variance detection in business research [J]. Journal of Business Research, 2016, 69 (8): 3192-3198.

② PODSAKOFF P M, MACKENZIE S B, LEE J Y, et al. Common method biases in behavioral research: a critical review of the literature and recommended remedies [J]. Journal of Applied Psychology, 2003, 88 (5): 879 - 903.

模型拟合并未得到大幅度改善，说明不存在严重的共同方法偏差。

表4-8 共同方法偏差效应检验结果

模型	χ^2	df	χ^2/df	AGFI	CFI	TLI	RMSEA	RMR
假设模型	297.338	286	1.040	0.986	1.000	1.000	0.004	0.019
单因子模型	16636.216	299	55.640	0.486	0.648	0.618	0.166	0.220
六因子模型	270.902	260	1.042	0.986	1.000	1.000	0.005	0.016

注：假设模型为5因子模型；

单因子模型：在假设模型的基础上，将家庭、社会、学校、政府和礼仪合并为一个因子；

六因子模型：在假设模型的基础上，增加方法因子。

为了更全面、客观地评价模型的整体拟合，选择了绝对拟合指标和增量拟合指标等多种不同的拟合指标。尽管有学者认为使用大样本时，卡方统计量（χ^2）容易拒绝模型[1]，但是 χ^2 依旧是被公认的一个拟合统计量。作为对卡方检验的补充，卡方自由度比值（χ^2/df）有效降低了样本敏感性。[2] 除此之外，绝对拟合指标还包括调整后的拟合优度指数（AGFI）、近似误差均方根（RMSEA）和均方根残差（RMR）。增量拟合指标包括成长配适指标（IFI）和比较拟合指数（CFI）。如表4-8所示，基准测量模型的卡方 P = 0.310>0.05，$1 < \chi^2/df = 1.040 < 3$，AGFI = 0.986>0.90，CFI = 1.000>0.90，TLI = 1.000>0.90，RMSEA = 0.004<0.05，RMR = 0.019<0.05，各项拟合指标数据均在标准范围内，满足检验标准。[3] 结果表明，模型拟合良好。

---

[1] BOLLEN K A, LONG J S. Testing Structural Equation Models [M]. Thousand Oaks：Sage, 1993；HOOPER D, COUGHLAN J P, MULLEN M R. Structural equation modelling：Guidelines for determining model fit [J]. The Electronic Journal of Business Research Methods, 2008, 6（1）：53-60.

[2] WHEATON B, MUTHEN B, ALWIN D F, et al. Assessing Reliability and Stability in Panel Models [J]. Sociological Methodology, 1977, 8（1）：84-136.

[3] BENTLER P M. Multivariate Analysis with Latent Variables：Causal Modeling [J]. Annual Review of Psychology, 1980, 31（1）：419-456；BROWNE M W, CUDECK R. Alternative Ways of Assessing Model Fit [J]. Sociological Methods & Research, 1992, 21（2）：230-258；BYRNE B M. Structural Equation Modeling with EQS and EQS/Windows：Basic Concepts, Applications, and Programming [M]. Thousand Oaks：Sage, 1994；KLINE R B. Principles and Practice of Structural Equation Modeling [M]. New York：Guilford Publications, 2023.

（二）实证模型

由于家庭和学校在社会和政府对利益的影响过程里具有间接作用，结构模型是一种平行中介模型，因此遵循海斯[①]和温忠麟[②]等的建议流程分析中介效应。

结构模型的 $\chi^2 = 298.909$，$P = 0.302 > 0.05$，$1 < \chi^2/df = 1.041 < 3$，AGFI $= 0.986 > 0.90$，CFI $= 1.000 > 0.90$，TLI $= 1.000 > 0.90$，RMSEA $= 0.005 < 0.05$，RMR $= 0.021 < 0.05$，各项拟合指标数据均在标准范围内，满足检验标准。图4-1表现了结构模型的标准化路径系数以及显著性。可以看到，潜变量之间的路径系数都在1%水平下显著。对礼仪直接影响最大的是家庭（0.379），其后分别是社会（0.225）、学校（0.193）和政府（0.161）。在标准化总效应方面，影响程度依次为家庭（0.379）、社会（0.365）、政府（0.301）和学校（0.193）。

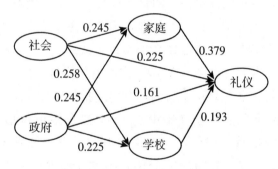

图4-1　结构方程模型的标准化路径系数

由于结构模型中存在间接效应，因此采用偏差校正的非参数百分位 Bootstrap[③] 直接检验间接效应。为了确保稳健性，也报告了非参数百分位 Bootstrap 的检验结果。重复随机抽样，并根据海斯等的建议，在原始样本数据中抽取现有 Bootstrap 样本，结果见表4-9所示。

① HAYES A F. Beyond Baron and Kenny：Statistical Mediation Analysis in the New Millennium [J]. Communication Monographs, 2009, 76（4）：408-420.

② 温忠麟，叶宝娟．中介效应分析：方法和模型发展 [J]．心理科学进展，2014，22（5）：731-745.

③ PREACHER K J, HAYES A F. Asymptotic and resampling strategies for assessing and comparing indirect effects in multiple mediator models [J]. Behavior research methods, 2008, 40（3）：879-891.

表4-9 家庭和学校因素的间接效应

路径	点估计	Boot SE	Z	P	Bias-corrected 95%CI		Percentile 95%CI	
					Lower	Upper	Lower	Upper
社会→家庭→礼仪	0.093	0.015	6.200	0.000	0.094	0.152	0.094	0.151
社会→学校→礼仪	0.047	0.009	5.222	0.000	0.045	0.081	0.044	0.080
总间接效应（社会→礼仪）	0.140	0.018	7.778	0.000	0.149	0.220	0.148	0.219
政府→家庭→礼仪	0.096	0.014	6.857	0.000	0.098	0.153	0.097	0.153
政府→学校→礼仪	0.043	0.009	4.778	0.000	0.040	0.075	0.039	0.073
总间接效应（政府→礼仪）	0.139	0.017	8.176	0.000	0.149	0.217	0.148	0.215

从表4-9可以看到，4条间接路径的95%置信区间都不包含0，说明系数乘积显著，间接效应明显。社会对礼仪的总间接效应占其总效应的38.356%，政府对礼仪的总间接效应占其总效应的46.179%，说明相比社会，政府更加需要家庭和学校的中介传导作用。另外，家庭比学校具有更大的间接影响（0.093>0.047，0.096>0.043）。

综上所述，家庭、学校、社会和政府都对当前礼仪文化的建设产生重要影响，每个维度的影响程度和影响方式是有差异的，并没有呈现为一个标准的"正棱锥"模式，与我们最初的设想有一些偏差。因此，我们在探究影响因素和可行路径的时候应当分析每个维度的特征，从局部到整体把握现状，针对有问题之处及时改进，进一步推动"正棱锥"模式礼仪文化建设的步伐。

二、"正棱锥"模式的建构设想

由于社会的变迁，从生命成长的历程来看，个体成为担当民族复兴大任的时代新人，必然需要家庭、学校、社会以及政府合力培养。个体礼仪素养与礼仪文化涵养的提升，自然也得依靠家庭、学校、社会以及政府的共同养育。因此，我们将家庭、学校、社会、政府设定为建设礼仪文化"正棱锥"模式的四个不同维度（如图4-2）。

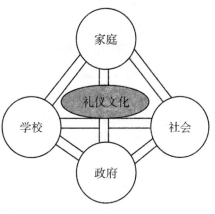

图4-2 "正棱锥"模式图

（一）建构设想的提出

在调研中发现，"棱锥体"并非"正棱锥体"，因为不少受访者都认为礼仪是日常生活中的细节规范以及约束。因此，重构礼仪文化在人们生活的规范力、在社会治理中的软实力方面有很大作用，建构"正棱锥"体，需要家庭、学校、社会以及政府一方面提取优势、分别施力，另一方面优势互补、共同发力。需要指出的是，礼仪文化建设的"正棱锥"模型，是我们的期盼。

它突破了既有研究仅从家庭、学校、社会三方面构建礼仪教育体系的做法，如牟兰认为："家庭是礼仪教育的根基，学校是礼仪教育的通道，社会是礼仪教育的熔炉，家庭、学校、社会是礼仪教育不可缺少的三维空间。"① 以此构建起礼仪教育的三维空间，期望实现家庭、学校、社会三方联动作用，推进礼仪文化建设和礼仪教育的深入。高文苗提出："构建家庭、学校与社会联动一体化的礼仪教育体系，共同提升社会公德、职业道德、家庭美德和个人品德水平。"② 通过构建家庭、学校、社会联动一体的礼仪教育体系，实现提升道德的目标。这两种"三维"建设法，忽视了中央政府和地方各级政府在文化发展中的作用。与直接改善人民群众物质生活的经济发展不同，教育文化的发展，主要体现在育人的精神和德行之上，它投入大见效慢，因此，往往需要政府大力倡导并扶持。"正棱锥"模型引入了政府这一重要因素，把政府作为和家庭、学校、社会同等重要的因素来研究，构建的"四位一体"的"正棱锥"模式弥补了家庭、学校、社会三维空间的不足，客观分析了政府在当代礼仪文化建设中的积极作用。

（二）建构设想的价值

从由"家庭、学校、社会、政府"共同建构而成的"正棱锥"模式中来揭示礼仪文化建设的轨迹、规律和特点，是剖析各类公共场所礼仪要求，以推动形成个体得体言行举止、塑造礼让宽容的社会风尚的一种尝试。

1. 诠释礼仪文化建设轨迹

由家庭、学校、社会、政府搭建起礼仪文化"正棱锥"模式，能够有力诠释礼仪文化从起步、扩散、推广、主导的建设轨迹。

家庭是社会的基本细胞，对应礼仪文化建设的起步阶段。个体的礼仪文

---

① 牟兰. 家庭、学校、社会——礼仪教育不可缺少的三维空间 [J]. 泸州职业技术学院学报，2012（4）：73-78.

② 高文苗. 构建家庭、学校与社会联动的礼仪德育体系 [J]. 人民论坛，2019（18）：56-57.

化熏陶、浸染和习得，首先始于家庭。个人礼仪素养和礼仪习惯的养成与家庭礼仪教育关系密切。可以说，家庭在礼仪文化建设中的基础作用十分重要，没有家庭教育来筑牢礼仪文化的根基，后期的礼仪文化建设和发展很难进行。

学校是开展教育的重要场所，对应礼仪文化的扩散阶段。个体自进入幼儿园开始，接下来有 20 年左右时间在学校学习。从家庭中习得的一些礼仪文化知识，无法完全适应学校生活。因而，需要在学校里继续学习礼仪文化。其间公共生活中的礼仪文化技能，如同学相处技巧、师生相处之道、学校规章的遵守与执行等，都需要慢慢学习。故而礼仪文化的阐释和发扬成于学校，个人礼仪素养的高低、礼仪习惯的好坏与学校礼仪教育密切相关。可以说，学校在礼仪文化建设中必不可少，在一定基础上开展的全面素质教育有助于个体形成健全人格、提升内在修养。

社会是一个没有遮蔽的、复杂的公共领域，它是个体检验并修正自身礼仪文化知识的大熔炉，对应礼仪文化的推广阶段。社会中有多种思潮，不同价值导向下的个体，均试图用自己的规范来影响他人，使其成为正统。也正是在这种复杂的社会大环境之中，人们可以见到不同表现形式的宴请礼仪、乘车礼仪、购物礼仪、场馆礼仪、庆典礼仪等。在社会大环境的打造、烘托和磨合之中，礼仪文化成了公序。在它不断突破时间边界的约束之后，便成了良俗。可见，社会为礼仪文化的建设与发展提供良好的环境支持，礼仪文化经受住社会的考验才能推广，进而成为社会约定俗成的行为规范和道德准则。

政府是创新礼仪文化的舵手，是宣传推广礼仪文化的桥头堡，对应的是礼仪文化建设主导阶段。上则为礼，下则为俗。说明政府在礼仪文化建设方面发挥着引导方向的作用，之后才能上行下效。没有政府作为认可、引导和鼓励，礼仪文化的生存和发展将遇到阻力。政府弘扬的礼仪文化，通常就是最利于社会和谐有序发展的行为规范与道德准则，如《关于实施中华优秀传统文化传承发展工程的意见》《中华人民共和国家庭教育促进法》《新时代公民道德建设实施纲要》的制定颁行，其中关涉礼仪文化建设的部分便是明证。

所以，礼仪文化建设的四个维度缺一不可，在社会中践行、检验礼仪教育的成效，实现与学校、家庭的良性互动，共同推动礼仪文化的向前发展，是礼仪文化建设的底座；而政府作为社会管理者、秩序维护者、权力执行者，其政策、制度和规定对礼仪文化建设具有十分重要的作用，是将礼仪文化建设托起为"正棱锥"的决定性因素。

2. 揭示礼仪文化建设规律

由家庭、学校、社会、政府搭建起礼仪文化"正棱锥"模式，能够清晰揭示礼仪文化从内外相协、以人为本的建设规律。

"行修言道，礼之质也。"① 礼仪文化建设以修身作为出发点，以交往作为功用的主要方向，"作为个人日常行为规范礼仪的规定，也是通过约束个人的行为以达到与他人交往的目的，因而礼仪更多的是一种社会行为"②。因而礼仪文化包含着交往、和谐、秩序等原理。建设礼仪文化，必须依托家庭、学校、社会、政府协同用力，方能取得实效。

内外相协是指用普遍联系的观点看待家庭、学校、社会、政府礼仪文化建设的协同共促性。礼仪文化无处不用，因而无论在何处，都要一以贯之地学好用好礼仪文化。在家庭中必须接受有关孝亲的礼仪教化，使其能够担当家庭成员的职责，用亲情护卫家庭的和谐、用劳动分享家庭的事务、用孝道回报亲长的养育。及至学校，必须将自己的孝亲礼仪教化扩散开来，待同学如兄弟姐妹，亲爱彼此；待师长如侍亲长，尊敬有加。同时能够主动遵守学校的规章制度，用友谊支撑学校的温馨、用劳动维护学校的卫生、用重道回报师长的教导。入社会，将拟亲属关系进一步延伸，待同事朋友如兄弟姐妹，亲近有加；待领导如侍亲长，敬重有礼；待陌生人犹如景致，严守秩序边界。同时能够严格遵守单位的规章制度，用素养搭建单位的效能、用工作助力单位的业绩、用贡献回报领导的赏识、用理解来应付陌生人的漠视、用宽容来处理陌生人的打扰。至政府，将其视为国之代表与象征，视为扩大的家，亲情转化为爱国情怀，明国之大德。用宏观视野来认同礼仪之功，如"婚礼在成男女之别，立夫妇之义；丧礼在慎终追远，明死生之义；祭礼在诚信忠敬，明养孝之义"③；节庆在举国同贺，明护国之责。如此可见，家庭、学校、社会、政府共力共享的"正棱锥"模式，揭示了礼仪文化建设要素的内在联系。

以人为本是传统礼仪文化建设中已有的思想。"夫礼始于冠，本于昏，重于丧祭，尊于朝聘，和于射乡，此礼之大体也。"④ 说明礼仪文化是以个人的生命周期以及活动时空作为建设重心的。"盖自天降生民，则既莫不与之以仁

---

① 胡平生，张萌. 礼记：上 [M]. 北京：中华书局，2017：4.
② 丁鼎，郭善兵，薛立芳. 和谐共存之道：儒家礼乐文化 [M]. 济南：山东教育出版社，2012：75.
③ 丁鼎，郭善兵，薛立芳. 和谐共存之道：儒家礼乐文化 [M]. 济南：山东教育出版社，2012：77.
④ 李学勤. 十三经注疏：礼记正义 [M]. 北京：北京大学出版社，1999：1620.

义礼智之性矣。然其气质之禀或不能齐，是以不能皆有以知其性之所有而全之也。"① 说明尊重个体的差异性，提出因人而异的礼仪素质培养目标，以使人的个性得到最大程度的保存。"虽古今异时，文质异礼，而知礼之情与问礼之本者，莫不通其变，酌而行之。"② 说明充分理解个体执行礼仪的深浅，只要有遵从礼仪的理念和行动，其仪节没有完全到位也问题不大。"礼者，天理之节文，人事之仪则。"③ 礼不可废，但可有所变通。当下，我们正处在实现中华民族伟大复兴、建设中国梦的关键时期，践行社会主义核心价值观，树立牢固的中华民族共同体意识，牢记孙中山先生所说，"中国人不能为欧美人，犹欧美人不能为中国人，宪法亦犹是也。适于民情国史，适于数千年之国与民，即一国千古不变之宪法"④。在中国共产党领导下，以马克思主义思想为指导，以《新时代公民道德建设实施纲要》《中华人民共和国家庭教育促进法》、单位规章、学生守则、村规民约等为指引，从人民群众实现生活状态出发，以家庭礼仪文化教育为基础，以学校礼仪文化建设为砖墙，以社会礼仪文化建设为钢梁，以政府礼仪文化建设为统领，以奖惩机制为动能，建筑起和谐的家国大厦，是当下礼仪文化建设以人为本思想的新展现。

3. 呈现礼仪文化建设特点

由家庭、学校、社会、政府搭建起的礼仪文化"正棱锥"模式，能够充分呈现整体布局和因势利导的建设特点。

整体布局是礼仪文化建设的基本特点。礼仪文化建设的实质，从根本上说规定中国伦理实体的模式，设计中国社会人伦关系的基本原理。⑤伦理实体有客观和主观之分，"客观的伦理实体是人伦关系、人伦秩序的实体化；主观的伦理实体是伦理精神、人伦原理、人伦规范的实体性体现"⑥。我们主要聚焦客观实体，即人伦关系。在传统社会，人伦关系中的规范各有不同，分别为：父子有亲、君臣有义、夫妇有别、长幼有序、朋友有信。当下"君臣"这对等级关系因社会进步已不复存在，但社会治理需要垂直结构的管理体系，上下级关系不可或缺。同时，经济全球化和信息化快速发展，"你中有我，我中有你"的态势已然形成，国与国之间的关联十分紧密。因而我们将当下礼

① 李学勤. 十三经注疏：礼记正义 [M]. 北京：北京大学出版社，1999：1.
② 黄永年. 旧唐书：第二册 [M]. 上海：汉语大词典出版社，2004：856.
③ 朱熹. 四书章句集注：论语集注 [M]. 北京：中华书局，1983：51.
④ 孙中山. 孙中山全集：第1卷 [M]. 北京：中华书局，1981：331.
⑤ 樊浩. 中国伦理精神的历史建构 [M]. 南京：江苏人民出版社，1992：77.
⑥ 樊浩. 伦理精神的价值生态 [M]. 北京：中国社会科学出版社，2001：162.

仪所规范的人伦关系列入 6 对。即父子有亲、夫妇有别、上下有义、长幼有序、朋友有信、群己有异。家庭礼仪文化建设以父子关系为纵轴，以夫妇关系为横轴，以长幼关系为辅轴，培养有血缘关系的亲人之间的"孝道"；政府在礼仪文化建设以上下关系为纵轴，以朋友关系为横轴，以群己关系为辅轴，培养在公共领域交往的公民之间的"忠义"；学校礼仪文化建设和社会礼仪文化居于家庭与政府两维之间，其中学校礼仪文化建设延伸扩散父子关系、长幼关系、朋友关系，社会礼仪文化建设宣传推广上下关系、朋友关系、群己关系，使孝道与忠义合为一体。使"家""国"伦理关系连接起来，从而搭建起整个国家的伦理秩序。可见，由家庭、学校、社会、政府搭建起的礼仪文化"正棱锥"模式也是当下礼仪文化建设的总体布局。

因势利导是家庭、学校、社会、政府根据时代变迁，在礼仪文化建设中动态施策。礼仪文化是人类应在生存困境中创造出来的智慧和技巧。因此，在礼仪文化建设中，存在纵向与横向的双重变化发展。从家庭层面看，每个家庭的具体条件不一样，不同家庭关注礼仪文化的侧重点有所不同；即使是同一家庭，不同时期，所关注的礼仪文化也会有些差异，所以经典家教家风礼仪，它包含的内容也有所不同，可见家庭礼仪文化教育会产生变化。家庭礼仪文化教育有被知识技能教育所取代的风险，重构家庭礼仪文化教育虽然迫切，但要采用适合美好生活需要下的家庭实情。比如，不能采用"棍棒之下出孝子"的传统，要言传身教、小惩大诫等。从学校层面看，一方面，学科细化以来，学校礼仪文化教育衰退威胁较大；另一方面，不同学校的师资状况不同，即使有相同的礼仪文化教材，教师在将其转化为教学语言中也会有差异。因此，要鼓励建设科学的教材内容、专业的教师团队、合理的课程安排来实施礼仪教育，由浅入深、由易到难，贴近社会生活实际，通过互动、体验、实践等方式加强学校礼仪文化建设。从社会层面看，日新月异，传统拟亲属制的礼仪文化受到了较大冲击。但有文化、有经历的人们，对精神生活的需求更加旺盛，而社会中的许多思潮与他们的人生体验并不契合。因此，他们更愿意相信曾建构出和谐社会秩序的公序良俗。所以，各种社会组织纷纷成立，加入其中的成员，迫不及待地制定出一些规章，将新时代拟亲属制礼仪文化建设列入其中，以亲亲尊尊的新形态，为复杂社会的礼仪文化建设提供了一种方案。从政府层面看，礼仪文化中包含国家机器运转的诸多规范，且礼治是成本最小的管理方式。在传统社会中天高皇帝远，皇权不下县，但基层社会是稳定的。除了科举选才的用人机制形成的弹性结构外，礼仪文化的治理力是最为核心的。因而，在当下由政府出台一系列推动家庭、学校、社会礼仪文化建设的政策和规章，使之与社会主义核心价值观的培育和践行相形而动，破解"个性自由"与"行为失范""经济发展"与"形象下滑"相形而生等难题，为了适应"文化自信"和"文化强国"的现实要求，"彰显中华传统礼仪文化的时代价值，树立文明古国、礼仪之邦的良好形象"，"正棱锥"模式能够呈现出礼仪文化建设的特色和目标。

第五章

链接与建构：礼仪文化建设的路径选择

习近平总书记指出："统筹推进'五位一体'总体布局、协调推进'四个全面'战略布局，文化是重要内容；推动高质量发展，文化是重要支点；满足人民日益增长的美好生活需要，文化是重要因素；战胜前进道路上各种风险挑战，文化是重要力量源泉。"① 而"中国优秀传统文化的丰富哲学思想、人文精神、教化思想、道德理念等，可以为人们认识和改造世界提供有益启迪，可以为治国理政提供有益启示，也可以为道德建设提供有益启发"②。因此，一定"要坚持古为今用、以古鉴今，坚持有鉴别的对待、有扬弃的继承，而不能搞厚古薄今、以古非今，努力实现传统文化的创造性转化、创新性发展，使之与现实文化相融相通，共同服务以文化人的时代任务"③。"以文化人"不仅要内化于心，而且要外化于行，礼仪文化是将两者连接起来的桥梁，通过多种路径加强礼仪文化建设成为实现文化强国的题中应有之义。

第一节　形塑不同场合的礼仪规范

一、树立孝慈家风礼仪

通过对人生礼仪、家风礼教的弘扬，传承发展家庭生活中的孝慈家风礼仪，是建设礼仪文化的首要之举。

中国社会从根本上讲是伦理型社会。在伦理生活中便十分注重人生礼仪、家风礼教的传承和弘扬。人生礼仪是个体安身立命的精神根基，家风礼教则是引导个人明白人生礼仪以及身为社会人的责任与担当。父母、夫妻、兄弟、

---

① 习近平. 习近平谈治国理政：第 4 卷 [M]. 北京：外文出版社，2022：309-310.

② 习近平. 在纪念孔子诞辰 2565 周年国际学术研讨会暨国际儒学联合会第五届会员大会开幕会上的讲话 [N]. 人民日报，2014-09-25 (2).

③ 习近平. 在纪念孔子诞辰 2565 周年国际学术研讨会暨国际儒学联合会第五届会员大会开幕会上的讲话 [N]. 人民日报，2014-09-25 (2).

姐妹之间的关系认知与接受，是家庭情感建构的基础与核心。它无须再三重申，而是每个家庭在处理各种事情、应对复杂关系当中慢慢养成的、具有家庭共识的行为规范和指导原则。它将传统与现实结合，不仅包含宗族前人留下的常识、习俗和惯例，还包含人们日常生活的直接体验和感悟。家风礼仪"作为不成文的礼法条规往往以道德观念、道德情感和道德习俗的形式调节控制着人们在婚姻家庭生活中的行为方式"①。充满着中华民族独特的文明气息，也逐步成为世代沿袭、祖辈相守的礼仪范式。

（一）以传统家风礼仪为丰富文化滋养

从传统视域看，家风礼仪自古就对个体小家庭长久发展、社会大家庭的稳定有序运行意义颇大。研究其价值、意义、内容、传承、弘扬等方面的学者不少，仅明朝，家礼文献就达 163 种，主要分布在浙江、广东、福建、江西等地。② 不过，最为人们津津乐道的当属《朱子家礼》。它是朱熹所著的主讲纲常伦理、礼节礼仪的书，其内容没有许多的繁文缛节，因而受到普通大众的喜爱，尤其是其中涉及居家礼仪的规范准则在民间百姓生活中广为流传，是当下树立孝慈家风礼仪的丰富滋养。

尽管今天的中国社会是朱熹所处的时代所无法比拟的，但不管发生怎样的变化，社会对秩序规范的需求却不曾改变。良好稳定的社会需要一套共识性的规则来维护，礼仪文化之菁华也是因时损益、古今通用的。因而，加强礼仪文化建设亟须从传统礼仪文化中汲取养分，《朱子家礼》精华的诠释和扬弃，是当下家礼培育的根基支柱。

1. 重视家庭礼仪对人生发展的作用

"家庭关系是人的最初社会关系"③。正是在家庭关系的基础之上，才进一步演进出了更加丰富的社会关系。可以说，家庭是人生的起点，是孕育理想的摇篮。中国社会自古就重视家庭礼仪对人生发展的规约和指导作用，在历史发展中形成了众多的书籍资料，如《朱子家礼》《了凡四训》《曾国藩家训》《王阳明家书》等，足以说明古人对家庭礼仪的重视程度。家庭是社会的基本组成单位，在朱熹所处的时代，家庭的纵向结构十分明显，在这条主线上往往是多代共同生活的场景，这样的家庭在当时社会环境下非常普遍，每

---

① 卞桂兰. 试述家礼中的传统伦理内容 [J]. 云南民族学院学报, 1991 (1): 92-94.
② 王志跃. 明代家礼文献考辨 [J]. 图书馆理论与实践, 2014 (4): 64-67.
③ 中共中央马克思、恩格斯、列宁、斯大林著作编译局. 马克思恩格斯选集: 第 4 卷 [M]. 北京: 人民出版社, 1995: 34.

个小家庭的成员关系、家教情况关乎整个社会的稳定与和谐。可见，家礼、家风、家教自古以来就是中国道德教育的重要方面。"古之欲明明德于天下者，先治其国；欲治其国者，先齐其家；欲齐其家者，先修其身；欲修其身者，先正其心；欲正其心者，先诚其意；欲诚其意者，先致其知，致知在格物。物格而后知至，知至而后意诚，意诚而后心正，心正而后身修，身修而后家齐，家齐而后国治，国治而后天下平。"① 从宏观国家到微观小家，由广阔到细微，层层递进，把"修身、齐家、治国、平天下"的逻辑道理阐释得清楚恰当，说明家庭礼仪对个人修身具有重要的指导和规范作用。一个家庭能和谐融洽，这样的教育方式和教育手段同样也适用于管理一个国家。

《朱子家礼》中的礼仪观点十分清楚地表明家庭礼仪是管理国家和治理社会的基础，不可或缺。没有基本的家庭礼仪，继承优秀传统礼仪文化、实现经世济民的理想就难以达成。几千年来，学者贤人都知道家庭礼仪的重要性，在社会上大力推行简单易行的礼俗和仪式，让普通百姓明白礼仪文化的精神实质和基本内涵，有力推动了传统文化的发展、提高了社会文明程度。当下，社会生活比家庭生活更受重视，克服因家庭仪式淡薄、家庭礼仪淡化、家风建设虚化、公共礼仪表演化而导致的家里家外"两头弱"或"两张皮"现象，必须强化家庭家教家风建设。俗话说"皮之不存，毛之焉覆"，家庭礼仪是基础，只有重视和践行家庭礼仪，礼仪规范才不会沦为一种表演，使个体看上去像戴了面具，没有心与心之间相互感应的门外汉，人与人之间变得越来越陌生。正如习近平总书记指出的："家庭是社会的基本细胞，是人生的第一所学校。不论时代发生多大变化，不论生活格局发生多大变化，我们都要重视家庭建设，注重家庭、注重家教、注重家风，紧密结合培育和弘扬社会主义核心价值观，发扬光大中华民族传统家庭美德，促进家庭和睦，促进亲人相亲相爱，促进下一代健康成长，促进老年人老有所养，使千千万万个家庭成为国家发展、民族进步、社会和谐的重要基点。"② 家教家风如此重要，所以外化家教家风的家礼文化不可忽略。家礼文化的内涵意蕴与中华传统文化的精神是一脉相承的，在中国特色社会主义新时代，更要重视家庭礼仪建设，立足新时代赋予新的内涵。《朱子家礼》一书则警示今人要重视家庭礼仪、家族规训，大力弘扬家礼文化，加强家庭礼仪建设。

---

① 胡平生，张萌. 礼记 [M]. 北京：中华书局，2017：1162.
② 习近平. 在2015年春节团拜会上的讲话 [N]. 人民日报，2015-02-18 (2).

2. 发掘礼仪经典的智慧与经验

除《朱子家礼》外，中国还有大量礼仪文化方面的典籍。它们将礼义、仪式、程序详细地记录保留下来了，如《周礼》《仪礼》《礼记》等，对后世礼学研究产生了深远的影响。今人在研究礼仪文化时应当多参考礼仪经典著作，从中探寻基因理路，为当代礼仪文化研究和实践增添丰厚的历史文化底蕴。特别值得一提的是，在传统礼学经典中，有关家庭礼仪文化的内容，明确而细致地规定了从冠婚丧祭到日常居家生活的一整套礼仪，为后人留下较为完备的齐家礼仪。《朱子家礼》特别注重家庭礼仪，很大程度上受益于"三礼"。当然，也源于朱熹将自身生活的现实有机结合于其中。所以《朱子家礼》是回望过去、立足当下、面向未来的：一方面，对家庭礼仪所涉及的程式、步骤等进行了十分详细地描写；另一方面，对家庭日常生活如何强化家庭礼仪教育进行了深描。它具有的通俗性和可操作性，可与司马光的《家范》相比肩。司马光虽以资政为重要使命，但其所编著的《家范》对修身、齐家与治国之间的关系有深刻理解和阐释。作为宋代最有影响的名人之一，司马光始终牢记"修身、齐家、治国、平天下"的古训，注重自己的品德修养，《家范》一书，总结了宋代以前的家训思想，进而提出"以礼治家""正家而正天下"的治家理念，进一步推动儒家思想深入人心。尤其是其中所提倡的家庭伦理、道德观念，对今天的家礼文化建设仍然大有裨益。

值得注意的是，《朱子家礼》看似平实而通俗，但朱熹在撰写时，参考大量的历史文献资料，说服力强，可见历史经典著作对于后来研究的重要性。只有对礼仪经典有清晰的认知，知晓礼仪文明发展的基本进程，才可能对历代礼乐制度、礼仪思想有全面的理解，为现下以及后世的礼仪文化构建提供丰厚的滋养。像朱熹这样的大思想家在撰写书籍时都要查阅参考大量的文献，更不用说离经典历史久远的今人了。因此，唯有从经典著作中吸取智慧、以史为鉴才能更好地开展研究工作，才能促进礼学的长足发展。有关礼学的文献繁多，既有学者大儒编著的经典著作，也有民间风俗事物的记录。这些礼书无疑都推动了礼仪文化的繁荣和发展，也进一步强化了对百姓的道德敦化。从个人到家庭再到社会和国家，都处于和谐有礼的良好环境下，人们的举止行为以礼作为参照，社会文明才能进步、礼仪文化才能创新、礼学经典著作的意义方能彰显。故而今人从事礼学研究、研究礼文化的建设工作，应当以历史的眼光、严谨的态度，在充分挖掘历史经典内容的基础上，吸取经验、博采众长，把历史典籍的精华融入现在的文化研究中，让历史经典在新时代大放光彩！

3. 注重传统礼仪的现代转化与重构

"礼是古代有德者一切正当的行为方式的汇集，是伴随中国阶级、国家的形成而形成的，是为了协调权力和财富分配中的矛盾关系而出现的。"① 礼仪文化随着时代的发展而不断剔除不合时宜的部分，增添合乎时代特征的新东西。《朱子家礼》在中国的宋元明清时代以及朝鲜、日本等国都广受追捧，究其原因，并不是书中所记载的详细的仪式程序，而是贯穿始终的变通思想。这一点对于今人的研究十分重要，启示我们要有变通、创新的精神，不能一味复制古礼，忽略了时代背景、社会发展等诸要素。陈来认为"礼"在古代文化中至少有六种不同的涵义：一为礼义，即贯彻于礼之细节规定的核心价值和伦理原则；二为礼乐，即文化的体系；三为礼仪，即仪式、礼节的形式规定；四为礼俗，即生活中的习惯规则；五为礼制，即制度；六为礼教，即以礼作为主体的规范体系。② 礼义作为礼之"体"，是不变的基本精神原则。虽然礼之义古今相通，并不意味着今人可以无视时代环境的改变而仍然坚持旧有的基调。今人想要进一步实现礼仪文化的繁荣发展，必然要与时俱进，随时代改变而改变，将传统礼仪的具体程式转化为符合今人生活特点、行为习惯的仪式，只有通过现代转化，才能焕发出礼仪的活力。

无论社会如何变迁，历史如何发展，人生终将面对生老病死的问题。《朱子家礼》一书将人生各阶段的仪式程序解释得十分清楚，而其中的礼仪实践也正是儒家所倡导的人文关怀。礼仪文化是中国传统文化的重要组成部分，它反映了当时社会的生活状态和仪式风俗。不仅对于中国传统社会具有安定人心、稳定社会重要作用，而且对于当代社会发展也发挥着极其重要的作用。今天的中国，亟须构建具有现代精神的礼仪。现代精神是现代化社会发展的思想保障，它包含着传统元素。所以，人们常说，传统礼仪的现代转化与重构是时代发展的必然趋势。现代社会，文化多元激荡，思想时有交锋。在这样的大环境下，如何推动传统礼仪实现转化与重构，形成极富时代特色的礼仪文化，是时下必须思考的问题。传统礼仪文化蕴含大量可以跨越时空的、融入中华儿女血脉的伦理规范和处世技巧，对于今天匡正人心、维护社会稳定仍然具有一定的指导作用。注重传统礼仪的现代转化与重构应当避免两个倾向，一方面，不能刻板因袭古礼的仪式规范、亦步亦趋复制古礼，在文化传承过程中缺乏时代性和创新性；另一方面，不能不考虑现代性的生活方式和基本价值理念，一味求新、

---

① 郑春. 朱子《家礼》与人文关怀［M］. 福州：福建教育出版社，2010：1.
② 陈来. "礼"的精神与世界城市［EB/OL］. 首都文明网，2023-03-8.

求异，盲目创新和缺乏实际。只有综合两方面的考虑，依托礼仪文化经典的传世佳作，取其精华并进行现代转化，才能建构出具有现代风华的礼仪文化。

（二）以习近平关于家风的重要论述为现实指南

家风是中国家庭道德教化的产物以及载体，"集中反映了家庭或家族在繁衍生息、薪火相传历史过程中形成的较为稳定的生活作风、价值导向和行为准则"①。当前，习近平总书记关于家风的重要论述是指导家礼建设的现实指南：它以崇德向善与做人气节为核心内容②，以言传身教、身体力行为重要方法，以家国情怀、兴家强国为追求目标。

1. 用好家风培养孩子，为创建良好社会风气打好基础

习近平总书记十分重视人的全面发展问题。要求在人生的每个阶段都不放松。家庭是孩子接受德育、美育和智育的第一所学校，也是孩子的价值观得以启蒙的重要场所。教育要"从家庭做起，从娃娃抓起"③。一个家庭德育、美育、智育坚持得好，则能够层累出家庭的宝贵精神财富，成为良好的家风，在日常生活润物无声地教导天真而具有强大汲取能力的孩子。而运行并创建良好家风能不断增强孩子们的思想道德培育，教育引导他们树立远大的理想、塑造美好的形象。如此，则在不知不觉间，践行了社会主义核心价值观个人层面的内在要求。为使社会更好认识这一要求的价值，习近平总书记在同全国妇联新一届领导班子成员集体谈话时指出，"家庭是社会的基本细胞，千千万万个家庭的家风好，子女教育得好，社会风气好才有基础"④。习近平总书记在会见第一届全国文明家庭代表时强调，"广大家庭都要重言传、重身教，教知识、育品德，帮助孩子扣好人生的第一粒扣子，迈好人生的第一个台阶"⑤。习近平总书记关于家风的重要论述，不仅要求家长要全力担当起教导子女的职责，而且建议家长要始终如一地做好自己的每一件事、讲好每一句话，用自己的言行举止来对待每一个家庭成员，形成沟通顺畅、互敬互爱、温馨和谐的家庭氛围。为了贯彻落实好家风建设，中央推出了评选文明家庭等一系列定期性活动，期望

---

① 葛大伟，金桓宇. 习近平新时代家风建设观的四重价值维度［J］. 思想政治教育研究，2019，35（1）：23-27.
② 徐国亮. 深入学习习近平家风家教重要论述［J］. 红旗文稿，2019（9）：29-31.
③ 习近平. 决胜全面建成小康社会　夺取新时代中国特色社会主义伟大胜利：在中国共产党第十九次全国代表大会上的报告［M］. 北京：人民出版社，2017：42.
④ 中共中央党史和文献研究院. 习近平关于注重家庭家教家风建设论述摘编［M］. 北京：中央文献出版社，2021：23.
⑤ 马占成. 习近平在会见第一届全国文明家庭代表时强调：动员社会各界广泛参与家庭文明建设　推动形成社会主义家庭文明新风尚［N］. 人民日报，2016-12-13（1）.

能发挥文明家庭的榜样力量，从而形成尊老爱幼、相亲相爱、共建共享的社会主义家庭氛围，并形成良好的社会风气。

2. 用好家风管住干部，为保持良好政风筑基正纪

家风清方能政风醇，政风醇方能国风正。中国共产党是我国的最高领导力量，党风与政风相一致。"政者，正也。子帅以正，孰敢不正?"① 所以，习近平总书记指出："主要领导干部也就是'一把手'，把该负的责任负起来了，把自身管好了，很多事就好办多了。"② 领导干部管好自身，并非与家庭无涉：一方面，领导干部是人，都离不开家庭培养和家风的滋养；另一方面，领导干部都是家庭成员，自然需要对家庭负责，担当家庭责任。因而，领导干部需要厘清家庭生活与工作活动的边界。习近平总书记要求："各级党委（党组）要重视领导干部家风建设，把它作为加强领导班子和领导干部作风建设的一项重要内容，定期检查有关情况。"③ 抓好领导干部的家风建设，目的是使他们保持一身正气，清清爽爽，且领导干部要带头垂范，"管好亲属和身边工作人员，决不允许他们擅权干政、谋取私利，不得纵容他们影响政策制定和人事安排、干预日常工作运行，不得默许他们利用特殊身份谋取非法利益"④，使他们的家庭能够成为经得住考验、清清白白的示范家庭。可见，习近平总书记期望，领导干部家风清廉，作风正派，拒腐防变，为保持良好政风筑基正纪，使人民满意，国家昌盛。

3. 用好家风塑造国民形象，为亲诚睦邻树立样板

习近平总书记认为，人民的生活状态，是一个国家治理成效的最真实写照。在中国家风建设中，最根本的目标便是"和"，家和万事兴，由家及国，美美与共。这一思想也成为中国亲诚睦邻思想的源泉。远亲不如近邻是刻在中国人骨子里的认知。习近平总书记爱国爱民，其关于家风的重要论述既强调家庭内部幸福和谐氛围的营造，也主张邻里友善相处、互帮互助。同时，习近平总书记还将这一思想推广至建构亲诚惠容、互利共赢的邻邦外交理念之中。他多次在

---

① 杨伯峻. 论语译注［M］. 北京：中华书局，2017：183.

② 中共中央文献研究室. 十八大以来重要文献选编（上）［M］. 北京：中央文献出版社，2014：136.

③ 习近平. 科学统筹突出重点对准焦距，让人民对改革有更多获得感［N］. 人民日报，2015-02-28（1）.

④ 中共中央文献研究室. 十八大以来重要文献选编（中）［M］. 北京：中央文献出版社，2016：321.

外交场合说，"亲望亲好，邻望邻好"，中国将始终走"与邻为善、以邻为伴"①道路，坚持亲、诚、惠、容的理念，使与中国的发展惠及各亚洲国家，实现亚洲邦交亲睦；此外，习近平总书记还多次与非洲及拉美国家领导人致电并往来，指出，中非、中拉都是发展中国家，是老朋友，友谊之树长青。习近平总书记自信、务实、睿智、友善的外交，使中国礼仪之邦的大国形象得以彰显。

习近平总书记关于家风的重要论述，不仅仅聚焦于家庭层面、只见树木不见森林，而是从微观到宏观，由个体及家庭、由家庭及政坛、由国内及国际，将中国文化中独有的家国情怀尽数呈现，成为加强家礼建设的现实指南。

（三）以家礼教育为基本路径

礼仪文化在家庭方面的体现主要通过家礼教育来实现，家礼教育侧重于家庭内部的伦理道德和准则规范。家庭与其他几个影响因素不同，首先是构成要素的不同，家庭的组成较为简单，涉及的人际圈相对较小，因而家礼教育具有仪式感、生活化、针对性等特点。家礼教育一方面要阐明家庭之中的伦理规范，如"亲亲尊尊、男女有别、长幼有序"的人伦原则，"非礼勿视、非礼勿听、非礼勿言、非礼勿动"的行为准则；另一方面要塑造个体的德性人格，通过不断地传播礼仪文化的思想内涵、价值意义，让家庭中的每个家庭成员得到熏陶和浸染，使得个体在潜移默化中提升自身的道德修养，完善外在的举止行为，进而实现礼仪文化所预期的道德目标。家庭是整个社会最基本的组成单元之一，也是对人类而言最重要的一种群体形式。马克思说，"家庭关系是人的最初社会关系"②，正是在家庭关系的基础之上，才进一步演进出了更加丰富的社会关系，可以说家庭是人生的起点，是孕育理想的摇篮。在思想政治教育的理论视域下，家庭是个体接受教育的重要阵地，也是其意识形态和行为举止得以启蒙和塑造的首要场所。

首先，在家庭生活中培养节庆礼仪知识。家庭是个体的第一个生活场所，同时也是首个接受教育的场所。通过礼仪文化的灌输与传播，让个体学习、理解、感悟中华优秀传统文化的深层内涵。很多行为习惯需要从小培养，在幼儿阶段，就要让孩童了解各种节日的来源以及习俗，了解我国传统节日中

---

① 习近平. 积极树立亚洲安全观，共创安全合作新局面：在亚洲相互协作与信任措施会议第四次峰会上的讲话［EB/OL］. 人民网，2014-05-21.

② 中共中央马克思、恩格斯、列宁、斯大林著作编译局. 马克思恩格斯选集：第4卷［M］. 北京：人民出版社，1995：34.

的一些礼节性活动的意义，帮助个体加深对传统家礼文化的感悟。中国的传统节日是中华民族的特色，是异于其他民族的表现。春节、清明节、端午节、中秋节是我国的四大传统节日，人们通过这些节日的流程布置、仪式安排、活动形式可以感受到传统节日的习俗特点，如春节拜年领压岁钱、清明节踏青扫墓祭拜亡灵、端午节赛龙舟吃粽子、中秋节赏月吃月饼等。这些历史悠久的礼节活动之所以得以保存并得到有效性发展，一方面，国家大力弘扬传统文化；另一方面，这些传统节日是中华民族的象征和代表，是民族文化发展不可磨灭的印迹，其背后展现的是中华儿女对本民族文化的热爱、对传统文化的尊重。随着时代发展，人们愈加认识到保护自然、与自然和谐共生的重要性，所以在节日里燃放烟花爆竹等不利于保护环境的形式逐渐被取消，或者被更加文明环保的方式所代替。同时，家庭要有一定的家礼教育启蒙意识，要认识到对孩子进行日常生活中的家庭礼仪行为培养的重要性。家庭的待人接物、为人处事礼仪是个体接触社会、与人交往的基本素养，只有在家庭中树立礼仪的意识，才能培养良好的礼仪习惯。

其次，父母担当家礼教育的重要角色。现代社会，核心家庭与主干家庭仍旧占据着家庭结构模式的主要地位，因而父母关系成为影响家礼教育的重要因素之一。在家庭中，父母若是关系和谐且具有良好的社会公德，往往能通过身体力行引导子女朝健全人格和高尚品德方面积极发展。荣获 2013 年第四届全国道德模范、"感动中国" 2013 年度人物等系列荣誉称号的龚全珍老人，始终坚守并践行着丈夫的遗愿，现已年逾九旬却仍用自己的行动书写着平凡而伟大的人生。龚全珍老人与甘祖昌将军相濡以沫数十载，其价值观和人生观早已与丈夫须臾不分，他们返乡后爱乡爱民，克服各种困境带领全家人为沿背村和莲花县的父老乡亲谋幸福。龚全珍的女儿说："我们是甘家的后代，不能给父辈抹黑，要老老实实做人，勤勤恳恳干事，力所能及地多帮助人。"[①] 龚全珍老人舍弃了颐养天年的安稳生活，将自己所有的光和热都奉献给了党和人民，其整个家庭也于 2016 年被表彰为第一届全国文明家庭。龚全珍以一名优秀党员的杰出人格影响着自己的家庭和整个社会，将乐于助人、甘于奉献的传统美德以及良好的家庭教化发扬光大，影响着当下青年家庭礼仪思想和行为的涵养与培育。从中，我们深切感受到父母"是引领儿童成长

---

① 刘士安，吴齐强 . 本色：甘祖昌将军夫人龚全珍的故事［EB/OL］. 人民网，2013-05-28.

的第一人"①。对作为担负着启蒙者角色的父母而言，他们对孩子的教育责任十分重大。在日常生活中，家长要学习和传承中华传统文化，注重家庭礼仪文化教育，比如，带领孩子参加礼仪实践活动。可见，父母在承担家礼教育的重要角色时，既是家礼教育的继承者，同时也是家礼教育的施行者。父母在实施家礼教育时，要以身作则，规范自己的言行举止，自觉遵守文明礼仪；要拓宽礼仪文化的弘扬渠道，通过实践把礼仪文化的内涵渗透，使孩子们明晰自己的责任和义务。概言之，父母在家庭中扮演着重要的角色，是孩子礼仪思想深化和礼仪习惯培养的重要教育者和指导者，能为孩子树立良好的学习榜样并发挥正确的引导作用。

最后，依托家礼教育促成个体的言行礼仪。现代家庭对个体的家礼教育已不仅仅停留在意识层面，而是辅之以相应的基础行为。一方面，家长会通过一些口头或肢体上的行动让孩子遵守通行的礼仪规范；另一方面，孩童在接受了正确的引导和教育之后，随着生理和心理的发育，自己逐渐形成了判断力和辨别力，大体上能够听从父母的教导在家中展现出基础的礼仪行为。家礼教育的范围主要规定在家庭之中，是与家庭生活息息相关的一些礼仪礼节。家庭是社会的基本单元，只有通过家礼教育打好礼仪基础，未来步入社会才能成为礼德兼备的人。

第一，家庭称呼礼仪。称呼礼仪是在对亲属间称呼时所使用的一种规范性礼貌语，准确的称呼能恰当地体现出当事人之间的亲属关系。称呼不仅是一个道德范畴，更能体现出传统社会的伦理关系。在家庭之中，如何称呼家庭成员是个人礼仪素养和道德素质的展现，表达了对父母等长辈的基本尊重。在家中有亲戚来访时，主动称呼问好，不仅是对客人的尊重和礼貌，也是个人有礼貌、有修养的展现，更是衡量家礼教育水平的试金石。此外，在遇到熟人或亲戚时，家长适时的教育和提醒能够加强孩子对称呼礼仪的理解和运用，形成良好的人际交际圈。

第二，家庭着装礼仪。个人的着装不仅展现了个人的精神风貌，合适恰当的服饰搭配更展现了个人的审美情趣和高情商。不同场合应有不同的着装打扮，如有客人来访，着装应尽量优雅大方，但不可穿着家居服，此种服饰给人随意、懒散的感觉。但如果是与家人一起时，在没有客人或外人的情况下，服饰着装则尽量以简单舒适为主，不追求服饰的品牌与奢华。同时，

---

① 容中逵. 当前我国传统文化传承的三种教育误识［J］. 湖南师范大学教育科学学报，2010，9（2）：65-68，72.

在家中的着装与外出所穿服饰相区别，家中穿着适宜方便随性，外出则需要得体大方。家庭着装礼仪一方面体现了个体对家庭着装的合理消费需求；另一方面也是良好家礼教育的展现。

第三，家庭行为礼仪。"行为是一个人思想品德的外在表现和综合反映，是衡量一个人思想品德高下的重要标志。"① 行为礼仪是人类为维系社会正常生活而要求人们共同遵守的最起码的道德规范，它是人们在长期共同生活和相互交往中逐渐形成，并以风俗、习惯和传统等方式固定下来的。家庭行为礼仪主要是在家庭环境中考察个体的举止行为。同理，在家庭中个体的行为也展现了基本的礼仪素养。当孩子出现破坏性行为、不合规矩的举止时应当被及时纠正，家长在恰当的时机进行正确地引导和耐心地教育，帮助修正孩子有失礼节的行为，这是家长对孩子进行理性科学的家礼教育的优化选择，能够促进个体形成正确的礼仪认知，有利于培养良好的行为习惯。

二、创建上下有序的仁爱校规礼仪

文运与国运相牵，文脉同国脉相连。华夏文明精髓"儒礼文化"在历经沉浮后于多元繁复的现代化文明中被国人重拾，呼唤原生礼仪风貌的回归，传统礼仪文化以其深厚的传统礼仪根基，凝聚着中华民族数千年的"魂"与"根"。"不学礼，无以立。"除家庭之外，学校是孩子们成年之前，生活时间最久的场所，这就要求学校必须加强礼仪文化教育，探索承接传统习俗，以"礼"复兴儒学，创建上下有序的仁爱校规礼仪。同时，通过学校礼仪文化教育，将"师者，传道授业解惑"的职业道德、敬重礼让的交往规范树立起来，规划和指导学生的人生之路。

（一）引导学生正确感悟礼仪文化的价值

1. 品读礼仪文化的书卷气息

学习礼仪文化，须培养学生的敬畏之情。礼是儒家传统文化的核心，在历史长河的洗涤筛选中具有跨越时空、超脱国界的永恒价值。因此，学校礼仪文化教育相关课程的第一项任务就是引领学生重温儒家经典，感受中华民族礼仪文化的发展脉络。中华传统礼仪文化源于上古、化于当下、展于未来。它曾维护封建社会秩序，教化仁心，捍卫过民族文化。在今天，传统礼仪文化也依旧"价值连城"，但不是简单粗暴地恢复古礼的繁文缛节，而是以史为

---

① 陈万柏，张耀灿. 思想政治教育学原理：第3版［M］. 北京：高等教育出版社，2015：129.

基，吸收运用其中的合理内核，让儒家礼仪思想的结晶重放光芒。礼仪文化教育就是要带领学生以严谨尊敬的态度，重温历史文化遗产，感受千百年前诸子百家的人本主义思想的光辉。历史上，在春秋战国时期社会纷争引发"礼崩乐坏"，那时也历经了"复礼"热潮，其中孔子强调"克己复礼为仁"、孟子强调维护礼仪"善性发端"功能、荀子强调树立"以礼正身"理念，《仪礼》倡行。展开盛满礼仪精华气息的古卷，感受千百年前上至皇家官宦下至骚人百姓所书写出的仪礼风俗，这是学校礼仪文化教育的基础。带领学生品阅礼仪古卷，了解传统礼仪的光辉。基于中华传统礼仪文化历史，触摸品读厚重的礼仪文化卷宗，对推动学生礼仪文化吸收大有裨益，除阅读理解礼仪文化古卷以及传统社会礼仪规制之外，还需要学习礼仪文化相关的基本理论，主要包括礼仪、礼仪文化的定义、内涵；礼仪文化的产生与发展历史；礼仪文化的本质、核心以及特征；礼仪文化的相关功能；礼仪文化的现代价值与运用等。

2. 抒发礼仪文化的人文情感

学习礼仪文化，须培养学生的传承之心。一般意义上，学校礼仪文化教育的主要内容包括重拾传统礼仪风尚，重塑新时代礼仪精神；确立优良礼仪文化价值，以重礼行礼作为立身处世的根本；熟悉传统和现代礼仪规范，吸取人类千百年来凝练起来的精粹；学习并模仿礼仪修养的先进典范。[①] 总之，礼仪必须坚持学而时习之。其中最为内核的是要理解文化内涵、品读礼仪经典，做到既会书写又会表达。如学校在礼仪文化课堂之上，开辟"礼仪书写"模块，便是传统礼仪文化教育的创新。课上教会学生使用礼仪文明用语，参透古文经典中的礼仪精华，吟读背诵相关诗文，并且在了解并领会礼仪文化精髓的基础之上，引导学生学会实际运用，能将"礼"的精髓和规范刻在脑海里，用在日常生活和学习之中。进而能根据"礼，时为大"的特质，添加新的元素。使今礼之中有古义，古礼发展为今用。做到以史为镜，观复礼仪，感受传统文化之光，以科学文明的态度加以提炼、总结，为建设社会主义精神文明所用。传承传统礼仪文化，就必须含有敬畏之心，对文化敬畏，对礼敬畏。现如今，年轻人擅长使用各类电子器具，阅读、传信皆在媒体平台，中文书写和阅读理解能力急剧退化，时常出现字认得却写不出来，或对日常汉字都难以识别的糟糕状况。因此学校礼仪文化教育也需要为改善这一现状做相应对策，必要时，亦可在礼仪文化课堂加入传统书法的环节，让学生在

① 马莹，黄菊良. 大学生礼仪教育初探［J］. 航海教育研究，2007（1）：99-101.

书写礼仪典籍的同时提升文字功底。在礼仪文化教育的课堂上引领学生培养书法兴趣能使其对礼仪文化的理解度进一步加深，同时也增进礼仪文化教育课堂的新颖度和趣味性。见字如面，练得一手好字同时也是传承发扬传统文化的重要体现。重拾汉字兴趣，增练书法功底，书写礼仪文句，效仿古代先贤读礼书、写礼文、行礼事。以学校开展的礼仪文化教育课堂为轴心，全面锻造青年学生的礼仪道德修养、文化传承理念与信仰，为培养知行合一、温文尔雅的优秀社会主义接班人添上浓墨重彩的一笔。

3. 体验礼仪文化的生活之用

学习礼仪文化，须引导学生的恭敬之行。古代君子有言："非知之难，行之惟难。"《朱子语类》在礼仪经典输入后，欲将"礼"之理念像丰碑一般筑入学生的头脑中，这需要一个过程，一个由外入内再由内而外的过程。由外入内，就是在对古代礼仪典籍、现代礼仪规章制度等理念的学习与理解之上，不断学、深入思、持久行，这是外而内渗透的过程；由内而外，则是学习理论的初衷。知，是行之始；行，是知之源。只有树立礼仪理念的自觉与自信，并将其外化为行为日常，将礼仪文化推入生活的方方面面，成为举手投足间最惯常的存在，礼仪文化教育就成功了。

实践是检验真知的第一驱动力。学要有所用处，习"礼"之古章，书"礼"之文法，最终都须落入"礼"之实践。因而，学校礼仪文化课堂的指导老师，要用专业礼仪思维、自身礼仪素养、适情指导方法，为青年学生开辟礼仪文化的广阔天地。如果学生们只是泛泛地知道其中的礼仪概念和规范，却从未注重构建与之相匹配的行为体系，知其然而不知其所以然，则必然令学校礼仪文化教育丢失了灵魂，偏离最初的教育理念。会学且学会，不过是教育环节的第一台阶，领会且会用才是教育的真谛。谦谦君子，是知礼节行礼范的文人雅士，若礼仪典故头头是道，行为举止却背道而驰，则必然是教育的失败成果。礼仪君子的衡量标准，则是知行合一、表里如一。长久地树立好礼仪文化的教育理念，将来由礼仪文化课堂延伸进学校各个学科体系的方方面面，才是学校礼仪文化教育的长远大计。

礼仪教育主要是指基于向受教育者传输礼仪文化概念、基本礼仪常识、礼仪行为养成、道德品行建树等基础文化学理，以建立具有礼仪文化信仰的和谐社会关系为目标的教育组织活动。学校礼仪教育是在家庭礼仪教育基础上更加专业和科学的教育，弥补了家庭礼仪教育在教育内容、教育方法上的不足，进一步促进礼仪文化的传播与弘扬，有力推动当代礼仪文化建设。

（二）分阶段开展礼仪文化教育

学校礼仪教育是一个广泛性的概念，主要涉及各类学校，通过各类学校开展的礼仪课程、实践活动来规范个体的言行举止，实现弘扬礼仪文化、提升礼仪修养的礼仪教育目的。根据我国教育体制的规定，目前我国教育大致分为学前教育、小学教育、中学教育、大学教育四个阶段。不管是哪一阶段的教育，均可以将礼仪文化作为开展礼仪教育的重要内容，按照教育体制的划分，分阶段将礼仪文化内容编排进相应的教学课程，并根据个体成长规律，适当安排各类课程活动，符合个体的生理发展和心理发展特征。

1. 幼儿园阶段的礼仪教育

幼儿期是人生的开始期，该阶段的幼儿生理和心理正处于生长阶段，容易受他人的影响，外界的环境良好与否直接反映在幼儿后期的成长中。幼儿园阶段是孩童接受正规教育的初始阶段，相当于建造房屋的打地基阶段，这一阶段的基础打得牢不牢靠直接影响个体未来的行为习惯。在国家和社会大力提倡素质教育的今天，礼仪教育被赋予了更多、更新、更有时代气息的内涵。幼儿期的礼仪教育作为一种道德规范和启蒙教育，从一举一动、一言一蹙中引导幼儿形成良好的举止行为。

首先，做好幼儿礼仪教育的内容设计。幼儿礼仪教育内容的设计与编排应贴合幼儿生活实际，符合幼儿成长特点，满足幼儿学习需求。就幼儿生活的圈层来看，幼儿园阶段的礼仪教育主要涉及三方面，一是生活礼仪，符合幼儿日常生活需要。生活礼仪又涉及用餐、仪表和交往三方面。用餐礼仪主要是教育幼儿在幼儿园和家庭生活中，学会正确使用碗筷，在用餐和午休时做到"食不言，寝不语"，保持餐具的干净和整洁，初步了解与他人用餐时的基本礼仪；仪表礼仪主要是告诉幼儿正确的坐姿、站姿和走路姿态，注意自身服装整洁，保持卫生，养成良好的个人习惯；交往礼仪主要是教育幼儿如何与他人相处，学会尊重他人，使用恰当的称呼与他人交流，培养正确使用礼貌用语的学习习惯。二是学习礼仪，帮助幼儿养成良好习惯。学习礼仪主要体现在课堂上，让幼儿知道有问题要举手示意老师，不可随意走动，无视班级规定，更不能破坏课堂纪律；在参加课堂活动时，要爱护教具、书本，懂得爱惜资源，轻拿物品，按规定整理好相应的东西，有序参与，不争抢、不吵闹，形成良好的课堂氛围和学习环境；对同学的帮助和礼让要知道感谢，通过说"谢谢你""谢谢"等用词来表达谢意。三是公共场所礼仪，形成正确规范的言行举止。帮助幼儿形成规则意识和秩序意识，自觉遵守公共场所的文明礼仪规定，学会尊重长者、礼让他人。

其次，制定科学的幼儿礼仪教育的方式方法。礼仪教育应从幼儿抓起，在幼儿园的学习和生活中，注重通过讲故事的形式向孩童讲述礼仪知识，从小培养孩童懂礼、学礼、讲礼的好习惯。幼儿园阶段的礼仪教育主要的特点是生动性、易行性、丰富性。在教育方法上主要通过讲述生动有趣的图画故事，让幼儿有初步的礼仪认知。要选择色彩丰富、声情并茂的彩绘书籍，激发幼儿学习礼仪文化的兴趣。故事的设置要有情节、冲突、隐喻、成长等，让孩童既在阅读中掌握了一定的礼仪知识，也了解了相关的科学文化知识。同时，还要注重多种教育方式相结合，由于幼儿的感官还处于发展之中，对颜色、声音等表达形式较为敏感，除了讲故事等观念灌输的基本教育方式外，还可以结合一些实践活动，如礼仪风采展示、礼仪知识问答等活动，锻炼幼儿的动手能力、动脑能力、记忆能力等，激发幼儿学习礼仪文化的兴趣。此外，要在实践锻炼中进一步加深对所学礼仪文化内容的理解，巩固老师所教的礼仪规范、礼仪要求，将学与用相融合、知与行相统一，并鼓励幼儿将所学的礼仪知识在家庭中与父母进行互动和实践，在生活中加以运用，从而帮助幼儿形成正确的礼仪认知和礼仪行为习惯。

最后，抓好幼儿礼仪教育的过程实施。提升幼儿礼仪教育实效性要注重在教育中遵循渗透性原则，把握好每个可以开展教育的机会，全面营造良好的礼仪氛围。幼儿的年龄特点决定了在开展礼仪教育时要以"儿童视角"为导向，这就需要教师了解幼儿的年龄特点和身心发展规律，充分发挥环境对幼儿的教育功能，潜移默化地让幼儿在富含礼仪教育的环境中获得有益的熏陶和感染。[1] 一方面，要营造良好的环境氛围。幼儿教师要善于把礼仪文化的内容布置到幼儿园环境的各个角落，把礼仪之美通过图片、影像资料展现出来，让幼儿在客观环境中真切地感受到礼仪文化的无穷魅力；另一方面，教师自身要以身作则，发挥示范引领作用。"与榜样相比，没有任何事情能这么温和而又深入地打动人的心扉。"[2] 幼儿在幼儿园接触最多的就是教师，所以教师在日常教学中要时刻注重自身的行为举止，由于幼儿大脑思维还处于成长中，对行为的好坏缺乏判断能力，很容易模仿教师不当的行为，从而造成不良的影响。因此，教师要通过自身良好的礼仪行为在潜移默化中影响幼儿

① 王飞. 幼儿礼仪教育：让文明成为习惯 [J]. 人民教育，2019（20）：71-72.
② 洛克. 教育漫话 [M]. 杨汉麟，译. 北京：人民教育出版社，2006：73.

的礼仪意识，并促使幼儿在生活中不知不觉地践行礼仪规范。① 在幼儿阶段开展礼仪教育，并通过多种途径提升礼仪教育的实效性，不仅有助于幼儿个性培养、社会性发展、品德塑造，而且对其今后的学习生涯和人生发展也将产生积极的影响。

2. 小学阶段的礼仪教育

小学是幼儿园的更高一层，因此小学阶段的礼仪教育要发挥幼小衔接的作用，在幼儿园基础上进一步开展和深入，开展小学礼仪教育要有明显的层次性和差异性。深入开展小学阶段的礼仪教育，不仅有助于小学生形成正确的价值观、培养良好的道德品质，更是教育小学生将礼仪知识转化为礼仪实践的现实诉求。

首先，明确小学阶段礼仪教育的定位。小学阶段是小学生品德发展的关键时期，是习惯养成的特殊时期，因而要把握这一时期的发展特点，不遗余力地对小学生进行礼仪的训练、培养和塑造。礼仪教育是为培养礼仪知识与技能而开展的教育。对个人和国家而言，不仅是个体道德品质和个性形成的基础教育，更是提高全民族道德素质、振兴民族精神和建设社会主义精神文明的基础教育。② 因此，在小学阶段开展礼仪教育要明确其定位，对小学生开展道德修养和健全人格的教育，关系到小学生未来的发展。其一，小学阶段开展礼仪教育要助力小学生形成正确的礼仪认知，养成良好的行为习惯。小学较之幼儿园，学生的身体和心理都有了一定的成长，对事物的认知也更加清晰和明确。在这一阶段开展礼仪教育，把握了人的成长发展的关键时期，学生对知识的理解也更加深入，能够在生活中注意自身的行为，把课堂中的内容运用到生活实践中去。其二，小学阶段开展礼仪教育要助力礼仪教育体系的进一步完善和丰富。礼仪教育旨在塑造人的道德品性、培养良好的道德品质，而礼仪文化中的精髓正是通过礼仪教育传播给学生，把礼仪文化所蕴含的精神价值转化为外在的行为，从而实现礼仪教育提升道德素养的目标。

其次，做好小学阶段礼仪教育的内容设计。小学阶段从一年级到六年级，年龄跨度大，从6岁到12岁，不同年龄层次的学生生理发展、心理特点均不相同，因此，小学阶段开展的礼仪教育要根据不同年级制定不同的要求规范，以小学礼仪教育纲要、小学生日常行为规范等为依据，形成不同年龄段、不同年级、不同要求的教育内容，让小学生按照相应的标准要求来规范自身的

---

① 张慧英. 幼儿园礼仪教育的实施途径［J］. 学前教育研究，2010（10）：61-63.
② 蒋春梅. 当代小学生礼仪教育的困境及对策研究［D］. 重庆：西南大学，2013.

行为。一、二年级为小学的低年级，教育内容主要涉及校园基本文明礼仪、简单的文明用语、易行的文明行为，通过教给小学生这些内容，让他们在刚进入小学时就形成良好的礼仪基础，自觉遵守礼仪规范，在生活和学习中按照礼仪标准规范自己的言行举止。三、四年级在一、二年级基础上应增加家庭礼仪，不仅注重学生在学校的生活和学习情况，也要关注他们在家庭中的礼仪问题，是否在学校表现良好而回家后就与之相反。所以三、四年级的学生，不仅要在学校中使用文明用语、行为合礼，在家庭中同样要注重自身行为。五、六年级在三、四年级的基础上要增加交往礼仪的学习，五、六年级属于小学阶段的高年级，因而对这两个年级的学生要求会更高一些，让他们了解如何与他人交往，在交往中需要注意哪些，如何维系自己的人际交往圈等，礼仪教育一方面使个人的言行举止更加得体；另一方面也为学生的社会化打好基础。

最后，抓好小学阶段礼仪教育过程管理。小学作为更高一级的教育阶段，其目标要求与幼儿园有所不同，小学更加注重培养学生的自觉性和主动性，通过外在教育和自我教育的融合，实现礼仪教育的最终目标。提升小学阶段礼仪教育的实效性可以从两方面入手，一方面，要积极营造良好的礼仪氛围。文明有序、文化气息浓厚的校园环境是开展礼仪教育的重要保证。通过创立一个文明、舒适、优雅的校园环境，让学生在良好的环境中得到熏陶。从校园整体布局、特色栏目板块、花园草坪、公共场所等方面优化校园环境，加强宣传以营造良好的氛围。在这些地方设置与礼仪文化相关的用语、历史人物介绍、名言警句等，通过这些布置让校园处于文明祥和的氛围中；同时注重举办活动来宣传礼仪知识，提高学生对礼仪的认识以及参加各类活动的积极性，如举办"母子身份互换一日"活动或"今天我是班长"活动，使学生直接感受不同社会角色，担当不同的责任和使命，懂得感恩、愿意奉献，让学生在校园环境中受到潜移默化的熏陶，从而净化心灵、自我提高。另一方面，通过学科融合，渗透文明礼仪教育。学生接受不同学科的教育是多方位、全方面的教育，因此要充分利用各科的特点，在课堂教学中注重融入礼仪文化的知识内容，挖掘各门学科的礼仪文化元素，渗透文明礼仪知识，在各科教学中进行礼仪行为的教育与引导，使礼仪文化深入学生内心，并外化为日常的行为处世之中。寓礼仪教育于课堂教学中是一个潜移默化的过程，只要与教书育人水乳交融，学生良好的礼仪规范就会养成。[1]

---

[1]　白云轶. 农村小学文明礼仪教育浅谈 [J]. 科学咨询（科技·管理），2017 (2)：61-62.

3. 中学阶段的礼仪教育

中学阶段是人生接受教育的重要阶段，中学教育是在小学基础上更深一层的素质教育，在中学阶段礼仪教育不仅要结合中学生的心理和生理发展特点，更要充分挖掘各门学科之间的联系性，通过学科间共通的知识点来灌输礼仪文化的内容。中学阶段开展礼仪教育不仅是学校系统教育的重要内容，也是社会文明进步的强烈要求。

首先，明确中学阶段开展礼仪教育的定位。中学生的生理和心理处于成长成熟之中，他们的思想观念、行为举止往往存在着互相模仿的迹象，且很多中学生在中学阶段的思维方式、思考问题的角度比小学更加完善和全面，这一阶段的礼仪教育重在纠错和引导，同时在课堂教学中加强礼仪文化的内涵解读、精神阐释，让中学生明白礼仪文化之所以绵延几千年，有其内在的生存价值和道德力量。故而，在中学阶段继续开展礼仪教育定位要准。第一，要助力中学生形成关系和谐的朋友圈。中学阶段的交友大多是源于共同的爱好、相似的喜好，大家因为共同的兴趣点而熟识，慢慢发展为朋友。在这之中必须注重一些交友的礼仪、与他人相处的方式方法。社交礼仪本身就是一种特殊的语言，通过开展礼仪教育让中学生学习和掌握社交礼仪的基本知识和规范，通过运用这些技巧和知识与身边的同学建立良好的人际关系。[1] 如果在与人交往中言语不当、行为粗俗往往会给人留下不好的印象，不利于人际交往。第二，要助力提升中学生的基本道德素质。国家的教育制度和体系一方面是为了提高全面的教育水平，传播基本的科学文化知识，另一方面也是为了进一步发扬传统文化、提升人的道德素质。只有科学知识的硬实力与文化的软实力双重发展，国家未来才会更加强大。开展礼仪教育就是要把礼仪文化所倡导的仁爱、忠诚、善良、正直等品质发扬光大，让中学生自觉学习这些优良品德，从而不断提升基本道德素质。

其次，探寻中学礼仪教育的功能与方式。就其功能而言，中学礼仪教育有两方面的功能，一是个体性的功能，即侧重点在于帮助中学生形成正确的礼仪认知、完善自身行为，为未来美好的生活奠定坚实的礼仪知识基础。人之所以为人，之所以异于动物，关键在于人类明礼，懂得如何建立人际交往关系，为人处事拿捏分寸，尊重他人、礼让长者。二是社会性的功能，即侧重点在于社会公共空间的礼仪和道德。人的公共生活不可避免地要与他人产生沟通，社会成员之间要相互交流，如果社会成员之间出现了矛盾和摩擦，

---

① 白晨，梁俊仙. 中学开展礼仪教育刍议 [J]. 河北北方学院学报，2005（3）：3.

那么礼仪文化提供的处事方法、待人原则是解决问题的最优选择，其社会性功能正在于此。中学礼仪教育的方式除了日常的课堂教学外，还可以通过学校举办的礼仪讲座、知识问答、征文比赛等活动形式来激发学生参与的积极性，对课堂所传授的礼仪文化知识相关内容进一步检验，起到查漏补缺、加以完善的作用。同时，这些活动的开展更能加深学生对礼仪文化的理解，在理解的基础上进一步践行和发展。除此之外，可以通过制定一些礼仪规范和标准，让中学生自觉对照这些标准来规范自身的行为，做新时代讲文明、懂礼貌的最美中学生。

最后，抓好中学礼仪教育的过程管理。礼仪教育的途径在学校层面的方向大致是一样的，如营造良好的校园环境、加强礼仪文化的宣传教育、教师自身素养的提升，只是在不同教育阶段侧重点有所不同。中学礼仪教育所面对的群体是中学生，这一群体相较于幼儿园和小学的学生，他们的自控力、理解力、践行力有所提高，对礼仪文化的感悟更加深刻，在生活中通过实践来强化礼仪行为也更加频繁。所以，这一阶段的礼仪教育除了课堂教学外，还要把握好随时教育、建立好评价体系。课堂教育教学是在有目的、有计划情况下开展的，而随时教育则不然。随时教育即充分利用每次可以教授礼仪知识、开展教育的机会，生活中的每一个环节都可以向学生适当进行教育，这对教师提出了很高的要求。即要善于观察学生、把握学生的心理动态，把礼仪教育渗透到日常生活的活动环节中，有效利用随时教育可以发挥意想不到的效果。建立好评价体系则要求根据礼仪规范、学校实际情况制定相应奖惩制度，主要是建立以激励为主的评价体系，树立学生的规则意识，鼓励学生完成相应规范要求，对表现优秀者可给予适当的奖励，如颁发荣誉证书、"礼仪新星"称号、"礼仪风采"展示等，通过这些形式来培养学生良好的行为习惯。

4. 大学阶段的礼仪教育

大学阶段的礼仪教育在学术界一般以高校礼仪教育作为研究重点。礼仪文化是人类文明的积淀和文化的传承，它并不是烦琐仪式的简单堆砌，而是培育文化认同的重要形式。不仅是个人的文化内涵和道德修养外在行为的整体性体现，也是民族礼仪道德素养的标志。高校礼仪教育（礼仪文化相关课程）主要包含三项内容，一是对传统礼仪文化概念及含义的梳理，二是对日常行为礼仪规范的掌握及践行，三是对职场礼仪及社会交往礼仪的习得。而基于中华传统文化的礼仪教育则在掌握、践行日常礼仪规范的同时，习得、思考传统礼仪文化中的精髓，承袭传统文化中的精华。

首先，明确高校礼仪教育的丰富内涵。礼仪教育主要是指基于向受教育者传输礼仪文化概念、基本礼仪常识、礼仪行为养成以及道德品行建立等基础文化学理，以建立具有礼仪文化信仰的和谐社会关系为目标的教育组织活动。高校作为培育国家和社会优秀人才的主要领地，使青年学生认同、接受、信仰传统礼仪文化，只有由内而外感化式教育，才能使其塑造成真正高文化素养、高道德水平的新时代中国特色社会主义接班人。高校礼仪教育的含义可以概括为高等教育组织和单位根据礼仪行为规范、道德准则和国家文化发展的要求，普及、教授中华民族传统礼仪文化，有基本目标、有针对性地组织大学生加深对礼仪文化的理解与认识，并且规范、约束学生文明礼仪行为习惯、端正礼仪文化思想观念的社会活动。在新时代的背景下，礼仪文化保留其历史性意义的同时更具有时代性内涵。其一，礼仪文化更加注重个体的知行合一，即内在礼仪素质与外在礼仪行为的结合，培养有道德的个体关键是通过外在的行为体现内在的道德；其二，礼仪文化去繁就简、去粗取精，其运用的形式更加符合人际交往和社会发展的需要，更加贴合快节奏、高效率的现代生活；其三，礼仪文化肯定人的合理的欲望需求，在控制合理物质需求的同时更加注重人的精神建设，即通过礼仪文化提升现代人的礼仪品质。[1]

其次，发挥高校礼仪教育的主要功能。社会人际交往的和谐风气、社会秩序的和谐井然、社会市场的公平规范都需要礼仪文化链接。立足国情与共性文化相契合，使礼仪文化传统融入中国特色社会主义先进文化，重塑民族文化自豪感和凝聚力，切实提升全民礼仪道德修养是礼仪教育所追求的终极目标。高校礼仪教育，于大学生培养内外和谐礼仪文化气质、上下共同构筑社会主义和谐社会具有现实意义。高校礼仪教育的首要功能，就是将优秀传统礼仪文化深植于大学生的思想和内心，在传承优秀传统文化的同时建构新时代礼仪规范和道德纲要；礼仪教育要帮助大学生提高自身社会交际能力，更好融入集体，团结他人，锻造自己的情商和应变能力。礼仪文化作为中华传统文化的核心，嵌入高校礼仪教育中是民族文化传承和社会文化发展的实际需求，亦是时代与国际环境的感召。除此之外，基于传统礼仪文化理论与实践创新的礼仪教育，具有时代性和民族性，是实现传统文化现代价值的实效性践行，也是礼仪教育自身改革创新的现实要求。

---

[1]　汤媛，傅琼. 礼仪文化在大学生德育中的价值及路径研究［J］. 长沙航空职业技术学院学报，2020，20（4）：1-4，24.

最后，抓好高校礼仪教育的实施进程。大学生礼仪教育是一项长期且复杂的工程。深入挖掘礼仪文化的内涵、价值，实现礼仪文化对个体的道德内化，为社会和国家培养有礼仪、有品行、有道德的新时代大学生。一方面，加强校园文化建设。高校是开展道德教育的主要阵地，是培养有礼有德大学生的重要场所，更是向社会输送人才的教育基地。"校园文化是校园内师生等群体一定时期内形成的思想、理念、行为、风俗、习惯及由这个群体整体意识所辐射出来的一切活动。"① 因而校园文化建设对大学生礼仪教育显得尤为重要。文化较之法律法规，无强制性且约束性较弱，主要是依靠文化的软控制作用，在潜移默化中实现文化对教育对象的浸染和熏陶，从而达到净化校园环境、营造明礼氛围、塑造良好品行的目的。另一方面，融合新兴网络媒体。"新媒体是一种全新的传播方式和传播形态，正在快速地改变人们的生活方式。"② 因此，大学生礼仪教育要融合新兴媒体，有针对性地利用礼仪文化的积极内容对其进行宣传教育，更新传统礼仪教育的方式，提高大学生礼仪教育的实效性。结合微信、QQ、班级群等平台，创建相应的公众号和服务号，推送与礼仪文化相关的文章、论文、书籍，创作视频、漫画、影音等，以活泼生动、新颖有趣的方式介绍礼仪文化，增强传播内容的趣味性和吸引力，并评选出阅读量、转发量较高的优质文章进行专题解读。精读经典的文章、剖析礼仪的深层内涵，将网络场域与现实场域结合起来，使礼仪文化能通过各平台得到广泛传播，让大学生在参与转发、评选过程中受到教育和启发，提高自身的道德修养、礼仪素质。③

（三）从教育要素着手培养学生仁爱校规礼仪

礼仪文化是社会认同的主要依托，教育是传承礼仪文化的重要路径。④ 大部分学生都渴望在社交中被礼遇，且大多都认为学校有必要加强学生礼仪文化教育，培养学生的仁爱校规礼仪，故从以下教育全要素入手进行探讨，以期提升学生的礼仪文化素养。

1. 重视教育主体建设

有人说，教师是人类教育事业的灵魂。既然专业的礼仪文化教师在学校

---

① 张小勇，焦楠，尹然，等. 大学生培育和践行社会主义核心价值观的校园文化载体研究 [J].吉首大学学报（社会科学版），2016，37（S1）：140-142.

② 陈志勇. 新媒体时代的大学生思想政治教育 [M]. 北京：中国文史出版社，2014：5.

③ 汤媛，傅琼. 礼仪文化在大学生德育中的价值及路径研究 [J]. 长沙航空职业技术学院学报，2020，20（4）：1-4，24.

④ 杨秀英，傅琼. 礼仪文化教育与和谐社会认同 [J]. 党史文苑，2014（12）：68-70.

礼仪文化教育的环节中是灯塔般神圣的指路人，那么礼仪文化教育的主体队伍建设必然需要仔细地打磨与强化。

其一，发挥礼仪文化教育主体的价值导向。礼仪文化教育是在一定的礼仪文化思想观念指导下进行的，不同的教育理念将会影响礼仪文化教育教师队伍建设的出发点与落脚点。学校作为培育孩子们成长成才的重要场所，是引导学生树立正确的世界观、人生观和价值观的重要场所。任课教师与辅导员均是教育者，他们的认知和行为，会对学生的思想和日常行为形成深刻影响。因此，学校教师队伍以及辅导员队伍的选拔与管理必须抓好。如此，方能从教育者的身先示范源头打好"上梁刚正"的基础，以保证学生的礼仪文化素养的提升和新时代道德观念形成。教师身为社会成员，担当着多重社会角色。必须将自己的每个角色都做到位，即做学生知识获取的教授者、做民族传统文化的传播者、做学生思想的指明灯、做学生心理成长的知心伙伴。如此，学生才能亲其师，信其道。尤其是教师要保持先进的价值理念和追求，积极践行社会主义核心价值观，紧紧围绕以习近平总书记倡导的文化自信和文化强国理念，在思想上和精神上带领学生与中国传统礼仪文化交互融合形成共生，将文化自豪感融于爱国主义教育当中，无形中开展思想政治教育。并始终秉承着有职业操守和师德师风的教育理念，不盲目追求短期教育成效，带领学生走进传统礼仪文化，汲取礼仪文化的精髓。

其二，发挥礼仪文化教育主体的示范导向。所谓教育主体的示范导向，是指在新时代礼仪文化教育的过程中教育主体要充分发挥教育者自身的礼仪文化感染性和媒体道德思想熏陶的作用，引导受教育者在对传统礼仪文化的认知和对网络伦理道德建树方面取得明显进步，发挥教育者的垂范作用。示范性是教育主体实施礼仪文化教育的"活教材"，是遵循思想武装头脑、群体影响行为的教育理念，是"德高为师，身正为范"的现实表现。尤其是礼仪文化专职教师在礼仪文化教育以及思想政治教育中强化感恩教育，切实培养青年学子的感恩意识，制定严格的学生日常行为礼仪规范，引导学生做一名有爱心、懂感恩的全面发展的人。同时，从学校最高层至各级职能部门对传统礼仪文化摆正坚定不移的态度，树立重视传统礼仪文化思想的行为导向，向全校师生明确表示学校的重视，进而激发师生对于礼仪文化教育的热情。在校内设置相应的礼仪文化教育研究奖励机制，有针对性地成立礼仪文化以及礼仪文化教育等相关课题研究组，定时开展相应的礼仪文化教育课题研讨会，制定适合学生的新兴校园行为规范。

其三，发挥礼仪文化教育主体的渗透导向。发挥礼仪文化教育主体的渗透导向作用，就是在教育过程中，要遵循学生的思维成长的可塑性规律，发挥集体和环境的渗透影响作用，把学校礼仪文化教育渗透到各项工作中，在学校范围内形成合力作用。学校礼仪文化教育工作者，不仅仅要在课堂内传授礼仪文化的基础概念与理论知识，更要将学生的礼仪文化素养培育工作融合进新媒体时代的新兴进步思想当中，融合进学校礼仪文化教育与管理工作的方方面面，充分整合运用新时代下学校内的一切合理资源，发挥学校礼仪文化教育的实效性机制。一方面，礼仪文化教育主体提升礼仪文化在教学过程中的言语通俗性、普适性，有助于学生理解传统礼仪文化的深刻内涵。面对各类性格特性、理解学习能力不同的学生，礼仪文化教育主体不仅仅要有足够的耐心去感化、倾听，同时也要因材施教，有针对性地进行礼仪文化引导，不可听之任之，任他们的道德水平、礼仪素养随意发展。① 礼仪文化教育中的隐性教育非常重要，开展学校礼仪文化教育工作的积极作用与意义应贯穿至学校工作的始末，将传承与创新中华民族传统文化的使命意识与学校思想政治教育相通相融，与新时代下礼仪文化教育形成合力作用，焕发勃勃生机。

其四，创新礼仪文化教育主体的教学理念。学校礼仪文化教育不应仅停留于理论教授与吸收的环节，需要将实用性体验突显出来。例如，在传统礼仪文化基础的学习和解读上，学校教育主体在课程安排和教学任务布置中增添礼仪情景模拟和实践环节；礼仪文化的实践运用不仅关注现实生活中的行为，也强调网络社交平台礼仪文明的应用。要引导学生正确应对网络"键盘侠"，并学会以礼仪文化理念化解网络社交摩擦。也就是说，要根据学生之间不同的特点选择相应的教课语言与传授方式，以适应不同成长环境和经历、性格迥异、道德理念接受程度与自我行为品德约束力存有差异的学生们的需求。同时，紧跟时代步伐，以最浅显易懂的言语方式表达给学生，常识性的概念也应以最贴近信息化生活、贴近青年人思维的方式来表达，并积极感知和补充新时代的礼仪文化建设的新成果，助力学生成长成才。

2. 加强教育客体建设

在新时代的学校教育中，逐渐弱化了教育主体和教育客体之间的明确分界，教学角色也时而互换，主客体双方都处于虚心学习、助推教育成果的合力当中。因而，作为学校礼仪文化教育客体，学生肩负起内部自我教育与学校礼仪文化外部教育的内外呼应，提高学生礼仪素质和思想道德素质是建设

---

① 王静云. 文明礼仪教育的现实意义 [N]. 人民政协报，2019-01-31 (9).

中国特色社会主义事业的必然要求。

其一，契合传统礼仪文化理论认同。礼仪文化教育是实现文化认同与社会认同相统一的基本途径，而基于相同的文化基因，文化认同是民族认同的根基，社会主义精神文明社会依赖于文化认同和社会认同基础上的民族凝聚力。文化的历史演进牵动着国家的经济命脉，欲铸就文化中国，重筑传统文化自信，要从多元、多样文明对话角度来看，传统礼仪文化是极其重要的文脉资源，儒家思想的核心价值"仁义礼智信"延绵千年依旧闪烁出其独特魅力和智慧光芒。因此，强化传统礼仪文化思想，才能适时保障学校礼仪文化教育的正确引导。一方面，弘扬"恭、俭、礼、孝、义"的传统美德以及中国特色社会主义核心价值观。一切思想激流与文化发展都需要站在政治主旋律的基础上，在马克思主义的巨梁上坚持中国特色社会主义共同理想，运用社会主义核心价值观主导学校礼仪文化建设。另一方面，学校应充分尊重并包容学生的特性，以"礼"渡人，以情铸"礼"。青年学生是最有朝气、最有活力的群体，任何教育都不应打着"塑造"的旗号消弭他们的活泼本性，那样只会造就千人一面的木头人。因而，学校在礼仪文化教育进程中应当融入礼仪情感，礼仪文化学科教师应以"情"增强学生的礼仪文化价值认同，以自身气韵品行和思想高度感染学生。包容学生个体思想和行为的差异性，有的放矢，因材施教。同时，在礼仪文化教育教学中，教师应与时俱进地引领新媒体时代网络伦理价值观，带领学生在实际生活中成为高文化水平、高道德水平的"双全"人才，学校的德育礼育环节则显得尤为重要。素质教育、礼仪教育的大旗高举了许多年，国民上下皆对一度不以为然的传统礼仪文化重新给予重视，重温《弟子规》《大学》等优秀传统礼仪文化经典篇章，并将其引入校园的政策已颇有成效。此外，学校礼仪文化教育客体建设还需要教育主体对学生进行正面激励，以"鼓励式"思想引导为主，鞭策纠正为辅。

其二，提升学生自我道德修缮水平。社会群体由个人构成，个人是社会组成下的单元细胞，当代学生的文化修养与礼仪道德修缮水平会直接影响构建社会主义和谐社会、推动中华民族伟大复兴大业的进程。寻求核心价值的统领力，提高社会文化认同度，礼仪文化教育将发挥极为重要的作用。人的精神境界和行为表征能凸显出一个人的文化气质以及品行涵养。礼仪文化教育就是在继承优秀传统礼仪文化的同时学习如何做时代新人。即如何做文明之人、有礼懂规矩之人、儒雅宽和之人、服务社会发展之人。没有规矩难成方圆，因而要在行为礼仪规范上对青年学生加强约束。提升自我道德教育水平，增强自控能力，就必须要做到"自省""自爱""自立"。首先，要做到"自省"，中国传统思维是呈"谦虚内敛"状，强调自我约束与内在革新。在传统礼仪文化之中，"自省"是提升自身修养、锤炼个人品质的最基本要素，并在"自省—改变—复省"的循环中实现自我精神的升华。其次，要做到"自爱"，成为一个真正意义上具有独立人格的、完整的自由人。最开始，就要懂得自尊自爱，只有足够了解自己、保护自己、反省自己，才能顿悟，感受精神道德层次的满足，才能去自信勇敢地追求梦想。最后，就是"自立"，尊重自我、反省自身，最终都是为了自我革新、自我完善、自立自强，更加全面发展，成为更好的自己。

3. 加强礼仪教化新体系建设

蔡元培先生说过，要有良好的社会，必先有良好的个人，要有良好的个人，必先有良好的教育。教育是国之大事，礼仪教育作为标志着社会文明程度的重要课程，对内提升人民群众道德水平，对外规范人民群众举止行为，对个体之成长、秩序之稳定、社会之文明具有重要意义。建立起一套适合各年龄、各行业发展的教育体系，把礼仪教育贯穿其中，主要从实践教育、道德教育和社会教育入手，进一步完善国民教育体系。首先，在实践教育中融入更多的礼仪指导。学校是每个人接受教育的地方，也是容易犯错的地方。从幼儿园到小学，从小学到中学乃至大学，都要加强礼仪教育的实践性。根据不同年龄段开设相关的礼仪课程，如幼儿阶段，可以开设学习《三字经》《千字文》等课程，课程重点是引导孩子对其中涉及礼仪的内容在平时生活中多练习、多实践，从而加深对礼仪规范的理解；中小学阶段在幼儿园的基础上，开设更高难度的课程，可编排《论语》《大学》《中庸》《孟子》等课程，并要求学生进行情景演练，进一步强化礼仪教育；大学阶段可以开设一些选修课，如精研《礼记》《周礼》《仪礼》等，让学生对礼文化从宏观进行把握，对古代礼仪有更加深入地了解。其次，在道德教育中更多地借鉴礼仪经典。"对考虑自己行为的个人来说，他的良心是唯一可能的道德导向。"① 人之所以异于动物、禽兽，是因为人具有道德理性、礼仪风范，而这种道德素质和礼仪修养源于礼仪教育。礼仪文化是开展教育的重要资源，其所倡导的君子人格、处世风格，都值得我们仔细研究，并将其融于当下的时代发展中。道德教育旨在培养具有公共意识的人民群众，锤炼人民群众的道德品格，使其在社会生活中展现基本的礼让精神。最后，注重社会教育对人民群众的引

---

① 库利. 人类本性与社会秩序 [M]. 包凡一，王源，译. 北京：华夏出版社，1999：259.

导作用。"礼不是形而上的抽象说教，而应该是实实在在地体现于社会生活中。"① 社会相较于家庭和学校，是一个更广泛、更严格的教育场所。各行各业应当发挥本行业的特色优势，对社会人民群众展开有针对性的引导，搭建实践教育、道德教育和社会教育的多维度礼仪教化新体系，发挥礼仪教育对人民群众的实际指导和规范作用。

礼仪文化作为社会文明的标志，通过内外结合、双管齐下来提升人民群众的道德素质、规范人民群众的举止行为，成为建构社会公共秩序的文化基因与基本遵循。当下社会正处于现代化的进程中，但礼仪文化教育仍然是公共秩序建构过程中的重要文化力量和首选文化之路。

4. 注重新时代教育环境建设

知，是行之始；行，是知之源。在树立礼仪文化理念的自觉与自信后，外化为礼仪行为日常，将礼仪文化推进生活的方方面面，成为举手投足间最惯常的存在。而人的习性素养与后天接受的教育和所处的环境氛围都有莫大的关联性，因而学校教育环境建设亦是礼仪文化教育的主阵地。

其一，设计人文式礼仪关怀教育环境。人的习性素养与后天接受的教育和所处的环境氛围都有莫大的关联性，因此要将礼仪文化以隐形熏陶的方式充斥在校园当中，使青年学生在不知不觉中受到礼仪文化的精神洗礼与熏染。如此，校园儒雅知礼的人文关怀氛围必然成为孕育良好礼仪文化教育的优渥土壤。在新时代的大环境下，要想达到学校礼仪文化教育的成效，应该采取以下措施，改善学生礼仪文化交往环境：一方面，设定具有"人文关怀"的仁爱校规。从学生出发，让学生无时无刻地感受到母校的温情，自然有助于礼仪文化教育。加强沟通，关怀学生的身心健康同样必不可少，要让礼仪文化思想真正进教育、进生活、进心灵。另一方面，让礼仪文化教育在学校思想政治教育工作中"活"起来。礼仪文化理论基础的培养在礼仪文化教学课堂中并不难做到，传统礼仪文化进课堂、进课本最基础的是理论知识教育，让礼仪文化思想走入学生的生活和头脑才是学校礼仪文化教育所追求的目标。在课堂教学任务完成之余，学生的心理成长、思维变化与感受感情都应成为礼仪文化教育过程中所需要关注的课题。学校礼仪文化教学培养目标要和学生的认知能力、生理成长阶段、心理称职需求相契合，让传统礼仪文化思想融于现代生活、植根于学生的头脑和心灵。

其二，引导礼仪文化观念宣传风向标。要加强学校新媒体的舆论引导队

---

① 张仁善. 礼·法·社会：清代法律转型与社会变迁 [M]. 北京：商务印书馆，2013：53.

伍建设，使之成为校园新兴的礼仪文化教育力量。学校须立足于学校实情，结合本校专业特色以及学生特点，真正将礼仪文化理念贴近实际、贴近生活、贴近学生。要使礼仪文化思想融入学校的日常运作以及学生生活中，并制定出相应具体的实施礼仪文化教育的阶段性安排、科研经费计划①，使有研究热情的师生能够有的放矢，让礼仪文化研究在校园内形成规模。学校推进礼仪文化教育进程，必须全力运用一切方法和手段，与新时代接轨、与国际化接轨。当前，学校礼仪文化舆论环境作用有弱化趋向，既会削弱礼仪文化课堂教学的实际教育成效，也会因忽视校园环境的文化教导作用而阻碍思想政治教育工作的推进。因此，营造校园舆论环境需要强化对礼仪文化的重视，打破原有的对文化环境的认知阻碍和瓶颈困境。科学合理地发挥礼仪文化教育对校园舆论和大学生思想的软渗透作用，从而从根源上坚固其中国特色社会主义共同理想，抵御一波又一波来自西方社会的不良社会思潮的冲击。值得关注的是，当前大多数学校没有形成完善科学的"礼仪"评价评估模式，这也是阻碍营造校园礼仪文化氛围的重要原因之一。要从思想根源着手，辅以激励诱导机制，才能使得礼仪文化风气在学校内稳稳扎根，并能形成规范学生行为举止的长久约束监督力。② 同时，还可根据学校风格和学校历史设立有关传统礼仪文化校规校训，在校内形成礼仪文化校风，也为中国传统礼仪文化宣传与承接提供可靠的制度后盾。巧妙运用学校各种媒体宣传礼仪文化也起到事半功倍的效果，可运用学校智能化的信息技术设施为学校师生打造更为便利高效的学习、生活场所。因而，礼仪文化教育的"软渗透"理应充分利用学校媒体宣传资源。③ 譬如，教学楼走廊滚动字幕的电子屏、校园内各类媒体宣传栏、校园广播等，皆可纳入礼仪文化教育的日常行列，甚至校园手机的信息实时推送传统节日祝福、解锁传统礼节的幽默段子，既不会造成学生的反感，又可以在无形之中"吸粉"，强化礼仪文化观念。

其三，结合现代传媒手段。网络的发展，使得各大平台成为社会礼仪的风向标。各大主流媒体应借助各种传媒手段，加大力度宣传我国的优秀传统礼仪文化，弘扬礼仪文化的内涵和精神，强化社会成员对礼仪文化的认同，引导人民群众在生活中自觉践行；文艺界工作者身体力行、以身作则，在各种

---

① 王艳雯. 论礼仪教育对优化人文环境的作用［J］. 河南教育（高教），2018（10）：51-53.

② 靳珠珠. 浅析大学生礼仪教育存在的问题及对策［J］. 法制与社会，2018（21）：198-199.

③ 严琰. 高校大学生思想政治教育中开展礼仪教育的措施和价值分析［J］. 中国多媒体与网络教学学报（上旬刊），2018（3）：47-48.

宣传活动、新作品发布时，自觉承担起相应的社会责任，弘扬社会主义核心价值观，引导人民群众崇尚我国的优秀传统礼仪文化。我国教育存在着严重的"偏科"现象，对体育类、文艺类的课程重视程度远不及主科，要"强调德行兼备，有德有才，把德行的修炼作为教育的首位"①。一方面，要合理利用微博平台。微博占据国内新媒体传播媒介的半壁江山，以学生为主要使用群体，他们对微博的钟爱可以成为开展礼仪文化教育、培育文明国体礼仪的好契机。学校使用官方微博账号，发布传递正能量的礼仪文化内容，扩大影响，同时账号也可以交给学生轮流"值班"更新，既不会增加礼仪文化教育老师的工作量，又能让学生主动融入其中。另一方面，是有效利用微信平台。微信作为微时代的产物，已成为继腾讯 QQ 之后流行的交流通信方式，它在多数时候替代了手机短信和电话的功能，集出行、付账、打车等生活功能于一体，成为每部手机里每日必用的 APP。以微信建群、打造礼仪文化公众号、轮流推送礼仪文化新鲜事等全新教育方式促进师生的平等对话，创建礼仪文化学习小组。以学生的交流浏览习惯传授礼仪文化，把各类礼仪通过网络随时随地传递给学生。

三、培育公共空间的互敬世情礼仪

社会是精神文明建设和物质文明发展的大场域，也是检验个体是否具备基本礼仪素养的外界环境。每个社会成员都是独立的个体，每天都生活在各种各样的公共领域中，必然接触或使用公共资源。而公共资源的运行与处理，往往会因使用者价值理念差异以及需求差异，产生各类冲突和矛盾。如何缓解各种社会矛盾冲突、如何树立公共空间的礼仪规范、如何营造整体的环境氛围、如何充分利用传播手段加强宣传，是推动礼仪文化建设的重点努力方向。

（一）构建丰富的内容体系

1. 树立公共空间的文明礼仪规范

2019 年中共中央印发《新时代公民道德建设实施纲要》，标志着我国社会主义精神文明建设的进步和完善，旨在进一步推动我国公民道德建设、促进社会文明发展，也表明礼仪文化对公民行为活动的重要作用。在我国，公共空间、公共场所的生活占据了个体生活的很大比例，处于这样的公共空间

---

① 卢先明. 依托中国传统文化增强高校思想政治教育实效性［J］. 湖南师范大学教育科学学报，2010，9（4）：47-50.

每个人应该更加讲文明、讲礼貌、讲诚实、讲信用。每个公民做到明礼诚信，不仅维护了群体之间的和谐关系，也有助于提升中国在国际世界的国际形象和国际地位，让国际上其他国家认可我们国家的文化，尊重我们国家的文明。

礼仪文化是中国社会约定俗成、律己敬人的道德规范和行为系统，其所蕴含的精神内涵为树立公共空间的文明礼仪规范提供了借鉴。

其一，明礼的基本素养。顾希佳认为："礼是人类社会为了维系社会的正常生活秩序，而所需要共同遵循的一种行为规范。它既表现为外在的行为方式——礼貌、礼节，又表现为更深层次的精神内涵——道德修养。"[1] 在迎接北京奥运会之时，中央文明办组织编写了《迎奥运讲文明树新风礼仪知识简明读本》，该读本提出，"崇尚礼仪既是中华民族的优良传统，也是现代社会公民必备的基本素质和精神追求"[2]。可见，明礼是公民的基本素养之一，不知道何为礼、如何行礼将会对人的发展造成负面影响。

其二，敬让的待人原则。人生活在世界上，总是处在不断地与人交往中，而与人交往的首要原则就是"敬让"，这也是公共空间公民相处遵循的基本规范，尊重、尊敬他人，礼让、辞让他人。金正昆先生认为："'礼'的本质之一就是敬人，在待人接物的基本态度上予人以尊重。"[3] 敬让的原则是在现代生活中转化而来的，其源头早在"礼"的典籍中就已经存在，"是故，隆礼由礼，谓之有方之士；不隆礼不由礼，谓之无方之民。敬让之道也"[4]，提出遵从礼仪是践行敬让之道，阐明恭敬礼让的道理。"敬让以行，此虽有过，其不甚矣"[5] 提出在公共生活中，个体之间相处遵循敬让的原则，即使有矛盾或冲突也不会造成太严重的后果。

其三，仁爱的善良情怀。倡导性善论的孟子提出"心之四端"，即"恻隐之心，仁之端也；羞恶之心，义之端也；辞让之心，礼之端也；是非之心，智之端也。人之有是四端也，犹其有四体也"[6]。置于四端之首的就是"仁"，可见作为一个独立的人，具备仁爱的善良情怀有多重要，它是个体见到可怜之状心里涌起的最真挚的情感，是人的本能反应。在现代化的进程中，再度

① 顾希佳. 礼仪与中国文化 [M]. 北京：人民出版社，2001：15.

② 中央文明办. 迎奥运讲文明树新风礼仪知识简明读本 [M]. 北京：学习出版社，2007：2-3.

③ 金正昆. 孔子之"礼"新探 [J]. 江西社会科学，2017，37（5）：243-249.

④ 胡平生，张萌. 礼记：下 [M]. 北京：中华书局，2017：954.

⑤ 胡平生，张萌. 礼记：下 [M]. 北京：中华书局，2017：1051.

⑥ 方勇. 孟子：第2版 [M]. 北京：中华书局，2015：59.

提起仁爱情怀，强调善良之心，是因为社会出现了一些负面的问题，亟须纠正这样的不正风气。

其四，诚信的基本品质。诚信不仅是社会主义核心价值观对公民的基本要求，也是礼仪文化强调的重要精神价值。对商人而言，诚信的品质可谓关乎其生意强弱，做生意以诚信为行为准则，得到业界的一致好评才能获得"儒商"的称号。从商人这样的职业扩展开来，诚信不仅是职业道德规范之一，也是公民行走于社会的基本品质，缺失了诚信的品质，对其事业、人生的发展将有害而无利。

2. 传承和赓续礼仪文化基因

文化是一个民族和国家长期发展、繁荣稳定的原动力，文化的形态孕育了社会发展的样式，它融于事物之中，凝聚物之意义和观念。礼仪文化是中国家国同构社会结构中的独特部分，其辐射的区域广泛，调控的领域众多，不仅对民众生活的各方面进行规约，还为社会治理的开展和进行提供了良好的文化遵循，更为社会治理共同体的构建奠定了坚实稳固的文化基础。

社会治理共同体的构建不是一朝一夕就能够完成的，它是一个长期、复杂、艰辛的过程，不仅是基于共同的环境、地域和利益形成的有机体，更是文化认同基础上的深层次治理。"礼"虽历史久远，但其文化脉络清晰，大致产生于上古时期，形成于西周时期，光大于春秋战国时期。礼仪文化发展至今，随时代变迁而损益，因现实需要而调整，然其内涵是一脉相承、历久弥新。"礼治"思想也由来已久，春秋战国时期各家就主张以礼治国，倡导建构礼治社会，因为"'礼'向上连接'德'，是'德'落实的保障；向下则连接'法'，是建立法律制度、执行法律的指导思想"①。礼仪文化介于成文法律和不成文条约的中间地带，在实际的社会治理过程中集两者的作用于一体，是社会发展、民族昌盛、国家繁荣过程中天然形成的文化基础，是潜藏于人民内心的一种内在道德力量。

礼仪文化是中华民族世代沿袭的文化传统，根固于悠久的历史长河中，发展于缓慢的时空交替里。社会治理共同体的治理主体最终归结于人，人的创造性和能动性保证了社会的稳定发展。礼仪文化之于人的精神、道德、观念的作用是潜隐且巨大的，它是人的更深层次的心灵秩序的规约。其所涉及的礼义和礼制两方面的内容，是社会治理的重要依据。一方面，礼义是主体

---

① 张践. 德导、礼齐、法治——儒家社会治理思想的启迪［J］. 孔子研究，2015（2）：13–20.

的行为依据。礼义是对作为主体的人而言的，只有人才有礼义廉耻、仁义礼智信，故而礼义是人的行为依据，是作为社会存在的人的行为规则，只有符合人伦道义、社会规范的行为主体才能积极地投身于国家治理体系和治理能力现代化的建设之中，才能融入实现伟大中国梦的征程之中。另一方面，礼制是国家的制度保障。礼制是礼仪文化在制度层面的体现，这部分内容通常被国家的统治者所运用，因其与执政目的相一致，故而能将礼仪应用到对社会和人民的治理之中去。"在儒家的社会治理思想体系中，'礼'是连接'道德教化'与'刑罚治理'的关键环节，也是中国式的'法治制度'的枢轴。"① 文化孕育制度的诞生，制度是文化的外现，这两者之间存在着互联互动的关系，通过弘扬礼仪文化的丰富内涵，才能在社会治理共同体的构建中传承中华民族的文化基因，彰显中国文化力量。

3. 着力培养和强化公共精神

社会治理共同体是新时代的一个课题，是社会发展过程中必然衍生的命题，更是国家治理现代化的重大突破，构建社会治理共同体是"新时代打造共建共治共享社会交互性关系的重要目标"②。在礼仪文化中蕴含的优秀文化因子，随着社会发展而日益丰富，在历史长河中展现勃勃生机，不断影响着个人、民族和国家的精神面貌。古往今来，礼仪文化已成为中华民族的基本特征，如何运用礼仪文化应对新时代的治理问题，需要在深入理解和掌握其内涵的基础上，结合时代做创新性发展、创造性转化。

共同体是有共同目标指向、基于价值认同基础上的群体关系，因而在构建过程中更加强调公共性，如何培育民众的公共精神以及在实现社会治理目标中如何发挥民众的公共精神是构建社会治理共同体的重要内容。阿伦特（Hannah Arendt）关于公共领域的理论认为，具有积极思想、社会判断力和共通感的民众能够积极参与其中、推动公共生活的发展，"秉承公共精神、关心公共领域、积极参与社会政治生活的民众关系到社会治理共同体运行的成败"③。"公共精神是指民众在社会公共生活中表现出的关注整体发展和公共事务的价值趋向，是具有强烈的参政意识、协作态度、批判精神，掌握民众

---

① 张践. 德导、礼齐、法治——儒家社会治理思想的启迪 [J]. 孔子研究，2015（2）：13-20.

② 张磊. 社会治理共同体的重大意义、基本内涵及其构建可行性研究 [J]. 重庆社会科学，2019（8）：39-50.

③ 汪晖，陈燕谷. 文化与公共性 [M]. 北京：生活·读书·新知三联书店，2005：70.

技能等的思想境界和行为表现的总称。"① 公共精神是民众关注公共领域事务、关心公共生活的表现，更是民众作为行为主体对公共场域的参与态度和参与意愿的体现。文化是一个人行为发生实质性改变的原动力，任何其他的说教都不抵文化的效用之大，故而培育民众的公共精神需从具有核心地位的礼仪文化入手。其一，践行礼仪文化的中庸理念。中庸理念是对事情完成度的描述，中庸是近乎完美的状态，即避免了过分和未及两个极端，讲究事情的系统性和整体性。强化公共精神需要运用中庸思想宣扬的价值准则，注重"中"的思想对民众的引导，"中国古代哲学的'中'之思想，是人们在处理社会关系的过程中，每个人发出的各种精神力量、物质力量相互作用所形成的合力所造就的必然的人际关系准则"②。合力是基于个体公共精神基础上产生的，"中"的理念即提高民众对社会公共事务的参与意愿，增加对公共生活的关心程度。其二，发扬礼仪文化的协作精神。个人之力总是渺小的，无数个体的凝聚力量必定是无穷的，而应对社会治理问题必然要培养民众的协作精神，每个人只有在与他人的协作中，才能发挥更多的价值。孔子说"安上治民，莫善于礼"，运用礼仪文化对民众进行教化和引导是社会治理的上策，强化民众在公共领域的协作精神，努力提升民众在公共事务上的参与热情和参与能力，让个体的价值在相互协作中得到体现。

4. 巩固和发展社会礼仪文化

习近平总书记说："培育和弘扬社会主义核心价值观必须立足中华优秀传统文化。牢固的核心价值观，都有其固有的根本。"③ 由此可见，中华传统文化为其他文化的繁荣发展提供了支撑，得到了大家的一致认可。一种文化的发展关键是其核心价值的弘扬，且这种价值确实对民众的物质生活和精神世界具有一定的指导和丰富作用。礼仪文化随着时代发展去粗存精，其价值已经经受了几千年的考验，不仅在礼仪文化的范畴内有着核心作用，在道德教育方面礼仪文化方面也发挥了重要的指引意义。社会礼仪风俗的形成一方面需要从礼仪文化中寻找积极的文化因子，另一方面也是道德教育的成效展现，这两者的共同作用推动着社会各地风俗的形成、改变与发展。这种推动作用与法律、制度相异，它是以其文化的软控制作用来实现风俗的改变的，进而

---

① 韦仕祺. 公共精神的失落根源与矫治［J］. 人民论坛，2019（24）：54-55.

② 罗毓平. "中"之思想的普遍意义和恒久价值——以先秦儒家为中心的考察［J］. 学习论坛，2018（5）：72-77.

③ 习近平. 把培育和弘扬社会主义核心价值观作为凝魂聚气强基固本的基础工程［N］. 人民日报，2014-02-26（1）.

实现民众生活方式、思维习惯和行为举止的改变，也正是通过文化的弘扬与发展，把礼仪文化的规范和要求以更加隐性的方式融入民众的日常生活中，民众在礼仪文化的熏陶和感染下也会自觉纠正和完善自己的行为，从而发挥了礼仪文化对人的行为的调控作用，实现了道德教育提升人的道德素养的作用。

总的来看，培育和发展礼仪文化，主要是通过培育礼仪文化促进社会良好礼仪风尚的形成，良好的礼仪风俗不止能完善个体的行为，还能够净化社会道德风气、整治社会生活秩序，在这种良好道德风气和正常社会秩序环境下生活的个人，其身心才能健康成长。而培育和发展礼仪文化也是社会精神文明建设的重要内容，这是一项长期、复杂，需要集中多方力量才能实现的大事业，综合我国当前礼仪文化建设现状，学术界首先应该对传统文化价值理念和道德规范进行深度辨析，厘清误解，辨明真伪，从浩繁的历史资源中寻找可资借鉴的实践经验，以人文价值引导风俗，进一步发挥大传统对小传统的价值引导和规范作用。①

（二）培育的策略及路径

厚植良好的文化土壤，方能为社会治理共同体的构建奠定坚实稳固的文化基础。比如，改造节庆婚葬礼俗和公共规约礼制，发挥礼仪文化在社会治理过程中的软支撑力量，培育公共空间柔性治理社会，是更深层次的培育社会共同体的重要方式。它符合当前对传统文化创新性发展的文化建设主旨，既是我国在国家治理能力现代化层面的制度要求，也是我国社会治理格局的必然选择。

1. 引导并树立正确的关系理念

礼仪文化在目标追求上与社会治理是一致的，即遵循一套稳定的准则规范、追求构建和谐有序的社会，因为"社会治理的最终旨归是使每一个个体都能共享经济社会发展成果，都能获得安心、安身之所，从而实现社会的有序运行与和谐发展"②。故而礼仪文化宣扬的价值理念是社会治理过程中所需要的，是符合治理实际和民众现实生活的。

社会治理共同体是集多个主体、多种关系于一体的有机构成，"关系本身

---

① 段尔煜，张光雄. 核心价值观视域下现代礼仪之构建 [J]. 吉首大学学报（社会科学版），2019，40（4）：37-43.
② 洪波. "个体—共同体"关系的变迁与社会治理模式的创新 [J]. 浙江学刊，2018（2）：82-89.

即集合，或者被理解为现实的和有机的生命——这就是共同体的本质"①。滕尼斯认为共同体的本质是一种关系的体现，而各方关系融洽的最佳状态便是和谐，即每个人职责明确不逾矩、相互协作不推诿，从而形成良好的互动，这也是礼仪文化根本内涵的体现。礼仪文化教化的方式就是于细微处默默改变人的行为，以和谐的关系理念引导正确的方向，只有个体内在系统和谐才能构建融洽的群体关系，才能实现社会和国家的稳固，这种圈层式的和谐是相互影响、相互作用的，其关键是塑造一个内心和悦、外有品节的美好个人。

　　构建社会治理共同体的关键是基于一个共同的关系理念，只有这样才能发挥共同体的价值和意义。礼仪文化作为中华传统文化的核心内容，虽其总体产生于古代社会，但其流传几千年的哲学思想——和谐的思想无疑为社会治理共同体的构建明晰了关系导向。其一，和谐对个体而言是一种内在与外在融洽稳定的状态。社会治理共同体的逻辑前提是：人是治理的主体，事情或问题是治理的对象。要保证主体在治理过程中做出正确的决定首先是主体自我系统的和谐，以礼仪的要求来影响思想，进而调控外在行为，使其符合和谐的关系理念和礼仪规范。只有基于和谐的关系理念，控制个体的行为，使个人发展与社会发展合辙，才能实现民众的共同利益，达到社会治理的效果。其二，和谐于社会而言是社会正常运行的基本规律。社会治理通过运用礼仪文化的相关制度规约，使组织和部门的运行处于和谐的状态之下，实现各司其职、不相干扰、互商互量、相互合作的美好局面，以此达到社会稳定和谐的景象。共同体把每个单独个体凝聚成一个集体，以合力抵抗外在的困境，使个体的行为符合礼仪文化的伦理界域，把社会整体的运行限定在礼仪文化的标准内。和谐社会秩序的形成有助于个体"通过共同行动来展示人的社会力量，并通过共同行动去证明人的共同体生活"②。在公共领域中，践行和谐的关系理念，发挥民众集体的社会力量来应对社会问题，才能有效解决各种争端。

　2. 改造并重构节庆婚葬礼俗

　　仪式在公共空间礼仪的培育中发挥着重要作用。人们往往通过一系列的仪式行为，最后达到一种观念的共享。进而建构并维系一个有秩序、有意义、能够用来支配和容纳人类行为的文化世界。③ 节庆礼、婚礼、葬礼便是其中具

---

① 斐迪南·滕尼斯. 共同体与社会 [M]. 林荣远，译. 北京：北京大学出版社，2010：43.
② 张康之，张乾友. 共同体的进化 [M]. 北京：中国社会科学出版社，2012：354.
③ 詹姆斯·W. 凯瑞. 作为文化的传播 [M]. 丁未，译. 北京：华夏出版社，2005：9.

有代表性的例子。通过历史记忆与现实图景的对照①，我们发现，从形式上看，这三个礼仪文化子项传承得较好。但也应该看到，现代化进程中脱域机制的作用产生了象征意义的偏离。原先具有举国欢庆意义的节庆礼，人们投入的热情和精力却不如从前。比如，对除夕的期盼因担心吃太多影响健康而隆重性渐弱；走亲戚因为手机微信可以互致问候而变成了网上视频；做美食的快乐也因为有饭店直接预定而渐渐淡化。原先具有宣告意义和帮扶价值的婚礼，因为讲究排场而异化为相互比拼的战场，高价礼金成了压在低收入群体家庭头上的大山，以及部分青年选择不婚的助推器。豪华葬礼与墓地成为浪费金钱、破坏耕地及生态环境的典型。改造并重构它们成为我国移风易俗、推进社风文明的急迫举措。

就节庆礼仪来说，一方面，唤起人民群众对既有节庆礼仪文化的认同度与参与度。即强化仪式感在生活意义的效能、减少高热量食物供给的分量、约束酒店节庆日家庭性预定供给比重、增强传统节庆团圆喜庆的文艺宣传等。另一方面，结合时代特征，创造一些能够强化民族记忆、坚定共同理想的新兴节日庆典。如革命烈士纪念日，设定为全国人民共同悼念英灵的爱国主义教育日，尤其是大中小学生要以学校为单位、着正服、举办隆重的悼念活动；再如邻里联欢节，规定每个社区的邻里共同协商设计一个独特的社区标识，每年选一个周末，人人穿戴着印有社区标识的衣服或饰品，用一天时间进行联欢，犹如以前宗族的聚会，邻里们共同出力，聚在一块举办一场联欢会、一次聚餐或一次社区帮扶经验分享交流会等。

就婚礼来说，一方面，要搭建社区交友驿站。为"青年交友"提供真实可信的信息、为青年婚恋活动提供自由交往平台、为青年男女家政能力培训提供免费的良好师资，提高他们的结婚意愿。另一方面，培养人民群众的平等意识，赋予子女相等的地位，即现代婚礼仪式乃是青年男女从原有的家庭结构分离出来的、建立新的家庭组织的过程，新的组织之间只有对原有结构进行平等代际互惠才符合现代礼仪文化在家庭伦理中的规范。当然，这需要基层政府在进行长期性宣传的同时，配合学校、社会对人民群众的教育，修正他们的代际传承观念。

就葬礼来说，要打破重丧轻养甚至轻丧轻养的现象。首先，社区可成立白喜事理事会，密切关注丧葬仪式中各类元素的动态变化，警惕诸如丧事喜办的极端案例，降低脸面观主导下的仪式异化概率。其次，为村内老人提供

---

①　详见第二章

多样化的交流场所，由于社会交往的形成与否主要取决于居民之中是否在经济、政治、意识形态等方面有共同兴趣[1]，而老人们关注的共同点无非是自己的儿女。在这种环境下，社会交往形成后老人之间信息接收、交换速度快，更易了解现今大传统下实然的尽孝方式。同时，谁家孩子孝顺、谁家孩子不孝顺的信息会在社区内广为传播，经过社会道德的影响后就会形成舆论牵制，在一定程度上扼杀不孝苗头。最后，由居委会牵头宣传，通过自媒体向各楼栋留守老人的子女推送现代尽孝的先进事例，树立尽孝的典型榜样，让子女们了解小传统内应然的尽孝需求。

3. 拓展并创新公共规约礼制

科学技术的迅猛发展，给我们的日常生活带来了极大的变化。无论是时间上还是空间上都可以实现错位。因而，人们已经不可能完全依靠亲身体验去论证所有的公共规约是否合乎公共领域交往的需要。正如本尼迪克特·安德森（Benedict Anderson）所言，"政治共同体"是想象出来的。而制造这种想象的，主要是印刷术以及文化传播。当下，表达彼此信任的情感及信息，不再仅仅借助声音和纸张，还可依靠微信、QQ、微博、小视频软件等技术，使信息传播更加多元、便捷和新颖。纸短情长的隐喻和含蓄，已经大可不必了，因为对方的信息可能在瞬间呈现在眼前。但以"传播快捷性、表达交互性、内容随意性、言论自由"[2]为特征的新媒体，犹如一把双刃剑，海量信息的传输和呈现，容易导致短时间内将彼此的关爱消耗过快，相互之间的温情随之淡化得也就很快了。人们发现联系越来越方便，留给彼此的空间越来越小，对人性的考验则越来越大了；距离产生美的可能性变小了，远香近臭的效应越来越明显了。好事坏事传播的速度都极快。必须树立公共真实、全面、立体的形象塑造理念，制定公平、公开、透明的公共规约，如文明礼貌、谦让爱仁、遵规守法的行路礼仪、乘车礼仪、场馆礼仪、广场礼仪等。然而，根据人民群众年龄分布以及媒介使用习惯，一方面，保留传统纸质宣传方式。因为它们在特定场合适应于特定的对象，如报纸、书籍、画册对老人和孩童这样的特殊年龄群体更有吸引力，阅读和浏览更加方便和顺畅，宣传的侧重点要根据不同的对象进行调整，针对老人和孩童这类群体运用纸质宣传，这样呈现的效果比新媒体宣传更为有效。另一方面，对年轻人和掌握新兴技术

---

① 本尼迪克特·安德森. 想象的共同体：民族主义的起源与散布［M］. 吴叡人，译. 上海：上海人民出版社，2005：6.

② 常素芳. 马克思主义基本原理运用与高校思想政治理论课教学［M］. 北京：中央编译出版社，2019：20.

的群体，可以运用"融媒体"这类新型媒体，大力推动"融媒体"的使用，发挥其在宣传和传播方面的积极作用。把广播、电视、报纸等既有共同点又存在互补性的不同媒体，在人力、内容、宣传等方面进行全面整合，满足社会各年龄段、各群体的需求。

此外，尤其要制定新公共规约来规范网络媒体。它是"以现代化的计算机为平台将各种通信网络交织在一起、构成一个巨大的信息传播和交换的虚拟空间"①。它因信息交流速度快、信息量巨大、形式多样化、选择参与性强等特点，被称为"第四媒体"，逐渐成为人民群众互相交流、发表言论的重要场所，也逐渐成为捍卫公共利益、维持公共秩序的重要力量。如果在网络媒体中传播不精细、不规范的信息，有可能被误读或曲解，造成极大的不良影响；如果传播不真实、不客观的信息，有可能会成为敌对势力攻讦和打压的借口。因此，用科学方式传播真实、全面、准确的信息，用得体语言描述公正、包容、尊重的规范。还可以通过网络媒介联合网络平台、各大电台、主流媒体等报道优秀人物事迹、道德模范代表等，通过真实的人物示例感召人心，让大家能真切地感受到礼仪文化的教育和指导作用，规范个体行为、加强群体礼貌交往、促进社会文明传播等。同时，还要充分利用公共领域的各种公告栏、宣传栏等橱窗，张贴相关的海报、宣传册等，把礼仪文化渗透在生活的方方面面，发挥社会的隐性教育作用。通过多种传播方式，让社会成员多方面接触、了解和学习礼仪文化，从而进一步丰富礼仪文化的弘扬渠道。

四、重塑和谐发展的文明国体礼仪

泱泱华夏，大国典范。孔颖达说："中国有礼仪之大，故称夏；有服章之美，谓之华。华、夏一也。"② 这是在文明演绎过程中中华儿女集体选择并创建的稳定文化模式，亦即礼仪文化，它以敬和仁为主核，是规约全体社会成员的行为法则和道德伦理。它依托各种仪式及规范，形塑出推崇人伦、注重礼让、崇尚道德的社会共识，勾勒出中华民族公共秩序的搭建法则，彰显出中华民族公共文化的自信逻辑。

（一）推进政府柔性治理的举措

礼能够"序民人"，是极好的柔性治理手段。自先秦时期，人们便认识到

---

① 孙玉雯，王志红. 网络媒介的传播特点及对公共领域的作用［J］. 信阳农林学院学报，2019，29（1）：30-32，36.

② 阮元. 十三经注疏［M］. 北京：中华书局，1980：2148.

礼是维系中国社会善治的关键，礼仪既内涵道德元素也诠释道德伦理，强调"不学礼，无以立"。管子将"礼"视为治理国家的第一要素，指出国有四维，"一曰礼"①，它是维护社会秩序及制度权威的关键；荀子从人性的角度论述礼的重要价值，认为礼是理性精神和节制态度的表现，从而规范公民行为、协调群体关系、整肃公共秩序；孟子认为礼是依靠个体内在的价值标准，并随着时代的发展而变化；南宋朱熹则认为要通过礼仪修养心性，提倡践行礼仪的必要性。时至今日，与中国交往的友人，"要了解中国文化，必须站到更高来看到中国之心。中国的核心思想就是'礼'"②。在公共秩序建构的过程中融入礼仪文化的积极因子，通过提高主体道德素质、完善社会法律制度、搭建礼仪教育体系来培育文明国体礼仪。

1. 发挥礼仪完善制度体系的潜隐功能

在礼仪文化中一部分可操作的规范被纳入制度的范畴，使其具备制度的强制性和约束性，从而在政府的基层治理过程中能完善社会治理体系，进一步加大礼仪文化制度的实施力度。"社会制度总是根据一定的文化观念建构出来的，制度是文化观念的外化、固化、显化和对象化。"③ 社会的安全运行必然要依靠制度来保障其稳定有序、健康发展，在社会治理过程中也需要借助制度体系使其规范化和清晰化，以相关的礼仪制度为依据解决基层治理的现实问题。

礼仪文化是在长期的社会实践和政治生活中积淀下来的，它反映着民众的思想观念、社会的政治经济和国家的利益结构。在构建社会治理共同体的背景下，礼仪文化在制度层面的体现则是通过对政府举措、政策的解读辅以相应的软约束，进一步丰富和完善社会治理的制度体系。"社会治理建立在社会成员对共同的事物达成一定的共识与妥协的基础上，这不仅是礼仪文化与社会治理交集的体现，更是礼仪文化在推进和完善社会治理方面如何发挥功能的逻辑。"④ 在社会治理中融入礼仪文化的积极因素，不仅有助于加深民众对民族文化的认同感，更能激发民众对现行制度的自觉维护，从而形成有助于构建社会治理共同体的思想基础和理论基调。

---

① 管仲. 管子 [M]. 张小燕，译. 北京：北京联合出版公司，2016：6.
② 邓尔麟. 钱穆与七房桥世界 [M]. 蓝桦，译. 北京：社会科学文献出版社，1995：7.
③ 蒋璟萍，袁媛淑. 论礼仪文化促进社会治理创新的机理和路径 [J]. 湘潭大学学报（哲学社会科学版），2015，39（6）：21-24.
④ 李一. 网络社会化：网络社会治理的"前置要素" [J]. 浙江社会科学，2019（9）：81-87，157-158.

　　社会治理是一项多主体的治理任务，以人为本、以各主体间的合作为治理基础，良好的治理结果不能离开制度的保障和依托。礼仪文化作为刚性治理和柔性治理的结合体，弥补了其他制度的不足和缺陷，在实际的治理过程中能有效改善治理局面。一方面，礼仪文化补充了法律不能管控的边缘区域。有些社会问题很难在法律上界定其是否违法，而合理参照礼仪文化的伦理内容，分析其所涉及的事件主体、造成的社会影响，不难判断出其是否符合道德礼义的要求、伦理纲常的规范，因而就可以将其放置在礼仪制度的条条框框内，应用礼仪文化所宣扬的价值理念和思想内涵对其进行惩罚和处置，纠正长期存在的错误观念和行为，从而发挥礼仪制度在社会治理中的执行力和约束力。另一方面，礼仪文化发挥了非正式制度潜隐的教化作用。礼仪文化的很多内容是在岁月更迭中积累下来的，它有别于正式制度，或者说它不具备正式制度的特征，它是民众在一定的生活环境中口口相传、代代相袭的不成文的风俗、习惯、仪式等，这部分内容不能依靠强制力发挥作用，只能通过潜移默化的方式净化人们的心灵、规范人们的行为，深入内心世界，把礼仪文化的思想浸染到人们的潜意识之中，进而提高个体的内在自觉性、提升个体的道德品行，从而实现人际和谐、社会稳定的治理目标。

　　2. 弘扬礼仪优化公共服务的显性效能

　　礼仪文化在古代社会治理中扮演的角色近似于道德法律，古代统治阶级在实际的社会治理中运用最多的就是礼治。礼治成为统治者常用的一种方式，主要原因在于它不像法律强制惩罚给民众造成心理上的惧怕和恐慌，而是通过生活中的点滴渗透将其思想灌输下去。不可否认，民众生活、学习、工作的任何领域都有礼仪的参与和体现，尤其是公共性的事务，必然需要礼仪文化去调节和作用。

　　公共服务最大的特点就是公共性，而正因为此才会造成民众之间的争端，引发各类社会问题。解决社会治理中存在的诸问题，关键在于理解和把握社会治理的实质。唯其如此，才能从根本上把握社会治理本身的价值和意义。换言之，公共服务作为一项造福人民的事业，形式多样、内容广泛，是民众现实生活的必需，其出发点和落脚点都是为了丰富民众的社会生活，改善民众的生活环境，提高民众的生活质量，提升民众的幸福指数。如何调解公共服务方面出现的问题，进一步优化公共服务，加大公共服务的建设力度，实现社会对此类问题的"善治"，需从礼仪文化入手，以礼仪教化人心，以文化涵养品德。

　　礼仪文化在很大程度上是民众生活中的经验积累和习俗积淀，故而公共服务问题也是民众社会生活的一部分，公共服务建设得好无疑是对社会资源的合理配置，对社会成员共同财富的适当分配，对民众生活的质量提升，优化公共服务也必然是一项有利无害的任务，是社会治理不可避免的问题。礼仪文化在解决公共性问题方面更多的是从人的德性角度入手，从哲学思想高度出发来优化公共服务。其一，平等思想对优化公共服务的启示。公共服务因公共性而广泛助益民众生活的诸方面，但由于缺乏平等的使用权而造成很多问题，《论语·季氏篇》记载："丘也闻，有国有家者，不患寡而患不均，不患贫而患不安。盖均无贫，和无寡，安无倾。"① 国家的物产资源丰富，如果不能平等的分配和享有，势必会造成混乱，引发社会问题。因而，社会公共服务的优化要让平等的思想贯穿始终。其二，礼让思想对优化公共服务的意义。优化公共服务的目的是解决人民的生活需求，在原有的基础上进一步提升和完善。民众在享受公共服务带来便利的同时，更需要考虑如何处理在物质利益面前群体之间的关系。礼仪文化的礼让思想对这类问题的解决大有裨益，主要通过对个体德性的提升来化解矛盾。礼让即在公共生活当中，有意识地让长者、弱者先行，自觉遵守公共场所的规则制度，把自身的行为限定在礼的范围内，从而展现礼让的态度，实现公共服务的最大效用。

3. 彰显礼仪创新治理方式的和合动能

礼仪文化的功能是多方位的，它不仅在个人的生活、工作中起到一定的规范作用，更在社会领域中扮演着多重角色。构建社会治理共同体除了发挥礼仪文化作为文化本身的作用，更要激发礼仪文化在治理上的创新性。"在中国文化中，治理的核心在'治'，通过'治'达到社会秩序的条理化即'理'。"② 社会治理共同体是基于共同理念基础上的价值实现，价值实现又以和谐稳定的局面为基础，要实现和谐稳定必然强调"治"，通过合法合情合理的治理达到预期的效果。

礼仪文化是中国传统文化的重要一维，在社会治理中通过创新治理方式实现社会的健康和谐、稳定有序。礼仪文化作为社会治理的智力支撑，不仅关乎以上对下的治理效果，更影响效果之后的评价机制，即对某种治理方式实施后的反馈。社会治理主要是通过处于核心地位的人来推动和改变的，社会是由人构成的，只有人与人之间和谐相处，每个社会个体都基于同一目标而

---

① 杨伯峻. 论语译注 [M]. 北京：中华书局，2017：245.

② 王思斌. 新中国 70 年国家治理格局下的社会治理和基层社会治理 [J]. 青海社会科学，2019（6）：1-8，253.

不断按照礼仪的标准调整行为、加强能力素质，为共同体的利益而不懈努力，社会才会安定有序。反之，任何人的负面行为或不当行为都会给治理的结果造成影响。

构建社会治理共同体归根结底要从治理主体出发，如何创新社会治理方式、发挥治理主体的作用就需要通过礼仪文化来教化多元治理主体，使其在治理中以礼仪文化的丰富思想为指导，以人民的根本利益为出发点，共同打造一个和谐稳定的美好社会。礼仪文化作为中华优秀传统文化的一维，其中有关治理方面的思想为创新社会治理方式提供了许多借鉴。礼仪文化的很多内容是因时损益的，有用的、积极的内容对当今社会治理具有一定的指导意义。其一，分级排序思想对创新治理方式的意义。加强和创新社会治理，需要从创新社会治理方式入手，习近平总书记强调："要坚持问题导向，把专项治理和系统治理、综合治理、依法治理、源头治理结合起来。"① 这一社会治理新理念的提出，为创新社会治理指明了方向。礼仪文化所涉及的名分等级、长幼有序理念为社会治理提供了思想指导，使治理方式以礼仪文化的秩序范式、规范制度为参考，把社会治理朝向更好、更优的目标推进。其二，构建人际关系对创新治理方式的启发。"作为社会运行主体的人不是生物有机体意义的'自然人'，而是经过社会化并且获得社会性的'社会人'。"② 社会化是人的必经过程，在这一过程中人际关系的构建是不可或缺的，每个人都是社会网络上的一个结点，无时无刻不处在社会关系当中。礼仪文化倡导的仁爱、礼义、真诚、和谐的观点，无一不是对建立良好人际关系的有利指导，融洽和谐的人际关系不仅有利于社会治理的开展和运行，更能助推社会治理目标的实现。

4. 强化礼仪塑造民众美德的共鸣势能

"社会之良否，系乎礼俗之隆污。故弊礼恶俗，亟须厘正，以固社会根基。"③ 社会治理的目的就是实现社会的良好秩序，运用礼仪文化厘正社会的非道德、不合礼的现象，以此稳固社会发展的根基。而在这一过程中，民众的美德发挥着重大作用，从这一视角出发，礼仪文化在构建社会治理共同体的积极作用在于塑造民众的美德，以此提高民众在社会治理过程中的参与意

---

① 新华社. 习近平：完善中国特色社会主义社会治理体系 努力建设更高水平的平安中国 [J]. 中国应急管理，2016（10）：11.

② 毕天云. 礼：社会运行的基本规范 [J]. 福建论坛（人文社会科学版），2018（4）：149–156.

③ 金冲及，胡绳武. 辛亥革命史稿：第4卷 [M]. 上海：上海人民出版社，1991：108.

愿，把依靠政府、国家的治理力量分散到社会上的每个民众，凝聚民众的力量来推动社会的发展和进步。

美德之于人而言，是人的第二层外衣，它是隐藏于真实外貌下的内层涵养和道德修养，只有由内而外将这种美好的一面展现出来，才能得到外界客观公正的评价。"具有美德必定不仅仅包含对于有关他人情感的事实的敏感性作为以特定方式行事的理由，而且还把关于正当性的事实的敏感性作为特定方式行事的理由。"① 故而，民众美德对个人处事极为重要，它是正当性的展现。礼仪文化对于个人美德的描述有很多，分别从不同的角度阐述了个人的美德品质，突出了美德的重要性，促进社会形成良好的向善、向美风尚。

礼仪文化蕴含的丰富内涵对构建社会治理共同体而言，就是要激发民众内在的参与意愿，提高对社会公共问题的认知，积极主动地参与社会治理，自觉把礼仪文化宣扬的价值理念真正的落到实处，让知行合一成为一种习惯，并使其产生积极的效用。正如梁漱溟所说："当习惯未成时，即不够落实巩固时，每要随时用心揣量而行，效率甚低；及至熟练后，不须劳神照顾，便自敏捷而显著成绩。"② 其一，礼仪文化倡导的仁爱思想可上升到博爱高度。"仁"的思想是礼仪文化中的重要思想，《论语》中多次记载关于"仁"的对话，强调个体对待他人的基本态度，而当前构建社会治理共同体必须把仁爱的思想推广开来，即上升到博爱高度，表现为对社会成员的广泛的爱，只有这样才能在处理公共性问题时推己及人、换位思考，把对他人的爱展现出来，而非局限于少数群体间的小爱，抑或是熟识乡亲间的仁爱。其二，礼仪文化强调的真诚思想可推广到各类行为主体。社会治理首先是由于出现了各种问题，针对问题而提出的有效的解决办法，但很多行为主体出于各种各样的原因，隐藏或隐瞒了问题的真实情况，以期实现个人的利益目标。故而，礼仪文化强调的真诚思想，即毋自欺、无所欺，从思想层面把控行为主体的内心想法，避免产生不恰当、不合法的虚假言行，从而在治理源头上实现思想上的灌输，引导行为主体以真诚、真实的态度应对所涉及的问题，可以有效降低社会治理的难度。

5. 发掘礼仪融合道德理性的涵育功能

社会治理的目标"是建立合理的社会秩序和人伦关系，所有人都应该纳

---

① 金冲及，胡绳武. 辛亥革命史稿：第4卷［M］. 上海：上海人民出版社，1991：117.
② 刘梦溪. 中国现代学术经典：梁漱溟卷［M］. 石家庄：河北教育出版社，1996：691.

人由名分所规定的礼的秩序之中"①。礼仪文化是社会文明发展的历史脉络和精神规律，其所构建的一套宏大的文化体系，把社会民众、社会秩序以及基于主体和社会产生的各种关系都涵盖进来，不论是社会秩序的建构还是人伦关系的处理，必然都涉及作为行为主体个人的道德情感，缺乏这种内在的道德修养，治理的实效性、持久性以及共同体的利益都将大打折扣。

理性是相对感性而言的，是在表面感觉和知觉基础上的更具逻辑推理的思维活动。"道德是社会生活的产物。个体自降生就置身于人类世世代代创造并积累起来的社会文化成果的背景之中，处在社会道德准则交织而成的网络之中。"② 所以道德理性即将理性思维应用到道德领域，以此凸显个人的道德品质，体现个体思考全面的行为活动。理性认知和理性分析在个人的情感行为中起到积极的推动作用，但这种道德理性需要礼仪文化进行培养和强化，只有不断通过礼仪文化的涵育和教化，礼的思想才能深入民众的内心，才能贯彻到日常的生活行为中。

礼仪文化作为中国精神的伦理体现，不仅是个体精神道德的归依，更是中华民族的精神家园，具有永恒的价值。在构建社会治理共同体中融入礼仪文化倡导的道德准则，将有助于强化民众在参与公共事件中的道德理性，进一步提高民众的道德认知和道德能力。其一，深化礼仪文化的涵育作用。"礼"是"中华民族由初民社会向文明社会转化、人的精神由自然状态向实体状态转化的文化'脐带'"③。在社会治理中，民众的参与意愿以及精神风貌都影响着治理的过程和进度，良好的礼仪素质、道德品行不仅是个人美好形象的展现，更会影响集体的行为选择。在实际的公共生活中，民众应借鉴礼仪文化中的治理思想，更加理智地对问题加以分析和辨别，更加理性地处理所涉各行为主体之间的关系。这样才能强化自身的道德理性，发挥礼仪文化精神内涵对民众的涵育作用。其二，发挥礼仪文化的教化作用。"真正最高之道德活动，应自觉的为社会之道德之促进，而从事文化活动，以实现文化价值。"④社会治理是"公"的一面，即社会民众普遍的、公共的事物，而"私"则是"公"的对应面，"私"是个人的、隐私的存在区域，如何将个体"私"的一面融入"公"的事物中，则需要发挥礼仪文化的教化作用，以公共的、

---

① 吴树勤，刘晓东. 传统儒家礼仪教育与民众生活价值的自我实现 [J]. 山东社会科学，2014（11）：147-152.

② 胡林英. 道德内化论 [M]. 北京：社会科学文献出版社，2007：120.

③ 樊浩. 中国伦理精神的历史建构 [M]. 南京：江苏人民出版社，1992：79.

④ 唐君毅. 文化意识与道德理性 [M]. 桂林：广西师范大学出版社，2005：496.

集体的为最高道德活动，进而从自身道德理性出发，以道德行为促进社会活动的开展和进行，以此实现礼仪文化的价值。

（二）增强政府引导礼仪建设的向度

马克思主义认为国家是社会发展到一定阶段的产物，国家是有着相对稳定的地域、相对集中的人口和独立的最高公共机构的社会共同体。[①] 在一个国家之中，最高的公共机构就是政府，它是行使国家权力的机关，是国家性质的实现者、体现者和代表者。政府作为文化工作的组织者、推动者，其观念、职能、方式不断调整、提升，体现了文化发展的内在要求。礼仪文化建设与发展既有其自身的发展规律，同时也受到社会发展的影响，政府作为社会文明发展的重要推动者，其文化观念、文化职能、政策制定对礼仪文化建设的影响十分重大。推动中华优秀传统文化传承、加强当代礼仪文化建设，政府可以从以下四方面着手，通过多方面的共同发力促进中华文明持续发展、人类社会不断进步。

1. 政府应坚持与时俱进、应时而动的理念，推动礼仪文化建设

理念是政府加强建设、推动发展的先导，它决定着礼仪文化发展的方向和重点。古代社会政府在加强礼仪教育时就注重理念的引导作用，礼官制定相关的礼仪规范和要求是根据当时社会发展的现状，将对民众普遍的要求纳入其中，以解决当时社会存在的问题。通过层层渗透的原则，先由地方官员学习、理解、掌握相关的礼仪规定，再在地方颁布相应的规则政策，让基层的老百姓能参照礼仪制度来规范言行、完善自我。古代礼仪教育主要通过"在民间普及，主要依靠地方的力量，通过频繁演示各种仪式来推广"[②]。政府在组织这类活动的同时，民众也接受了一定的礼仪教育。而对比现代社会，政府推动文化发展不仅停留于让民众被动地接受，还要将其转化为主动学习和积极参与。理念随着社会发展也发生了相应的变化，现代社会需要构建一个服务型、责任型、法治型政府，这是政府在文化建设中的职能体现。

礼仪文化在规范公民行为、提升道德素养方面的作用是显而易见的，而政府作为推动礼仪文化建设的重要力量，在这一过程中要转变过去旧有的理念，努力构建自身成为一个服务型、责任型、法治型的政府。服务型政府是基于最初的目标，政府的宗旨就是为人民服务，礼仪文化属于文化建设的重

① 景小勇. 政府与国家文化治理 [M]. 北京：文化艺术出版社，2016：3.
② 罗晓林.《礼记》中的传统礼仪教育方法及其现代价值 [J]. 湖南师范大学教育科学学报，2011，10（3）：108-110.

要内容，也是人的精神世界的重要部分，加强礼仪文化建设就是把为人民服务的理念从物质层面上升到精神层面，精神相比于物质是更加深层次的东西。礼仪文化给人最明显的改变就是外在行为方式的改变，而内在的、潜隐的改变是需要长时间的积累和沉淀来实现的。政府以服务百姓、造福百姓为文化建设的目标，能够提升全社会成员的基本素质，有助于形成良好的社会礼仪风尚。责任型政府是从政府日常工作的态度上来说的，没有责任、没有担当的政府是很难作为的，也很难获得民众的好评和赞赏。礼仪文化建设是推动我国建设成为文化强国的有力支撑，是提升国家文化软实力的重要环节。政府在开展日常活动时要及时接受民众的反馈，有效解决百姓遇到的问题，同时在此过程中向全社会弘扬礼仪文化，把礼仪的规范、要求在与民众的互动中传播下去，通过与社会成员的沟通、交流，了解政府存在的问题以及需要完善的地方，做到一个责任型政府应该做的。政府所体现的责任精神也会影响着社会成员处理事情的方式方法，这是一种无形的教育。法治型政府即强调在社会中需要向社会成员灌输法治的思想，同时政府自身也要按照法律的要求完成自身的责任和义务。在礼仪文化中有很多法治思想，为古代社会治理国家提供了很多借鉴，这些智慧在当今社会依然光芒闪耀，对当今社会治理也提供了经验借鉴。社会成员不仅要有法治思维、法治观念，还要结合各级政府举办的各类活动，从中感受到礼仪文化的深厚内涵，学会运用法律维护自身的合法权益，把礼仪文化真正地融入生活、融入实践。

2. 政府应重视礼仪文化的传承和创新，加强公民道德建设

礼仪文化是"以礼仪观念的共同取向，去调控人们行为的发生、修正和完善人格的文化体系"①，其辐射的范围广泛、囊括的内容丰富、承载的功能全面，是加强公民道德建设不可或缺的文化力量，为公民道德建设提供重要的文化支撑。因此，政府应重视传承礼仪文化的重要意义，出台相关政策为礼仪文化提供正确的导向。同时，地方政府应加强引导，将礼仪文化教育列为我国精神文明建设的重要内容之一。公民道德建设是我国精神文明建设的核心工程，在新时代的背景下，更要注重提高公民道德水平、培育公民道德理性，使新时代公民的整体道德素质与社会的发展水平、文明程度相适应。公民道德水平不仅展现着个体生命价值，更承载着公序良俗、彰显着国家形象，关乎国家之发展、人类之文明。

---

① 张弘. 中国传统礼仪文化和高职院校校园文化的融合与共生［J］. 教育与职业，2016 (7)：33-35.

"不管时间之或古或今，不管地域之或中或西，只要一种文化能够启发我们的性灵，扩充我们的人格，发扬民族精神，这就是我们所需要的文化。"① 礼仪文化作为中华文化重要的构成性要素，不仅能规范公民的行为，净化内心不道德的思想，更能彰显民族特色、弘扬民族精神、厚植民族底蕴，是公民道德建设极为重要的源头活水。公民道德是礼仪文化在社会生活中的具体展现，是礼仪文化在交往领域的外化形式。礼仪文化的传承与创新为公民道德建设提供了文化遵循。其一，礼仪文化所蕴含的理念为公民道德建设提供了宝贵的思想资源。如仁爱孝悌、谦和好礼、诚信知报、精忠爱国、勤俭廉正等一系列的优良品德，是中华民族得以繁荣发展的凝聚剂和内聚力，也是古代社会推崇的人格道德的精髓，更是有志成为君子之士的人的修身方向和目标。"在传统社会中，人们的社会生活是严格按照伦理的秩序进行的，服饰举止，洒扫应对，人际交往，都限制在'礼'的范围内，否则便是对'伦理'的僭越。"② 可见，礼仪文化重视对人的德行修养的教化、重视以礼治理社会和国家。对个人而言，礼仪通过内化心性以达到外化行为的效果，即通过向社会成员宣扬贴近社会发展、符合人伦道义的美德，以此修正不合道义的行为，从而提升公民的道德修养；对国家而言，礼仪通过制定相关的制度、政策，规范公民的言行举止，其实质还是通过文化的内在感染力来形塑公民的道德素质。其二，礼仪文化所制定的规范为公民道德建设提供了可参照的标准。古代的见面之礼有"三叩九拜"之说，现代社会逐渐摒弃了带有人格贬低的跪拜礼，取而代之的是鞠躬、握手、点头之礼，鞠躬该弯多少度、握手该用哪只手、点头礼仪适用什么样的场景，礼仪文化都有明确的说明，也为公民道德水平提供可参照、可考量的标准。礼仪文化试图通过外在行为的改变来渗透内在的道德思想，外化的形式只是礼仪文化衡量公民道德水平的一种手段，其实质还是要依靠公民内在的自觉性与主动性。

3. 政府应把礼仪文化中可操作的部分纳入制度规范之中，以合力推动礼仪文化进一步发展

政府通过加强礼制建设来推动礼仪文化发展，扩大礼仪文化辐射的范围，从生活的细节处着手，循序渐进、循礼而为，一方面，形成了社会倡导文明礼仪的风尚；另一方面，也保证了礼仪社会功能的实现，从而提高社会整体的礼仪水平。社会礼仪风气的形成和流行，不仅要教化作为社会独立个体的

① 贺麟. 近代唯心论简释［M］. 重庆：独立出版社，1942：271.
② 张岱年，方克立. 中国文化概论［M］. 北京：北京师范大学出版社，2004：210.

单个人去遵循礼仪文化的规范要求，政府同时也要起到引导和推动作用，只有个人的努力和外界环境的共同作用，才能加快社会崇礼行礼风尚的形成。从内因和外因的角度来看，个体自觉遵守礼仪规范是内因，那么政府加强礼制建设的举措就起到了外在的推动和加强的作用，内因与外因双管齐下，不仅通过人们的价值认同和价值自觉的"软约束"来实现，还必须依靠法制"硬约束"保驾护航。① 把行为失范、言语失礼的现象降到最低，才能有效规范社会成员的言行举止，从而在整个社会形成明礼崇德的良好风气，协调人际关系，维护社会正常运行的秩序。

政府加强礼制建设属于政策制定层面，把礼仪文化中可操作的部分纳入制度规范之中。所谓礼制建设即加强礼仪制度建设，把基本的礼仪规范以政府文件的形式或者以规章制度的形式固定下来，能够让所有社会成员清楚明了地遵循并去践行。② 一方面，礼制建设可根据不同情况进行特别地划分，对个人而言，服饰礼仪、仪容礼仪、言语礼仪、行为礼仪等这些基本礼仪规范是大家都适用的，可以明确下来，这样个体的言行举止是否合礼就有了可参考的规范。同时，对特殊场合而言，政府应该制定特别的礼仪规范，如升国旗、唱国歌的时候，公共活动、大型活动等场合，都应有相应的礼仪规范，在这些公共的、严肃的场合不尊重礼仪规范，不仅会影响整体活动的进行，造成效率降低的后果，也不免有缺乏教养、无视规则之嫌。通过这样的制度要求，让人们处于一种压力机制之下，对失礼的言行予以纠正，从而逐渐养成遵守礼仪规范的习惯。另一方面，根据不同的职业制定不同的礼仪要求。每个行业有其自身的特点，也有其特定的礼仪标准，只有从事各种行业的社会成员自觉遵守相应的礼仪规范，不合礼的行为才会越来越少，社会的风气才能得到净化。从事不同职业的社会成员在职业活动中需要遵循的礼仪要求也是不一样的，如律师、检察官、医生、教师等职业，在其职业活动中要相互尊重，遵守法律，不能逾越法律的界限，同时也不能超越道德做出违反公序良俗、不合礼仪的行为。因此，通过加强礼制建设杜绝此类行为的发生，加强礼仪文化建设，推动社会形成浓厚的礼仪氛围。只有社会广泛地开展礼仪教育、政府加强礼制建设，才能激发个体的情感共鸣，使其认同礼仪文化的价值魅力，从而积极践行文明礼仪规范，全面实现政府在推动礼仪文化建

---

① 朱莉涛，陈延斌. 以传统家训家风文化滋养社会主义核心价值观 [J]. 重庆社会科学，2020 (9)：6-16.

② 袁媛淑，蒋璟萍. 论礼仪的社会功能及其实现 [J]. 云梦学刊，2014，35 (4)：88-91.

设中的重要作用。

4. 政府应鼓励举办各类社会礼仪活动，提供有效的政策保障

在我国优秀传统文化中，礼仪文化被视作人生之本、立业之基，因而政府部门要重视礼仪文化对社会成员的教化以及对公民道德建设的积极作用，明确自身在礼仪文化传播和普及过程中的重要作用，在开展各项活动中投入一定的政策扶持和经济支持，加大礼仪文化的宣传力度和传播广度，积极发扬中华传统美德，把表征中华民族优秀品质、优良精神、崇高气节、高尚情感的传统文化传承下去。

然而，现代社会政府很少举办礼仪活动，这也是礼仪文化得不到很好宣传和有效传播的原因之一。由于活动较少，民众就没有机会参与礼仪活动，也无法感受礼仪文化的魅力，从而产生了对礼仪的淡漠态度，在生活中表现出失礼的行为、粗鄙的言语。人类命运共同体的呼声日益高涨，全世界都生活在同一个地球圈，各国间的交流、开放日益加强，很多西方的思想和观念流入中国，而一些不擅明辨是非的人容易对本民族的文化产生不自信的态度，导致传统礼仪的简化甚至消失，在自由、开放、个性思想的冲击下，许多人失去了礼仪的标准，丢失了最基本的生活礼仪，这是政府需要进一步加强的地方。政府要设定一些特殊的日子或活动，利用各类社会礼仪活动扩大影响力，让礼仪文化知识在民众间得到普及和宣传。一方面，政府要出台系列规章或守则来规约民众，鼓励组织丰富的社会礼仪活动，通过官方力量来推进礼仪教育、发展礼仪文化。可以联合社会公共组织、大众传媒、单位以及社区举办各类社会礼仪活动予以引导和推进，在城市主要地区、繁华大街可设置礼仪活动广告，利用多种载体宣传文明礼仪，倡导文明新风，让社会成员通过广告了解活动详情，并鼓励大家都参与其中。礼仪活动可以有多种形式，依据各地的实际情况开展线上和线下活动，让公民参与的渠道更加丰富，而不仅限于现场的参与，不可否认现场参与能最真实地感受到礼仪文化、实现最大化的收获，相比于毫无收获，线上的参与融入也是一种便捷的方式。另一方面，政府可以组织单位和社区适时举办活动，让礼仪文化渗透到公民日常生活的细节之中。单位和社区是弘扬礼仪文化的基本单位，可以组织职工、居民进行礼仪文化的学习，开展丰富多样的宣传和评比活动，将礼仪素质教育落到实处。

同时，通过举办文明社区的活动，让各个社区之间进行良性的竞争，以社区为单位对小区居民开展礼仪教育。社区是进行礼仪教育的基本单位之一，可以广泛开展"创文明社区、做社区主人""文明你我、和谐同行"等活动，

把社区建设成为环境优美、治安良好、管理有序、服务完善的现代文明社区，让居民之间的关系因礼仪教育更加融洽、和谐。

5. 政府应扩大国与国之间文化交流，向世界各国展现真实、生动、立体的中国形象

国家形象是国家软实力的重要表现形式，是国家间权力与利益博弈的重要手段，关系到该国的对外发展以及自身发展。[①] 塑造真实立体的大国形象，是在百年未有之大变局下，中国政府的一项重要任务。这项工作决不能完全指望别国，因为"他者形象并非是一个国家完全客观、真实的形象"[②]。新中国成立以来，中国国家形象经历了"他塑"为主、"自塑"为辅以及"自塑"为主、"他塑"为辅两个阶段。[③] 国家形象塑造逐渐由被动转向主动，只是主动的时间还比较短，跨文化传播的经验也不大丰富。因此，需要发挥国家主体的能动性，从复杂的现实中提取核心的、有代表性的符号，尽可能增加编码与译码重合度，避免国家形象符号的意义被他国民众误读。[④] 也就是说，编码与译码的重合率越高，对外传播的国家形象越真实立体。那么，如何提升编码译码的重合度呢？最有效的方式是出口受他国民众喜爱的文化产品，使之成为文化走出去的载体。根据当代中国与世界研究院课题组的调查，海外受访者对中国最突出的印象是"历史悠久、充满魅力的东方大国"，选择比例为49%。[⑤] 这说明，创新中华优秀传统文化，尤其是包含在中餐、中医药、武术中的礼仪文化与和合追求，使之呈现于中国人民的日常生活以及特定节庆中，展现中国人民独有的价值观念与精神生活、行为规范与道德伦理。同时借助多种媒体技术推送至国外，让外国民众欣赏并认同中国的国家形象。

当然，讲好中国故事，单靠文化产品出口还不行。近代以降，尤其是中华人民共和国成立以来，西方媒体充当资产阶级政客的传声筒，持续妖魔化中国，依靠媒体认识中国的各国国民信以为真，给中国贴上了不真实的标签。

---

① 余红，黄诚. 大国博弈：国家形象认知差异、影响因素与提升路径——基于中美民众对中国国家形象认知的比较分析［J］. 湖北社会科学，2021（6）：150-161.

② 余红，黄诚. 大国博弈：国家形象认知差异、影响因素与提升路径——基于中美民众对中国国家形象认知的比较分析［J］. 湖北社会科学，2021（6）：150-161.

③ 王小梅，司显柱. 中国国家形象宣传片中的国家形象嬗变考察［J］. 当代电视，2021（2）：77-81.

④ 高涵. 文化符号与国家形象：中国国家形象对外传播的困境与策略研究［J］. 新闻春秋，2020（6）：33-38.

⑤ 当代中国与世界研究院课题组，于运全，王丹，等. 以民意调查助力国家形象精准塑造——基于中国国家形象全球调查（2020）的思考［J］. 对外传播，2022（1）：42-45.

要扭转这一局面，则需要在政府主导下，加大与他国的交流。首先，要通过协商在外国举办中国文化年活动。利用一这平台，使外国民众感受到中国文化符号的魅力。其次，向职业操守好的外国媒体开放来华采访权限，借助他们来传播中国的国家形象。再次，要抓好国内的礼仪文化建设，使人民生活在幸福和谐的环境之中，满怀爱国之情，出国留学期间始终做中国文化传播的使者，为中国国家形象加分。最后，也最为重要的是，我们要学会对话，结合外国民众的文化习惯，做好对外传播工作，展现我国"历史底蕴深厚、各民族多元一体、文化多样和谐的文明大国形象，政治清明、经济发展、文化繁荣、社会稳定、人民团结、山河秀美的东方大国形象，坚持和平发展、促进共同发展、维护国际公平正义、为人类做出贡献的负责任大国形象，对外更加开放、更加具有亲和力、充满希望、充满活力的社会主义大国形象"①。

第二节 增强礼仪文化的系统性

将礼仪文化系统诸因子组合成一个生态文化系统，探讨调整内部各组成因子的权重及其影响，以确保礼仪文化系统能够传统与现代"水乳交融"且具有内在整合力与修复力，进而诠释礼仪文化生态的创新性，是礼仪文化建设的题中应有之义。

一、礼仪文化系统的组成

礼仪文化系统与其他系统一样，也是由要素与结构合成的统一体。综合来看，剖析礼仪文化系统可以从结构—功能、活动目标、历史脉络、活动区位以及培育路径五种视域着手，来检视其要素以及相互关系。由于培育路径视域在第四章已有述及②，此处，我们主要从前四大视域展开分析。

（一）结构—功能视域下的系统要素及关系

结构—功能视域是文化研究中具有代表性的一种剖析范式。它源于英国文化人类学家马林诺夫斯基（Malinowski）的"文化三因子"说，即将文化区分为物质文化、组织文化和制度文化。我国学者钱穆则居于人的意义世界层

---

① 习近平. 论党的宣传思想工作 [M]. 北京：中央文献出版社，2020：50.
② 详见第四章第二节第二大点的相关内容。

级，将文化分为物质文化、社会文化和精神文化。学者蒋璟萍汲取两位前辈的精要，根据自己的研究判断，将礼仪文化界定为"由礼仪观念、礼仪行为、礼仪习惯和礼仪制度组成的文化体系"①，即创新性地将礼仪文化的构成要素拆解为四个：礼仪观念、礼仪行为、礼仪习惯和礼仪制度。这四个要素之间存在着多元联系，礼仪观念是礼仪行为的指导，礼仪行为反映礼仪观念，礼仪行为经过长期的反复，固化为礼仪习惯，礼仪制度在这四者中规范性、指导性最强，是得到大家一致认可的条约规范。首先，礼仪观念是对礼仪相关的理论知识的基本认识，基于不同的地区、不同的习惯会有不同的礼仪观念，但"仁义礼智信""温良恭俭让"使礼仪观念的根本不会动摇；其次，礼仪行为是对礼仪观念的反映和践行，在生活中的言行举止符合礼仪观念即成为礼仪行为，反之则是非礼行为；再次，礼仪习惯是礼仪行为的固化，它是个体或群体行为自然化的表现，是人在无意识的情况下自然表现的，并经常不断地反复形成了群体生活共有的行为习惯；最后，礼仪制度是在群体共同认可情况下形成的与礼仪相关的制度，它是某一群体共同生活的规则和指导，是维系和保障礼仪文化稳定运行的重要因素。由礼仪观念、礼仪行为、礼仪习惯和礼仪制度构成的礼仪文化体系，对中华儿女的集体行为产生规约作用，同时也是彰显民族特色的重要文化。

（二）活动目标视域下的系统要素及关系

活动是人生存最基本的样态。有的活动是居于个体自身的需要，所以通常被称为私人活动，其所持规范，通常具有极大的个性特征，因而是个人礼仪文化。有的活动是居于公共生活的需要，且主要呈现于公共领域之中，通常运用的是公共规则，因而是公共礼仪文化。从系统论出发，即使是个人礼仪活动，也并非纯粹由个人决定的，一是个体活动的自由毕竟也是有道德和法律边界的；二是个体是系统中的个体，从出生开始就在接受系统中公共的礼仪文化规范；三是个体是系统中的成员，每一天的生活都必然与他人打交道，共同生活必然要求与他人求同存异。因此，在个人礼仪中，无论表情神态、仪容修饰、日常着装、言谈举止，都是个体与公共组织偏好的合体。公共礼仪文化，从某种意义上说，是对个人礼仪文化的扩充与延伸，是从无数个人礼仪文化中抽离个性特征之后的共性文化。它最小的边界是二人，最基本的空间范围是公共生活世界，最重要的边界是国界。它包括的内容有很多，如相识礼仪、通联礼仪、访送礼仪、宴请礼仪、出行礼仪、场馆礼仪、谈判

---

① 蒋璟萍. 礼仪文化学的学科性质和体系初探［J］. 大学教育科学，2013（3）：113-117.

礼仪、会展礼仪、庆典礼仪、面试礼仪等。所有这些礼仪内容在实施时，必须遵循真诚、尊重、对等、宽容、适度等原则。由于个人首先在家庭中成长并得到教导，个人先学会的礼仪是与家人共享生活；而家庭是社会最基本的细胞，在社会分工逐渐增强的情况下，个体需要走出家庭，到公共世界投身职业生活。因而，对个体来说，与自身家庭生活最接近的公共组织生活，是最容易进入和适应的。所以无论是从组织建构者还是参与者来说，都尽可能地按照家庭模式塑造组织，所以法国学者涂尔干将社会组织形容为"家族模式的一种新的、扩大了的形式"①。但公共礼仪文化远远高于个人礼仪文化，它以公共利益的维护作为第一目标，在个体利益与之产生冲突的时候，它通常选择放弃个体利益。所以在公共礼仪文化中，有一句非常经典的话，即"舍小家为大家"。当然，如果无数个体能够以其智慧丰富和创新公共礼仪文化，它也会以"大传统"的方式，引领社会新风尚。

"从结构的意义来看，一种文化，特别是历史悠久、内含丰富的文化，往往不止一种结构，而是多种结构并存，构成了该文化的不同功能和价值。"②礼仪文化因时而动，代有损益。因而其结构也不是单一的，而是多种结构并存，共同发挥其功能和价值。关于礼仪的结构，蒋璟萍认为："礼仪是一个系统，由礼仪意识，礼仪行为和礼仪习惯等因素构成的。"③笔者从礼仪文化所涉及的内容出发，以社会文明为界线将礼仪文化分为传统礼仪文化和现代礼仪文化；以活动场域为界线，将礼仪文化分为乡村礼仪文化和城市礼仪文化，以进一步阐明礼仪文化的结构属性。

（三）历史脉络视域下的系统要素及关系

根据历史脉络中呈现的文明发展程度的不同，往往将以工业文明为主要特征的社会称为现代社会，而此前以农业文明为主要特征的社会则称为传统社会。以此为区界，我们将礼仪文化系统区分为传统礼仪文化与现代礼仪文化两大要素。

传统礼仪文化指"五四运动之前在中国传统社会人们广泛遵守的各种礼仪准则、礼仪制度、礼仪规范，以及与礼仪有关的各种物质和精神文化的总

---

① 涂尔干. 社会分工论：第 2 版 [M]. 渠东，译. 北京：生活·读书·新知三联书店，2013：29.

② 邹昌林. 中国礼文化 [M]. 北京：社会科学文献出版社，2000：161.

③ 蒋璟萍. 论礼仪的基本结构 [J]. 衡阳师范学院学报，2009，30（1）：137–139.

称"①。传统礼仪文化是中华民族生生不息的文化基因，是中华民族彬彬有礼的精神风貌的体现，其内容广博、内涵丰富，从三部礼学的经典著作《周礼》《仪礼》《礼记》中，就可以感受到古代社会丰富的礼仪文化。其一，依据《周礼》分类法，礼仪文化的内容构成，可以分为礼义，礼仪或礼节，礼俗三个部分。礼义是人作为独立的社会个体需要遵循的伦理道德准则和规范。礼仪或礼节则是指当时社会盛行的礼乐制度，概括为"五礼"：一是以吉礼敬鬼神，即祭祀时候遵循的各种礼节和仪式，向鬼神祈祷，以求诸事顺利；二是以凶礼哀邦国，有哀悯、吊唁、忧患之礼，即办理丧事的各项礼节，体现对逝者的尊重态度；三是以军礼威天下，有大师之礼、大均之礼、大田之礼、大役之礼、大封之礼，即在行军时举行的礼节仪式，协助统一邦国的制度；四是以宾礼待宾客，有朝、宗、觐、遇、会、同、问、视八项，即朝觐或互聘时候的各种礼仪，展现对邦邻的友好态度；五是以嘉礼亲万民，有饮食之礼、婚冠之礼、宾射之礼、飨燕之礼、脤膰之礼和贺庆之礼，即孩子诞生或成人加冠时候的相关礼仪，以庆贺人生不同阶段之喜。礼俗是当时的社会风俗和民众生活中的礼仪习惯，较为复杂和繁琐，具有地区差异性。由此可见，很多礼仪已初步成型，其主要目的是为了维护周王朝的统治。其二，依据《仪礼》分类法，有17类之多。分别是士冠礼、士昏礼、士相见礼、乡饮酒礼、乡射礼、燕礼、大射礼、聘礼、公食大夫礼、觐礼、丧服、士丧礼、既夕礼、士虞礼、特牲馈食礼、少牢馈食礼、有司彻。其中《丧服篇》的"五服制度"为后来实行的"准五服以治罪"原则提供了参考，为后面的王朝提供了指导思想和理论根据。这十七篇所涉及的内容属于冠、昏、乡、射、朝、聘、丧、祭这八类，其中冠、昏、丧、祭是人从出生到死亡所经历的礼节，而乡、射、朝、聘则是贵族之间社交活动或进行国事活动的仪式体现。在《仪礼》中，礼仪的实行主体跨度较大，从士到大夫到诸侯再到天子，均有一套与其地位身份相匹配的礼节仪式。《仪礼》这部著作成书较早，不仅详细记录了当时社会的各种礼仪仪式，也反映了贵族们生活的情况。其三，综述儒家代表孔子、孟子、荀子言行举止与主张，约为九礼，用来反映当时社会礼制和民众生活场景的内容。如《礼仪》中涉及月、冠、昏、乡、射、朝、聘、丧、祭等篇章，详细记录了各种生活场景下的礼仪，尤其是丧、祭二礼，表明孔子十分重视对已故之人的丧事办理和祭扫仪式，在多篇文章中均有表述。

---

① 于丽萍，周向军. 论中国优秀传统礼仪文化的当代价值［J］. 学术交流，2015（10）：215-218.

足以表明《礼记》所包含的内容之丰富，涉及哲学、政治、教育、祭祀、音乐、天文、礼治等诸多方面，集中展现了先秦儒家的哲学思想和文化精神，成为传统礼仪结构元素的典范。

现代礼仪文化从广义上看是包括政治制度、经济制度、文化体系等在内的一切制度规范；而狭义层面主要指在人际交往中形成的大家共同认可的行为准则和制度规范，它广泛应用于人们生活的各方面。无论是广义层面还是狭义层面，现代礼仪文化都传承了传统礼仪文化中的一些元素，比如，婚礼、乡礼、聘礼、丧礼、祭礼等。但不得不说，在日常交往礼仪方面，礼的精神实质仍在，它是社会成员共同遵循的道德规范，以及维系社会秩序、营造良好氛围、构建和谐人际的准则规范。对个体而言，礼仪是其道德水平、文化修养、综合能力的外在表现；对社会而言，礼仪则是社会文明程度、道德风尚和生活习惯的真实反映。但它所借助的具体符号以及表现形式，发生了很大的变化。比如，从要素层面看，礼仪包含仪式、礼节、礼貌三方面，仪式主要是在公众场合举行的活动，具有象征性与表演性；礼节是人与人相处的各种规范，在人际交往中往往成为相互尊重的重要表达；礼貌则是一个人在言语、行为上表达出对他人的谦恭、尊重态度，是个体修养与德性的基本展现。从内容层面看，礼仪文化包含的内容丰富，涉及生活中多个行业和领域，有个人礼仪、家庭礼仪、社交礼仪、校园礼仪、职业礼仪、商务礼仪、餐饮礼仪、节日礼仪等①，分别适用于不同场景和行业，从各方面对人们的言行举止进行约束和规范。因而，人们只有在生活中重视礼仪、践行礼仪，才能做到"礼形于外，德诚于中"，在一笑一颦、一举一动中展现个人的礼仪修养。

（四）活动区位视域下的系统要素及关系

从活动区位来划定礼仪文化系统的构成要素，最常见的分法是将其分为乡村礼仪文化与城市礼仪文化两大要素。乡村是中华文化的发源地。城市是因护卫京畿、守卫宗主、强化军事安全等原因形成的，之后，随经济社会的发展而逐渐崛起。需要特别强调的是，在我国现代化的过程中，城乡差距曾逐步扩大，直到国家取消农业税，启动新农村发展政策，情况才渐渐好转。不过，城乡仍由于产业布局以及人力资源的汲取效应不同，而呈现出较大差异。礼仪文化作为与人民群众生产生活相伴相生的行为规范，自然也有较大不同。

乡村礼仪文化是生于乡村长于乡村的民众赖以生存的行为规范，是乡村

---

① 姚美娟. 现代礼仪［M］. 上海：上海交通大学出版社，2015：1-2.

民众发自内心服膺的价值体系。在守望相助的岁月里，自小通过生活圈子中各色人群的相互模仿与潜移默化，化作一种象征符号，成为乡村民众共同遵守的行为习惯以及专有仪式。它内含人们习以为常、日用而不自知的精神追求，成为传统乡村治理中的信仰和支撑，维系着乡村社会的和谐与安宁，并为乡村社会勾勒出自身的文化边界。因此，在安土重迁的年代里，乡村社会被称为"礼治"社会，乡村民众破解个体利益、家庭利益、公共利益乃至国家责任冲突最有效的方式便是循礼而动。个人修身、家庭礼教、乡民共事、村落仪式、节庆互动，日常交往礼仪、人生特殊节点礼仪、村落节庆礼仪无一不有，且均成为共识和规约。这种熟人社会孕育的礼仪文化，在代际间细水长流，润物无声。因而，不少学者将乡村礼仪文化与传统礼仪文化画上等号，我们也基本认同。不过，此处，我们主要是将它与城市礼仪文化比较。

城市礼仪文化是城市居民构建市场社会的行为规范。它强调谨守个人权利边界，主张越少受打扰就越自由，就越受到尊重。因而，在社会公共生活领域，由于人口密度大，熟人是比较少的，陌生人时刻环绕在个体身边，按照我们人际或社会关系的分层，依亲疏程度，"可分为三大类，即家人关系、熟人关系及生人关系"①。城市也被学者们称为陌生社会。这种状态对脆弱的个体来说，容易导致安全感的缺乏。因而，个体必须更加努力地工作，以求在经济上获得补偿，以便用交易去获取契约型安全保障。在细致化分工模式下，渴望独立的个体恰恰"愈来愈依赖整体和普遍，愈来愈脱离个别"②。因而城市公共礼仪是礼仪体系的主体，几乎所有公共场合的礼仪文化都要求保持静默、保持公共礼仪中合理的距离。这与中国人血脉基因不相吻合，城市礼仪文化有了众多实态，社区正在探索新的交往模式。将城市礼仪文化与乡村礼仪文化融合起来，是当前新的礼仪模态。

二、礼仪文化系统的整合力

系统是由若干要素以一定结构形式联结构成的具有某种功能的有机整体。除上述要素与结构之外，通常还要观察其功能，就是结构所发挥的作用，不同的结构在系统中承担的责任和产生的价值是不同的，根据需要调整结构之间的权重，是达到礼仪文化系统最大整合力的重要保障。但是调研发现，礼

---

① 杨国枢. 中国人的心理与行为：本土化研究［M］. 北京：中国人民大学出版社，2004：101.
② 西美尔. 金钱、性别、现代生活风格［M］. 顾仁明，译. 上海：学林出版社，2000：219.

仪文化建设各大要素是相互关联的，它们的权重比较接近。受访者认为缺一不可，都很重要，要一环扣一环地抓好建设①，因而在此不分析权重，直接关注礼仪文化系统的整合力。

（一）提升个体的道德修养教育民众

礼仪是人类社会文明的标尺，促进人类文化的延续和文明水准的提高。礼仪与法律最大的区别在于，礼仪重在通过示范、灌输、评价、劝阻等教育方式来提高民众的自律意识，要求人们自觉遵守社会的行为规范，并纠正不合乎规范的行为。善良、优雅的举止行为会受到人们的赞赏和表扬，相反，蛮横的言辞态度会让人心生厌恶。与他人相处，其实质是一种适当关系的实现，他人会将个体的行为置于礼仪文化的参考系下，在生活、学习、工作等方面参照礼仪的标准，进而促进个体懂礼节、讲礼貌，尊重别人、遵守社会公德，只有在文明知礼的生活环境中，个体才能按照礼仪的规范修正自己，从而提升道德水准和教育程度。

（二）能够协调社会关系、明确角色

恩格斯说过一段很精辟的话："人，一切动物中最爱群居的动物，显然不能从某种非群居的最近的祖先那里去寻求根源……并且是每个人都清楚地意识到这种共同协作的好处。"② 社会是由个体组成的，而个体是以不同的身份或角色在社会中与他人交往、合作才能生存下去。孔子向齐景公提出"君君，臣臣，父父，子子"，强调君臣父子要按照各自的应有之道去做事情，各自的行为要符合角色或身份的要求和规定，不能逾越自身的权限。在《史记·留侯世家》中记录了张良的一则故事，大概情节是由于张良对老人的礼貌，他获得了一部有价值的兵书，这部兵书在日后帮了他大忙。充分体现了礼仪是在社会中与人相处的调节剂。在社会交往活动中，礼仪文化的规范明确了社会成员的角色、关系，各自应当承担的责任和义务，协调各类关系，促进了社会成员之间的友好相处，从而有助于共同目标的实现。

（三）维系社会稳定、安家治国

礼仪文化涵盖各类规章制度、生活方式、伦理规范、做人准则等制度，

---

① 第四章第二节，我们已从礼仪文化培育过程视域，剖析了家庭、学校、社会、政府等在礼仪文化建设中的权重。其他几种要素结构的权利，我们在调研中曾经向受访者发问，他们均回答缺一不可，也就是说，都很重要。各要素之间本身就存在关联性，权重占比都差不多。故而在此处，我们就直接回避权重问题。

② 中共中央马克思、恩格斯、列宁、斯大林著作编译局．马克思恩格斯选集：第4卷[M]．北京：人民出版社，1995.376.

其所辐射的范围远比法律大得多，它囊括了法律没有涉及的边边角角。没有礼仪的社会将处于一盘散沙的状态，无法建立起稳定的社会秩序。而当社会民众认同礼仪这样的行为规范后，民众生活才会逐渐步入有序的轨道，人与人之间进行正常的交流与协作，礼貌地交往、有效地交流消除了社会群体内部的纷争和问题，极大促进社会生产力的发展，从而进一步保证社会的和谐稳定和健康发展，凸显出礼仪文化的维系功能。儒家强调要先"齐家"，维系家庭的稳定是维系社会稳定的前提，只有家庭、社会稳定和谐，国家的稳定发展才有保障。没有了礼仪文化作为依托，行为便无规矩可遵循，道德便无标准可评判。

第三节　拓展礼仪文化的时代性

礼仪文化是以道德仁义为核心的制度规范和交往规则，是树立国人文化自信、建设文化强国的有力支撑。构建什么样的礼仪文化或者如何加强礼仪文化建设是时代发展的文化主题。从礼仪与法律互补共促、仪式与道德契合共生、家庭与社会异质同构、隐喻与明示良性并存、敬畏与平等和合化育、核心价值观融合共兴六方面进行阐述，将进一步加强礼仪文化建设、推动传统文化繁荣发展，彰显中国特色社会主义文化的独特性与先进性。

一、礼仪与法律互补共促

国家的安宁需要法律作为保障，社会的稳定离不开法律的制约，秩序的维系当然也不能游离于法律之外。法律在现代生活中扮演着很重要的角色，但法律有些方面仍需要进一步完善。在现代化的社会中，法律是否符合社会和人民群众的需要，其滞后性、与礼的关系以及法律内容的问题有待进一步解决。首先，破解法律的滞后性问题，即通过一些法律的普及和宣传来减少事件的发生率。如可以联合电视台开设一些有关法律的栏目，主要是跟人民群众的日常生活、衣食住行相关的注意事项，并引用真实案例对人民群众进行讲解；公共场合可以张贴跟该区域相关的法律条文，保安和执勤人员可以对人民群众进行引导；社区可以定期开展普法宣传，让社区的居民对法律有所了解，并通过个人在家庭中进行宣传、讲解，从而达到更好的普及效果。通过事先将法律规定以及违反的后果告知人民群众，在一定程度上可以减少破坏秩序事件的发生。其次，国家的运行除了依靠法律之外，还要结合礼仪文化来治理社会上的失范行为。"礼法制度指的是在中国几千年的历史过程中形成并发展起来的礼与法之间的特殊关系。"① 礼与法的特殊关系在现代社会逐渐被忘却，礼法结合所起到的作用也逐步减弱。中国古代社会就强调礼法对国家的治理作用，从西周的"礼之所去，行之所取"到汉代的"礼法并用"、魏晋的"纳礼入律"，再到唐代的"德礼为政教之本，刑罚为政教之用"，无不体现礼与法两者结合对教化百姓、社会治理所起的作用，"道德与（刑）法从内容与形式完全融为一体，刑法随即进化为维护伦理道德的有力武器"②。因而，需要加快对传统礼仪文化的吸收和转换，使法律制度能符合时代的需要、符合人民群众的实际需求（见表5-1）。尤其是要培养民众的公共精神，要充分发挥公序良俗的作用，比如，乡村的调解，"其实是一种教育过程"③。通过开展一系列公共性活动，培养民众的"仁义礼智信"，倡导"心之四端"，只有每个人都遵从礼仪文化的规范，引导礼仪文化与依法治国相结合，社会秩序的维护才能事半功倍。

表5-1　促进社会和谐与安宁的最好方式

X \ Y	①礼仪教化（%）	②依法治国（%）	③礼法相融并济（%）	④其他（%）
大中城市	29.26	17.30	51.65	1.78
新兴城镇	23.26	17.21	58.60	0.93
城中村	25.00	22.92	47.92	4.17
城乡接合部	29.31	18.10	50.00	2.59
传统乡村社会（自然村）	20.88	21.43	56.59	1.10
中心行政村	22.22	33.33	40.74	3.70

二、仪式与道德契合共生

礼仪文化从某种角度来说是一种伦理道德文化，其中的道德因子对外在行为有一定的约束和控制作用，是行为产生、习惯养成、品行塑造的内在衡量标准。余秋雨先生认为，礼仪是"一种便于固定、便于实行、便于审视、

① 金尚理. 失礼则入刑——略论先秦礼法制度及其对后世的影响 [J]. 中州学刊, 1999（6）：74-78.
② 郭小冬. 公民道德建设的法制安排及其场域 [J]. 中共天津市委党校学报, 2018, 20（4）：81-86.
③ 费孝通. 乡土中国 生育制度 [M]. 北京：北京大学出版社, 1998：56.

便于继承的生活化了的文化仪式"①。的确，在礼仪文化中有很大一部分关于仪式的内容，但很多仪式逐渐淡出了人们的生活圈，消失在人们的日常生活中。重构仪式与道德契合共生、发挥仪式和道德对人的行为举止的规约作用，既能保证人民的健康安全，也能彰显中国文化的力量。因为"在仪式中，生存世界与想象世界借助一套单一的符号体系混合起来，变成相同的世界，从而在人的真实感中制造中独特的转化"②。这样，通过仪式，可以将各时期的道德规范串联起来，不断强化人民群众的道德情感认同，并将其践行于自己的日常生活之中。

当前，中国正处于实现中华民族伟大复兴的关键时期，为进一步丰富人们的精神世界，弘扬中华民族文化，坚定文化自信，就必须把人们对文化的诉求转化为切实的行动，在实践中感悟中华文化的博大精深、领略儒家礼仪文化的道德条目。具体可从家庭、学校和社会三方面来着手，加强仪式与道德的契合共生，进一步丰富礼仪文化的时代内涵。首先，家庭方面要更加注重对晚辈的仪式教育，把仪式组织流程、程序安排背后隐藏的道义情感阐释清楚，充分发挥仪式在象征符号中的文化表达功能和作用。如春节的除旧布新仪式、清明节的扫墓祭拜仪式、端午节的祈福辟邪仪式、中秋节的赏月祭月仪式等，通过象征性的表达方式，抒发人的不同情感、表达人的各种祝愿，在仪式过程中的物品、语言、行为等无一不与道德相关，这些外在表现都是内在道德的真实表达，是孝道、慈爱、向善家风的体现。虽然这种活动是对过去已形成的仪式的重复演示，但往往每次举办这些仪式，人的记忆和情感就会加深一次，且"每一次重演都伴随着与周围物质环境联系起来的社会记忆的再生产"③。其次，学校方面要更加注重对学生的仪式教育，学校是开展更为科学、更为全面、更为系统教育的场所，专业性、理论性、操作性更强，能更好地推动学生在参加各种仪式活动中的情感表达和道德认知，自觉主动地把道德情感体现于外在行为中。如成人礼仪式、尊师重道仪式等，举办这些仪式往往伴随着一定的道德目标，一方面，符合人的成长发展规律；另一方面，也是人的情感需要。如果在这些仪式中缺失了道德目标，那么仪式通常会流于形式，让学生体验不到所要传达的道德精神，从而难以激发学生的

---

① 费孝通. 乡土中国 生育制度 [M]. 北京：北京大学出版社，1998：56.

② 克利福德·格尔茨. 文化的解释 [M]. 韩莉，译. 南京：译林出版社，2014：138.

③ 邵献平，吴璐曦. 仪式之于思想政治教育：机理、功能与路径 [J]. 思想教育研究，2020（8）：25-30.

情感共鸣，使仪式教育的实效性大为降低、道德敦化的目的难以实现。最后，社会方面要更加注重对社会成员的仪式教育，社会作为一个公共环境，所营造的氛围、形成的风气对全体社会成员的品行塑造、习惯养成有着重要影响。如国家公祭仪式、历史人物纪念仪式、爱国主义教育仪式等，这些无一不是强化道德认知、提升道德情感、深化道德践行的重要方法。通过仪式教育，加强全体社会成员的群体认同感、社群归属感和集体荣誉感，让这种方式成为传承精神文化、塑造共同价值、教化社会成员的一种常态。①

三、家庭与社会异质同构

家庭是社会的基本单元，是人生首次接受教育的场所，家庭和睦是社会和谐的重要基点。异质同构是格式塔心理学的理论核心，而将其应用于文化领域主要是通过找寻两者的共通点进行融合，从而实现一种全新的情感共同体。家庭与社会异质同构即强调通过分析家庭和社会在礼仪文化建设上的共通点，进行融合会通，从而找到一种全新的、综合的优化路径来推动礼仪文化建设，加强文化认同感、激发情感共鸣。

（一）异质分析：家庭与社会

从某种意义上说，家庭是微型的社会，社会是放大了的家庭，两者在礼仪文化的建设、传承和创新上，所表现的特征、所发挥的功能略有差异、各有侧重。

其一，就特征而言。家庭是"由血缘或拟血缘关系组成的共居形式"②。狭义上的家庭仅指由两个人结婚而形成的基本单元，广义上的家庭泛指具有亲属关系、共同利益诉求的家族团体。这种在血缘关系、婚姻关系基础上形成的、以情感为纽带的基本生活单位一般具有亲密性、隐私性和传承性，亲密性主要在于家庭成员之间存在着必然的、不可切断的血缘关系，这种关系往往是衡量亲疏的标准。正是基于这种血缘关系，文化的传承和弘扬通过生物体的遗传特质能很好地进行下去。隐私性是指家庭的生活环境、家庭的人际关系对个人来说较为隐私，是在某些场合不便于公开的话题，隐私性也是家庭个性的表现，每个家庭的教育方式、生活习惯都是不一样的，这就导致不同家庭在礼仪文化建设过程中的差异性。传承性几乎在每个家庭中都会体

---

① 张智，马琳．仪式礼仪：新时代爱国主义教育的重要载体［J］．思想教育研究，2019（4）：118-122.

② 王永祥．儒家家庭教育思想研究［D］．兰州：兰州大学，2017.

现，"一个人的存在是由于他的祖先，反过来祖先的存在也是由于他的子孙"①。家风家训家礼是家庭传承的重要载体，家庭成员间纵向的文化传承是促进家庭和睦的关键，有效保证了家族的文化交流和延续。社会是以一定的物质生产活动为基础而相互联系的人类生活共同体，相对家庭而言，社会具有疏离性、公开性和中断性，疏离性是说社会成员之间的关系较为陌生、彼此疏远，仅保留相互间的客气交流、礼貌问答，没有家庭中的熟络、亲密关系；公开性是指社会作为广大社会成员共同生活的空间，具有开放性，不涉及个人隐私而可以在公共场合展现的共性东西；中断性是从文化的传播和交流方面来谈，由于社会成员之间不存在某种亲密联系，故而关乎文化的交流往往是片面的、主观的，不像家庭、家族中的代际传承具有继承性和延续性。

其二，就功能而言。家庭在礼仪文化建设中通常发挥着基础功能，是个体接受专业教育的铺垫，重点是在日常生活中灌输礼仪的思想、提高行礼的意识。家庭礼仪是"人们在长期的家庭生活中，用以相互交流情感信息而逐渐形成的约定俗成的行为准则和礼节、仪式的总称"②。适用于家庭的礼仪往往有一定的局限性，在接受对象上更多的是家庭成员之间的交流和沟通，在礼仪内容上偏重生活实际，注重个人修身立德，通常是个体接受更高、更好、更深层教育的基础铺垫，同时也是保证家庭成员关系融洽、家庭氛围和睦的关键。社会是精神文明建设和物质文明发展的大场域，在礼仪文化建设中常常起着推动作用，重点是营造全社会良好的学礼、行礼氛围，为全体社会成员打造一个文明、舒适、和谐、有礼的环境，让生活在其中的每个人都感受到礼仪文化的魅力和价值，认同"礼是赋予道德内涵的一套制度"③，认可礼仪文化对个体的规范、教化作用，从而在生活中、行为上体现出"礼仪之邦"应有的形象。

（二）同构路径：价值引导与行为规范

家庭与社会的异质性只是在礼仪文化建设中所呈现出来的一个方面，我们更应该看到两者的共通点进行异质同构，"可以相互融通、达成一种相互结合的优化互补的效应"④来推动当前礼仪文化建设。家庭与社会在个体和群

---

① 麻国庆. 永远的家：传统贯性与社会结合［M］. 北京：北京大学出版社，2009：97.

② 龚展. 家庭礼仪教育的现实误区和改善路径探析［J］. 文史博览（理论），2014（12）：57-58.

③ 彭林. 中华传统礼仪概要［M］. 北京：商务印书馆，2017：48.

④ 洪克强，卢剑. 儒家文化与现代生态文明观的异质与同构［J］. 科学·经济·社会，2009，21（2）：17-19，23.

体的价值引导、行为规范上可以遵循一条共通的路径，因为两者的教化目标是一致的，即培养个体成为内有涵养、外有礼仪的人，这也是儒家德育所追求的理想人格，每个人都有成为德性主体的潜质且教育目标就是最终实现向德性主体的转化。其一，价值引导。家庭和社会先后出现在人生轨迹里，只不过前者所做的是基始性工作，而后者是在前者工作基础上的进一步推动。不管是家庭还是社会，其最基本的构成单位还是每一个单独的个体，礼仪文化的内涵意蕴是个体和群体思想观念的指引，从生物性个体逐渐成长为社会性个体的过程就需要对礼仪文化核心价值的吸收和认同。① 人是家庭的人，同时也是社会的人，从家庭走向社会，礼仪文化的价值引导是使人正视生命、认识到自我价值和生存意义的关键所在，缺失了忠、孝、仁、义、温良、恭敬、谦让等品质，人将成为一具行尸走肉，仅有外表而无内在涵养和礼仪精神的存在。其二，行为规范。礼仪文化是兼具深层次精神内核（道德修养）和外在行为方式（礼貌和礼节）的文化体系，从外在的表现方式来看是"人类社会为了维系社会的正常生活秩序，而所需要共同遵循的一种行为规范"②。从这个意义上讲，家庭和社会的主要任务在于将礼仪文化的内在价值引导转化为外在行为规范，只有通过外在行为的表现才能观察到个体对礼仪文化价值观念的吸收和同化程度，唯此两者同构的意义才能显现出来。

四、隐喻与明示良性并存

隐喻"作为一种修辞，是表达内容与表达手段互相作用的产物"③，指建立在两个意义所反映的现实现象之间的某种相似的基础上的引申方式。应用于文化领域主要是指彰显、弘扬礼仪文化的表达方式较为隐性，通过潜隐的、内在的意蕴价值展现文化行为。明示原意为明确表示，即将想法、态度、情感进行明确的表达，是人的内心活动的外化方式。在文化领域则强调礼仪文化的精神内涵可以通过一些显性的方式表示出来，能更好地传达礼仪文化的核心价值。隐喻与明示良性并存是礼仪文化建设的一个新思考，以期通过这种内外合力、隐性与显性的综合表达进一步彰显礼仪文化的时代魅力，同时也不断推动礼仪文化的创新发展。

礼仪文化是一套包含伦理道德和行为规范的文化体系，由多重内容构成，

---

① 王永祥. 儒家家庭教育思想研究［D］. 兰州：兰州大学，2017.

② 顾希佳. 礼仪与中国文化［M］. 北京：人民出版社，2001：15.

③ 刘先锐，王习胜. 思想政治教育隐喻探赜［J］. 思想教育研究，2021（2）：29-34.

每个部分表现方式是不一样的，因而发挥效用时需要隐喻与明示良性并存。"从一种所指意义（思想）中被抽象出来的，并把被抽象出来的特点归属到另一种所指意义上去，目的是阐释好或使意义生动。"① 通过隐喻的修辞手段，将礼仪文化的功能发挥出来，同时与明示的方式相互补充、良性互动，实现礼仪文化静态意义与动态发展的平衡，从而彰显每一部分内容的价值和指导意义。礼仪文化内容宏大、内涵深远，大体可归结为三类：一是个人层面的行为规范和交往礼仪；二是社会层面的广泛约束和道德准则；三是国家层面的治理制度和和谐之礼。每一维度所运用的隐喻与明示方式是相异的，根据不同的对象往往应用不同的表现方式。

其一，个人层面的礼仪文化。在人的不同成长阶段，对礼仪文化的基本内涵的理解是不同的，对礼仪的需要和表达也是有差异的，因而每个阶段礼仪文化所隐喻的方式和内容要根据人的发展规律随之调整。如在幼年时期，礼仪文化往往在生活中更多的是以寓言故事、童话故事等富有趣味性和童真性的方式来传达，"孔融让梨"的故事在人的幼年阶段经常听长辈讲述，一方面，是表达礼仪文化的礼让思想，同时也是强调礼仪文化最基本的"亲亲"和"尊尊"，"亲亲"指在家庭之中要求"父慈、子孝、兄友、弟恭"，家庭成员之间互相关爱、互相照顾，"尊尊"指在一切有人际关系的场所要讲究尊卑关系，讲究秩序和等级意识；另一方面，是借"梨"这样一个比喻泛指生活中的日常事情，通过让"梨"而能举一反三式的礼让其他东西，或者在产生争端时保持礼让的谦虚姿态。再比如，青少年时期，人的身体和心理都处于成长之中，对一些事物的好奇心会随之增加，探求未知事物的兴趣也会增强，因而这时候礼仪文化所表达的慎独、隐忍、自我约束和自我控制等能有效规范不合礼的行为，使个体的思想观念合乎道义、举止行为符合礼义。

其二，社会层面的礼仪文化。社会是全体成员生活的公共空间，礼仪文化在社会上的体现主要通过一套通用的道德规范，它辐射的领域和人群较为广泛，对社会成员有着普遍的约束力和调控力，因而在内容上具有简明易懂、实践方便的特点，所谓简明易懂主要是从内容的深度上去理解，即要求适用于社会的通用礼仪规范在语言上力求精练、在表达上追求简洁；所谓实践方便主要从内容的操作层面上去理解，即要求礼仪规范是所有社会成员能遵循和践行的，如《公民道德建设实施纲要》所提出的"爱国守法、明礼诚信、团结友善、勤俭自强、敬业奉献"的公民道德基本规范，这些是作为社会公

---

① 黑格尔. 美学：第2卷［M］. 朱光潜，译. 北京：商务印书馆，1979：215.

民的基本道德素养和礼仪素质，只有具备了这些基本条件才能立足于社会，进行更广泛的社会活动和人际交往。

其三，国家层面的礼仪文化。国家层面是从一个更加宏大的角度来看的，是站在制高点对生活在这个国家的人民提出的要求。从文化的发展角度看，一种文化只有得到大家的普遍认可和一致赞同，才是其生命力的体现，而在生活中的践行则是该文化内在效用的外在展现，是文化生命力的延续。礼治作为中国社会的传统延续了几千年，以礼治国一方面是实际生活的需要，因为礼起源于民众的日常生活，是不同地区习俗和风俗的沉淀，贴合人们生活的实际状况；另一方面是礼仪文化所蕴含的道德思想更能打动人心、激发情感、启发深思，这种直击人心的道德洗礼往往比法律手段更加有效，更能改变人固有的想法和观念，从而做出行为上的调整。从价值观的视角看，礼仪文化实际上蕴含着和谐的思想理念，既强调个体身心和谐、品性中和，同时注重社会稳定有序、和谐发展，更突出家国天下"和为贵"的价值观。和谐价值观念在个体身上的体现往往表现出较强的积极性和主动性，愿意接受礼仪学习、道德浸染，并通过在生活中的践行进一步深化对礼仪文化的认知和理解，把认识层面的礼仪规范转化为实际的言行举止。

五、敬畏与平等和合化育

礼仪文化是"规约全体社会成员的行为法则和道德伦理。它依托各种仪式及规范，形塑出推崇人伦、注重礼让、崇尚道德的社会共识，勾勒出中华民族公共秩序的搭建法则，彰显出中华民族公共文化的自信逻辑"[①]。礼仪文化蕴含着丰富的思想，如仁、敬、诚、和、礼、义、仁、智、信等思想，无一不展现其精神内涵，而其中敬畏和平等思想不仅是礼仪文化的基本思想，也是培养内在道德涵养、规约外在行为的核心理念，更是需要人们特别注重和培养的思想观念。金正昆认为礼的根本属性或是它区别于其他学说的基本范畴的特质在于"敬"[②]，"恭近于礼""毋不敬"都是对礼之本质的明确解答，虽然"恭"不等同于"敬"，但"恭"蕴含了"敬"的成分和意义。敬畏是敬与畏的合称，"敬畏相连，敬中有畏，畏中有敬"[③]，它强调一种尊敬、敬重与畏惧、害怕情感的综合感受，从感情的角度来看敬畏思想是积极向上

---

①　傅琼，汤媛. 礼仪文化与公共秩序的建构 [J]. 长白学刊，2020（1）：143-149.

②　金正昆. 孔子之"礼"新探 [J]. 江西社会科学，2017，37（5）：243-249.

③　任剑涛. 敬畏之心：儒家立论及其与基督教的差异 [J]. 哲学研究，2008（8）：49-58.

的，有利于个体身心发展、群体关系融洽、人与自然和谐共生以及人与社会稳定有序。平等有多重含义，此处所要表达的平等与马克思历史唯物主义理论强调的平等价值原则不同，它是儒家文化的伦理道德，是在认可差异基础上的平等精神。中国社会的平等观念虽然具有现代意义上的人格、起点、机会平等，但从礼仪文化的伦理道德角度出发，更加强调真正意义上的平等"不是抹杀个体差异，追求事物的整齐划一，不是在物质上搞平均主义，要依照事物特定的生命需求给予恰如其分的满足"①。在自然界和人类社会中，任何生命都存在于宇宙生命系统的特定位置，且在该位置上各自承担着保障整个生命系统和谐有序发展的责任，而万物就在该系统中有特定的"位"，"位"是划分身份等级的存在，平等意味着打破"位"或者在承认"位"的基础上的深层理解。

　　敬畏和平等和合化育既是个体实现理想人格的应然要求，也是礼仪文化建设的现实考量。一方面，礼仪文化是儒家文化的重要组成部分，儒家所向往和追求的君子理想人格也是礼仪文化的内在要求，敬畏和平等的思想要素是个人完善自我的德性支持。对个体内在而言，敬畏包含了敬仰和畏惧的双重意义，这两种情感相互补充、相互协调，促进个体形成尊重自我、尊重他人的基本原则；同时不放纵、不懈怠的心理状态可以通过外在积极的行为表现出来，是促进个体内在身心和谐、提升自我道德水平、实现道德自律的重要思想元素。平等的思想更加注重差异基础上的平等，当个体在内部心理形成了这种平等观念，那么在日常生活中就会展现出对不同个体的基本尊重。对个体外在而言，敬畏和平等的思想能督促个体的行为合规合矩，在处理事情上尊重事物的自然发展规律，不对差异个体有平等的要求。儒家所推崇的君子人格是心怀敬畏和心存平等理念的独立社会个体，在现实生活中能承认不平等的事实并合乎逻辑和道义对不同的人采用区别的平等对待。另一方面，敬畏和平等和合化育是对礼仪文化建设的现实考量。在这样的特殊时代背景下，敬畏和平等和合化育能帮助社会全体成员树立对自我、对他人、对自然、对社会的敬畏感，同时也引发社会公众对人的生命本质和生存环境之间关系的深度思考。敬畏不仅要求人们对个体生命产生敬畏，也要对群体生命产生敬畏，同时更要对自然环境产生敬畏之心，这种敬畏"一方面是强大的自然

---

① 张舜清. 儒家君子文化中的平等意蕴［J］. 北京大学学报（哲学社会科学版），2021，58（1）：50-59.

力量对渺小个体的震撼（畏），另外一方面源于人对自身精神世界的关照与向往（敬）"①。这种特殊的情感体验是人对未知事物表现的基本尊重，也是人面对复杂多变的自然环境的应对法则。突发的新冠疫情，就是对人类生命和健康安全的巨大挑战，在疫情防控的初期以及后来的常态化状态，无一不体现出国家对每一位感染者的平等相待，这种平等性不是无视危险情况和紧急程度的绝对平等，而是基于差异化、等差性的相对平等。礼仪文化的敬畏和平等思想共同推动着个体的心理发展和思想成熟，在特殊的时代里文化给予人特别的力量，也正是在抗疫的过程中才触发人对生命、对自然的思考，如何在有限的生命里与自然宇宙建立起动态平衡、和谐共生的有机联系，通过敬畏与平等和合化育的方式进一步丰富礼仪文化的时代内涵。

六、与核心价值观融合共兴

习近平总书记要求，"坚守中华文化立场，坚持以社会主义核心价值观引领文化建设，紧紧围绕举旗帜、聚民心、育新人、兴文化、展形象的使命任务"②，"坚持久久为功，持之以恒，努力推动形成适应新时代要求的思想观念、精神面貌、文明风尚、行为规范"③。其中，"行为规范"是礼仪文化建设的基本立足点，"精神风貌"是礼仪文化建设中的个体要求，"文明风尚"是礼仪文化建设的中层目标，"展形象"是礼仪文化建设的深层目标。具体来说，首先，要从人民群众日常生活最常使用的行为规范入手，培养其合乎现代社会民主、文明、和谐、美丽等目标要求的站、坐、行、止，以诠释当下"行为规范"的特色。其次，要从个体的修身养性入手，推动践行明礼遵规、勤劳善良、宽厚正直、自强自律的个人品德，展现人们"精神风貌"的气蕴。再次，要从人民群众工作生活普遍要求的职业道德规范着手，推动他们践行爱岗敬业、诚实守信、办事公道、热情服务、奉献社会的职业准则；要从人民群众公共生活中通常要求的社会公德用力，引导他们文明礼貌、助人为乐、爱护公物、保护环境、遵纪守法，实现中层目标"文明风尚"。最后，要将建设"富强民主文明和谐"的国家，发展"自由平等公正法治"的社会，培育"爱国敬业诚信友善"的个体等任务目标有机统一起来的社会主义核心价值观

---

① 张金运. 教育场域中敬畏感的缺失与重塑［J］. 当代教育科学，2017（12）：26-31.
② 习近平. 习近平谈治国理政：第4卷［M］. 北京：外文出版社，2022：310.
③ 习近平. 习近平谈治国理政：第4卷［M］. 北京：外文出版社，2022：310.

"落细、落小、落实"，"在实践中感知它、领悟它"①，最终汇聚成强大的国家形象，实现"展形象"的深层目标。可见，无论是新时代公民道德建设要求，还是社会主义核心价值观，都蕴含着对中华优秀传统文化和传统美德的继承和发展，成为实现中华民族伟大复兴中国梦的有力文化支撑。

习近平总书记提出：以时代精神激活中华优秀传统文化的生命力。② 礼仪文化作为中华传统文化的重要内核，其思想精华和道德精神并不是固定不变的，而是随时代发展日益丰富的，通过创造性转化和继承性发展，把内在的精神范式、合理成分、治理方式凝练出来，与社会主义核心价值观相融合，使其成为涵养社会主义核心价值观的文化源泉，从而有力推动文化强国建设。礼仪文化的精神内涵与核心价值观的价值目标高度一致。

首先，礼仪文化追求"和"的价值理念。"礼之用，和为贵"从礼仪文化的效用方面提出所要实现的一种境界，即在承认差异基础上的和谐，使万物处于各自的位置，承担相应的责任和义务，相互配合、互不干扰，实现整个国家系统的稳定发展、和谐有序。礼仪文化所要构建的是"万物并育而不相害，道并行而不相悖"③ 的规范体系，正如社会主义核心价值观在国家层面提出的要求一样，一个处于动态平衡、和谐运行中的国家机器。

其次，礼仪文化突出"义"的伦理道德。"义"是适宜或恰当的原则，即公正。凡是符合道德礼仪的行为称为"义"，反之则"不义"。"义"是区分善恶、荣辱、好坏的标尺，是道德行为的准则，也是界定君子与小人的本质区别。与社会主义核心价值观在社会层面提出的公民规范不谋而合，强调公民个人行为的标准用"义"来衡量，同时"义"也成为高尚之人、君子人格的道德品质。

再次，礼仪文化强调"诚"的道德品格。"诚"是人的基本素养之一，缺乏了这一基本道德品格，个人将很难在社会上立足。诚如社会主义核心价值观中包含的诚信要求，可作为社会公民必须遵守的道德准则，只有具备了"诚"的品质，人与人之间的交流合作、各项社会活动的开展才有了保障，唯此才能构建良好的人际关系，形成和谐的社会氛围。

最后，礼仪文化强调"智"的国家形象。"智"是中华民族绵延赓续的

---

① 习近平. 习近平谈治国理政：第1卷［M］. 北京：外文出版社，2014：165.
② 习近平在福建考察时强调在服务和融入新发展格局上展现更大作为奋力谱写全面建设社会主义现代化国家福建篇章［N］. 人民日报，2021-03-26（1）.
③ 阮元. 十三经注疏［M］. 北京：中华书局，1980：1634.

重要缘由。中国不用你死我活的二元法则来处理邦交关系，而是以礼物的进献与回赠等作为权属关系的象征。这一邦交礼仪，牢牢吸引着邻邦主动来朝。这种源自内心的和平交往，可称为充满中国"智"的礼仪文化的治外典范。今天，破除19世纪以来西方中心主义者蓄意矮化中国国家造成的负面影响，就必须"讲好中国故事，传播好中国声音，展示真实、立体、全面的中国，是加强我国国际传播能力建设的重要任务"①。除经济等硬实力彰显外，"以文载道、以文传声、以文化人，向世界阐释推介更多具有中国特色、体现中国精神、蕴藏中国智慧的优秀文化"②，是爱国的重要标志之一，也是礼仪文化建设中弘扬中国智慧的真切表达。

礼仪文化和社会主义核心价值观在价值目标上确实存在着一定的共通性，把两者共通之处融合互补，并统一于行为之中，遵循礼仪文化"意识—行为—习惯—认同"的路径，进一步推动礼仪文化作用机制的实现；同时结合社会主义核心价值观对国家、社会和个人三者的不同要求，把礼仪意识转化为个人和群体的价值取向，将礼仪规范和社会主义核心价值观的理念深入人心，将落脚点放在实际的行动上，从而在行为上做出调整和完善。

---

① 习近平. 习近平谈治国理政：第4卷［M］. 北京：外文出版社，2022：310.

② 习近平. 习近平谈治国理政：第4卷［M］. 北京：外文出版社，2022：317.

结　语

　　作为维系社会公序良俗的行为规范与道德法则，礼仪文化纵贯中华文明的发展历程，形塑出中华民族独有的风采与气质。"于个体而言，礼仪文化是其内在修养和儒雅举止的保障；于社会来说，礼仪文化是各类社群精神风貌和公共交往的标尺；于国家层面，礼仪文化是民族自信和文化强国的重要基因。正因如此，无论是历史上哪个时期，只要礼仪文化成为人们内心服膺的规约和法则，公序良俗便能得到自觉遵守。因此，新时代要深入挖掘我国传统礼仪文化的合理内核，分析其运行逻辑，阐发其时代精神，以使我国'礼仪之邦'的国家形象更熠熠生辉。"①

一、和谐是礼仪文化运行的价值追求

　　和谐是中华民族的主导意识，追求和谐则是社会治理的基本目标。这种理念深入骨髓，成为中华民族温润品格以及社会生活的重要特征。早在上古时期，三皇五帝就以"和谐"为管理社会的基本追求。而在中国原生文化定型的春秋时期，孔子则告诫弟子"礼之用，和为贵"。即礼仪文化的效能，就在于它是达致和谐不可或缺的方式。礼仪文化将礼仪节度与礼义道德有机结合，要求个体学会换位思考、保持中庸、追求和谐。并且再三强调，礼仪文化达致的"和谐"，不是完全同一的虚假"和谐"，而是承认差异性基础上的真正"和谐"。"夫和实生物，同则不继。以他平他谓之和，故能丰长而物归之。"这种礼仪文化，以尊重差异为基础、以达成共识为取向、以和谐共生为追求，承载着中华优秀传统礼仪习惯，承袭着儒释道有机结合后的独特行为体系以及思维方式，以中国人习以为常、约定俗成的方式，追求"各美其美，美人之美，美美与共，天下大同"。

　　在具体的运行逻辑中，礼仪文化作为突破国家权力自上而下单轨模式、践行上下并举治理模式的重要支撑，注重以"和为贵"思想指导个体的道德修为和道德教化。即强调人与人之间的相处之道必须建立在追求和谐的基础

---

① 傅琼，吴其佑. 和谐 共赢 感恩 礼仪文化的运行逻辑 [J]. 人民论坛，2019（13）：140-141.

上，通过对不同社会阶层的引导，按照作为公序良俗的礼仪文化来规约人际关系以及人群关系，进而营造出充满活力的、安定有序的社会公共生活秩序。在多元文化不断交融的当下，社会流动性加速，政治生态与社会治理格局不断调整，依托礼仪文化来促成人与人之间和谐相处、礼貌沟通，保持人们在社会生活中的自为状态，维系公共场合进退有礼的生动局面，自然尤为重要。因为，礼仪文化是礼和仪的有机统一，不仅是对他人尊重和敬意的表现，更是对他人的一种宽容态度，是各种错综复杂关系的调节剂，通过向他人展现礼仪表示理解和宽容，做到"和为贵"，将有效化解矛盾，创新社会治理方式，构建诚信友爱的社会秩序。

二、共赢是礼仪文化理性力量的内在源泉

共赢是人类交往的重要动机，也是礼仪文化开启人情往来模式的内在动力。社会性是人类最基本的特点。作为个体的人十分弱小，无法应对自然界的各种风险，合则共赢，分则俱败。与谁合作？如何合作？是人类交往首先要思考的问题。在实际生活中，由于个体自身礼仪文化的运行逻辑禀赋的异质性、成长环境的差异性、文化传统熏染迥异，会形成"性相近，习相远"的局面。面对复杂的自然界，人类应对生命困境的智慧彰显出来，"人能群，彼不能群也"，人们自觉择其善者而交往合作。又由于人人期望拥有自己的私人空间，如何保持交往的得体与适度便成为一个难题。礼仪文化在此发挥着不可替代的作用。它巧妙化解人与人之间的矛盾与摩擦，逐步确立起共同认可，约定俗成的吉、凶、军、宾、嘉的各种仪制，并且对这些仪制所蕴含的伦理道德反复论证、适时调整。通过理性选择与代际传播，礼仪文化成为维护人伦差异的标准，在差异化的个体之间形成一种相对稳定的交往模式。这种立足于个体的他律、保证人类组织成为社会的有效力量，是人们内心服膺而自觉遵循的礼仪文化，有别于国家制定的"法律"，其影响力无论在精英阶层还是普通民众之中都取得了足够的认同。礼仪文化不等同市场规则下的平等、直接、快速的交易方式，而是差异格局下自觉、委婉、长效的诚信体系，镌刻出中华民族"礼仪之邦"的形象。

必须指出的是，共赢是礼仪文化演绎传承的内在动力，但礼仪文化并非放之四海而皆准的真理，而是从各自文明的土壤中生长出来的，是区分"自己人"和"外人"的重要标尺。礼仪文化首先适用于"自己人"之中，而"自己人"拥有的交往圈便构成了熟人世界。在一定意义上说，熟悉意味着一种信任感，且这种信任是交往与合作共赢的重要基础。或许有人以为，现代化所伴生的变化性与流动性，冲淡了人情，甚至冲散了熟人社会圈子，社会

渐趋原子化了，合作共赢的运行模式发生变化了。礼仪文化作为共同经验以及个体自觉遵守的规约力量日渐衰微，貌似失去了存在价值。然而，社会发展的现实景象是，居于共同生存与发展的共赢需求，当下既存在熟人社会陌生化现象，也普遍存在陌生人社会熟人化的现象。单位的拟家族化、社区的类大家庭化，都显现出通过交往将陌生人转变为熟人，重构熟人社会的诉求。也就是说，无论中国社会如何变迁，人们出于安全的需要，依然首先依赖世代层累、约定俗成的礼仪文化，它们就像天然地长在人们的脑海一样，无需刻意，就会被选择、被传递。

三、感恩是礼仪文化情感认同的基本路径

互敬互爱、知恩图报是人际交往的基本法则。为彰显互敬互爱，人们往往选择"礼尚往来"，并进而将情感升华为知恩图报。施恩者和受惠者通过恩建立了联系后，依然能达到和谐的初始状态。知恩图报是双向的情感共鸣，首先施恩者所给予的恩惠是基于施恩对象的实际需要和内心需求的；受恩者在接受帮助后出于内心深处的感动，产生要力所能及地将关心再反馈给施恩者的念头，这是一个双向的良性心灵互动的过程。同时，施恩者与受恩者的身份并不是绝对的，而是相对的。随着施恩与受恩活动在人们一次次不同的相遇中演绎，双向性的感恩得到了多向度的发展。

如果说西方人通过与上帝交流来诉说生命的意义，中国人则需要通过彼此间人心映照来表达自我价值。在现代的礼仪文化中，感恩是以个体平等性为基础、以情感互益为方式、以法制性为规范的表达，主要有孝、仁、忠等形式。孝要求尊亲、敬老，感念父母养育之恩，百善孝为先，对父母的回馈是理所应当的。但亲子也是两个独立个体，子代对父代的孝应该是情感自觉认同驱使下的感恩。同时，父代也要对子代怀有感恩，客观来看，作为父代生命延续的子代，自出生的那一刻起就给予了父代心灵上的慰藉。根据礼仪文化的要求，个体对他人、他物都不应有亏欠。但在现代化生活中，个体势必对他人存在亏欠，这种亏欠所引发的感恩之情则需要以还的方式回馈。按照礼仪文化的逻辑，这个过程应在现有法律的允许之下进行，其中交换的主体是情，介体是物，通过多向度的发展，知恩图报之情遍及社会，上升为更高层面的忠。忠要求爱国奉献，铭记国家的栽培之恩，国家是个体与社会在和谐的状态下应运而生的产物，它反映了个体关于共赢理念的最大公约数，正因为它的存在，个体才能心无旁骛地去提高自身的最小公倍数，因此，个体出于对国家的感恩应增强自身社会责任感，当万千个体迸发的情感汇聚到

一起，就会上升为国家意志中的文化底色，从而滋养所属个体的精神世界，国家的政策、制度就在其中内化成礼，引导人们自觉地遵从。

四、融创是礼仪文化适时重构的必要条件

"社会所规定的一切成规和制度都是人造出来，满足人的生活需要的手段，如果不能满足就得改造，手段自应服从人的主观要求。"① 礼仪文化作为由上层精英设计，被社会广泛接受，渗透到人民群众日常生活的各方面，用以指导人们思想和言行的准则，以及伦理道德规范，它有一系列富含象征意义的规制、仪节和仪容。由于人们生活的现实条件不同，必适时而变。朱熹曾就《仪礼》的适时而变做出了解释："礼，时为大。有圣人者作，必将因今之礼而裁酌其中，取其简易易晓而可行，必不至复取古人繁缛之礼施之于今也。"② 不过，"礼，理也"这一内核并非变化。因而它成为中华文明的特有标识，并在历史的层累中形塑出中华礼仪之邦的形象。今天，将跨越时间的优秀传统礼仪文化与以改革创新为核心的时代精神相结合，发挥它承载公序良俗的理性之力，使致力于改造自然的人们持有敬畏之心、谦让之举、自律之行，用礼仪文化补实法之缺，融传统与现代于一体，将公序与良俗有机统一，能使传统不断得以发明，续写现代公共生活的时代华章。

实现上述目标，必须扭转现代化进程中将其视为糟粕的代表而误弃、引发国家形象与经济实力不匹配的局面，破解近代以来国家蒙辱、人民蒙难、文明蒙尘的纱幕无法完全摘除、人民群众民族自豪感和文化自信心无法牢固树立的困境，不断推进其优秀元素与时代特征紧密融合，实现创造性转化和创新性发展，使礼仪文化成为广大人民群众诠释生命意义的实践之基。建构"锥体"模式，以适应"文化自信"的现实关切，柔化正式的制度规范；以能力为本位，以礼仪文化秉守伦分、区分权位，严守等差、因事施策，确保合乎人情和遵循规范并行不悖，方能创建幸福和谐且充满活力的社会秩序。持续推进中国礼仪文化建设，实现其与社会主义核心价值观的融合共兴，能为深刻认识世界文化与文明的多样性增添理性与自觉。真正使礼仪文化不断活化，不断创新发展的精髓在于能够将礼仪与道德、礼治与法治、安于现状与有序竞争有机融合，保障礼义伦理道德与现代社会运行逻辑并行不悖，提升人民的获得感、安全感和幸福感。

---

① 费孝通. 文化的生与死［M］. 上海：上海人民出版社，2009：3.
② 杨天宇. 郑玄三礼注研究［M］. 天津：天津人民出版社，2007：142.

附录一

问卷编号：＿＿＿＿＿＿＿

礼仪文化的运行现状、影响因素以及建设路径调查问卷

问卷调查员＿＿＿＿＿＿调查时间＿＿＿＿＿＿调查地点＿＿＿＿＿＿＿＿＿

审核人＿＿＿＿＿＿＿＿

尊敬的先生/女士，您好！

我们是江西农业大学的师生，为了解当代中国礼仪文化运行现状、影响因素及建设路径，特开展本次调查。我们随机抽取了部分居民作为代表，您是其中一位。本调查问卷为匿名填写，调查结果只用于研究目的，以不记名方式进行，答案也没有对错之分。本着道德和法律的原则，我们将对您的回答保密，在课题研究中也不涉及任何个人资料。请您根据实际情况放心填写问卷。

衷心感谢您的支持与合作！

一、基本情况

A1. 您的性别：①男　②女

A2. 民族：①汉　②少数民族

A3. 您的年龄：＿＿＿＿＿＿＿＿＿＿＿（请尽量填周岁）

A4. 您的文化程度：①小学以下　②小学毕业　③初中毕业　④高中毕业　⑤中专或职高毕业　⑥大专毕业　⑦本科毕业　⑧硕士毕业　⑨博士毕业

A5. 您的工作情况：①尚无工作　②在家务农　③外地务工　④公务员　⑤教师　⑥其他＿＿＿＿＿＿

A6.（如已工作）您最近一年的工资收入（包括工资和资金以及其他各种收入）约为：＿＿＿＿＿＿＿＿＿＿＿＿＿＿＿＿＿＿＿＿＿元

A7. 您的婚姻状况是：①已婚　②未婚

A8. 您的老家在哪？＿＿＿＿＿＿＿＿＿＿＿＿（填写）

A9. 您大多数时间居住在：①大中城市　②新兴城镇　③城中村　④城乡接合部　⑤传统乡村社会（自然村）　⑥中心行政村

二、礼仪文化运行现状

B1. 除夕您的家人会在一起聚餐吗？　①会　②不会

B2. 贵村（社区）会给老人做逢十寿宴吗？①会　②不会

B3. 贵村（社区）会给孩子做满月酒吗？①会　②不会

B4. 在婚礼仪式中，通常到场祝贺的有（可多选）：＿＿＿＿＿＿＿＿＿
①家人　②亲戚　③朋友　④同学　⑤同事　⑥族人　⑦其他＿＿＿＿

B5. 村里（社区内）老人逝世，参加的人有（可多选）：＿＿＿＿＿＿
①家人　②亲戚　③朋友　④同学　⑤同事　⑥族人　⑦其他＿＿＿＿

B6. 在红白喜事中，村里（社区内）各家都会派代表去帮忙吗？
①是　②否

B7. 在清明等节日祭祀祖先时，村里（社区）各家都会有人前去祭扫吗？
①是　②否

B8. 您所在的地方通常会组织哪些节庆活动（可多选）：＿＿＿＿＿
①团拜会　②舞龙灯　③赛龙舟　④宗族祭祖　⑤年节聚餐　⑥其他（请填写）＿＿＿＿＿

B9. 您听老辈讲过村里（社区内）原先有，但现在已经消失的庆典仪式吗？
①是　②否

B10. 日常碰面时，村里人都遵循族谱中的辈分相互称呼吗？
①会　②不会

B11. 在节庆仪典中安排通常以族谱中的辈分为序吗？
①是　②否

B12. 当村里（社区内）人与外村人发生争执时，村里（社区内）人的选择是：
①帮理不帮亲　②帮亲不帮理　③在旁观望　④急忙走开　⑤找村干部来调解

B13. 在您的日常生活中，村里（社区）的舆论力量作用于？＿＿＿＿＿
①单位内　②社区（村落）中　③朋友间　④亲人间　⑤其他（请填写）＿＿＿＿＿

B14. 在日常生活中，家长会就事论事地教导子女待人接物之礼吗？
①是 ②否

B15. 村里（社区）衡量个体成功与否主要看（请根据认可程度排序）：
_____

①赚钱本领 ②待人接物知礼守礼 ③孝顺长辈状况 ④参与公共事务多 ⑤帮助村里（社区）邻里多 ⑥诚信守法 ⑦其他_____

B16. 对于以下看法或观点，请按您自己的意愿选择：（请在表中打"√"）

看法或观点	完全赞同	较赞同	中立	不太赞同	完全不赞同
礼仪源于自小生活的熏陶					
老一辈更注重传统礼仪					
年轻一辈强调平等式的礼让					
尊老爱幼是中国礼仪的核心					
礼仪是繁文缛节，该消失了					
没有规矩不成方圆，礼仪不可废					
公共场合能够排队就是一种礼仪					
爱护公物也是一种礼仪					
城市生活基本上延续了农村的礼俗					
越是经济落后的地方传统礼仪保护得越好					

B17. 贵村（社区内）的两委干部是：_____
①宗族势力大的人 ②亲戚朋友多的人 ③上面有靠山的人 ④能力强的人 ⑤不得罪人的人 ⑥其他（请填写）_____

B18. 在生活中遇到问题时，您通常的解决办法是（请排序选择）_____
①找家人帮忙 ②找族人帮忙 ③找朋友帮忙 ④找亲戚帮忙 ⑤找同学帮忙 ⑥找村干部帮忙 ⑦其他（请填写）_____

B19. 贵村（社区内）有老人自杀现象吗？_____①有 ②没有

B20. 您家里最有权威的人是_____
①长辈 ②赚钱最多的人 ③关系最多的人 ④读书最多的人 ⑤消息

最灵通的人　⑥其他（请填写）_____

B21. 村民们闲暇时会时常串门聊天_____　①是　②否

B22. 串门聊天，可能的局面是_____

①打发时间　②获得新的信息　③学到为人处世的技巧　④心境更加开阔　⑤把不住秘密　⑥关系更加和谐　⑦其他（请填写）_____

B23. 您认为传统礼仪文化保持得好的区域是（排序选择）：_____

①大中城市　②新兴城镇　③城中村　④城乡接合部　⑤传统乡村社会　⑥中心行政村

B24. 您认为与改革开放前相比礼仪文化是_____了。①衰退　②进步

三、影响因素情况

C1. 贵村（社区）有文化公共设施（请在表中打"√"）

文化公共设施	有	无	文化公共设施	有	无
体育场或体育器材			老年活动室		
阅报栏			村规民约		
文化活动室或图书室			广播		
电影放映室或电影院			寺庙		
戏台或戏楼			祠堂		
公共电子阅览室			广场		

C2. 在下列造成当下礼仪文化衰弱的因素中，请选出您认为最主要的一个因素：_____

①家庭权威与代际关系变迁　②社会舆论失范与道德伦理滑坡

③功利主义盛行与人情关系市场化　④家国情怀淡化与责任担当弱化

C3. 在家庭权威与代际关系变迁中，您认为对造成当下礼仪文化衰退影响最大的是_____

①家里人口减少，社会关系更简单了　②赚钱靠技术和胆量，无关年龄了　③家庭地位变了，赚钱多的说了算　④父母子女关系不如夫妻关系亲近了

C4. 在社会舆论失范与道德伦理滑坡，您认为对造成当下礼仪文化衰退影响最大的是_____

①礼仪什么的，规矩太多，过时了

②生活好坏各凭本事，他人的看法不重要了

③有钱的才是大爷，没钱的穷唠唠不管用

④赡养老人，不能靠子女，要靠社会保障

⑤道德楷模，对现实物质生活追求没示范价值

C5. 在功利主义盛行与人情关系市场化的情况下，您认为对造成当下礼仪文化衰退影响最大的是_____

①考试分数万岁，其他的可以放一边

②大道理是讲给别人听的，与我无关

③读书就是为了找份好工作，有关的才需学

④权威不必太在意，我的地盘我做主

⑤人情往来图的是利，以利相交，才是正道

C6. 在家国情怀淡化与责任担当弱化的情况下，您认为对造成当下礼仪文化衰退影响最大的是_____

①管好自己就行，保家卫国是军人的事

②自己的问题自己解决，找人帮忙是下策

③文化建设嘴上说重要，在实际行动中不重要

④没有利益的事，大家都尽可能避开

C7. 在下列造成当下礼仪文化衰退的因素中，请按您自己的意愿选择其重要程度：

	造成礼仪文化衰退的因素	很重要◀━━━━━▶很不重要						
家庭权威与代际关系变迁	a. 家里人口减少，社会关系更简单了	①	②	③	④	⑤	⑥	⑦
	b. 赚钱靠技术和胆量，无关年龄了	①	②	③	④	⑤	⑥	⑦
	c. 家庭地位变了，赚钱多的说了算	①	②	③	④	⑤	⑥	⑦
	d. 父母子女关系不如夫妻关系亲近了	①	②	③	④	⑤	⑥	⑦
社会舆论失范与道德伦理滑坡	a. 礼仪什么的，规矩太多，过时了	①	②	③	④	⑤	⑥	⑦
	b. 生活好坏各凭本事，他人的看法不重要了	①	②	③	④	⑤	⑥	⑦
	c. 有钱的才是大爷，没钱的穷唠唠不管用	①	②	③	④	⑤	⑥	⑦
	d. 赡养老人，不能靠子女，要靠社会保障	①	②	③	④	⑤	⑥	⑦
	e. 道德楷模，对现实物质生活追求没示范价值	①	②	③	④	⑤	⑥	⑦

续表

造成礼仪文化衰退的因素		很重要 ←————→ 很不重要						
功利主义盛行与人情关系市场化	a. 考试分数万岁，其他的可以放一边	①	②	③	④	⑤	⑥	⑦
	b. 大道理是讲给别人听的，与我无关	①	②	③	④	⑤	⑥	⑦
	c. 读书就是为了找份好工作，有关的才需学	①	②	③	④	⑤	⑥	⑦
	d. 权威不必太在意，我的地盘我做主	①	②	③	④	⑤	⑥	⑦
	e. 人情往来图的是利，以利相交，才是正道	①	②	③	④	⑤	⑥	⑦

四、建设路径

D1. 您认同您父母教给您的礼仪知识吗？_____ ①认同 ②不认同

D2. 您觉得您父母教给您的礼仪知识能够帮助您增强哪些本领？（多选）_____

①修身 ②齐家 ③敬业 ④爱岗 ⑤爱国 ⑥其他（请注明）_____

D3. 您在工作中获得下列哪些支持让您有幸福感：_____

①政府政策支持 ②市场组织支持 ③单位支持 ④老乡、亲属的支持 ⑤其他（请注明）_____

D4. 您期望自己的亲密朋友是（请排序）_____

①朋友 ②家人 ③村落（社区）邻居 ④同学 ⑤同事 ⑥亲戚 ⑦其他（请注明）_____

D5. 以下哪些是您对礼仪文化建设的看法（可多选并按主次顺序排列）_____

①政府文化发展政策是礼仪文化建设的重要引航仪

②追求美好生活可以推进礼仪文化建设的步伐

③父母在日常生活中有意识地教导孩子礼仪常识能够助推礼仪文化建设

④单位的拟家化格局是礼仪文化建设的重要平台

⑤公序良俗重建是礼仪文化建设的重要路径

⑥其他（请注明）_____

D6. 如果父母需要你的陪护，您愿意将父母接到身边吗？_____

①愿意 ②不愿意

D7. 作为家长，需要您在日常生活中锻炼孩子的生活自理能力，您_____

①愿意 ②不愿意

D8. 如果需要您为公共精神的建设奉献一些力量，且可能影响您的经济收益，您_____①愿意 ②不愿意

D9. 您认为传播礼仪文化最好的方式形式是_____

①日常教导 ②民俗庆典仪式 ③媒体（广播、电视、报纸）宣传 ④其他（请注明）_____

D10. 您认为，促进社会和谐与安宁的最好方式是_____

①礼仪教化 ②依法治国 ③礼法相融并济 ④其他（请注明）_____

D11. 您认为社会主义核心价值观的培育能促进礼仪文化建设吗？_____

①是 ②否

D12. 您认为村落（社区）共同体的构建主要目标是？_____

①文化认同 ②社会认同 ③身份认同 ④其他（请注明）_____

D13. 您认为传统文化在现代社会中能够实现创造性转换吗？_____

①是 ②否

D14. 您认为礼仪文化建设收效最快的区域是（请排序选择）：_____

①大中城市 ②新兴城镇 ③城中村 ④城乡接合部 ⑤传统乡村社会 ⑥中心行政村

D15. 假如将礼仪文化建设当作一个系统工程，您认为应该从哪些方面来努力呢？

_____

_____

_____

_____

-------END-------

再次感谢您的支持与合作，

祝您身体健康，工作顺利！

附录二

关于礼仪文化影响因素的调查问卷①

问卷调查员_____ 调查时间_____ 调查地点_____

审核人_____

尊敬的先生/女士，您好！

我们是江西农业大学的师生，为了解当代中国礼仪文化运行现状、影响因素以及建设路径，特开展本次调查。我们随机抽取了部分居民作为代表，您是其中一位。本调查问卷为匿名填写，调查结果只用于研究目的，以不记名方式进行，答案也没有对错之分。本着道德和法律的原则，我们将对您的回答保密，在课题研究中也不涉及任何个人资料。请您根据实际情况放心填写问卷。

衷心感谢您的支持与合作！

一、基本情况

1. 您的性别：①男　　　　②女

2. 民族：①汉　　　　②少数民族

3. 您的年龄：_____（请尽量填周岁）

4. 您的文化程度：①小学以下　②小学毕业　③初中毕业　④高中毕业
⑤中专或职高毕业　⑥大专毕业　⑦本科毕业　⑧硕士毕业　⑨博士毕业

二、影响因素

a1. 在家庭中，您与父母、子女、兄弟姐妹的关系如何？

A. 非常融洽　B. 比较融洽　C. 一般　　　D. 不太融洽　E. 完全不融洽

_____

① 此问卷为简化影响因素统计分析难度而设计的补充问卷。与问卷一同时发放。

a2. 在生活中，您与另一半的关系如何？

A. 非常融洽　B. 比较融洽　C. 一般　　　D. 不太融洽　E. 完全不融洽

a3. 在生活中，您的家庭关系和谐吗？

A. 总是　　　B. 经常　　　C. 一般　　　D. 很少　　　E. 从不

b1. 在工作中，您与领导、同事间的关系如何？

A. 非常融洽　B. 比较融洽　C. 一般　　　D. 不太融洽　E. 完全不融洽

b2. 在人际交往中，您与朋友的关系如何？

A. 非常融洽　B. 比较融洽　C. 一般　　　D. 不太融洽　E. 完全不融洽

b3. 您有无遵守公共场合秩序？

A. 总是　　　B. 经常　　　C. 一般　　　D. 很少　　　E. 从不

c1. 您的学校是否开设过与礼仪文化相关的课程？

A. 总是　　　B. 经常　　　C. 一般　　　D. 很少　　　E. 从不

c2. 您的学校是否组织、举办过礼仪活动或礼仪比赛等？

A. 总是　　　B. 经常　　　C. 一般　　　D. 很少　　　E. 从不

c3. 您的学校有无出现教师辱骂学生、体罚学生的现象？

A. 总是　　　B. 经常　　　C. 一般　　　D. 很少　　　E. 从不

d1. 您认为政府管理很有效率吗？

A. 总是　　　B. 经常　　　C. 一般　　　D. 很少　　　E. 从不

d2. 您赞同政府出台的各项文化措施吗？

A. 总是　　　B. 经常　　　C. 一般　　　D. 很少　　　E. 从不

d3. 您有无违反城市交通秩序？

A. 总是　　　B. 经常　　　C. 一般　　　D. 很少　　　E. 从不

e1. 您的父母是否向您灌输过"尊重他人、礼貌待人"的观念？

A. 总是　　　B. 经常　　　C. 一般　　　D. 很少　　　E. 从不

e2. 您的家人是否告诉过您家族的规矩和训诫？

A. 总是　　　B. 经常　　　C. 一般　　　D. 很少　　　E. 从不

e3. 您的家庭是否参加过社区、政府举办的礼仪活动或仪式？

A. 总是　　　B. 经常　　　C. 一般　　　D. 很少　　　E. 从不

e4. 您的父母时常带你回家看望爷爷奶奶、外公外婆等祖辈吗？

A. 总是　　　B. 经常　　　C. 一般　　　D. 很少　　　E. 从不

e5. 在您的家庭日常生活中，父母会要求您尊老爱幼吗？

A. 总是　　　B. 经常　　　C. 一般　　　D. 很少　　　E. 从不

e6. 在您生活的社区，广告牌、橱窗有无张贴过礼仪活动、比赛的通知？

A. 总是　　　B. 经常　　　C. 一般　　　D. 很少　　　E. 从不

e7. 在城市建设中，您是否看见过与知礼、明礼、行礼相关的宣传语？

A. 总是　　　B. 经常　　　C. 一般　　　D. 很少　　　E. 从不

e8. 您是否通过网络媒体、电视广播、报纸杂志等渠道了解过礼仪文化？

A. 总是　　　B. 经常　　　C. 一般　　　D. 很少　　　E. 从不

e9. 您是否参加过政府举办的庆典仪式和礼仪活动？

A. 总是　　　B. 经常　　　C. 一般　　　D. 很少　　　E. 从不

e10. 您是否了解 24 字的社会主义核心价值观？

A. 非常了解　B. 比较了解　C. 一般　　　D. 不太了解　E. 完全不了解

e11. 您是否参与春节除旧布新、拜神祭祖的仪式？

A. 总是　　　B. 经常　　　C. 一般　　　D. 很少　　　E. 从不

e12. 您是否参与端午节赛龙舟、食粽的礼俗？

A. 总是　　　B. 经常　　　C. 一般　　　D. 很少　　　E. 从不

e13. 您是否参与中秋节祭月赏月、吃月饼的民俗？

A. 总是　　　B. 经常　　　C. 一般　　　D. 很少　　　E. 从不

e14. 您是否参与清明节踏青扫墓、祭拜亡者的习俗？

A. 总是　　　B. 经常　　　C. 一般　　　D. 很少　　　E. 从不

-------END-------

再次感谢您的支持与合作，

祝您身体健康，工作顺利！

附录三

礼仪文化个案访谈提纲

地区：_____ 编号：_____

    1. 请谈谈贵社区过去的礼仪文化，如礼仪元素、人情风俗、节庆仪式、婚丧嫁娶等方面。

    2. 请谈谈贵社区现在的礼仪文化，如礼仪元素、人情风俗、节庆仪式、婚丧嫁娶等方面。

    3. 请谈谈贵社区礼仪文化过去和现在的一些变化以及您的态度。

参考文献

一、中文文献

（一）经典著作

[1]《党的十九大报告学习辅导百问》编写组.党的十九大报告学习辅导百问［M］.北京：党建读物出版社，2017.

[2]《党的十九届四中全会〈决定〉学习辅导百问》编写组.党的十九届四中全会《决定》学习辅导百问［M］.北京：党建读物出版社，2019.

[3]决胜全面建成小康社会 夺取新时代中国特色社会主义伟大胜利［M］.北京：人民出版社，2017.

[4]毛泽东.毛泽东选集：第1卷［M］.北京：人民出版社，1991.

[5]毛泽东.毛泽东选集：第2卷［M］.北京：人民出版社，1991.

[6]习近平.习近平谈治国理政［M］.北京：外文出版社，2014.

[7]习近平.习近平谈治国理政：第2卷［M］.北京：外文出版社，2022.

[8]习近平.习近平谈治国理政：第3卷［M］.北京：外文出版社，2020.

[9]习近平.习近平谈治国理政：第4卷［M］.北京：外文出版社，2017.

[10]习近平.习近平著作选读：第1卷［M］.北京：人民出版社，2023.

[11]习近平.习近平著作选读：第2卷［M］.北京：人民出版社，2023.

[12]中共中央马克思、恩格斯、列宁、斯大林著作编译局.列宁选集：第1卷［M］.北京：人民出版社，2012.

[13]中共中央马克思、恩格斯、列宁、斯大林著作编译局.列宁选集：第2卷［M］.北京：人民出版社，2012.

[14]中共中央马克思、恩格斯、列宁、斯大林著作编译局.列宁选集：第3卷［M］.北京：人民出版社，2012.

[15]中共中央马克思、恩格斯、列宁、斯大林著作编译局.列宁选集：第4卷［M］.北京：人民出版社，2012.

[16]中共中央马克思、恩格斯、列宁、斯大林著作编译局.马克思恩格斯选集：第1卷［M］.北京：人民出版社，1995.

［17］中共中央马克思、恩格斯、列宁、斯大林著作编译局．马克思恩格斯选集：第2卷［M］．北京：人民出版社，1995．

［18］中共中央马克思、恩格斯、列宁、斯大林著作编译局．马克思恩格斯选集：第3卷［M］．北京：人民出版社，1995．

［19］中共中央马克思、恩格斯、列宁、斯大林著作编译局．马克思恩格斯选集：第4卷［M］．北京：人民出版社，1995．

［20］中共中央文献研究室．邓小平文选：第2卷［M］．北京：人民出版社，1994．

［21］中共中央文献研究室．邓小平文选：第3卷［M］．北京：人民出版社，1993．

［22］中共中央文献研究室．胡锦涛文选：第1卷［M］．北京：人民出版社，2016．

［23］中共中央文献研究室．胡锦涛文选：第2卷［M］．北京：人民出版社，2016．

［24］中共中央文献研究室．胡锦涛文选：第3卷［M］．北京：人民出版社，2016．

［25］中共中央文献研究室．江泽民文选：第1卷［M］．北京：人民出版社，2006．

［26］中共中央文献研究室．江泽民文选：第2卷［M］．北京：人民出版社，2006．

［27］中共中央文献研究室．江泽民文选：第3卷［M］．北京：人民出版社，2006．

［28］中共中央宣传部．习近平总书记系列重要讲话读本［M］．北京：学习出版社，2014．

（二）专著

［1］蔡尚思．中国礼教思想史［M］．上海：上海古籍出版社，2006．

［2］曹锦清，张乐天，陈中亚．当代浙北乡村的社会文化变迁［M］．上海：上海人民出版社，2019．

［3］曹永森．扬州风俗［M］．苏州：苏州大学出版社，2001．

［4］常素芳．马克思主义基本原理运用与高校思想政治理论课教学［M］．北京：中央编译出版社，2019．

［5］陈宝良，王熹．中国风俗通史：明代卷［M］．上海：上海文艺出版

社，2001.

[6] 陈鼎. 东林列传 [M]. 北京：中国书店，1991.

[7] 陈来. 人文主义的视界 [M]. 南宁：广西教育出版社，1997.

[8] 陈戍国. 中国礼制史：元明清卷 [M]. 长沙：湖南教育出版社，2002.

[9] 陈桐生. 国语 [M]. 北京：中华书局，2013.

[10] 陈万柏，张耀灿. 思想政治教育学原理：第3版 [M]. 北京：高等教育出版社，2015.

[11] 陈志勇. 新媒体时代的大学思想政治教育 [M]. 北京：中国文史出版社，2014.

[12] 程立涛. 陌生人社会伦理问题研究 [M]. 北京：中国人民大学出版社，2019.

[13] 杜维明. 文明对话中的儒家 [M]. 北京：北京大学出版社，2016.

[14] 樊浩. 伦理精神的价值生态 [M]. 北京：中国社会科学出版社，2001.

[15] 樊浩. 文化与安身立命 [M]. 福州：福建教育出版社，2009.

[16] 樊浩. 中国伦理精神的历史建构 [M]. 南京：江苏人民出版社，1992.

[17] 方勇，李波. 荀子：第2版 [M]. 北京：中华书局，2015.

[18] 方勇. 孟子：第2版 [M]. 北京：中华书局，2015.

[19] 方勇. 庄子 [M]. 北京：中华书局，2015.

[20] 费孝通. 文化的生与死 [M]. 上海：上海人民出版社，2009.

[21] 费孝通. 乡土中国 生育制度 [M]. 北京：北京大学出版社，1998.

[22] 冯相红，李卓，朱皖丽. 礼仪文化引论 [M]. 哈尔滨：东北林业大学出版社，2007.

[23] 冯友兰. 中国哲学简史 [M]. 北京：北京大学出版社，2013.

[24] 冯友兰. 中国哲学史新编：第一册 [M]. 北京：人民出版社，1982.

[25] 傅佩荣. 傅佩荣的哲学课：先秦儒家哲学 [M]. 北京：北京联合出版公司，2018.

[26] 高旭东. 中西比较文化讲稿 [M]. 合肥：安徽大学出版社，2012.

[27] 勾承益. 先秦礼学 [M]. 成都：巴蜀书社，2002.

[28] 谷应泰. 明末纪事本末 [M]. 北京：中华书局，1985.

［29］顾希佳. 礼仪与中国文化［M］. 北京：人民出版社，2001.

［30］郭瑞民. 中国的礼仪文化［M］. 芜湖：安徽师范大学出版社，2012.

［31］郭行坊. 江西省万安县窑头流芳庙下郭氏族谱［M］. 高雄：高雄市郭氏宗亲会，1993.

［32］郭振华. 中国古代人生礼俗文化［M］. 西安：陕西人民教育出版社，1998.

［33］胡平生，张萌. 礼记：上卷［M］. 北京：中华书局，2017.

［34］胡平生，张萌. 礼记：下卷［M］. 北京：中华书局，2017.

［35］华友根. 西汉礼学新论［M］. 上海：上海社会科学院出版社，1998.

［36］黄力之，张春美. 马克思主义文化哲学与现代性［M］. 上海：上海三联书店，2006.

［37］蒋璟萍. 礼仪的伦理学视角［M］. 北京：中国社会科学出版社，2007.

［38］蒋璟萍. 现代礼仪教程［M］. 长沙：湖南人民出版社，2005.

［39］金耀基. 从传统到现代［M］. 北京：法律出版社，2017.

［40］景小勇. 政府与国家文化治理［M］. 北京：文化艺术出版社，2016.

［41］孔范今. 孔子文化大典［M］. 北京：中国书店，1994.

［42］黎靖德、王星贤. 朱子语类［M］. 北京：中华书局，1986.

［43］李安宅.《仪礼》与《礼记》之社会学的研究［M］. 上海：上海人民出版社，2005.

［44］李春华. 坚持正确舆论导向的体制机制研究［M］. 北京：中国社会科学出版社，2018.

［45］李良荣. 新闻学概论［M］. 上海：复旦大学出版社，2001.

［46］李梦生. 左传译注［M］. 上海：上海古籍出版社，2004.

［47］李培林. 村落的终结：羊城村的故事［M］. 北京：商务印书馆，2004.

［48］李荣建. 礼仪文化教程［M］. 长沙：湖南大学出版社，2013.

［49］李云光. 三礼郑氏学发凡［M］. 上海：华东师范大学出版社，2012.

［50］梁漱溟. 东西文化及其哲学［M］. 北京：商务印书馆，1999.

［51］梁漱溟．中国文化要义［M］．上海：上海人民出版社，2011.

［52］林中坚．中国传统礼治［M］．广州：广东人民出版社，2006.

［53］刘春波．舆论引导论［M］．北京：社会科学文献出版社，2015.

［54］刘青，邓代玉．中国礼仪文化［M］．北京：时事出版社，2009.

［55］刘毓庆，李蹊．诗经：上卷［M］．北京：中华书局，2011.

［56］刘毓庆，李蹊．诗经：下卷［M］．北京：中华书局，2011.

［57］陆学艺．当代中国社会结构［M］．北京：社会科学文献出版社，2010.

［58］麻国庆．家与中国社会结构［M］．北京：文物出版社，1999.

［59］麻国庆．永远的家［M］．北京：北京大学出版社，2009.

［60］马小红．礼与法［M］．北京：经济管理出版社，1997.

［61］潘维，玛雅．聚焦当代中国价值观［M］．北京：生活·读书·新知三联书店，2008.

［62］彭林．彭林说礼：重构当代日常礼仪：增补本［M］．北京：清华大学出版社，2018.

［63］彭林．中华传统礼仪概要［M］．北京：商务印书馆，2017.

［64］钱穆．论语新解［M］．北京：九州出版社，2011.

［65］钱穆．中国文化史导论［M］．北京：生活·读书·新知三联书店，1988.

［66］任国杰．童子问易［M］．北京：人民出版社，2013.

［67］任强．知识、信仰与超越：儒家礼法思想解读［M］．北京：北京大学出版社，2009.

［68］阮元．十三经注疏［M］．北京：中华书局，1980.

［69］司马迁．史记［M］．北京：中华书局，1982.

［70］司马云杰．礼教文明：中国礼教的现代性［M］．北京：华夏出版社，2015.

［71］孙诒让．周礼正义：第一册［M］．北京：中华书局，1987.

［72］汤漳平，王朝华．老子［M］．北京：中华书局，2014.

［73］唐丽娟，尹德锦，张琳．礼仪与文化［M］．成都：西南交通大学出版社，2018.

［74］天门市地方志编纂委员会．天门市志：1979—2003［M］．武汉：长江出版社，2013.

［75］王沪宁．当代中国村落家族文化：对中国社会现代化的一项探

索 [M].上海：上海人民出版社，1991.

[76] 王铭铭，潘忠党．象征与社会：中国民间文化的探讨 [M]．天津：天津人民出版社，1997.

[77] 王铭铭．想像的异邦 [M]．上海：上海人民出版社，1998.

[78] 王启发．礼学思想体系探源 [M]．郑州：中州古籍出版社，2005.

[79] 王守仁．传习录译注 [M]．北京：中华书局，2018.

[80] 王炜民．中国古代礼俗 [M]．北京：商务印书馆，1997.

[81] 王永彬．围炉夜话 [M]．北京：北京联合出版社，2015.

[82] 魏王肃．孔子家语 [M]．北京：中华书局，2011.

[83] 魏向东，严安平．中国的礼制 [M]．北京：中国国际广播出版社，2010.

[84] 谢谦．中国古代宗教与礼乐文化 [M]．成都：四川人民出版社，1996.

[85] 杨伯峻．论语译注 [M]．北京：中华书局，2017.

[86] 杨天宇．郑玄三礼注研究 [M]．天津：天津人民出版社，2007.

[87] 杨天宇．周礼译注 [M]．上海：上海古籍出版社，2004.

[88] 杨小召．周官新义 [M]．成都：四川大学出版社，2016.

[89] 杨志刚．中国礼仪制度研究 [M]．上海：华东师范大学出版社，2001.

[90] 姚超益．陆羽茶文化与侨乡民俗文化 [M]．北京：中国文史出版社，2009.

[91] 姚美娟．现代礼仪 [M]．上海：上海交通大学出版社，2015.

[92] 叶舒宪．中华文明探源的神话学研究 [M]．北京：社会科学文献出版社，2015.

[93] 衣俊卿．现代化与日常生活批判 [M]．北京：人民出版社，2005.

[94] 殷慧．礼理双彰：朱熹礼学思想探微 [M]．北京：中华书局，2019.

[95] 余英时．中国思想传统的现代诠释 [M]．台北：联经出版事业公司，1987.

[96] 袁贵仁．价值观的理论与实践：价值观若干问题的思考 [M]．北京：北京师范大学出版社，2006.

[97] 曾振宇．孝经今注今译 [M]．北京：人民出版社，2018.

[98] 翟学伟．中国人行动的逻辑 [M]．北京：生活·读书·新知三联

书店，2017.

[99] 张岱年，方克立. 中国文化概论 [M]. 北京：北京师范大学出版社，2004.

[100] 张仁善. 礼·法·社会：清代法律转型与社会变迁 [M]. 北京：商务印书馆，2013.

[101] 张自慧. 礼文化与致和之道 [M]. 上海：上海人民出版社，2012.

[102] 周大鸣，郭永平. 延续的文明：山西介休的历史透视 [M]. 北京：中国社会科学出版社，2016.

[103] 朱熹. 四书集注 [M]. 南京：凤凰出版社，2008.

[104] 邹昌林. 中国礼文化 [M]. 北京：社会科学文献出版社，2000.

（三）译著

[1] E. P. 汤普森. 共有的习惯 [M]. 沈汉，王加丰，译. 上海：上海人民出版社，2020.

[2] 阿尔伯特·史怀特. 文明与伦理 [M]. 孙林，译. 贵阳：贵州人民出版社，2018.

[3] 阿诺德·汤因比. 历史研究：上 [M]. 郭小凌，译. 上海：上海人民出版社，2010.

[4] 阿瑟·史密斯. 中国人的性情 [M]. 王续然，译. 北京：长征出版社，2009.

[5] 埃里克·霍布斯鲍姆，特伦斯·兰杰. 传统的发明 [M]. 顾杭，庞冠群，译. 南京：译林出版社，2020.

[6] 爱德华·希尔斯. 论传统 [M]. 傅铿，吕乐，译. 上海：上海人民出版社，2014.

[7] 安东尼·吉登斯. 现代性的后果 [M]. 田禾，译. 南京：译林出版社，2000.

[8] 柏拉图. 理想国 [M]. 郭斌和，张竹明，译. 北京：商务印书馆，1986.

[9] 本尼迪克特. 文化模式 [M]. 王炜，译. 北京：社会科学文献出版社，2009.

[10] 丹尼尔·贝尔. 资本主义文化矛盾 [M]. 赵一凡，蒲隆，任晓晋，译. 北京：生活·读书·新知三联书店，1989.

[11] 邓尔麟. 钱穆与七房桥世界 [M]. 蓝桦, 译. 北京: 社会科学文献出版社, 1998.

[12] 杜赞奇. 文化、权力与国家: 1900—1942 年的华北农村 [M]. 王福明, 译. 南京: 江苏人民出版社, 2008.

[13] 哈贝马斯. 交往行为理论: 行为合理性与社会合理化 [M]. 曹卫东, 译. 上海: 上海人民出版社, 2005.

[14] 哈贝马斯. 交往与社会进化 [M]. 张博树, 译. 重庆: 重庆出版社, 1989.

[15] 何伟亚. 怀柔远人: 马嘎尔尼使华的中英礼仪冲突 [M]. 邓常春, 译. 北京: 社会科学文献出版社, 2015.

[16] 黑格尔. 美学: 第 2 卷 [M]. 朱光潜, 译. 北京: 商务印书馆, 1979.

[17] 基佐. 欧洲文明史 [M]. 程洪逵, 沅芷, 译. 北京: 商务印书馆, 1993

[18] 雷德菲尔德. 农民社会与文化: 人类学对文明的一种诠释 [M]. 王莹, 译. 北京: 中国社会科学出版社, 2013.

[19] 洛克. 教育漫话 [M]. 杨汉麟, 译. 北京: 人民教育出版社, 2006.

[20] 曼海姆. 重建时代的人与社会: 现代社会结构研究 [M]. 张旅平, 译. 北京: 北京联合出版公司, 2013.

[21] 孟德斯鸠. 论法的精神 [M]. 张雁深, 译. 北京: 商务印书馆, 1959.

[22] 明恩溥. 文明与陋习: 典型的中国人 [M]. 舒扬, 舒宁, 穆姝, 等, 译. 太原: 书海出版社, 2004.

[23] 诺贝特·埃利亚斯. 文明的进程: 文明的社会起源和心理起源的研究 [M]. 王佩莉, 袁志英, 译. 上海: 上海译文出版社, 2009.

[24] 乔治·赫伯特·米德. 心灵、自我和社会 [M]. 霍桂桓, 译. 南京: 译林出版社, 2014.

[25] 涂尔干. 社会分工论: 第 2 版 [M]. 渠东, 译. 北京: 生活·读书·新知三联书店, 2013.

[26] 希罗多德. 历史 [M]. 王以铸, 译. 北京: 商务印书馆, 1959.

（四）期刊论文

[1] 安乐哲. 儒学和杜威实用主义：关于"成人"的对话 [J]. 学术月刊，2020，52（1）.

[2] 陈来. 儒家"礼"的观念与现代世界 [J]. 孔子研究，2001（1）.

[3] 陈鹏. 全面建成小康社会背景下的中国社会结构变迁 [J]. 行政管理改革，2020（2）.

[4] 党国英. 中国传统乡村社会转型研究论纲 [J]. 社会科学战线，2020（1）.

[5] 邓红蕾. 中国古代礼仪文化的哲学思考 [J]. 江汉论坛，2005（1）.

[6] 段尔煜，张光雄. 核心价值观视域下现代礼仪之构建 [J]. 吉首大学学报（社会科学版），2019，40（4）.

[7] 费孝通. 家庭结构变动中的老年赡养问题——再论中国家庭结构的变动 [J]. 北京大学学报（哲学社会科学版），1983（3）.

[8] 高文苗. 构建家庭、学校与社会联动的礼仪教育体系 [J]. 人民论坛，2019（18）.

[9] 龚展，乌画. 基于社会控制视角的当代礼仪建设研究 [J]. 求索，2013（3）.

[10] 龚展. 家庭礼仪教育的现实误区和改善路径探析 [J]. 文史博览（理论），2014（12）.

[11] 郝文勉. 礼仪溯源 [J]. 史学月刊，1997（2）.

[12] 何星亮. 对传统与现代及其相互间关系的阐释 [J]. 中央民族大学学报，2003（4）.

[13] 洪彩华. 试从"反哺"与"接力"看中西亲子关系 [J]. 伦理学研究，2007（2）.

[14] 洪克强，卢剑. 儒家文化与现代生态文明观的异质与同构 [J]. 科学·经济·社会，2009，27（2）.

[15] 胡昕蕾. 礼法之争的思考 [J]. 法制与经济（下半月），2008（3）.

[16] 黄星. 道之以德，齐之以礼——孔子对春秋时期礼法之争的回应 [J]. 儒学评论，2018（1）.

[17] 蒋璟萍，袁媛淑. 论礼仪文化促进社会治理创新的机理和路径 [J]. 湘潭大学学报（哲学社会科学版），2015，39（6）.

［18］蒋璟萍．礼仪文化学的学科性质和体系初探［J］．大学教育科学，2013（3）．

［19］蒋璟萍．礼仪的伦理学视角［J］．船山学刊，2007（4）．

［20］金正昆．孔子之"礼"新探［J］．江西社会科学，2017，37（5）．

［21］李华忠．中西传统道德建构逻辑理路价值评析［J］．学校党建与思想教育，2018（11）．

［22］李蔓．马克思主义文化观和中国共产党的文化使命［J］．人民论坛，2018（22）．

［23］刘泽华，刘丰．礼学与等级人学［J］．河北学刊，2001（4）．

［24］刘先锐，王习胜．思想政治教育隐喻探赜［J］．思想教育研究，2021（2）．

［25］刘志琴．礼俗文化的再研究——回应文化研究的新思潮［J］．史学理论研究，2005（1）．

［26］彭俊桦．儒家传统价值观的当代价值及其传承体系探析［J］．社会科学家，2014（4）．

［27］彭林．礼与中国人文精神［J］．孔子研究，2011（6）．

［28］钱穆．中国文化对人类未来可有的贡献［J］．中国文化，1991（1）．

［29］任豪豪．网络舆论失范动因及对策浅析——以"万州公交坠江事件"为例［J］．新闻研究导刊，2020，11（9）．

［30］邵献平，吴璐曦．仪式之于思想政治教育：机理、功能与路径［J］．思想教育研究，2020（8）．

［31］隋思喜．论儒家的礼乐文化及其当代重光［J］．华中科技大学学报（社会科学版），2019，33（4）．

［32］孙春晨．先秦儒家礼制伦理及其现代价值［J］．伦理学研究，2015（5）．

［33］涂可国．儒家诚信伦理及其价值观意蕴［J］．齐鲁学刊，2014（3）．

［34］萧放，何斯琴．礼俗互动中的人生礼仪传统研究［J］．民俗研究，2019（6）．

［35］萧放．"人情"与中国日常礼俗文化［J］．北京师范大学学报（社会科学版），2016（4）．

［36］肖群忠．"礼义之邦"的礼义精神重建［J］．江海学刊，2014

（1）．

[37] 谢阳举．儒家仁爱道德再检讨 [J]．浙江社会科学，2019（11）．

[38] 徐进．礼治的精义及其影响 [J]．文史哲，1997（1）．

[39] 徐雪野．"家国异构"与"家国同构"——中西家国观的追溯与重构 [J]．理论月刊，2020（5）．

[40] 徐勇．中国家户制传统与农村发展道路——以俄国、印度的村社传统为参照 [J]．中国社会科学，2013（8）．

[41] 许琪，王金水．代际互惠对中国老年人生活满意度的影响 [J]．东南大学学报（哲学社会科学版），2019，21（1）．

[42] 叶飞．当代道德教育的三重理性向度——兼论如何培育理性的道德人 [J]．南京社会科学，2019（7）．

[43] 易小明．文化软实力的"硬核" [J]．吉首大学学报（社会科学版），2018，39（4）．

[44] 于丽萍，周向军．论中国优秀传统礼仪文化的当代价值 [J]．学术交流，2015（10）．

[45] 张弘．中国传统礼仪文化和高职院校校园文化的融合与共生 [J]．教育与职业，2016（7）．

[46] 张金运．教育场域中敬畏感的缺失与重塑 [J]．当代教育科学，2017（12）．

[47] 张军．共同体意识下的家国情怀论 [J]．伦理学研究，2019（3）．

[48] 张舜清．儒家君子文化中的平等意蕴 [J]．北京大学学报（哲学社会科学版），2021（1）．

[49] 张华．历史地系统地把握马克思主义文化理论 [J]．马克思主义研究，2007（10）．

[50] 张慧英．幼儿园礼仪教育的实施途径 [J]．学前教育研究，2010（10）．

[51] 张践．德导、礼齐、法治——儒家社会治理思想的启迪 [J]．孔子研究，2015（2）．

[52] 张奇伟．礼的起源之历史思考 [J]．陕西师范大学继续教育学报，2001（3）．

[53] 张智新．"消费主义"盛行的陷阱 [J]．人民论坛，2007（18）．

[54] 赵载光．论儒家礼制文化的生态思想 [J]．湘潭大学学报（哲学社会科学版），2004（2）．

[55] 周大鸣，高崇. 城乡结合部社区的研究——广州南景村50年的变迁 [J]. 社会学研究，2001（4）.

[56] 周大鸣. 广东农村改革开放四十年——以珠江三角洲为例 [J]. 西北民族研究，2019（1）.

[57] 周丹迪，岳书法. 浅析近代以来中国婚嫁民俗的演变 [J]. 文化学刊，2012（1）.

[58] 郑卫东. 二十世纪村落家庭结构、家长权威与生育的变动——山东东村调查 [J]. 山西师大学报（社会科学版），2007（4）.

[59] 周靖. "家国同构"与"家国异构"——中西传统家国关系对法的影响的比较 [J]. 法制与经济（下旬），2012（1）.

[60] 朱莉涛，陈延斌. 以传统家训家风文化滋养社会主义核心价值观 [J]. 重庆社会科学，2020（9）.

[61] 甘良勇.《大戴礼记》研究 [D]. 杭州：浙江大学，2012.

[62] 王永祥. 儒家家庭教育思想研究 [D]. 兰州：兰州大学，2017.

[63] 于丽萍. 中国传统礼仪文化的当代价值及其实现机制研究 [D]. 济南：山东大学，2016.

[64] 于洪燕. 中国传统"道德"内涵的现代解读与转换 [D]. 重庆：西南大学，2010.

（五）报刊

[1] 习近平. 把中国文明历史研究引向深入 推动增强历史自觉 坚定文化自信 [N]. 人民日报，2022-05-29（1）.

[2] 习近平. 在2015年春节团拜会上的讲话 [N]. 人民日报，2015-02-17（1）.

[3] 习近平. 做党和人民满意的好老师——同北京师范大学师生代表座谈时的讲话 [N]. 人民日报，2014-09-10（1）.

[4] 习近平. 积极树立亚洲安全观共创安全合作新局面：在亚洲相互协作与信任措施会议第四次峰会上的讲话 [EB/OL]. 人民网，2014-05-21.

[5] 习近平. 青年要自觉践行社会主义核心价值观——在北京大学师生座谈会上的讲话 [N]. 人民日报，2014-05-05（1）.

[6] 习近平. 把培育和弘扬社会主义核心价值观作为凝魂聚气强基固本的基础工程 [N]. 人民日报，2014-02-26（1）.

[7] 习近平. 习近平向全国广大教师致慰问信 [N]. 人民日报，2013-

09-10（1）.

［8］习近平.党的新闻舆论工作座谈会的上讲话［N］.人民日报，2016-02-19（1）.

［9］王静云.文明礼仪教育的现实意义［N］.人民政协报，2019-01-31（9）.

二、英文文献

（一）专著

［1］BOLLEN K A, LONG J S. Testing Structural Equation Models［M］. Thousand Oaks：Sage, 1993.

［2］BYRNE B M. Structural Equation Modeling with EQS and EQS/Windows：Basic Concepts, Applications, and Programming［M］. Thousand Oaks：Sage, 1994.

（二）期刊

［1］ANTONAKIS J, BENDAHAN S, JACQUART P, et al. On making causal claims：A review and recommendations［J］. The Leadership Quarterly, 2010, 21（6）.

［2］BENTLER P M. Multivariate Analysis with Latent Variables：Causal Modeling［J］. Annual Review of Psychology, 1980, 31（1）.

［3］BROWNE M W, CUDECK R. Alternative Ways of Assessing Model Fit［J］. Sociological Methods & Research, 1992, 21（2）.

［4］FORNELL C, LARCKER D F. Evaluating Structural Equation Models with Unobservable Variables and Measurement Error［J］. Journal of Marketing Research, 1981, 18（1）.

［5］FULLER C M, SIMMERING M J, BABIA B J, et al. Common methods variance detection in business research［J］. Journal of Business Research, 2016, 69（8）.

［6］GBONGLI K, XU Y, AMEDJONEKOU K M, et al. Evaluation and Classification of Mobile Financial Services Sustainability Using Structural Equation Modeling and Multiple Criteria Decision-Making Methods［J］. Sustainability, 2020, 12（4）.

［7］HAYES A F. Beyond Baron and Kenny：Statistical Mediation Analysis in the New Millennium［J］. Communication Monographs, 2009, 76（4）.

[8] HENSELER J, RINGLE C M, SARSTEDT M. A new criterion for assessing discriminant validity in variance – based structural equation modeling [J]. Journal of the Academy of Marketing Science, 2015, 43 (1).

[9] HOOPER D, COUGHLAN J P, MULLEN M R. Structural equation modelling: Guidelines for determining model fit [J]. The Electronic Journal of Business Research Methods, 2008, 6 (1).

[10] HU L T, BENTLER P M. Cutoff criteria for fit indexes in covariance structure analysis: Conventional criteria versus new alternatives [J]. Structural Equation Modeling, 1999, 6 (1).

[11] KLINE R B. Principles and Practice of Structural Equation Modeling [M]. New York: Guilford Publications, 2023.

[12] MARSH H W, HOCEVAR D. The application of confirmatory factor analysis to the study of self-concept: first and higher order factor sturctures and their invariance across age groups [J]. Psychological Bulletin, 1985, 97 (3).

[13] MILFONT T L, DUCKITT J. The environmental attitudes inventory: A valid and reliable measure to assess the structure of environmental attitudes [J]. Journal of Environmental Psychology, 2010, 30 (1).

[14] PODSAKOFF P M, MACKENZIE S B, LEE J Y, et al. Common method biases in behavioral research: a critical review of the literature and recommended remedies [J]. Journal of Applied Psychology, 2003, 88 (5).

[15] PODSAKOFF P M, ORGAN D W. Self-reports in Organizational Research: Problems and Prospects [J]. Journal of Management, 1986, 12 (4).

[16] PREACHER K J, HAYES A F. Asymptotic and resampling strategies for assessing and comparing indirect effects in multiple mediator models [J]. Behavior research methods, 2008, 40 (3).

[17] WHEATON B, MUTHEN B, ALWIN D F, et al. Assessing Reliability and Stability in Panel Models [J]. Sociological Methodology, 1977, 8 (1).

后 记

　　研究是痛并快乐着的历程。自本选题立项为国家社科基金课题之后，如何完成它就成为时时萦绕在心头的大事。讨论问卷中每个问题的设计是否合理、预估实地访谈是否会遇到种种困难、沟通问卷星的使用是否科学合理、思考论证设计与实地调研存在的张力、论证调研报告是否科学可信、阶段小文是否新颖有吸引力，是研究过程中忐忑不安、诚惶诚恐、用尽心力的一个个缩影。好在经过前后6年的努力，书稿写作终于完成，并经由国家社科规划办组织的5位专家匿名鉴定，课题结项等级定为良好，压在心中的大石终于落地，偷偷放松了几个月。不过，想想立项时的承诺，专著还需出版，心中惶恐再起。因为，随着研究的深入，总感觉本书仍有不少地方需进一步完善，然而囿于学识与精力，只得先搁置不逞。

　　研究是新人成长的过程。在课题研究中，我的研究生吴其佑、汤媛、陈钰雯、李彤、熊平安以及我先生的研究生郭岩等都参与其中。他们或撰写文章或实地调研或统计分析，做了不少工作。尤其是吴其佑和汤媛两位同学，参与撰写了不少文章。这既增强了他们的科研精神，助力了他们的成长，也丰富了本书研究的阶段性成果。如今，吴其佑已在华东师范大学攻读博士学位，汤媛已在南京理工大学攻读博士学位，李彤已就职于上海高级技工学校，陈钰雯已就职于南昌市青山湖区纪委，熊平安已就职于江西财经大学，郭岩已录取为本校博士研究生。

　　研究是科研精神传承的过程。在课题研究过程中，我的博导、复旦大学教授张广智先生，给了我诸多关心和鼓励！成书之际，先生更是劳心劳力，于百忙之中摘出时间，亲自为我写序！先生一笔一画地在纸上写出训文，师母则一下一下地敲到电脑之上。两位"80"后的恩师，其伉俪情深以及对弟子的"舐犊"之情，都是令人仰慕的典范！更令我仰视的是，"80"后的先生，不仅笔耕不辍，徜徉在史学和文学之间，佳作频传；而且时常以史学史泰斗、师公耿淡如先生的治学精神和科研精神来鞭策我这个70后，嘱我传承好师门的风蕴，令我感动不已，感激万分！无论是作为"二传手"，还是谨遵师训，我都力求将科研精神传递到研究生身上。所以成书期间，我引导自己的研究生参与其中，汤媛同学在文稿撰写方面出力颇多，说居半功亦不为过，余慧和赖慧欢同学则在校稿和格式转换中用了心力。在此一并感谢！

研究付梓是多方支持的结果。本书作为国家社科基金项目最终成果，被学校列为"江西农业大学马克思主义理论重点学科系列丛书"，出版得到了江西农业大学马克思主义理论重点学科经费资助。在此，对几年来在我学习、工作尤其是本书写作上所给予无私支持、热情帮助的领导和同事致以最诚挚的谢意！同时，感谢光明日报出版社对本书出版的选题立项和编辑出版，感谢他们在幕后付出的艰苦劳动！最后，还需特别感谢本书稿中引用、参考的专著和论文的作者们，没有他们的工作及其智慧的结晶，我的论著写作也就没有理论依据和立足点。

由于本人学术视野有限，本书中仍有不少缺憾之处，也有不少需要进一步探索和研究的问题。不足之处，诚请不吝赐教！

傅琼

2023 年 7 月 3 日